LES AVENTURIERS DES LUMIÈRES

ÉCRITURE
COLLECTION DIRIGÉE PAR
BÉATRICE DIDIER

LES AVENTURIERS
DES LUMIÈRES

Alexandre Stroev

Docteur ès lettres
Directeur de recherche
à l'Académie des sciences de Russie

Presses Universitaires de France

RÉFÉRENCES ABRÉGÉES

AAE	Archives des Affaires étrangères, Paris
AAE, CP	*Ibid.*, Correspondance politique
AAE, MD	*Ibid.*, Mémoires et documents
AAN	Archives de l'Académie des sciences, Saint-Pétersbourg
Arsenal	Bibliothèque de l'Arsenal, Paris
AV	*Archives du prince Vorontsov (Архив князя Воронцова)*, Moscou
AVPRI	Archives de la politique extérieure de l'Empire russe, Moscou
AVPRI, VKD	*Ibid.*, Affaires intérieures du collège
BL	British Library, Londres
BNF	Bibliothèque nationale de France, Paris
BNR	Bibliothèque nationale de Russie, Saint-Pétersbourg
BPU	Bibliothèque publique et universitaire, Genève
HMV	Casanova G., *Histoire de ma vie*, R. Laffont, 1993, t. 1-3.
CCECD	Centre de conservation et d'étude de collections de documents, Moscou
CL	*Correspondance littéraire*, éd. M. Tourneux, Paris, 1877-1882 [Nendeln, Kraus Reprint, 1968], 16 vol.
DHS	*Le Dix-huitième siècle*
RA	*Archives russes (Русский архив)*
RHLF	*Revue d'histoire littéraire de la France*
RS	*Antiquité russe (Русская старина)*
RV	*Messager russe (Русский вестник)*
RGADA	Archives russes d'État des actes anciens, Moscou
RGALI	Archives russes d'État de littérature et d'art, Moscou
RGB	Bibliothèque d'État de Russie, Moscou
SPII	Institut d'histoire de Saint-Pétersbourg
SRIO	*Recueil de la société historique russe (Сборник русскаго историческаго общества)*, Saint-Pétersbourg
SVEC	*Studies on Voltaire and the Eighteenth century*, Oxford, The Voltaire Foundation

ISBN 2 13 048952 4
ISSN 0222-1179

Dépôt légal — 1re édition : 1997, novembre

A Galina

Introduction

« Lorsque vous voulez savoir quelque chose de vrai sur tous les Aventuriers de la terre, nos contemporains, venez chez moi car je les ai connus tous *funditus et in cute* », écrit à ses vieux jours Giacomo Casanova dans sa lettre au comte Maximilian de Lamberg[1]. Dans ses mémoires, il évoque une cinquantaine de « chevaliers de fortune » : Italiens, Français, Dalmates et même un Russe, un certain Karl Ivanov, fils d'un horloger à Narva qui se faisait passer pour le prince de Courlande. Mais ils étaient beaucoup plus nombreux.

Le siècle des Lumières s'efforce de se frayer un chemin vers un futur meilleur, de construire une société fondée sur les lois de la raison. Mais plus les philosophes et les écrivains se veulent logiques, plus la vie, la création, les théories se révèlent irrationnelles. La grande utopie accouche de la Grande Terreur, l'œuvre du marquis de Sade couronne l'évolution du roman d'éducation, la quête du savoir sublime se solde par la floraison des théories mystiques. Ceux qui, à l'exemple de Jean-Jacques Rousseau, font appel aux sentiments plus qu'à la raison prennent le pas sur les encyclopédistes.

1. Prague, 28 juillet 1787 – G. Casanova, *Patrizi e avventurieri, dame e ballerine. In cento lettere inedite*, Milan, 1930, p. 295.

1

Le XVIIIᵉ siècle cherche à civiliser « à la française » tout le monde chrétien, à le transformer en Europe française pour que, de l'Atlantique à l'Oural, on lise les mêmes livres, parle, pense et s'habille d'une même manière[1]. Mais ce sont les exceptions aux règles qui suscitent le plus vif intérêt tout au long du siècle. Au premier chef, les sauvages et les étrangers, en commençant par les *Dialogues de M. le baron de Lahontan et d'un sauvage dans l'Amérique* (1704) et les *Lettres persanes* de Montesquieu (1721) et jusqu'à *Micromégas* et *L'ingénu* de Voltaire. L'Orient envahit la prose française, l'action d'un roman sur cinq se déroule à l'Est[2]. L'avis de l'autre, d'un étranger, tel *Le neveu de Rameau*, importe de plus en plus ; le fou devient dépositaire d'une autre vérité, d'une logique différente, il devient presque prophète[3].

La culture classique définit ses limites, décrit ce qu'elle n'est pas, pour mieux se comprendre, et elle finit par s'empreindre de la vérité de ses antipodes à moins qu'elle ne se transforme en eux. La supposition que femmes, enfants ou petit peuple[4] ne représentent pas la version sous-développée mais qu'ils constituent des personnalités à part entière devient certitude au siècle des Lumières. Les idées d'évolution historique, de valeur et de différences fondamentales entre les époques font leur chemin.

Voilà pourquoi l'analyse de personnages et d'événements marginaux, l'étude des règles à travers les exceptions sont d'autant plus importantes pour comprendre cette époque. Les aventuriers du XVIIIᵉ siècle reflètent les

---

1. L.-A. Carraccioli, *L'Europe française,* Turin-Paris, Vᵛᵉ Duchesne, 1776.
2. M. L. Dufrenoy, *L'Orient romanesque en France, 1704-1789,* Montréal, Beauchemin, 1946-1947, 2 t.
3. M. Foucault, *Folie et déraison, histoire de la folie à l'âge classique,* Plon, 1961.
4. Voir *L'homme des Lumières de Paris à Pétersbourg,* Napoli, Vivarium, 1995, et tout spécialement l'article de Jacques Revel, « L'envers des Lumières : les intellectuels et la culture populaire en France (1650-1800) », p. 237-259.

espérances et les désirs secrets, les phobies et les fantasmes de la société. Les sources que nous étudions ressemblent à ces charlatans et imposteurs ; elles impliquent moins la conscience sociale que l'inconscient de la culture : les textes qui n'ont jamais été écrits et les événements qui n'ont point eu lieu. Légendes, fiction, rumeurs tiennent place de faits historiques et d'œuvres littéraires.

Ces derniers temps, les chercheurs se tournent de plus en plus à cet aspect des mentalités des Lumières : ne citons que les travaux d'Arlette Farge, Robert Darnton, Chantal Thomas, Antoine de Baecque, etc. Quant à nous, nous nous aventurons sur le terrain de la psychologie sociale délibérément munis d'un outillage littéraire : l'objet considéré en France comme historique ou philosophique relève en Russie des études philologiques. *Le marxisme et la philosophie du langage* (1929), conçu par Mikhaïl Bakhtine et signé par son ami Valentine Volochinov[1], apprend à considérer des actes comme des énonciations et à distinguer les genres dans la vie et dans le discours quotidien. Si l'on applique cette approche au XVIIIe siècle, on peut définir un genre de comportement, propre aux aventuriers, et en distinguer des sous-types : thaumaturge, guérisseur, alchimiste, imposteur, faux prince, faiseur de projets, etc. Ce genre de comportement entre en concurrence avec celui de joueur, de philosophe ou de petit-maître.

Depuis les années 1970, les recherches structurelles russes, animées par Iouri Lotman, interprètent la culture et la vie quotidienne comme des textes sémiotiques. Boris Ouspenski définit cette approche comme *historia sub specie semioticae*[2]. A Tartu, Boris Gasparov étudia la grammaire du discours oral et aborda la narratologie des récits de vie.

Nous entendons étudier des événements historiques comme des textes de fiction, nous aurons comme but de

---

1. V. Volochinov, *Le marxisme et la philosophie du langage,* Seuil, 1977.
2. Iou. Lotman, B. Ouspenski, *Sémiotique de la culture russe,* Lausanne, L'Age d'homme, 1990, p. 279.

repérer des *topoï* dans les biographies d'hommes réels et chez les personnages littéraires, révéler la logique des événements et reconstruire le système de personnages. Nous analyserons le spectre des possibles afin de reconstituer l'invariant du destin de l'aventurier.

L'étude se poursuivra simultanément sur trois niveaux : la vie, la légende, la littérature. Le milieu culturel du XVIIIᵉ siècle fera l'objet d'une analyse comparative des *topoï*, des modèles narratifs de la prose européenne et du théâtre (en premier lieu français, mais aussi italien et russe), des mémoires, des genres épistolaire, juridique et diplomatique, de pamphlets, de dossiers judiciaires et de dépêches. Les chefs-d'œuvre nous serviront de matériau au même titre que les livres de second rayon, les textes inédits et les documents d'archives.

Ainsi, le projet de ce livre est délibérément utopique. Il réalise des métaphores chères à l'époque baroque : le monde n'est qu'un livre et la vie est un théâtre. Étymologiquement, l'U-topie désigne ce qui se trouve hors l'espace. Dans notre ouvrage, nous traitons des éléments qui se trouvent dans l'espace de l'écrit.

Le livre se compose de trois parties. Le type psychologique de l'aventurier est étudié dans trois sphères distinctes : sociale, littéraire et géographique. Sa vie représente trois voyages : dans la société, dans la culture et dans le monde. C'est un voyage au bout de la civilisation, en Russie. Dans la première partie nous brosserons l'image sociale et psychologique du chevalier de fortune et nous examinerons son rôle dans le système informatif des Lumières, son influence sur la nouvelle force qu'est l'opinion publique, ses relations avec les figures emblématiques de l'époque : petit-maître, monarque, marchand, philosophe. Deux grands philosophes, Voltaire et Rousseau, suscitent parmi les aventuriers des passions, allant de la jalousie à l'adoration. Dans la deuxième partie, il sera question des modèles narratifs, de l'aventurier dans le roman et sur la scène, des mythes littéraires (Don

4

Juan, Œdipe, Faust, le Juif errant). La troisième partie sera consacrée aux représentations géopolitiques du XVIIIᵉ siècle, aux destins et aux projets utopiques de tous ceux qui ont tenté de faire fortune en Russie, de refaire la carte de l'Europe, de créer des républiques souveraines libres.

En fonction de ces trois espaces, nous proposons trois critères qui cernent la notion d'aventurier, de « chevalier de fortune ». Premièrement, issu du tiers état ou, rarement, noble appauvri, faux comte ou prince, il ne réussira jamais à devenir un favori tout-puissant. Deuxièmement, il n'est pas un banal escroc, mais un homme de lettres. Troisièmement, nous nous intéressons surtout aux aventuriers qui ont été en rapport avec la Russie.

Le pèlerinage au Nord est un chapitre presque obligatoire dans la vie des chevaliers de fortune. Ces voyageurs infatigables parcourent le monde en quête du bonheur, comme le héros de la fable de La Fontaine qui après de longues pérégrinations découvre son destin au seuil de la maison de son père. Même ceux qui n'atteignent pas la Russie, tel Ange Goudar, lui consacrent des romans et des traités, entrent en correspondance avec des aristocrates russes, s'adressent à l'impératrice. Les tribulations des chevaliers de fortune russes en Europe offrent des parallèles intéressants, tout comme la comparaison des types sociaux de l'aventurier occidental et de l'imposteur russe. Ainsi, l'étude des romans et des biographies permet de détailler et de compléter le panorama des relations culturelles entre la France et la Russie. Les limites chronologiques de notre ouvrage correspondent à la deuxième moitié du XVIIIᵉ siècle, le « siècle d'or » des imposteurs et des aventuriers, les règnes d'Elisabeth Petrovna et de Catherine II.

Strictement parlant, notre définition de l'aventurier n'est applicable qu'à un nombre restreint de personnalités. Parmi les Français figurent Louis Charles Fougeret de Monbron (1706-1760), Ange Goudar (1708 - vers 1791), le baron Théodore Henri de Tschoudy ou Tschudy (1724-

1769), le chevalier d'Éon de Beaumont (1728-1810), le baron Charles Léopold Andreu de Bilistein (1724-1777), Jacques Henri Bernardin de Saint-Pierre (1737-1814), Timoléon Alphonse Gallien de Salmorenc (vers 1740-après 1785). Il y a quelques Italiens, Giovanni Michele Odart (ou Odar) (vers 1719-vers 1773), Giacomo Casanova (1725-1798), Guiseppe Balsamo, dit comte Alessandro Cagliostro (1743-1798), un Ukrainien, Ivan Trevoguine (ou Trevoga), faux prince de Golconde (1761-1790), des Dalmates, les frères Zannovitch (ou Zanovich) – Premislas (ou Premislav) Marco Zannovitch (vers 1747-après 1790), Stepan Zannovitch, dit prince Castriotto d'Albanie (1751-1786) et Hannibal Zannovitch (mort après 1788) –, des Hongrois, le baron François de Tott (1733-1793) et son frère le comte André de Tott (1730-après 1802). Mais aussi des hommes sans patrie: le comte de Saint-Germain (vers 1696-1784) et la princesse Elisabeth Vladimirskaïa ou princesse Tarakanova († 1775).

Il reste certes un grand nombre d'aventuriers qui ne satisfont qu'en partie à la définition proposée. Ce sont en premier lieu tous ceux qui n'ont pas de rapport direct avec la République des Lettres: comédiens, danseurs, musiciens (Campioni, Giuseppe Dall'Oglio), maîtres d'escrime (Darragon), joailliers (Bernardi), médecins (Jean Hermann Lestocq), officiers et capitaines (le prince Karl Heinrich Nassau-Ziegen, Semion Zoritch, Joseph de Ribas, Göran Magnus Sprengtporten), imposteurs (le roi de Monténégro Stepan Maly, le prince de Courlande Karl Ivanov, le prince turc Isan-bei, le prince de Palestine Joseph Abaïsi, le prince de Pologne Litsine, la princesse de Brunswick, etc.), mystiques (le comte polonais Tadeusz Grabianko), joueurs, faux-monnayeurs, etc. D'autre part, il y a des hommes de lettres et des diplomates qu'on ne peut que partiellement considérer comme aventuriers: Frédéric Melchior Grimm ou le comte de Ségur. Et enfin les écrivains qui n'ont que très peu de rapports, ou pas du tout, avec la Russie, mais qui par leur caractère, comportement, leurs démarches imprévisibles et leurs démêlés avec les autorités ressemblent beaucoup aux chevaliers de fortune : le chevalier Charles de Fieux de Mouhy, Jean-Baptiste de Boyer marquis d'Argens, François Antoine Chevrier, Maubert de Gouvest, l'abbé Henri Joseph Du Laurens, Pierre Augustin Caron de Beaumarchais, Carlo Goldoni, Lorenzo da Ponte. Par ailleurs, l'amour porté aux Lumières n'a jamais empêché les grands philosophes, avant tout Voltaire, de flirter avec la Fortune inconstante. Le fameux travesti du XVIIᵉ siècle, l'abbé de Choisy, et son contemporain, l'aventurier Brisacier, restent en dehors des limites chronologiques. Mais nous ferons appel à leurs œuvres et à leurs vies afin de déterminer le contexte culturel et social.

Il serait faux de dire que les aventuriers des Lumières n'ont jamais attiré l'attention des chercheurs. La thèse de référence de Suzanne Roth, *Aventure et aventuriers au XVIIIᵉ siècle : essai de sociologie littéraire* (1980), précieuse pour sa riche documentation, propose peut-être pour la première fois une analyse sociologique et psychologique du phénomène. L'essai de Stefan Zweig sur Casanova, qui fait partie de l'ouvrage *Trois poètes de leur vie* (1928), les monographies de Frantz Funck-Brentano[1] et de Robert Darnton[2] contiennent des idées et des matériaux extrêmement importants. Plusieurs ouvrages portent sur les aventuriers célèbres, notamment Cagliostro, Casanova, d'Éon. Mais nombreux sont ceux qui comportent des approximations dues à la confusion entre la vérité et le mensonge. Le personnage se retrouve adapté à sa légende. Ainsi, au XXᵉ siècle la « chevalière d'Éon » est devenue un personnage précurseur et héraut du féminisme. L'authentique

---

1. F. Funck-Brentano, *Figaro et ses devanciers,* Hachette, 1909.
2. R. Darnton, *Bohème littéraire et Révolution, le monde des livres au XVIIIᵉ siècle,* Gallimard, Seuil, 1983 ; R. Darnton, *La fin des Lumières,* Perrin, 1984.

version des *Mémoires* de Casanova, conservée aux éditions Brokhaus, ne parvient aux lecteurs qu'en 1962; l'histoire du manuscrit et de ses transformations fait penser à un roman d'aventures[1]. Jusqu'alors, les chercheurs devaient se contenter de la version de Laforgue qui avait réécrit les épisodes érotiques, supprimé toutes les aventures homosexuelles, changé le style et les convictions de Casanova, en transformant le catholique et l'ennemi de la Révolution en athée et en démocrate, ou presque. Certes, la biographie du célèbre Vénitien est bien connue grâce aux travaux de Charles Samaran et John Rives Childs et aux revues *Pages casanoviennes, Casanova Gleanings* et *L'Intermédiaire des casanovistes*. Plusieurs textes inédits sont parus en 1993, en annexe à la dernière, et la meilleure, édition de l'*Histoire de ma vie* aux Éditions Robert Laffont. Mais l'édition complète de la correspondance de Casanova et un dictionnaire qui lui est consacré, en préparation actuellement, ne sont pas encore disponibles.

Les ouvrages et les articles de philosophes, sociologues et psychologues, tels Gustave Le Bon, Jean Gabriel de Tarde, Sigmund Freud, Georg Simmel, Karl Abraham, Norbert Elias, Erich Fromm, Vladimir Jankélévitch, nous ont permis de développer la notion d'aventure. Dans l'analyse des aventuriers russes, nous nous référons surtout aux travaux d'historiens et de littéraires: E. Karnovitch, D. Kobeko, V. Bilbassov, A. Barsoukov, M. Alekseev, M. Popova, P. Berkov, etc. La problématique de l'imposture a été élaborée par les chercheurs contemporains, dont K. Tchistov, B. Ouspenski, A. Mylnikov, L. Svetlov, M. Kourmatcheva, A. Toporkov, C. Ingerflom, etc. Nous avons également réussi à découvrir de nouveaux documents concernant les chevaliers de fortune dans les fonds russes et étrangers.

Je tiens à remercier mes collègues de l'Institut Gorki de

---

1. H. Watzlawik, Biographie d'un manuscrit, *HMV*, t. 1, p. XV-XXVIII.

littérature mondiale (Moscou) et du Centre d'étude du XVIIIᵉ siècle (Montpellier) de leur aide et de leurs suggestions, ainsi que la Maison des sciences de l'homme (Paris) et son administrateur Maurice Aymard, la *British Academy* et l'*Isituto Italiano per gli studi filosofici* (Naples) qui m'ont offert la possibilité de consulter les archives françaises, anglaises et italiennes. J'exprime ma gratitude à Nathalie Ferrand qui a bien voulu corriger mon français.

Les premières versions de certains chapitres ont fourni la matière à des interventions à des colloques internationaux et à quelques articles. Dans la rédaction de cet ouvrage, je les ai réécrits. Néanmoins, suivant la tradition, je donne la liste des premières publications :

1. Une lettre inédite de Bernardin de Saint-Pierre à Catherine II, *Le Dix-huitième siècle*, nº 26, 1994, p. 239-250.

2. Aventuriers européens en Russie : masques et rôles sociaux, *L'homme des Lumières de Paris à Pétersbourg, Actes du colloque (automne 1992)*, Naples, Vivarium, 1995, p. 79-103.

3. Les aventuriers des Lumières : hommes de lettres et citoyens du monde, *Victor Hugo et l'Europe de la pensée. Actes du colloque (Thionville et Vianden, octobre 1993)*, Paris, A.-G. Nizet, 1995, p. 57-64.

4. Aventuriers et petits-maîtres, philosophes et monarques, *Lez Valenciennes*, 1995, nº 18 *(Philosophes, écrivains et lecteurs en Europe au XVIIIᵉ siècle)*, p. 83-96.

5. Livres et bibliothèques dans le roman et dans la vie des aventuriers, *L'épreuve du lecteur. Livres et lectures dans le roman d'Ancien Régime, Actes du VIIIᵉ colloque de la SATOR (Louvain et Anvers, mai 1994)*, Louvain-Paris, Éditions Peeters, 1995, p. 272-278.

6. *Aventuriere onorato* de Carlo Goldoni et les aventuriers des Lumières, *Esperienze letterarie*, Naples, XX, 1995, nº 2, p. 59-70.

7. Voltaire et les aventuriers de la République des Lettres, *Voltaire et ses combats, Actes du Congrès (Oxford-Paris, octobre 1994)*, Oxford, The Voltaire Foundation, 1997, t. 2, p. 1227-1236.

Espace social

Images de l'aventurier

Chaque époque crée ses propres règles de conduite respectées aussi bien par les personnages littéraires que par les hommes réels. Le choix des possibilités s'avère limité et déterminé par la situation sociale, la fortune, le sexe, l'âge et la nationalité. Aux XVIIᵉ-XVIIIᵉ siècles, en France, dans les familles nobles, le fils aîné, héritier du titre, devenait militaire. Le fils cadet se consacrait à une carrière ecclésiastique, tandis que le troisième faisait vœu de célibat et devenait chevalier de Malte. Le jeune Paul de Gondy, futur cardinal de Retz, après la mort d'un de ses frères devenu le cadet, s'est vu amené à prendre l'habit. Il fit de son mieux pour échapper à son destin : pécha autant que possible, multiplia des duels, ravagea les cœurs des femmes, organisa des complots, entretint des troupes, mais en vain, il demeura toujours prélat. Par droit de naissance il était appelé à devenir coadjuteur, archevêque de Paris, cardinal.

Les benjamins n'avaient pas leur place dans les familles, surtout dans les familles modestes. Comme les benjamins des contes de fées, ils avaient à se frayer le chemin dans la vie et leur comportement, par la force des choses, n'était pas celui de leurs aînés. Aux XVIIᵉ et XVIIIᵉ siècles, les provinciaux originaires du Midi se ruent vers Paris où ils essaient de faire carrière à tout prix. Dans *Cyrano de Bergerac*, Edmond Rostand fait éloge des «cadets de Gascogne», mais les romans et les comédies du XVIIIᵉ siècle les présentent en fanfarons débrouillards plutôt qu'en guerriers vaillants; les *Mémoires de M. d'Artagnan* de Gatien Courtilz de Sandras (1700) seraient plutôt une exception. Les jeunes filles nobles bien dotées se marient, les autres, souvent contre leur gré, entrent dans les couvents, *La religieuse* de Diderot en est l'exemple classique.

Chaque type de carrière, qu'il s'agisse d'une carrière diplomatique, militaire, parlementaire ou ecclésiastique, était géré selon ses propres normes et règles. Pourtant ce cadre social permettait à une certaine catégorie d'hommes de franchir les limites, de passer d'un groupe social à un autre, de tenter toutes les carrières. Il s'agit des aventuriers. Pour une société traditionnelle, la mobilité sociale est un vice, voire une menace. Aux XVIIᵉ-XVIIIᵉ siècles, la notion d'aventurier a une forte connotation péjorative. Le *Dictionnaire de l'Académie* de 1694 indique que le mot «se disait autrefois particulièrement de ceux qui allaient volontairement à la guerre, sans recevoir de solde, et sans s'obliger aux gardes et aux autres fonctions militaires [...]. Il s'applique par similitude à ceux qui sans être amoureux d'aucune femme tâchent de gagner les bonnes grâces de toutes. [...] On appelle aussi, *Aventurier*, celui qui n'a aucune fortune et qui cherche à s'établir par des aventures». Un demi-siècle plus tard, le *Dictionnaire universel de commerce* (1750) ajoute que l'aventurier est celui qui «n'a peut-être ni feu, ni lieu, qui se mêle hardiment d'affaires», «tous les bons Négociants doivent bien se garder de telles personnes»[1]. Ainsi les dictionnaires expliquent bien la destinée de l'aventurier: n'avoir rien, ne s'attacher à rien, fuir le travail et la famille et considérer le monde entier comme sa patrie.

---

1. *Dictionnaire de l'Académie* (1694), *Dictionnaire universel de commerce* (1750) – S. Roth, *Aventure et aventuriers au XVIIIᵉ siècle. Essai de sociologie littéraire,* thèse, Lille, 1980, t. 1, p. IX-XI.

L'auteur du roman *L'aventurier français* (1782), Robert-Martin Lesuire précise que son héros « n'est pas un intrigant, un chevalier d'industrie, comme le nom que nous lui donnons semblerait l'indiquer : nous l'appelons *Aventurier* parce qu'il a beaucoup d'aventures »[1]. Précaution révélatrice : dans la vie réelle du XVIIIe siècle, l'aventurier ne se contente pas de subir les coups de la fortune ; il les attire, il les cherche, et les aventures sont pour lui un moyen de parvenir. C'est un marginal qui ne veut, ni ne peut faire carrière selon les lois prescrites, en suivant la routine diplomatique, parlementaire, militaire ou financière. Il accumule l'énergie d'une société en stagnation, énergie qui ne trouve pas d'issue, canalisée et étouffée par les structures administratives trop rigides de l'Ancien Régime. Ce parasite est nécessaire au bon fonctionnement du mécanisme social, c'est la graisse qui huile les rouages de l'État. L'aventurier est aussi l'intermédiaire entre les pays, les cultures, les classes sociales et même, tel un médiateur mythologique, entre les sexes, entre la vie et la mort, entre notre monde et le monde souterrain, entre la fiction et la réalité.

L'aventurier est toujours un messie, un prophète, celui qui plaît et qui séduit, qu'on attend avec impatience sans le savoir. Il attache dans la même mesure les hommes que les femmes. Or son apparence ne peut pas être ordinaire : il surprend, attire les regards et ne passe jamais inaperçu. Il est très grand (comme Casanova, Darragon, Pictet le Géant) ou, au contraire, trapu, robuste, d'une belle carrure (Saint-Germain, le comte Grabianko), son teint est basané (Cagliostro), son regard qui est « d'une profondeur presque surnaturelle » magnétise, son beau visage fait penser à celui d'un poète inspiré (Cagliostro)[2]. Il semble

1. R.-M. Lesuire, *L'aventurier français ou Mémoires de Grégoire Merveil*, Londres-Paris, Quillau l'aîné et la veuve Duchesne [1782], t. 1, p. I.
2. *Mémoires de la baronne Oberkirch*, éd. S. Burkard, Mercure de France, 1989, p. 116 ; *Souvenirs de Charles-Henri baron de Gleichen*, éd. P. Grimblot, Paris, L. Techener fils, 1868, p. 132.

tout connaître, l'arabe, l'hébreu, le latin, la plupart des langues européennes, comme Saint-Germain; même s'il est peu instruit et écorche le français, tel Cagliostro, cela ne met pas en cause sa réputation de polyglotte.

L'aventurier aime s'habiller avec élégance, étaler sa richesse, en exposant ou en offrant des bagues au brillant de grand prix, des chaînes en or, des médaillons, des tabatières ou des montres serties de diamants, des fourrures (Saint-Germain, Casanova, Cagliostro, Stepan Zannovitch); il possède des pierres précieuses d'une grandeur et d'une perfection surprenantes qui parfois se trouvent être des strass. D'après d'autres témoignages, ceux du diplomate, le baron de Gleichen, ou de Mme du Hausset, femme de chambre de marquise de Pompadour, Saint-Germain s'habillait avec une « simplicité magnifique et recherchée »[1]. Cagliostro, au contraire, préférait des habits orientaux luxueux, les costumes d'un sage arabe, presque théâtraux. Tout coureur d'aventures a un faible pour les distinctions et les titres inventés. Mais il a aussi une autre facette qui vient, d'une part, de la tradition alchimique et, d'autre part, de l'image biblique du messie: l'omnipotence se dissimule derrière une faiblesse apparente qui la met davantage en valeur, la richesse se cache sous les haillons, l'omniscience sous les apparences d'une vie dissipée. Ainsi, la tradition veut que celui qui possède la pierre des philosophes doive se faire passer pour un charlatan pour tromper l'avidité des pouvoirs, paraître pauvre et malade[2]. Le chevalier de fortune cache son vrai visage, son nom, ses titres et son destin, il est un « philosophe inconnu », comme l'était le baron de Tschoudy.

Une autre particularité de l'aventurier est intimement liée à cette nécessaire dissimulation: l'incertitude et l'im-

---

1. *Souvenirs de Charles-Henri baron de Gleichen,* p. 124; *Mémoires de Madame du Hausset sur Louis XV et Madame de Pompadour,* éd. J.-P. Guicciardi, Mercure de France, 1985, p. 109 et s.
2. *Le cosmopolite ou Nouvelle lumière chimique pour servir d'éclaircissement aux trois principes de la nature* (1691), éd. B. Roger, Retz, 1976, p. 19.

prévisibilité. Parfois les témoignages portant sur les aventuriers se contredisent radicalement, comme ce fut le cas des récits sur le Monténégrin Stepan Maly («Petit») qui cherchait à se faire passer pour Pierre III. On le qualifie de comédien, on parle de ses traits féminins. Les aventuriers, qu'il s'agisse de Stepan Maly ou de Saint-Germain, préfèrent ne rien affirmer clairement, mais plutôt évoquer, laisser échapper un secret; ils chauffent la fantaisie de leurs auditeurs qui doivent trouver le mot de l'énigme. L'aventurier est toujours en état de transition : le chevalier d'Éon se présente tantôt comme un officier de dragon vêtu en femme, enfermé dans un couvent et réduit à broder, tantôt comme une amazone, femme guerrière.

L'aventurier, ce «singe de l'homme» (le nom que se donnaient les alchimistes), veut tout être à la fois, vivre mille vies. Protée moderne, il se métamorphose en un clin d'œil comme dans un conte de fées. Un mot du Roi thaumaturge suffit pour que l'aventurier devienne ingénieur hydraulique, militaire, financier, homme galant, précepteur – comme Casanova pendant son bref entretien avec Frédéric le Grand. En 1755, le baron de Tschoudy publie à Saint-Pétersbourg une revue française au titre parlant : *Caméléon littéraire,* en assimilant ainsi les belles lettres à l'art royal de transformer les métaux.

Ce goût de l'improvisation, cette instabilité constitutive sont la dominante de l'aventurier, qui agit selon l'impulsion du moment, mais sans avoir l'esprit méchant et rancunier, comme le souligne Casanova dans son dialogue avec le général russe, d'origine suédoise, Göran Magnus Sprengtporten[1]. Il est égoïste, bon vivant, hédoniste, bon mangeur et coureur de jupons. L'*Histoire de ma vie* consacre une place importante à la description des dîners et des propos de table.

1. M. Leeflang, A. Stroev, H. Watzlawick, La correspondance de Giacomo Casanova avec le général Sprengtporten, *L'Intermédiaire des casanovistes,* année X, 1993, p. 1-19.

Joueur professionnel, l'aventurier est superstitieux. Il croit à son étoile, il prend les caprices de la fortune pour la volonté de Dieu, mais n'oublie pas de corriger la fortune par les cartes. Sa vie est un jeu – du hasard et de l'amour, de hasard et de théâtre. Il est à la fois comédien et spectateur qui s'observe à distance mais avec enthousiasme. C'est aussi l'attitude du mémorialiste qui raconte avec le sourire ses aventures de jeunesse. « Ce fut la clôture du premier acte de ma vie (la rencontre avec la Charpillon à Londres en 1763 – A. S.). Celle du second se fit à mon départ de Venise l'an 1783. Celle du troisième arrivera apparemment ici où je m'amuse à écrire ces mémoires. La comédie sera alors finie, et elle aura eu trois actes. Si on la sifflera, j'espère que je ne me l'entendrai dire de personne » (*HMV*, t. 3, p. 247-248). Le chevalier de fortune n'existe pas en dehors de la société, il doit être toujours entouré. Homme public, il cherche en permanence l'approbation des autres ou bien les provoque.

Les *Mémoires de l'abbé Choisy habillé en femme* (publiés en 1735) nous donnent un exemple édifiant de comportement théâtral : « J'ai joué la comédie cinq mois durant sur le théâtre d'une grande ville, comme en fille. »[1] L'abbé François Timoléon de Choisy (1644-1724) loue une petite maison solitaire dans un faubourg, à Saint-Marceau, pour pouvoir s'adonner à sa passion du travestissement, mais il ne manque pas de courir le danger d'être démasqué : mis en femme, il se rend à l'église et chez des ecclésiastiques, jusqu'à chez le cardinal, séduit femmes et jeunes filles, anticipant sur les célèbres épisodes du *Faublas* de Louvet de Couvray. Il organise un mariage bouffon avec une fille habillée en jeune homme. Il est loin de se cacher, au contraire, les journaux écrivent souvent à son sujet. L'abbé se plaît à tromper et blasphémer, à faire l'amour

---

1. F.-T. Choisy, *Mémoires pour servir à l'histoire de Louis XIV. Mémoires de l'abbé Choisy habillé en femme,* éd. G. Mongrédien, Mercure de France, 1979, p. 290.

devant un curé. La présence du public et des voyeurs lui procure un plaisir particulier. « Comédienne » exemplaire, il donne des leçons de jeu théâtral aux professionnelles (*HMV*, t. 2, p. 351). Il détaille avec verve – plus que ne le font les romans de l'époque – ses habits, déguisements, bijoux, mouches, meubles, costumes et décors. Seule la passion des cartes le soigne, pendant quelque temps, de sa passion du travesti ; mais il lui suffit de tout perdre pour redevenir comtesse de Barres ou Mme de Sancy.

L'aventurier préfère l'espace de transition : la petite maison qui marque la limite entre la capitale et la campagne. C'est un lieu de rendez-vous pour les habitants de la capitale – les aristocrates qui s'approprient l'espace du tiers état –, pour tous ceux qui veulent se débarrasser provisoirement des conventions mondaines, mettre en scène une « idylle pastorale » à la manière des gravures galantes de l'époque. L'espace à la fois privé et public attire de nouveaux adeptes. Même si la petite maison a été l'invention des petits-maîtres, les aventuriers la tiennent à cœur. A Venise, Casanova rencontre ses maîtresses dans un *casin* sur l'île de Murano ; aux environs de Paris, il loue la villa « Petite Pologne ». Il le fait avec d'autant plus de plaisir que la vie y est moins chère : comme le remarque Casanova, « puisque tout ce qui entrait à Paris devait payer, et étant là j'étais à la campagne » (*HMV*, t. 2, p. 148).

Le chevalier de fortune aime le risque, il hasarde sa vie et ses biens. Il porte le masque d'un vainqueur, mais, dans son for intérieur, il souhaite être vaincu. Par sa nature il doit laisser échapper et décliner plusieurs opportunités, qu'il s'agisse d'une bonne place ou d'une riche fiancée. S'il s'arrête dans sa quête, il ne sera plus aventurier. C'est pourquoi Casanova transforme sa manufacture de soie en un harem ruineux, et entretient toutes ses ouvrières, en leur offrant maison et meubles. Le mariage incarne la mort et la prison.

En revanche, la vraie prison inspire les frères Premislav et Hannibal Zannovitch, ainsi que Ivan Trevoguine : ils élaborent des plans de fortifications, rédigent des œuvres littéraires et des mémoires. Et pour Casanova aussi, la fuite de Piombi, sa prison vénitienne, alors qu'il crée à partir de rien, tel Dieu, des instruments et un complice, a été un événement des plus bouleversants. Chaque aventure se solde par une menace de mort, un exil : Casanova en a fait l'objet une dizaine de fois, dans la plupart des capitales européennes. L'aventurier peut publier des faire-part de sa mort pour changer d'apparence, désorienter ses ennemis et ses créditeurs, comme l'a fait à deux reprises Stepan Zannovitch. Et, chaque fois, il recommence à zéro. Cette logique du destin, tel un cycle interminable d'essors et de chutes, de morts temporaires et de renaissances, anime le roman picaresque, plus tard celui d'aventures et... la vie réelle.

Nouveau Juif errant, l'aventurier parcourt le monde civilisé de l'ouest à l'est, du sud au nord. Paris est le centre de son univers. Il y revient toujours après avoir visité (presque impérativement) l'Italie, l'Espagne, la Suisse, Constantinople, la Hollande, l'Angleterre, l'Allemagne, l'Autriche, la Russie et la Pologne. Comme pour Voltaire, tel qu'il apparaît dans ses *Mémoires*, la route est pour les aventuriers un remède universel contre les maux, les malheurs et les ennuis.

Les chevaliers de fortune suivent presque toujours le même trajet, ils descendent dans les mêmes hôtels aux enseignes maçonniques (l'*Étoile d'Orient*, l'*Esprit*, *Chez Saint-Jean*), fréquentent les mêmes personnes, se rencontrent, se disputent. Eux-mêmes remarquent la similitude de leurs vies et de leurs voyages. Dans son *Examen des « Études sur la nature » et de « Paul et Virginie » de Bernardin de Saint-Pierre* (1788-1789), Casanova dit que, sans le savoir, il suivait les traces de Bernardin de Saint-Pierre en Russie, en Pologne et en Saxe, avec un an de retard[1].

---

1. G. Casanova, *Examen des « Études sur la nature » et de « Paul et Virginie » de Bernardin de Saint-Pierre : un inédit écrit en 1788-1789 à Dux*, éd. M. Leeflang et T. Vitelli, Utrecht, 1985.

Quinze ans plus tard, Cagliostro reprendra le trajet du Vénitien et rencontrera ses «frères» maçonniques en Courlande, en Russie et en Pologne.

En 1785, lorsque la disparition du collier de la reine provoque un énorme scandale, les pamphlétaires dressent le portrait de cette tribu de «charlatans», en affirmant que les aventuriers héritent les uns des autres : Cagliostro succède à Saint-Germain, celui-là à une lignée d'aventuriers qui remonte jusqu'à Simon Morin, brûlé en 1622 parce qu'il se présentait comme le fils de Dieu et sa femme, comme la Sainte Vierge[1].

Les chevaliers de fortune assurent la circulation de l'information en Europe en créant une confrérie d'initiés. Ils répandent dans le monde la langue française, les modes, les coutumes, les mœurs parisiens, ainsi que les nouvelles idées et doctrines philosophiques – les maladies vénériennes aussi. D'après les calculs des spécialistes, Casanova s'est fait soigner environ douze fois pour les quatre maladies vénériennes[2]. Dans les années 1740, le Vénitien visite, à un an d'intervalle, Orsara où le médecin local l'accueille comme son bienfaiteur et lui demande ce qu'il apporte de nouveau cette fois, car le séjour précédent lui a assuré une pratique d'un an. La maladie égalise les sexes, les couches sociales, les métiers, en tissant de faux liens fraternels ; on trouve d'ailleurs une même succession de malades dans *Candide* de Voltaire. Le traitement classique au mercure métamorphose les corps des patients en objets d'expériences alchimiques.

Les aventuriers peuvent être d'origines différentes, mais ils s'expriment tous en français ou en italien. Ces deux nationalités dominent : les pays du Nord offrent le terrain aux aventures des «méridionaux». Le véritable

---

1. *Lettre d'un garde du Roi* (1786) – J.-J. Tatin-Gourier, *Cagliostro et l'affaire du collier : pamphlets et polémique,* Publications de l'Université de Saint-Étienne, 1994, p. 91.
2. J.-D. Vincent, *Casanova : la contagion du plaisir,* O. Jacob, 1990.

chevalier de fortune est un homme sans patrie, sans parents, sans âge comme le comte de Saint-Germain : on ignore toujours s'il est Espagnol ou Juif portugais, Français ou Hongrois, ou même Russe. Selon une légende, il vient en Russie en 1762, sur l'invitation de l'artiste italien Rotari, et participe au complot qui amène Catherine II sur le trône russe. On prétend qu'il était très proche de Grigori et Alekseï Orlov[1]. Le comte rencontre en effet Denis Fonvizine en Allemagne en 1777, et il envoie une lettre au comte Piotr Panine en proposant un moyen de fabriquer l'or.

Un certain apprenti sorcier se présente dans une lettre, adressée à Elisabeth Petrovna, comme Zoltikof (Saltykov) Altenklingen, « Gentilhomme suisse de la race moscovite », en précisant que son nom est « emprunté » et qu'il habite en Hollande. La fausse princesse Tarakanova n'a pas voulu, en confession, au moment de mourir, avouer ses origines. Quand le chevalier de fortune, tel Saint-Germain ou Cagliostro, s'intitule « noble voyageur » pendant le procès du « collier de la reine », il annonce par là son appartenance aux rose-croix et construit sa légende en conséquence. Lorsque Fougeret de Monbron, Tschoudy, Casanova et d'autres encore se présentent comme « cosmopolites », « hommes libres », « citoyens du monde », ils affichent leur appartenance à la maçonnerie, confrérie sans frontières et sans distinction sociale. Les grands alchimistes du XVIIᵉ siècle, dont Alexandre Sethon et Michel Sendivogius, se donnaient la même appellation, « cosmopolites » et « nobles voyageurs ». Les voyageurs ne veulent servir aucune nation, ils appartiennent à une nouvelle race : celle des aventuriers. Leur manifeste est *Le cosmopolite, ou le citoyen du monde* de Fougeret de Monbron (1750).

---

1. *Souvenirs de Charles-Henri, baron de Gleichen,* p. 132-133, P. Andremont, *Les trois vies du comte de Saint-Germain,* Genève, Vernoy, 1979, p. 107.

L'aventurier est partout un étranger. C'est son atout et son défaut principal. On dirait d'ailleurs que le passage d'une frontière anoblit : un simple roturier devient comte — comtes de Cagliostro, Casanova de Farussi, de Saint-Germain, de Zannovitch — ou princes comme Trevoguine, Karl Ivanov, etc. Il se fait présenter à une cour royale, il parle aux monarques en privé. Il se bat en duel avec des aristocrates. Après son duel avec le comte Branicky, Casanova avoue à Stanislas-Auguste que chez lui, à Venise, il n'aurait pas pu envoyer un cartel à un patricien. Homme nouveau, il devient vite homme à la mode, il attire l'intérêt général. Mais voilà que la mode passe, la roue de la Fortune tourne et l'aventurier est oublié, sinon banni et arrêté.

Il y a peu d'aristocrates authentiques parmi les aventuriers : le baron de Tschoudy, le baron de Bilistein, le chevalier d'Éon, bien que ce dernier ait été surpris en train d'améliorer sa généalogie. Le tiers état domine, mais le tiers état apostat. L'aventurier est un traître, mais qui trahit avant tout son identité originelle, anticipant le sujet préféré de Borges, *Thème du traître et du héros*. Il se fuit lui-même, se cache derrière des dizaines de noms et de titres inventés de toutes pièces. Ainsi, Saint-Germain se fait appeler général Saltykov, prince Rakoszy, comte Zarogi, marquis de Monferat, comte de Bellami, comte de Veldon ; Guiseppe Balsamo — comte de Cagliostro, comte Fenix, comte Pellegrini, etc. Dans l'initiation maçonnique, il trouve son vrai nom qui demeure secret pour les profanes. Lorsqu'on demande à Casanova de quel droit il s'intitule le chevalier de Seingalt (anagramme de son nom rose-croix), il rétorque que l'alphabet appartient à tout le monde et qu'il a choisi les huit lettres qui lui ont plu, l'homme étant libre de choisir son nom.

L'aventurier ne connaît pas ou ne veut pas connaître ses parents. Saint-Germain passe pour le fils soit du roi de Portugal, soit de la princesse Pfalz-Neuburg, veuve du roi d'Espagne Charles II. Casanova préfère croire qu'il est fils naturel d'un patricien, plutôt que fils légitime d'un comédien et trouve un père adoptif, sénateur vénitien Matteo Giovanni Bragadin. L'aventurier se met volontiers dans la situation initiale d'un très grand nombre de romans du XVIIIe siècle : celle du bâtard ou de l'enfant trouvé. Il est toujours en quête d'un protecteur et, comme l'a bien montré Chantal Thomas à propos de Casanova, l'image du roi se transforme pour lui en image symbolique du père[1].

Le traumatisme infantile aggrave la sensation de solitude. L'aventurier est exclu de son milieu. Différent des autres, il n'est pas sans rappeler le « vilain » héros du conte de fées, le troisième fils « stupide » ou la belle-fille souillon prédestinés aux aventures et métamorphoses. Casanova était un enfant attardé, ne parlait pas jusqu'à l'âge de huit ans, jusqu'à ce qu'il fût guéri par une vieille sorcière. L'enfant d'une famille nombreuse négligé par tous, ou encore abandonné par sa mère et éduqué par sa grand-mère comme Casanova, éprouve un manque d'amour parental. C'est pourquoi, après avoir quitté sa maison, le jeune homme veut plaire à tout le monde, cherche, d'ailleurs avec succès, à séduire, à entrer en confiance – jusqu'à la rupture inévitable, la fuite, l'arrêt. Au sommet de la réussite, le mécanisme psychologique de protection cède et provoque une chute inéluctable. Le psychiatre allemand Karl Abraham dans son article « Histoire d'un chevalier d'industrie à la lumière de la psychanalyse » (1925) montre que le donjuanisme de l'aventurier, le besoin de violer la loi et de se retrouver en prison sont liés à la quête inconsciente de la mère, de la famille, du refuge. Un jeune arriviste, patient d'Abraham, qui parcourut l'Autriche-Hongrie en tous sens pendant la Première Guerre mondiale, fut guéri de sa passion de changer de décors en contractant un mariage heureux avec une femme beaucoup plus âgée[2].

---

1. Ch. Thomas, *Casanova : un voyage libertin,* Denoël, 1985.
2. K. Abraham, Histoire d'un chevalier d'industrie à la lumière de la psychanalyse, *Œuvres complètes,* Payot, 1966, t. 2, p. 158-172.

Le don de plaire, de s'imposer est indispensable à la réputation, à la carrière des arrivistes, et ils exercent leur charme sur homme et femme. Les amours homosexuelles de Tschoudy ou de Casanova (en Turquie, en France et en Russie) sont bien à leur place dans la vie d'un être multiforme et instable, sans parler du travestissement de Choisy et du chevalier d'Éon. Les pamphlétaires accusent Cagliostro de « mœurs italiennes ». Les lesbiennes séductrices suscitent l'intérêt et la sympathie de Casanova qui découvre en elles une âme sœur : tel est le cas de Marcoline.

Évoquons encore une autre cause de solitude : le narcissisme allant jusqu'à l'autodéification. L'abbé de Choisy prétend que l'amour de la femme détruit son bonheur : « Quoique je l'aimasse beaucoup, je m'aimais encore davantage, et ne songeais qu'à plaire au genre humain. »[1] Le Dieu est l'amour et c'est sa place que veut prendre l'abbé. Casanova va dans le même sens en affirmant dans le *Soliloque d'un penseur* que l'imposteur souhaite voir le genre humain à ses pieds. Selon Marie-Françoise Luna[2], c'est la marotte du Vénitien – se faire reconnaître comme un dieu puissant et bienveillant, jouer des rôles héroïques et providentiels : « J'ai vu à genoux devant moi toute sa famille qui me donnait des attributs qu'on ne donne qu'à la divinité » (*HMV*, t. 3, p. 438).

L'aventurier est célibataire, mais il est presque toujours accompagné. Il lui arrive rarement de conquérir le cœur d'une riche aristocrate, et s'il y parvient il n'a pas honte de vivre à ses dépens, de profiter de ses relations. Mais bien plus souvent l'aventurier séduit des bourgeoises. Les archives de Stepan Zannovitch à Amsterdam contiennent de nombreuses lettres de ses admiratrices qui sont toutes, à l'exception d'une aventurière, la duchesse de Kingston, des bourgeoises fascinées par son titre princier.

---

1. F.-Th. Choisy, *op. cit.*, p. 298.
2. M.-F. Luna, Casanova et ses Dieux, *Europe,* n° 697, 1987, mai, p. 59-67.

Les personnages romanesques du XVIIIᵉ siècle, paysans, soldats ou philosophes parvenus, les héros de Marivaux, Mouhy, Mauvillon, Rétif de la Bretonne, Lesuire, etc., cherchent des maîtresses et des épouses riches et nobles ; ils font carrière, grimpent l'échelle sociale grâce aux succès auprès des femmes. Les romans du XIXᵉ siècles, de Stendhal et Balzac à Maupassant, retiendront ce schéma narratif où la vie se présente comme une série de conquêtes qui équivaut à l'ascension sociale. Les mémoires de Casanova, publiés à l'époque où le mythe de Don Juan se déclinait à volonté, ont été interprétés dans la même perspective.

Mais le Vénitien sait que ce sont les hommes qui gouvernent le monde. Dans ses tentatives de parvenir, de trouver une place et une situation stable, il cherche l'amitié des aristocrates, se met en quatre pour les combler. Par contre, avec les femmes, même amoureux, il préfère acheter plutôt que faire la cour.

Les joueurs professionnels et les fripons travaillent souvent à deux, en utilisant les filles comme appât et comme alibi : les épouses sont toujours plus respectables. Ange Goudar expose la technique en toute connaissance de cause dans son traité l'*Histoire des grecs ou de ceux qui corrigent la fortune au jeu* (1757). Les couples d'aventuriers parcourent l'Europe : Alessandro et Séraphina Cagliostro, Ange et Sarah Goudar tournent au profit commun sans aucune jalousie leurs conquêtes respectives. A son tableau de chasse, Sarah Goudar peut compter le roi de Naples, le comte Alekseï Orlov et le comte Piotr Boutourline ; et Séraphina Cagliostro, d'après une légende, a vu à ses pieds le prince Potemkine.

L'absence de maison, de famille et de patrie est compensée en quelque sorte par l'appartenance à une communauté cosmopolite. L'aventurier fait partie de plusieurs communautés à la fois : de savants et de francs-maçons, de comédiens et de joueurs. C'est dans ces domaines qu'il est le plus à l'aise, car il sait mettre à son profit les réseaux secrets d'information.

Le monde du spectacle implique une vie en famille élargie, des tournées, des pérégrinations incessantes, le renoncement à son « je » au profit de l'emploi de comédien. Les roturiers jouent les rois, changent de noms, de costumes et de rôles, cherchent leur bonheur à travers l'Europe ; ils sont adulés et méprisés, excommuniés, et ils ressemblent beaucoup aux aventuriers. Ces derniers sont attirés par cette tribu. Ainsi Casanova mentionne dans ses mémoires deux cents comédiens et musiciens – sa famille, ses maîtresses, ses amis.

Une autre communauté, celle des joueurs professionnels, est structurée sur le modèle d'une république et non une famille. En théorie, le jeu égalise les gens. Les cartes et la loterie sont interprétées comme les modèles de la vie humaine. En pratique, la république du jeu est parfaitement hiérarchisée. En bas, joueurs ordinaires, en haut, ceux qui mènent le jeu, banquiers et organisateurs de loteries. L'*Histoire des grecs* d'Ange Goudar présente l'ordre des chevaliers d'industrie organisé à la manière des francs-maçons. L'auteur, en toute connaissance de cause, raconte leurs traditions, mœurs et coutumes, brosse les portraits des « grecs » les plus célèbres.

Les confréries de francs-maçons et de savants remontent aux idées utopiques et mystiques du début du XVIIe siècle exposées dans *Reipublicae christianopolitanae descriptio* de Johann Valentin Andreae (1619), la *Nouvelle Atlantide* de Francis Bacon (publiée en 1627) et *Via Lucis* de Jan Amos Comenius (1641). La voie vers une société idéale se présente comme l'ascension vers la connaissance suprême. Aux premiers degrés de la « voie de lumière », les savants renoncent au mariage et créent un cercle d'amis. Au septième degré se produit une résurrection spirituelle effectuée par un collège qui rassemble des hommes pieux et talentueux du monde entier. Ce collège bâtit le temple de la sagesse. Les principaux instruments qui permettront de transformer le monde, selon Jan Comenius, sont les principes de l'harmonie, du savoir et de la langue universels. F. Bacon décrit la structure et l'organisation de l'Ordre du temple de Salomon où les savants accumulent toutes les connaissances du monde. Les idées de Comenius ont été utilisées en Angleterre lors de la création de premières sociétés scientifiques. L'Europe du XVIIe siècle découvre que les savants sont les citoyens de la République des Lettres, où tous, liés de liens d'amitié, sont égaux et s'entraident pour atteindre le même but, le savoir. Un siècle plus tard, l'utopie savante s'affaiblit au profit de sa version mystique, maçonnique.

Nous retrouvons les échos ou la filiation directe de ces idées dans un certain nombre d'ouvrages utopiques dus aux aventuriers : chez Bernardin de Saint-Pierre, Casanova et surtout chez Ivan Trevoguine. Tschoudy dans son *Philosophe au Parnasse français* (1754), dédié à Ivan Chouvalov, écrit : « Pour le philosophe, le monde entier est la patrie, l'univers est la république dont les contrées les plus éloignées sont soumises à l'ensemble et sont reliées par les mêmes ressorts. »[1] Notons que les protecteurs vénitiens de Casanova, Matteo Bragadin, Marco Dandolo et Bernardo Barbaro, refusent le mariage afin d'accéder au savoir mystique.

L'aventurier défend moins les idéaux de la communauté savante qu'il n'en profite. Il lutte pour la liberté, l'égalité et la fraternité, mais pour lui seul. Il se donne le titre de citoyen de la République des Lettres pour rencontrer les savants et philosophes célèbres (Haller, Voltaire, Lavater), pour se sentir égal aux grands, pour leur offrir ses services. L'aventurier a besoin des limites pour pouvoir les franchir, d'une hiérarchie pour l'escalader. Casanova se dit député de la République des Lettres, lorsqu'il rédige son projet de réforme du calendrier russe pour Catherine II, et se transforme en érudit lorsqu'il cherche une place à la cour de Stanislas-Auguste.

---

1. *Le philosophe au Parnasse français ou le moraliste enjoué. Lettres du chev. de L**,* Amsterdam, 1754, p. 138.

Le chevalier de fortune essaye les métiers par dizaines : soldat, marin, mathématicien, chimiste (ou plutôt alchimiste), financier, industriel. Casanova est à tour de rôle journaliste, officier, diplomate, agent secret, bibliothécaire, acteur, violoniste, avocat et prêtre, il prêche, rédige des traités mathématiques et historiques, poèmes, pièces de théâtre, romans, organise des loteries, ouvre des fabriques, prospecte des mines, soigne des malades, transforme des métaux en or, et la femme en homme. Le dramaturge Carlo Goldoni, tout comme le héros de sa comédie autobiographique *L'honnête aventurier* (1751), se cherche dans les belles-lettres, la médecine, la carrière d'avocat, du juge, dans l'administration. Les aventuriers, héros de Lesuire, Goudar, Mouhy, s'essaient aux mêmes métiers, sans oublier l'imposture et l'espionnage.

Et pourtant l'aventurier caresse deux rêves : il veut servir le roi et écrire. Beau parleur et homme à la plume facile, il tente d'échanger ses idées et les informations qu'il détient contre la protection des puissants, il cherche à devenir l'homme de confiance, le secrétaire, l'historiographe ou le conseiller du roi. L'aventurier « bombarde » le souverain de textes : lettres, mémoires, poèmes, projets, il propose de réécrire la vie du monarque, la transformer en une œuvre d'art, comme il le fait de la sienne. Après avoir touché à tous les métiers, l'arriviste revient à sa vraie vocation : produire, diffuser et conserver les textes. Journaliste, mémorialiste, historien, pamphlétaire, imprimeur, il devient bibliothécaire. Les livres restent la seule consolation de la vieillesse solitaire, ils remplacent les aventures, les femmes et les amis.

Cette « mission culturelle » qu'accomplit l'aventurier le distingue du simple escroc. Il réfléchit sur sa propre pratique, analyse les exploits de ses confrères, crée une théorie de l'arrivisme. Les mémoires du marquis d'Argens, de Casanova ou de Cagliostro, les écrits autobiographiques (*Le cosmopolite* de Fougeret de Monbron), les romans du chevalier de Mouhy, du marquis d'Argens, d'Ange Goudar, de Maubert de Gouvest et de Chevrier, ainsi que les traités (*Histoire des grecs* d'Ange Goudar) étudient la stratégie du comportement anti-social.

La parole est leur instrument d'ascension sociale et leur arme préférée – même si un Casanova manie bien l'épée et le pistolet. Pour ces individualistes, le pire ennemi, c'est leur double. Le récit des aventures d'un chevalier de fortune devient ainsi une arme dans les mains de son rival. François Chevrier dénonce publiquement son ennemi Maubert de Gouvest, aventurier-écrivain comme lui, dans ses romans-pamphlets, *Les trois C.* (1762) et *Histoire de la vie de H. Maubert, soi-disant chevalier de Gouvest* (1763). Casanova attaque les frères Zannovitch (*Exposition raisonnée du différent qui subsiste entre la république de Venise et celle de Hollande*, 1785), Ange Goudar (*Prosopopée de Catherine II*, 1774-1775), Saint-Germain et Cagliostro (*Soliloque d'un penseur*, 1786), critique Bernardin de Saint-Pierre. Le chevalier d'Éon dans ses écrits règle ses comptes avec Ange Goudar, Thévenau de Morande et Beaumarchais, ce qui ne l'empêche pas de rouer Goudar de coups de bâton. Le mémoire justificatif remplit la même fonction polémique : le genre juridique devient un genre littéraire, sorte de confessions sous la plume du chevalier d'Éon, de Cagliostro, de Beaumarchais.

Espace informatif

Les poétiques normatives répondent rarement à l'actualité littéraire. La hiérarchie classique des genres des XVIIᵉ et XVIIIᵉ siècles propulsait au sommet la tragédie, en traitant de haut les genres prosaïques, en blâmant le roman pour sa nature fictive et son immoralité, en ignorant le conte de fées. L'étude d'une culture étrangère comporte le même risque, si l'on a tendance à appliquer un système historiquement formé de valeurs et de réputations faites. Il est vrai que, depuis les années 1960, les dix-huitiémistes préfèrent l'étude de la dynamique littéraire à l'analyse de quelques chefs-d'œuvre choisis. Les travaux portant sur la lecture dus à Roger Chartier et à ses collègues montrent que les livres lus et aimés au temps des Lumières ne sont pas nécessairement ceux qui font l'objet des anthologies d'aujourd'hui. Les œuvres érotiques de même que les écrits athées étaient classés dans la rubrique « ouvrages philosophiques » et par conséquent bénéficiaient d'une forte demande. La liste des quinze best-sellers de 1769 à 1789, rédigée par Robert Darnton, compte cinq libelles et pamphlets, trois romans érotiques (dont *Thérèse philosophe*), l'*An 2440* et le *Tableau de Paris* de Louis Sébastien Mercier, *La Pucelle d'Orléans* de Voltaire, *Système de la nature* d'Holbach, l'*Histoire des deux Indes* de l'abbé Raynal et l'anonyme *Lettre philosophique*[1].

Faut-il rappeler que le lecteur du XVIIIᵉ siècle appréciait un autre Diderot que nous, avant tout l'éditeur de l'*Encyclopédie* ? Hormis *Les bijoux indiscrets* (1748), sa prose n'a pas été publiée de son vivant et était connue seulement d'une quinzaine de têtes couronnées, abonnées de la *Correspondance littéraire* de F. M. Grimm et de quelques amis intimes. *Le neveu de Rameau, Jacques le Fataliste, La religieuse,* les *Salons*, certains écrits politiques, et notamment ceux qui portaient sur la Russie, étaient exclus de la vie littéraire.

Traditionnellement l'histoire étudie des événements et des biographies, l'histoire littéraire et la philosophie étudient les textes en laissant de côté cette couche intermédiaire que forment les rumeurs, les bruits et les légendes qui entourent la vie des hommes, les plans et les projets conçus et abandonnés, les événements qui ne se sont pas produits. L'histoire et la littérature donnent une forme accomplie à un nombre infini d'éventualités. En en sélectionnant une seule, on met à mort toutes les autres.

---

1. R. Darnton, *The forbidden best-sellers of pre-revolutionary France,* New York, London, W. W. Norton, 1995.

Quand Hamlet prend sa décision, il détruit l'infinité et lui-même : le futur devient prévisible et le bain de sang inévitable.

On peut définir cette couche intermédiaire comme l'inconscient de la culture. Après la découverte de Freud, on ne juge pas l'homme uniquement sur ses paroles et ses actions, on comprend mieux sa vie interne grâce aux lapsus, erreurs, rêves et accidents. Peut-être faudrait-il donner la même chance à l'étude de l'histoire et de la culture.

Une pareille approche germe dans la littérature de fiction. Les romans de Nathalie Sarraute racontent les drames sanglants et les aventures qui se jouent au niveau des tropismes, infimes mouvements inconscients de l'âme, tandis que sur la surface rien ne se passe, que la vie reste banale. La prose de Borges ou *Eugène Oneguine* de Pouchkine, roman en vers, abolit l'unité de l'action ; la sélection de variantes narratives et de masques littéraires met en doute l'identité des héros. Au XVIIIe siècle, c'est Sterne qui s'adonne à des expériences similaires, en sacrifiant l'action aux digressions.

Plusieurs chercheurs se tournent vers ce vaste domaine qu'on pourrait définir comme le folklore urbain écrit. En 1929, Roman Jakobson et Piotr Bogatyrev précisent que la création collective « n'est aucunement étrangère à une civilisation imprégnée d'individualisme. Il suffit de penser aux anecdotes qui se propagent dans les milieux cultivés actuels, aux bruits et aux potins, à la superstition et à la formation des mythes, aux usages sociaux et à la mode » (« Le folklore, forme spécifique de création »)[1]. Arlette Farge analyse des rumeurs parisiennes à travers les rapports de la police et les dénonciations de braves citoyens[2]. Chantal Thomas restitue l'image fantastique de Marie-Antoinette qui apparaît dans les pamphlets de

---

1. R. Jakobson, *Questions de poétique,* Seuil, 1973, p. 68.
2. A. Farge, *Vivre dans la rue à Paris au XVIIIe siècle,* Gallimard, Julliard, 1979.

l'époque comme une diablesse[1]. De même, Antoine de Baecque analyse les transformations grotesques des corps du roi et de la reine, symbolisant la puissance de l'État, qui s'opèrent dans l'opinion publique, les images et les textes du XVIIIe siècle[2]. Robert Darnton montre une visée toute politique du code sexuel outrageusement grossier que les pamphlétaires et les journalistes utilisent contre le monarque : l'impuissance de Louis XVI incarne l'impossibilité de l'aristocratie de gouverner le pays[3].

Les rumeurs qui circulent de bouche à oreille sont ensuite fixées dans divers textes écrits ou imprimés : nouvelles à la main, correspondances littéraires, lettres, gazettes, brochures, dossiers et mémoires judiciaires, dépêches diplomatiques, pamphlets et brochures. Ces textes, le plus souvent anonymes, sont en même temps personnalisés : celui qui transmet le bruit a été le témoin du fait, ou du moins le connaît bien. La référence à une source probante peut varier ou être omise, car le fait, étant trop connu, ne nécessite pas de preuves. Les bruits sont partagés : la nouvelle appartient à tout le monde, chacun se doit d'en rajouter et de développer à son gré l'information initiale. Dans *Le barbier de Séville* de Beaumarchais, Bazile fait l'éloge de la calomnie comme du meilleur moyen d'écraser un adversaire : un bruit léger se renforce de bouche en bouche et devient « un *chorus* universel de haine et de proscription » (acte II, scène 8). Dans la comédie de Catherine II, *La fête de Mme Boudeuse* (1772), des chevaliers d'industrie lancent des rumeurs pour faciliter leur chasse aux riches fiancées.

L'activité du récepteur définit la variabilité du texte, mais l'invariant n'en disparaît pas pour autant. Comme dans la littérature orale traditionnelle, les épisodes peu-

---

1. Ch. Thomas, *La reine scélérate. Marie-Antoinette dans les pamphlets,* Seuil, 1989.
2. A. de Baecque, *Le corps de l'histoire,* Calmann-Lévy, 1993.
3. R. Darnton, *Bohème littéraire et Révolution. Le monde des livres au XVIIIe siècle,* Seuil, 1983.

vent passer d'un homme du jour à un autre, se cristalliser autour d'un personnage. La légende prend de l'ampleur, se ramifie, elle est reprise, intégralement ou partiellement, dans divers genres : des mémoires factices et romans aux contes de fées, chansons, épigrammes, anecdotes, comme c'était le cas de Cagliostro[1], ou farces, dans le cas de Marie-Antoinette. Les textes écrits sont complétés par des images : images d'Épinal, portraits gravés, illustrations, parfois ouvertement pornographiques ou fantastiques, mais leur évidence fait office de preuves matérielles. Le phénomène n'est pas sans rappeler ce que Kirill Tchistov dit sur l'imposture en Russie : un faux tsar reçoit avec son nom une légende toute faite qui, dans les grandes lignes, reste immuable pendant des siècles[2]. Dans les cas où les aventuriers choisissent délibérément de jouer le rôle de l'imposteur, ils empruntent le nom et les faits, réels ou factices. Souvent les rumeurs qui circulent dans la société remontent à des archétypes très anciens. Le «bruit public» qu'un prince de sang fait enlever les enfants des pauvres pour prendre un bain de sang provoque une émeute des Parisiens en 1750[3]. Les mêmes crimes rituels ont été imputés aux premiers chrétiens et, au XXe siècle, aux juifs (affaire Beilis).

Ce genre d'information (rumeurs, ragots) prévoit une diffusion et une consommation immédiates et journalières. Contrairement aux textes littéraires et aux faits d'histoire qui seront sauvegardés dans la culture et la mémoire des générations, la nouvelle est destinée à être vite oubliée et remplacée par une suivante. La règle générale veut que l'intérêt de l'événement soit inversement proportionnel à la distance. Denis Fonvizine qui relate

---

1. J.-J. Tatin-Gourier, *Cagliostro et l'affaire du collier : pamphlets et polémique,* Publications de l'Université de Saint-Étienne, 1994.
2. К. В. Чистов, *Русские народные социально-утопические легенды* [K. V. Tchistov, *Légendes utopiques populaires en Russie*], Moscou, Naouka, 1967.
3. R. Darnton, *Bohème littéraire et Révolution,* p. 98.

dans ses *Lettres de France* la circulation intense d'informations, s'étonne qu' « une nouvelle en éclipse une autre, et une chansonnette inédite intéresse le public tout autant que la venue de la guerre. On est ici complètement indifférent à tout sauf aux nouvelles [...] qui constituent la nourriture spirituelle des Parisiens »[1].

L'événement de première importance – telle l'affaire du collier de la reine qui excite longtemps la curiosité de toute l'Europe – engendre un flot de textes qui s'opposent. La variété des genres polémiques témoigne de la volonté des auteurs de profiter de l'intérêt du public, de le chauffer. La nouvelle apparaît dans les genres qui demandent une création et une diffusion régulières, aussi bien à l'oral (conversation mondaine, salon littéraire ou philosophique, discussions dans les cafés) qu'à l'écrit (lettres, rapports, feuilles volantes). Ces textes relativement courts, de petit format, demandent un certain secret, un certain degré d'intimité ou de complicité.

Le comportement épistolaire de Frédéric Melchior Grimm (1723-1807), ami de Diderot et ennemi intime de J.-J. Rousseau, est très éclairant de ce point de vue[2]. Pendant vingt ans, de 1755 à 1773, il envoie aux cours européennes sa *Correspondance littéraire,* pour la confier ensuite à Henri Meister. Cette espèce de gazette épistolaire manuscrite, expédiée tous les quinze jours, résume l'actualité culturelle de la vie parisienne. De telles correspondances sont légion. A elle seule, la cour russe en reçoit trois : Grimm écrit à Catherine II, La Harpe au grand-duc Paul,

---

1. D. Fonvizine, *Lettres de France (1777-1778),* éd. H. Grosse, J. Proust et P. Zaborov, Paris, CNRS éd., et Oxford, The Voltaire Foundation, 1995, p. 116.
2. Voir E. Scherer, *Melchior Grimm, l'homme de lettres, le factotum, le diplomate,* Paris, Calmann-Lévy, 1887 ; U. Kölving, J. Carriat, *Inventaire de la « Correspondance littéraire» de Grimm,* 3 t., Oxford, The Voltaire Foundation, 1984 (*Studies on Voltaire,* vol. 225-227) ; A. Stroev, Frédéric Melchior Grimm et ses correspondants, *La culture française en Europe au XVIIIᵉ siècle et les archives de l'Est* (à paraître).

Blin de Sainmore à Marie Fiodorovna. Grimm demande à ses correspondants de garder le secret et réprimande Stanislas-Auguste, roi de Pologne, parce qu'il donne à lire les numéros de la gazette. L'étiquette exige d'écrire aux monarques sur une demi-feuille, tandis que la correspondance régulière suppose la confiance, c'est pourquoi la *Correspondance littéraire* et, par la suite, les lettres privées de Grimm à Catherine II sont écrites sur des quarts de feuille.

Le fait que les feuilles soient manuscrites ajoute à leur prestige et souligne le caractère confidentiel et intime de l'information, même si leur production est très importante quantitativement. Au XVIIIe siècle, les «nouvelles à la main» sont produites en grand nombre par des sortes d'agences de presse. Quand les copistes ne sont plus en mesure de satisfaire aux commandes, vu leur nombre, les textes sont gravés sur des plaques pour être ensuite reproduits. Rambaud est le premier à le faire en 1774, en donnant jour à un genre hybride, intermédiaire entre le manuscrit et l'imprimé (nouvelles burinées).

Plus l'information est accessible au public, plus elle est prévisible. Henri Duranton a bien montré l'absence de faits bruts, d'événements dans le système informatif des Lumières[1]. Le premier journal français fondé en 1631 par Théophraste Renaudot est consacré aux nouvelles de la cour, réglementées à l'outrance. De même que la prose et le théâtre français du XVIIIe siècle cherchent à construire une ligne logique à partir des événements fortuits, à les mener à une fin heureuse pour que la bonne harmonie triomphe à l'échelle universelle, les périodiques éliminent le désordre, ne laissent place qu'aux choses prévues[2]. Ainsi, dans les années 1760, *La Gazette de France* réserve ses premières pages à la Turquie, à la Russie ou la

---

1. H. Duranton, Correspondance littéraire, lettre érudite et périodique : l'espace informatif à l'époque classique, *Correspondances littéraires inédites,* éd. J. Schlobach, Paris, Champion et Genève, Slatkine, 1987, p. 9-20.
2. H. Duranton, *op. cit.*

Pologne où les complots, les désastres et les escroqueries peuvent avoir lieu, tandis que les nouvelles françaises, rapportées à la fin, ne sont que des faire-part officiels. De la même manière, le journal de Pétersbourg *Sanktpeterbourgskie vedomosti* qui évoque des scandales et des nouveautés littéraires et scientifiques de l'Europe, publie en 1764 la relation du voyage de l'impératrice Catherine II à Riga, sans mentionner le coup d'État manqué préparé par Mirovitch, ni la mort d'Ivan Antonovitch. Ce n'est que plus tard qu'on annoncera, en sourdine, l'exécution de Mirovitch conformément à un certain ukase. Les révolutions se produisent dans des pays éloignés, mais jamais dans son propre pays. Dans ce sens, on pourrait dire que l'homme et la culture des Lumières préfèrent se raconter sous la forme de l'agenda et non pas du journal. Ainsi, Louis XVI note dans son carnet en date du 14 juillet 1789 : rien. Ce n'est pas l'événement qui se produit qui importe, mais celui qui était prévu, or la prise de Bastille n'avait pas été fixée à ce jour.

Les actualités politiques n'apparaissent dans les périodiques et les correspondances littéraires qu'avec la Révolution. Contrairement aux journaux, les dépêches diplomatiques de l'époque sont remplies de rumeurs, de ragots, de potins, sur lesquels sont souvent fondées des hypothèses et des prévisions politiques. Même si le diplomate n'invente pas les nouvelles par paresse comme le faisait l'ambassadeur russe à Naples, le comte Fiodor Golovkine, qui pour cette raison perdra son poste en 1795, il transmet en premier lieu ce qui sera agréable au ministère et ce qui confirmera le bien-fondé de la politique du gouvernement. Comme le dit Iouri Tynianov, les documents mentent autant que les hommes.

Les discussions autour des nouvelles politiques incitent les particuliers à émettre des hypothèses. Mme d'Épinay dans son roman autobiographique, l'*Histoire de Madame de Monbrillant,* montre des Genevois qui se réunissent dans des cercles pour discuter des nouvelles européennes et de l'évolution des événements et qui se trompent en fondant leurs prévisions sur les nouvelles puisées au coin de la rue[1]. L'un d'eux attire des ennuis à Grimm (Volx) en donnant à leur correspondance privée un caractère politique.

Le contenu et le caractère des papiers changent selon le correspondant et le mode d'envoi. Comme toute la correspondance envoyée de Russie à l'étranger était saisie, les courriers souvent interceptés, les chiffres diplomatiques décryptés ou achetés, les diplomates français étaient bien obligés de louer l'impératrice régnante et sa cour ; certes, le même service existait en France, et le directeur des postes présentait au roi des rapports hebdomadaires. Le cas du marquis de La Chétardie est exemplaire : trop sûr des chiffres diplomatiques, en 1744 il se permet de donner son opinion sur Elisabeth Petrovna, ce qui lui vaut son expulsion ; les relations diplomatiques entre la Russie et la France seront suspendues pendant douze ans. Après cet incident, en 1756, le chevalier Douglas, agent secret français, soumet ses relations au vice-chancelier Voronstov avant de les expédier à Versailles. Par contre, celles qui sont directement adressées au ministère des Affaires étrangères ou au Secret du roi sont tout à fait différentes. Dans ses dépêches de Saint-Pétersbourg à la fin des années 1750, le chevalier d'Éon vante le faste de la cour russe, mais à son retour à Paris il se moque des vêtements des courtisans. Mais n'oublions pas que Denis Fonvizine, de son côté, prétend, en vrai diplomate, qu'il est habillé avec plus de luxe que les Français. Il est vrai que dans le Midi, à Montpellier, personne à part lui ne portait d'hermine ou de zibeline.

L'information confidentielle fait naître des événements fantômes, le désir est pris pour la réalité. Ainsi, au début du règne de Catherine II, les diplomates français soulignent l'instabilité, la précarité de sa situation et ne parlent

1. L. d'Épinay, *Les Contre-confessions. Histoire de Madame de Montbrillant,* éd. É. Badinter et G. Roth, Mercure de France, 1989, p. 1262.

que des complots, de la lutte des partis à la cour, des révoltes paysannes et de l'apparition des imposteurs. De même, Frédéric Melchior Grimm qui termine sa carrière littéraire et politique en tant que ministre russe à Hambourg (1796-1798) lutte sur le papier contre un prétendu complot jacobin qui se solde par l'ouverture d'une maison française à Hambourg.

La vitesse de circulation de l'information se substitue à sa véracité. Grimm, épistolier professionnel, insiste sur ce point en envoyant sa *Correspondance littéraire* à Stanislas-Auguste Poniatowski en 1767 («Comment un travail dont le principal mérite consiste dans la célérité et qui par conséquent ne peut être susceptible d'aucun soin, d'aucun degré de perfection serait-il digne des regards d'un monarque...»)[1] ou ses dépêches diplomatiques à Paul Ier en 1798 («La rapidité inséparable de la rédaction des rapports [...] dont la promptitude est le premier et ordinairement l'unique mérite, me met souvent dans la nécessité de rectifier l'ordinaire d'après plusieurs inexactitudes...»)[2].

Les hauts fonctionnaires et les souverains des Lumières ne dédaignent pas les rumeurs, bien au contraire, ils les dirigent avec efficacité. La police française manipule l'opinion publique à l'aide des pamphlétaires à gages, fait des sondages en propageant de faux «bruits publics»[3]. Pour gouverner, il faut savoir prévoir et anticiper. En 1745, le contrôleur général recommande aux intendants de faire «semer des bruits» d'une augmentation du droits des entrées pour sonder l'opinion publique et recueillir les commentaires. Il indique des endroits où mener l'enquête (cafés, promenades, lieux publics) et les formes langagières à relever (murmures, mauvaises

1. Grimm à Stanislas-Auguste Poniatowski, Paris, 1er février 1767 – *Correspondance inédite du roi Stanislas-Auguste Poniatowski et de madame Geoffrin,* éd. Ch. de Moüy, Paris, E. Plon, 1875, p. 269.
2. Grimm à Paul Ier, Hambourg, 12 (23) février 1798 – AVPRI, F. 45, op. 1, n° 616, fol. 76 v°.
3. R. Darnton, *op. cit.,* p. 98.

paroles, injures contre le gouvernement)[1]. L'impératrice Catherine II qui crée avec une maîtrise exemplaire sa réputation de protectrice des Lumières a recours aux fuites d'informations. Le 25 janvier et le 6 février 1791, Alexandre Khrapovitski, le secrétaire impérial, note dans son journal que Catherine II fait expédier ses lettres à Zimmerman à Hanovre par la poste par Berlin pour les faire intercepter. De cette manière, elle avise le roi de Prusse Frédéric-Guillaume II des victoires russes et lui fait comprendre qu'il ne pourra sauver les Turcs. La tsarine ajoute que de la même façon elle avait provoqué la démission du duc de Choiseul, en correspondant avec Voltaire pendant la première guerre contre la Porte ottomane[2]. Quelques mois plus tard, le secrétaire annonce à la souveraine que le stratagème réussit encore une fois et que le ministre prussien Hertzberg quitte son poste[3]. L'impératrice n'hésite pas à répandre des rumeurs déshonorantes pour elle-même afin d'atteindre ses objectifs politiques : pour prouver ses origines russes, elle prétend être la fille naturelle d'Ivan Betskoï, lui-même bâtard ; pour contester les droits de son fils Paul au trône, elle laisse entendre qu'il n'est pas l'enfant de son père, Pierre III, mais du comte Serguei Saltykov.

Quand, en 1782, l'empereur Joseph II, inquiet, fait savoir à Catherine II que le roi de Prusse Frédéric II parle de l'éventuel accord secret entre l'Autriche et la Russie, la tsarine russe lui répond : « Quand l'Empereur Pierre Ier était occupé de quelque grand objet, il envoyait au marché pour savoir ce qu'on y disait, et souvent il entendait qu'on y parlait de ce dont son esprit était occupé. Je crois que la raison en est que les idées produites par le courant

---

1. M. Ozouf, Le concept de l'opinion publique au XVIIIe siècle, *L'homme régénéré : essais sur la Révolution française,* Gallimard, 1989, p. 21-53.
2. Дневник А. В. Храповицкого [Journal de A. V. Khrapovitski], Moscou, Imprimerie de l'Université, 1901, p. 208-209.
3. 6 août 1791 – *Ibid.,* p. 216.

des événements viennent dans plus d'une tête... »[1] L'impératrice ajoute qu'en lançant des rumeurs on peut percer les véritables intentions d'autrui.

Cette belle formule de Catherine II, le marché dit ce que l'empereur pense, nous permet de revenir aux individus dont la profession est de répandre les nouvelles. Les idées des Lumières ont pu s'emparer des masses et devenir une force matérielle, pénétrer dans tous les pays et les couches sociales grâce à la mise en place d'un environnement informatif: textes – hommes – espace. Comme l'a montré Robert Darnton, la culture, comme la société, est organisée sur un modèle corporatif[2]. Les réalisations artistiques, philosophiques ou économiques parviennent au grand public par l'intermédiaire de nombreux épigones et compilateurs. Les nouveaux schémas narratifs créés par Marivaux et Crébillon sont ensuite exploités par leurs imitateurs, mais les grands auteurs transforment et détruisent les canons en vigueur. Une masse de textes est produite par une foule d'écrivains professionnels, appelés avec mépris scribouilleurs, bohème littéraire, «Rousseau des ruisseaux». Dans la deuxième moitié du siècle plus de deux mille romans et de contes voient le jour; les brochures, l'essentiel de la lecture, sont sûrement encore plus nombreuses, sans compter un flot de publications révolutionnaires.

Ces mains-d'œuvre de la République de Lettres sont infatigables pour les travaux de compilation (le chevalier d'Éon n'hésite pas à plagier dans ses *Loisirs* en plusieurs volumes) et de rédaction de projets d'ouvrages. L'abbé Le Senne propose à la Société typographique de Neuchâtel d'écrire environ cent cinquante livres, tous genres confondus: roman, histoire, philosophie, y compris les

---

1. *Joseph II und Katarine von Russland, ihr Briefwechsel,* éd. A. Ritter von Arneth, Vienne, W. Braumüller, 1869, p. 168. Le 16 (27) août 1775, Catherine II avait écrit la même chose à Grimm – *SRIO,* t. 23, p. 31.
2. R. Darnton, *op. cit.,* p. 23.

Lettres d'un philosophe russe sur divers sujets de littérature et de critique[1]. En prison, Ivan Trevoguine ébauche des plans de nombreuses œuvres philosophiques et romanesques.

Antoine La Barre de Beaumarchais dévoile dans ses *Lettres sérieuses et badines* (1733) le « secret qu'ont les Aventuriers littéraires de passer pour des savants ». Trop ignorants et trop pauvres pour s'acheter des ouvrages d'érudition, ils les rédigent eux-mêmes, en consultant le dictionnaire de Pierre Bayle et puisent leurs sciences dans les Enfers des bibliothèques. Ils travaillent sur commande des éditeurs qui leur fournissent le plan du futur ouvrage[2]. Le P. Bougeant ridiculise des ouvriers littéraires, les enfileurs, les brodeurs, les ravaudeurs, etc., qui ont inondé la Romancie[3]. Mouhy dans la préface à son roman *Le financier* affirme : « Pour travailler comme le fait le plus grand nombre, il ne faut que du goût, de l'application : parcourir des livres dans le genre que l'on a choisi, et profiter de la connaissance des gens à talents. »[4]

Comme les aventuriers, les auteurs réagissent instantanément aux attentes du public et des éditeurs en proposant des textes dans presque tous les domaines. En 1735, les quatrième et cinquième parties du *Paysan parvenu* de Marivaux à peine parues, le chevalier de Mouhy commence la publication de sa *Paysanne parvenue*, une sorte de roman-feuilleton à raison d'une livraison par mois, douze en tout. La même année, il fait la publicité de son œuvre, en analysant les deux romans dans son *Paris, ou le Mentor à la mode* (1735). Nicolas Rétif de la Bretonne, imprimeur de son métier, écrit ses romans en composant dans l'im-

1. R. Darnton, *Gens de lettres, gens du livre*, O. Jacob, 1992, p. 18.
2. A. La Barre de Beaumarchais, *Lettres sérieuses et badines sur les ouvrages des savans, et sur d'autres matières*, La Haye, J. Van Duran, 1733, t. 8, lettre XVII, p. 262-278.
3. G.-H. Bougeant, *Voyage merveilleux du prince Fan-Férédin dans la Romancie*, Paris, 1735.
4. Cit. d'après H. Coulet, *Le roman jusqu'à la Révolution*, A. Colin, 1968, t. 2, p. 149.

primerie; ainsi il met vingt-quatre jours pour produire douze volumes.

Ceux qui écrivent pour vivre rendent des hommes et des événements populaires, en les transformant en textes, en les recréant. Les plus redoutables des auteurs se font payer pour la non-publication. Des pamphlétaires, pratiquant le chantage littéraire et politique, tel Théveneau de Morande, rédigent des libelles et cèdent ensuite le tirage pour destruction aux personnes concernées. En 1775, à Londres, le chevalier d'Éon et plus tard Beaumarchais négocient le pamphlet de Théveneau de Morande contre Mme du Barry, sur l'ordre du roi. En 1783, toujours à Londres, Ange Goudar achète des libelles semblables suivant les ordres de la cour de Versailles.

L'information circule dans la société dans les deux sens: du bas en haut et du haut en bas. L'événement fait naître une rumeur et se transforme ensuite en nouvelles de bouche et nouvelles à la main, pamphlets, gazettes, pour finir dans des livres. Si une œuvre, un spectacle ou une doctrine crée un événement, artistique ou scientifique, les échos sont transmis soit par le canal connu, soit dans le sens inverse: livres – périodiques et lettres – bruits. Dans ce cas de figure, les derniers dans la chaîne sont les voyageurs relatant les nouvelles parisiennes. De la même façon, les informations se répandent dans la société soit en cercles concentriques, d'un petit groupe d'initiés jusqu'au grand public, en passant par les salons et les sociétés savantes, par des loges maçonniques et des loges de théâtre, par les cafés et les promenades publiques (Tuileries, Palais-Royal); soit, dans le sens inverse, depuis la rue, les nouvelles montent dans les cafés et les salons avant de toucher les éditeurs et de devenir livres[1].

L'espace informatif des Lumières certes n'est pas homogène, il se compose de groupes et de partis. La bohème littéraire anime ses discussions dans des cafés,

1. R. Darnton, *The forbidden best-sellers of pre-revolutionary France.*

décrits par Diderot dans *Le neveu de Rameau,* l'élite se réunit dans des salons. Pendant la Révolution, les salons et les cafés sont très marqués par leur prise de position politique, tandis que, sous l'Ancien Régime, les cercles combattent pour des raisons personnelles ou pour des divergences idéologiques. Les encyclopédistes se retrouvent chez d'Holbach, chez les Necker et chez Mme Geoffrin. Mme de Necker se prépare soigneusement à leurs visites : elle programme des conversations, met par écrit des questions et des répliques heureuses. La fille de Mme Geoffrin, marquise de la Ferté-Imbault, pour contrer sa mère, devient la reine du «sublime ordre des Lanturelus», société parodique qui tourne en dérision des spéculations philosophiques[1]. Diplomates étrangers et voyageurs illustres fréquentent ses jeudis. Sur la recommandation de Grimm, doyen de l'ordre, le prince Henry de Prusse et le grand-duc Paul Petrovitch sont initiés à Paris. Grimm admet de nouveaux membres lors de ses voyages à l'étranger, ainsi en 1776 à Rome il invite le cardinal de Bernis[2]. Les Lanturelus sont à la mode et le titre parodique aide Grimm à susciter l'intérêt des monarques, de l'Italie à la Russie, notamment de Catherine II[3]. De telles corporations sont nombreuses au XVIIIe siècle : la comédienne Quinault accueille à sa table le comte de Caylus, d'Alembert, Duclos, Diderot, J.-J. Rousseau, Marivaux, etc. ; dans cette Société du bout du banc, les convives payent les dîners avec des œuvres impromptues qui ensuite deviendront des recueils.

Les aventuriers célèbres, tel Cagliostro, manipulent

1. C. Photiades, *La reine des Lanturelus : Marie-Thérèse Geoffrin, marquise de La Ferté Imbault (1715-1791),* Plon, 1928.
2. Grimm à la marquise de la Ferté Imbaud, Rome, 21 février 1776 — BL, Add. Mss 39, 673 (collection A. Morrisson, vol. II), fol. 175-176.
3. Catherine II à Grimm, Tver, 21 janvier (1er février) 1775 — *SRIO,* t. 23, p. 13-15 ; Grimm à Catherine II, 5 (16) juin 1782 — *SRIO,* t. 44, p. 219-220.

l'opinion publique, y font appel pour se justifier et pour influencer les juges. Ils prêtent beaucoup d'attention à leur popularité, publient dans les journaux des articles élogieux et des annonces curieuses (d'Éon, Stepan Zannovitch), ils effectuent de belles mises en scène ; les Anglais parient sur le sexe du chevalier d'Éon. Mais la popularité est souvent dangereuse, car elle peut attirer des persécutions, comme dans le cas de Cagliostro. L'homme à la mode a du mal à se cacher : Stepan Zannovitch est démasqué et arrêté à cause de ses portraits qu'il avait fait imprimer en nombre. C'est pourquoi les aventuriers préfèrent souvent l'espace privé d'information à l'espace public. Ils utilisent les réseaux habituels et en créent de nouveaux.

Premièrement, c'est l'espionnage. Le système de la diffusion des nouvelles de bouche et des nouvelles à la main nécessite un grand nombre d'informateurs. Plusieurs maisons aristocratiques ont leurs propres informateurs payés environ dix livres par mois. Comme *Le diable boiteux* de Lesage, ils ouvrent tous les toits, en écoutant et en épiant ce qui se passe dans les maisons, en en dévoilant les secrets. Certains « nouvellistes » pénètrent dans les salons et les ministères en usurpant de faux titres : un aventurier, François Bouchard, informateur du maréchal de Luxembourg, se donne pour le vicomte de Montemayor et, comme les diplomates, il code les nouvelles les plus importantes.

Il faut être au courant non seulement pour se distraire et pouvoir entretenir une conversation mondaine, mais aussi pour ne pas rater les changements à la cour, l'apparition d'un nouveau favori, la possibilité d'obtenir une place ou un bénéfice. Le prestige et l'utilité ont provoqué une forte demande de nouvelles périodiques produites par des bureaux spécialisés pour l'élite et pour le grand public. Les quêteurs et les diffuseurs de nouvelles de bouche et à la main s'associent, entrent en concurrence, se plagient. Les gazettes manuscrites et leurs « agences » font office de bureaux d'adresses et de renseignements, d'annonce et même de rencontres. Les nouvelles sont diffusées par des femmes, les vendeurs de limonade, les serveurs de cafés, les restaurateurs. L'exportation est prohibée et les journalistes contrebandiers se retrouvent en prison. L'abonnement des feuilles de prestige, par exemple celui du *Spectateur français* de Chevrier, coûte 240 livres[1].

Parmi les bureaux les plus populaires, on trouve celui du chevalier Charles de Mouhy (1701-1784), romancier prolifique et informateur de police. La date officielle de son ouverture dans la rue Saint-Honoré est de 1744, mais en réalité le bureau fonctionnait depuis les années 1730. Son roman *La mouche ou les Aventures de M. Bigand* (1736) révèle les méthodes de l'enquête policière. Dans ses chroniques à scandale, littéraires et, à partir de 1742, mondaines, Mouhy utilise largement les informations fournies par la police obtenues en échange des siennes. Pour trouver des nouvelles, il lui arrive de regarder par le trou de la serrure comme il le raconte lui-même. Nombreux sont ceux qui ont recours à ses services, jusqu'à Voltaire (en 1736, 1738 et 1739) et au duc de Lorraine Stanislas Leszczynski (entre 1741 et 1747). Mouhy cherche vainement à devenir le correspondant littéraire de Frédéric II (mais Grimm lui-même y échoue), publie en 1751 le journal *Papillon, ou Lettres parisiennes*. Homme utile, mais dangereux, il jouit à Paris d'une réputation scandaleuse qui lui vaut quelques séjours à la Bastille en 1741 et en 1745.

Les nouvelles littéraires du chevalier de Mouhy sont diffusées à l'étranger, y compris en Russie. Dans les années 1730, par l'intermédiaire de l'Académie des sciences elles atteignent un aristocrate haut placé, un Russe ou peut-être un des favoris français, le marquis de La Chétardie ou le médecin Lestocq qui ont intronisé Elisabeth Petrovna[2].

---

1. F. Funck-Brentano, *op. cit.*
2. Mouhy à L. Euler, Paris, 6 novembre [1739 ?] – Bibliothèque de l'Université de Tartu, Mss, 5/2023.

D'autres aventuriers sont aussi amenés à travailler pour la police, qui les arrête assez souvent. C'est le cas d'Ange Goudar, probablement de Fougeret de Monbron et, hélas, de Casanova. Après des années d'exil, le Vénitien rentre enfin dans son pays natal et devient l'informateur de l'Inquisition qui l'avait jeté en prison. Dans ses rapports de 1774 à 1782 Casanova trahit ses connaissances, en mentionnant ce qui lui avait coûté cher à l'époque : escroqueries, intrigues théâtrales, débauches, lectures de livres impies et licencieux qu'il connaît à fond, relations avec des étrangers, interdites à l'aristocratie vénitienne.

Les agents secrets exercent un métier un peu plus honorable. Deux services étaient en charge de leur recrutement : le ministère des Affaires étrangères et le Secret du Roi, créé par Louis XV, pour pouvoir tout contrôler et mener sa propre politique sans en informer ni ses ministres, ni surtout sa favorite omnipotente, la marquise de Pompadour[1]. Les deux services étaient en concurrence, ce qui ne manquait pas d'embrouiller les affaires, de compromettre la subordination. Ainsi les diplomates avaient du mal à comprendre qui était leur chef hiérarchique. D'Éon qui travaille pour les renseignements refuse en 1763 de remettre les affaires et les archives au comte de Guerchy, nouvel ambassadeur à Londres, en se référant à une lettre secrète du roi. Au début de 1760, le comte de Saint-Germain est envoyé par le maréchal de Belle-Isle et le roi à La Haye afin d'engager des pourparlers secrets et de conclure la paix séparée avec l'Angleterre et la Prusse, le ministre des Affaires étrangères, comte de Choiseul, qui l'apprend, insiste sur le désaveu de Saint-Germain et son expulsion

---

1. *Correspondance secrète inédite de Louis XV sur la politique étrangère avec le comte de Broglie, Tercier, etc.,* éd. M. E. Boutaric, Paris, E. Plon, 1866 ; *Correspondance secrète du comte de Broglie avec Louis XV,* éd. D. Ozanam, M. Antoine, Klincksiek, 1956-1961, 2 t. ; G. Perrault, *Le Secret du Roi,* Fayard, 1992-1996, 3 t.

de Hollande[1]. Frédéric II, intéressé par la proposition de Saint-Germain, est néanmoins étonné par le fait que l'intermédiaire est un homme « qu'on ne saurait envisager que comme un aventurier »[2]; le comte de Choiseul l'appelle « aventurier du premier ordre »[3]. Dans la déclaration officielle de d'Affry (30 avril 1760), publiée en Hollande, il est dit que Sa Majesté ordonne de « réclamer cet aventurier comme un homme sans aveu »[4].

Casanova et Bernardin de Saint-Pierre accomplissent également des missions secrètes; en 1764, ce dernier soutient en Pologne le parti antirusse[5]. Ange Goudar agit pour le compte de l'ambassadeur français à Londres de Guerchy et envoie des rapports à l'ambassadeur à Rome, le cardinal de Bernis. Avec une certaine collaboration de Casanova, Goudar publie en 1769 le roman *L'espion chinois,* réplique des *Lettres persanes* de Montesquieu. Les Chinois qui informent l'empereur sur l'état des lieux en Europe, forment en fait un autoportrait de cet écrivain espion. L'image d'un étranger qui tient un journal de voyage ou envoie des lettres, note ses impressions, épluche la vie d'autrui, cherche à pénétrer le sens caché

1. *Souvenirs de Charles-Henri baron de Gleichen, op. cit.,* p. 130-131. En février, mars et avril 1760, d'Affry, ambassadeur français aux Pays-Bas, informe le comte de Choiseul des projets financiers de Saint-Germain qui voudrait obtenir un emprunt important pour la France – L. A. Langeveld, *Der Graf von Saint-Germain,* Berlin, E. S. Mittler, et La Haye, W. P. van Stockum, 1930, p. 285-287. P. Andremont estime que la demande de trente millions de florins servait à masquer les intrigues diplomatiques (P. Andremont, *Les trois vies du comte de Saint-Germain,* Genève, Idégraf et Vermos, 1979, p. 89).
2. Frédéric II à Hellen, ambassadeur en Hollande, 22 mars 1760 – L. A. Langeveld, *op. cit.,* p. 296.
3. Choiseul à d'Affry, 19 mars 1760 – AAE, CP, Hollande, t. 503, fol. 239.
4. *Resolutien van de hoog mogende heeren Staaten Generaal,* 1760, p. 250-251; L. A. Langeveld, *op. cit.,* p. 286.
5. F. Maury, *Étude sur la vie et les œuvres de Bernardin de Saint-Pierre,* Paris, Hachette, 1892.

des événements correspond au mieux à la biographie du chevalier de fortune.

Les services d'un agent secret sont bien payés, Casanova considère même que c'est un vrai gaspillage pour l'État. Au début de la guerre de Sept ans, en 1757, il touche cinq cents louis pour l'inspection de la flotte française à Dunkerque, sans avoir jamais compris la raison de sa mission. Il est possible que le roi voulait s'assurer que l'armée était prête à débarquer en Angleterre ; à cette époque le chevalier d'Éon préparait dans l'Albion le plan du débarquement. Mais la suprême récompense pour l'aventurier est de se faire accepter par le pouvoir, d'obtenir un poste ou une pension, même au prix de la trahison de sa patrie, comme le fait le baron de Tschoudy.

Le baron arrive en Russie après de longues pérégrinations à travers l'Europe. En 1745, il participe aux travaux de loges maçonniques à Naples ; en 1752, il est arrêté et forcé de quitter l'Italie à cause de ses pamphlets contre le pape Benoît XIV qui a excommunié les francs-maçons[1]. A Saint-Pétersbourg, il porte un nom d'emprunt, celui de chevalier de Lussy. Il n'a ni lettres de recommandation, ni chartes consignant ses titres et ses origines, donc il ne peut compter sur aucun poste en vue. Même son protecteur principal, le favori d'Elisabeth Petrovna, Ivan Chouvalov qui avait fait de lui son secrétaire, se demande s'il n'aide pas un arriviste. En 1756, Tschoudy, déçu par la Russie, rentre chez lui et rencontre sur son chemin, à Riga, l'agent français, le chevalier Meyssonier de Valcroissant, qui lui confie une dépêche secrète. Au lieu de la faire parvenir en Pologne par le réseau indiqué, Tschoudy expédie la lettre par l'intermédiaire du vice-gouverneur de Riga, général Voeïkov, à Saint-Pétersbourg à Chouvalov, afin de prouver sa loyauté par cette trahison et de rempla-

---

1. *Étrenne au pape ou Les francs-maçons vangés : réponse à la bulle d'excomunication lancée par le pape Benoît XIV* (La Haye, E.-L. Saurel, 1752), *Le Vatican vengé, apologie ironique* (La Haye, 1752).

cer les recommandations par une dénonciation : « Je loue le hasard qui m'a procuré l'occasion de donner une preuve non suspecte de mes sentiments, & de faire voir qu'un Étranger à qui sa naissance et son éducation ont fait une loi inviolable de l'honneur est incapable d'y manquer à aucuns égards. »[1] Il parle de son attachement pour la Russie et estime que son action remplace les recommandations exigées. « J'oserai même Monseigneur ajouter sans orgueil que ma famille de tout temps a plus été dans le cas de donner des lettres de recommandations que d'en prendre. Elles sont nécessaires pour un inconnu mais je ne le suis pas, & si un changement de nom a pu pour un temps m'exposer aux insultes de la populace et de la valetaille, fort ordinaire aux gens d'honneur vis-à-vis de ceux qui n'en ont point, j'espère qu'à l'avenir Votre Excellence elle-même voudra bien... », etc.[2]. Valcroissant est arrêté, mais Tschoudy à son tour n'évite pas la Bastille, la police ayant découvert les raisons de la chute de l'agent secret. Tous les deux seront libérés en même temps à la fin de 1756 : le climat politique est en train de changer et le chevalier d'Éon et Douglas préparent un traité entre la France et la Russie. Il est possible que Tschoudy aurait pu obtenir davantage s'il avait choisi une autre voie et, en exécutant les ordres de Chouvalov, avait établi des contacts avec la diplomatie française : les deux pays cherchaient le rapprochement. Quoi qu'il en soit, Tschoudy est récompensé : à son retour en Russie, il reçoit le poste de directeur du Noble Corps Impérial des cadets (1759-1760).

Les liens maçonniques constituent le second réseau informatif. Ils introduisent l'aventurier dans la société des nobles, assurent aux frères un bon accueil à l'étranger. De nombreux diplômes maçonniques du XVIIIᵉ siècle conser-

---

1. Baron de Tschoudy à Ivan Chouvalov, Libau, 4 (15) janvier 1756 – RGALI, F. 195 (Viazemski), op. 1, n° 6051, fol. 18 r°.
2. *Ibid.,* fol. 19 v°.

vés dans les archives étaient délivrés en premier lieu aux frères partant à l'étranger. Casanova écrit : « Tout jeune homme qui voyage, qui veut connaître le grand monde, qui ne veut pas se trouver inférieur à un autre et exclu de la compagnie de ses égaux dans le temps où nous sommes, doit se faire initier dans ce qu'on appelle la maçonnerie » (*HMV*, t. 1, p. 553). Certes le plus grand intérêt entoure ceux qui apportent un savoir secret, qu'il s'agisse de la fabrication de l'or ou d'un *nouveau rituel maçonnique* introduit partout par le Grand Copte Cagliostro. Tschoudy a dû contribuer au développement de la franc-maçonnerie en Russie[1].

Le troisième réseau utilisé par les aventuriers est celui des finances. Les aventuriers négocient des emprunts, inventent des impôts et d'autres moyens de remplir les caisses de l'État, rédigent des traités et des mémoires sur le commerce, les finances et le système politique (Saint-Germain, d'Éon, Odart, Goudar, Bilistein). Les banquiers s'occupent de leur courrier et de lettres de change, leur donnent des lettres d'introduction et indiquent des connaissances utiles, en fournissant les renseignements nécessaires. Si l'on analyse les relations russes de Casanova, on découvre que, pour accéder au monde aristocratique, il utilise les contacts du banquier Demetrio Papanelopulo, des comédiens italiens et français, des joueurs professionnels et les recommandations du milieu maçonnique, probablement berlinois. Il est possible qu'il s'agisse de George Keith, le maréchal d'Écosse au service de Frédéric II, dont le frère, général James Keith, était l'un des premiers dirigeants de la franc-maçonnerie russe.

Ainsi, les chevaliers de fortune tirent un avantage de tous les réseaux, formels et surtout informels. Il ne faut pas oublier que le titre de citoyen de la République des Lettres n'est pas suffisamment respectable pour ouvrir

---

1. Tschoudy a publié un des discours qu'il a prononcés à une loge de Pétersbourg, dans son livre *L'étoile flamboyante* (1766).

toutes les portes. Lorsqu'en 1753 Fougeret de Monbron vient à Saint-Pétersbourg, l'ambassadeur anglais soupçonne que son masque d'écrivain persécuté sert à camoufler des activités diplomatiques secrètes. La même couverture sera utilisée par le chevalier d'Éon trois ans plus tard durant son voyage en Russie. La diplomatie française en effet a souvent recours aux services des hommes de lettres et des philosophes et pas seulement ceux qui ont un faible pour les aventures, comme Beaumarchais. Elle fait appel à Voltaire, elle sait utiliser les œuvres de Jean-Jacques Rousseau (notamment ses *Considérations sur le gouvernement de la Pologne*). En novembre 1773, François Michel Durand de Distorff, ambassadeur français à Pétersbourg, demande à Diderot et à Grimm « d'effacer les préjugés » de Catherine II contre la France, de lui faire sentir l'utilité réciproque d'une « union intime » entre les deux pays.

Un des objectifs de la confrérie des savants et des lettrés est la découverte des connaissances et des talents. C'est de cette façon que le sénateur vénitien Angelo Querini définit le rôle de Grimm, médiateur culturel entre la Russie et l'Occident. Après avoir trouvé dans les journaux le projet d'un « Bureau d'espionnage du mérite », il écrit à Grimm que l'impératrice avait déjà érigé dans son cœur ce bureau et avait nommé Grimm pour son chef[1].

En guise de conclusion, regardons de près la différence entre l'aventurier et celui qui fait carrière dans la République des Lettres. Grimm appartient à la même génération que Giacomo Casanova. Ils ont plusieurs connaissances en commun en Europe, d'Angelo Querini au cardinal de Bernis et d'Alembert. Ils demeurent à Paris à la même époque, mais ne se rencontrent probablement jamais. Grimm sait séduire, s'accommoder à son interlocuteur, surtout s'il est couronné : comme tout bourgeois, Grimm éprouve un vrai amour pour tous les monarques.

---

1. Angelo Querini à Grimm, Venise, 13 février 1778 – SPII, F. 203, op. 1, n° 203, fol. 1 r°-v°.

Diderot l'appelle «hermaphrodite» à cause de son don de se métamorphoser[1]. Grimm attache beaucoup d'attention à sa toilette, se met du blanc en suscitant des moqueries de la part de J.-J. Rousseau. Ce «sous-diacre de la philosophie», comme il se présente, construit avec zèle son image, en l'opposant aux réputations des célèbres philosophes Diderot et Rousseau[2]. Les aventuriers pour la plupart viennent du Sud, tandis que Grimm s'impose délibérément en parfait Allemand, dont les talents essentiels sont la modération et l'honnêteté. Il veut apparaître comme un homme de confiance, prêt à tout faire, omniscient et exact. Il défend un modèle du comportement opposé à celui des chevaliers de fortune. Pas de risques inutiles, pas de loterie, pas de projets brillants, l'honnêteté reste la meilleure stratégie. Il faut savoir user de modération, le bonheur est dans la médiocrité et la discrétion, l'influence secrète est plus forte que celle qu'on cherche à montrer. Grimm sait très bien une chose : pour être entendu à Pétersbourg il faut parler de Paris, et refuse catégoriquement une carrière à la cour russe. Correspondant privé privilégié de Catherine II pendant vingt ans, de 1774 à 1796, il coordonne, après l'abandon de sa *Correspondance littéraire*, les livraisons des œuvres d'art en Russie. Tous ceux qui désirent vendre à l'impératrice une collection de tableaux ou une bibliothèque, lui offrir ou dédier leurs œuvres, obtenir un engagement à Pétersbourg ou une pension doivent s'adresser à Grimm. Catherine II, «bombardée» de livres, interdit aux ambassadeurs de lui faire parvenir des ouvrages ; elle ne répond pas aux

---

1. Diderot à Falconet, juillet 1767 – D. Diderot, *Correspondance,* éd. G. Roth, J. Varloot, Minuit, 1955-1970, t. VII, p. 196.
2. A. Stroev, G. Dulac, Diderot en 1775 vu par Grimm (Lettres inédites de F. M. Grimm à la princesse A. Golitsyna et au comte S. Roumiantsev), *Le DHS,* n° 25, 1993, p. 275-293 ; A. Stroev, Rousseau utopiste jugé par Grimm, *J.-J. Rousseau. Politique et nation. Actes du II* Congrès international, Montmorency, 27 septembre-4 octobre 1995* (à paraître).

lettres spontanées. A la différence des aventuriers, trans-
metteurs de nouvelles, le devoir de Grimm est moins la
recherche de l'information que sa restriction et le filtrage.
Au solde de la cour russe, distingué de décorations et de
titres, il s'est intégré dans la logique de la diplomatie
culturelle prônée par l'impératrice.

Petits-maîtres et philosophes, marchands et monarques

L'histoire de Grimm, aventurier épistolier, nous amène
au problème des rôles sociaux et des stéréotypes de
conduite propres au siècle des Lumières. Notre objectif
sera de mettre en relation le comportement des aventuriers avec le comportement adopté par tout le monde, de
montrer ses aspects imitatif et novateur. Nous nous fon-
dons sur les biographies du XVIIIe siècle et les romans de
Crébillon fils, Marivaux, La Morlière, Duclos, Chevrier,
Diderot, Lesuire, etc., les comédies de Piron, Sedaine,
Gresset, Palissot, ainsi que les pamphlets et les lettres.

Le modèle aristocratique dominant dans la France du
XVIIIe siècle veut que l'étiquette mondaine fasse partie
intégrante de la notion de civilisation, au même titre que
l'art. Norbert Elias montre en 1939 que la représentation
moderne de la culture en tant qu'ensemble des textes et
des institutions qui les conservent/produisent (théâtres,
musées, bibliothèques) – la représentation qui apparaît en
Russie comme la seule valable – vient d'Allemagne au
XVIIIe siècle et est conditionnée par la conception bourgeoise du monde[1]. Jusqu'alors, le mot culture désigne
l'action de cultiver la terre et les arts sont rangés parmi les
métiers.

1. N. Elias, *La civilisation des mœurs,* trad. de l'allemand, Calmann-
Lévy, 1973 ; N. Elias, *La société de cour,* trad. de l'allemand, Flammarion, 1985.

N. Elias met l'accent sur le concept de civilisation qui gomme la différence entre les peuples et les couches sociales et qui pose la norme actuelle en idéal que tout le monde se doit d'atteindre; le terme est élaboré par la nation, sûre de sa suprématie, qui se place au centre de l'univers.

Les assises de la civilisation aristocratique du XVIIIe siècle ne sont plus la cour (Versailles), comme c'était le cas à l'époque de Louis XIV, mais la capitale. Par conséquent, le modèle du comportement de cour, le plus réglementé, réfléchi et documenté, fait place à des règles moins strictes. Les manières parisiennes sont perçues comme véritablement mondaines et françaises, et tout bourgeois, tout étranger qui a séjourné à Paris, s'érige en modèle de civilité et du bon ton à l'étranger. Les Français décrivent leur mode de vie comme la seule forme possible de la civilisation, tous les autres n'étant que des sauvages. *L'Europe française* de Louis Antoine Caraccioli (1776) et le roman satirique de Robert Lesuire, *Les sauvages de l'Europe* (1760), sont les manifestes de ces représentations. L'inconscient social garde, nous semble-t-il, ce narcissisme encore aujourd'hui. D'après le mythe culturel, la France est un pays où tout est fait pour rendre la vie agréable, aux États-Unis tout est soumis aux besoins du travail et en Russie, à la multiplication des difficultés.

La civilisation plus que le résultat est un procès qui transforme un homme naturel en être social avec tout l'acquis du comportement correct. Dans cette perspective, c'est moins l'individu qui compte que la conformité aux normes: un homme policé ne doit pas chercher la vérité dans une conversation mais s'accommoder de l'opinion de son interlocuteur. Denis Fonvizine fustige la civilité des Français, en affirmant que, « pour avoir une réputation de savoir-vivre, tous ont renoncé à leur propre opinion sur les choses. On [...] ne cherche guère ici à découvrir la vérité. Il ne s'agit pas de savoir ce qu'on va dire, mais comment on va le dire »[1]. L'homme civilisé ne doit pas être, mais paraître. Le début d'autres modèles de comportement tient aux doutes sur le bien-fondé de la civilisation. Les changements survenus dans la conscience et qui font ressentir le spectaculaire comme un artifice incitent à faire la distinction entre culture et civilisation et à opposer l'utile à l'esthétique.

Le savoir-vivre en France comprenant l'art de se vêtir, de manger, de converser, d'écrire des lettres, d'avouer son amour rejoint naturellement les formes mondaines de la culture : conversations philosophiques, rituels badins, rédaction de poèmes et de contes, mises en scène théâtrales, mystifications littéraires. La correspondance privée devient souvent publique : les lettres d'hommes célèbres consacrées aux sujets importants sont lues dans les salons, imprimées, abondamment citées. Ainsi, la notion de lettre privée, individuelle n'a pas de sens dans le cas de Grimm qui fait parvenir à Catherine II, avec ses commentaires, toute correspondance susceptible d'être intéressante. Le jeu littéraire mondain peut donner lieu à des œuvres majeures : *La religieuse* de Diderot est née d'une mystification épistolaire. D'autre part, la parution d'un livre et la première théâtrale ne deviennent événement que grâce aux discussions qu'elles provoquent dans les salons et cafés, où se cristallise l'opinion publique, et les *Correspondances littéraires* distribuées en Europe pérennisent le jugement.

L'image harmonieuse d'une civilisation exemplaire se trouve perturbée par deux éléments. Premièrement, les nouveaux modèles de comportement, « bourgeois » et « philosophique », remettent en cause les principes aristocratiques. Deuxièmement, l'opinion publique qui représente un vrai pouvoir sape les bases de la hiérarchie sociale et de la structure étatique.

Aux yeux de l'aristocrate, le comportement bourgeois

1. D. Fonvizine, *op. cit.,* p. 135.

est envisageable, mais ridicule, tandis que celui du philosophe apparaît comme absurde, comme anticomportement en quelque sorte. Le courtisan du XVIIᵉ siècle et le petit-maître du XVIIIᵉ siècle trouvent que la vie de société est une occupation importante en soi et pas un loisir. La réponse de Catherine II à la question de Fonvizine : « Pourquoi n'est-il pas honteux chez nous de ne rien faire ? » est édifiante : « Vivre en société ne signifie pas ne rien faire. »[1] Au contraire, travailler et gagner sa vie est une attitude déshonorante pour l'aristocrate.

Le petit-maître règne dans les pièces d'apparat, souvent partagées en deux parties, pour l'époux et l'épouse. Le monde aristocratique ne tolère pas la concurrence et ridiculise la vie familiale, le devoir familial, voire l'attachement. Nombreux sont les romans du XVIIIᵉ siècle qui varient la même situation : les époux font ménage à part, presque avec ostentation, ne s'occupent pratiquement pas de leurs enfants. Le petit-maître doit se ruiner pour soutenir sa réputation, son luxe cache ou, au contraire, affiche d'énormes dettes. La société aristocratique rappelle d'une certaine manière les noces villageoises : la gloire de la famille est dans ses dépenses et non dans ses économies.

Par contre, le travail compte pour le bourgeois, il amasse et ne gaspille pas, son apparence modeste met en valeur sa richesse secrète. Le bonheur familial rend les conquêtes amoureuses inutiles. La fidélité est son idéal. Le petit-maître ou le paysan parvenu peut devenir héros d'un roman « liste de bonnes fortunes », mais jamais le bourgeois. Le bon sens s'oppose au bel esprit. Si le bourgeois se vante de sa richesse, s'il achète les titres de noblesse, s'il entretient des comédiennes, s'il devient mécène, cela signifie qu'il s'attribue un autre rôle, celui de bourgeois gentilhomme, de riche fermier qui se ruine pour suivre la mode.

---

1. Sur le contexte culturel de cette polémique voir W. Berelowich, Préface, D. Fonvizine, *op. cit.,* p. VIII.

Pourtant il existe un domaine où les bourgeois ne misent pas sur la stabilité, mais sur l'imprévu. C'est le commerce et la bourse. Voltaire, en lisant les *Observations générales sur le royaume d'Angleterre* du chevalier d'Éon, annote le chapitre consacré à la société de commerce d'exportation de laine, appartenant aux «aventuriers marchands» et tombée en désuétude, lorsque cette activité fut interdite sous peine de mort[1]. Les commerçants sont obligés de prendre des risques pour faire des bénéfices, et acceptent volontiers les services d'aventuriers. La cabale permet à Casanova de donner au financier hollandais Hope des prévisions avec un tel succès que celui-ci lui propose de devenir compagnon et d'épouser sa fille. Casanova lui envoie son ami, le comte aventurier Tiretta qui, engagé par une maison d'Amsterdam, fait fortune en Inde. Certes, la confiance ne paie pas toujours : les frères Premislas et Stepan Zannovitch soutirent de grandes sommes aux négociants hollandais contre la promesse de les investir dans l'achat de navires marchands inexistants. Comme leur garant est un diplomate vénitien, l'affaire est sur le point de provoquer la guerre entre deux républiques, hollandaise et vénitienne. Dans ce démêlé Casanova prend le côté de sa patrie, rend publics les détails de l'affaire et désavoue ses anciennes connaissances. Rarement, les écrivains aventuriers, qui ne reculent devant aucune opération commerciale, y compris la traite des Noirs, font une grande fortune, comme Beaumarchais.

Les écrits de tous ceux qui défendent les idéaux bourgeois érigent les marchands en vrais philosophes, d'une part, et en souverains, nouveaux maîtres du monde, d'autre part. Dans la comédie *Le philosophe sans le savoir* (1765) de Michel Jean Sedaine, le protagoniste, négociant qui cache son origine noble, affirme que, d'un trait de

---

1. *Les loisirs du chevalier d'Éon de Beaumont,* Amsterdam, 1774, t. 7, p. 302 ; *Corpus des notes marginales de Voltaire,* Berlin, Akademie-Verlag, 1984, t. 3, p. 419.

plume, « il se fait obéir d'un bout de l'univers à l'autre » et qu'il sert toutes les nations[1].

Deux figures intermédiaires assurent un lien entre le monde de la noblesse et de l'argent, et le monde de l'art : le fermier général mécène (La Popelinière, d'Épinay) et la femme du monde, maîtresse de salon, protectrice de savants et d'écrivains, qui n'est pas étrangère à la philosophie et à la littérature, telles mesdames Geoffrin, d'Épinay, Necker, la marquise de la Ferté-Imbault.

La République des Lettres n'est pas homogène. Un de ses pôles représente la bohème littéraire toujours en quête de mécènes et qui dépend de ses protecteurs. Elle doit se conformer aux goûts du public, exaltant ou dénigrant le pouvoir, comme Théveneau de Morande, car les pamphlets se vendent mieux que les panégyriques. A l'autre extrême, on retrouve l'aristocrate qui écrit pour son plaisir et souvent soutient ses confrères : le comte de Caylus. Le professionnel et le dilettante font gémir la presse typographique, toute en confédérant cette profession comme un métier bas, voire honteux[2]. D'une manière ou d'une autre, les deux modèles sont adaptés aux règles bourgeoises (tout est à vendre) ou aristocratiques (noble passe-temps).

Par contre, le philosophe est perçu par ses contemporains comme celui qui est à mille lieux des choses de la vie, qui transgresse les lois, et pour qui la liberté individuelle passe avant les règles de conduite et la hiérarchie sociale. Toutes formes de dépendance, qu'il s'agisse de l'amour, de l'amitié, de la famille ou de la patrie, sont des chaînes. Ainsi, pour J.-J. Rousseau les amis les plus proches deviennent ses pires ennemis dès qu'ils lui donnent des conseils ou essaient de le faire se plier aux stéréotypes sociaux.

1. M. J. Sedaine, Le philosophe sans le savoir (1765), *Théâtre du XVIIIe siècle,* éd. J. Truchet, Gallimard, Bibliothèque de la Pléiade, 1974, t. 2, p. 530.
2. Les détails concernant la situation des auteurs : D. Masseau, *L'invention de l'intellectuel dans l'Europe du XVIIIe siècle,* PUF, 1994.

Les caractéristiques professionnelles de tout homme de lettres – penchant pour une vie solitaire, lecture et écriture sans relâche, distraction à force de concentration, inaptitude aux affaires pratiques, désintéressement – prennent une tournure tragique, hyperbolique et grotesque chez le philosophe. Un galérien du bureau, tel Grimm, est voué à la cécité, à la sclérose, aux hémorroïdes et à des maux urinaires. Ceux qui s'étaient assuré une vie aisée seront ruinés par la Révolution. Les livres de médecine du XVIIIe siècle opposent la vie en réclusion des littéraires et des savants à l'idéal d'une vie dynamique et équilibrée, d'une vie au grand air. Le médecin suisse Tissot, en caractérisant les maladies professionnelles des écrivains, parle de l'«épuisement littéraire», de la vie sédentaire, de la réclusion et du mépris du corps pour favoriser l'esprit, ce qui ne manque pas de nuire à l'un comme à l'autre, de provoquer l'hypocondrie et la misanthropie[1].

La conduite du philosophe est opposée à celle du petit-maître, mais l'une n'existe pas sans l'autre : la négation nécessite un point de repère. De l'autre côté, le petit-maître a aussi besoin du philosophe qui génère de nouvelles idées et doctrines, dont l'opinion fait autorité, dont les œuvres et le comportement nourrissent des discussions. Les romans et encore plus les comédies brossent des portraits ironiques de l'un et de l'autre. Les accusations se fondent toujours sur l'opposition «être» versus «paraître». Les ennemis tentent de démontrer que les philosophes répondent mal à leur rôle et qu'ils ne sont que des charlatans, comme le fait Palissot dans la comédie *Les philosophes* (1760) ou Fonvizine dans ses *Lettres de France* : «Les d'Alembert, les Diderot sont, dans leur genre, les mêmes charlatans que ceux que j'ai vus tous les jours sur le boulevard ; tous, ils dupent le peuple pour de l'argent

---

1. Tissot, *De la santé des gens de lettres* (1768), voir R. Chartier, Modèles de l'homme de lettres, *Lez Valenciennes,* n° 18, 1995, p. 13-25.

et la seule différence entre un charlatan et un philosophe ne tient qu'à ce que le dernier ajoute à la cupidité une vanité sans pareille.»[1]

Ainsi, le philosophe pense, et le petit-maître persifle. Le philosophe écrit, le petit-maître mène une conversation. Casanova demande à Claude-Pierre Patu, poète et avocat : «Y a-t-il quelque philosophe entre les courtisans ?» – et entend : «Philosophe non, parce qu'en qualité de courtisan il ne peut pas l'être, mais il y a des gens d'esprit qui en grâce de leur intérêt mordent le frein» (*HMV*, t. 1, p. 566). Le philosophe lit lentement, revenant en arrière, relisant, prenant des notes. Le petit-maître lit tout, rapidement, plusieurs livres à la fois, lit partout – pendant sa toilette, sa promenade, au lit (habitude typiquement française selon Caraccioli). Le petit-maître porte jugement sur l'œuvre et l'oublie aussitôt, donc l'anéantit. Le philosophe vit dans le monde de la mémoire, sur lequel le temps n'a pas d'emprise, il communique avec ses ancêtres et ses descendants. Le petit-maître vit dans le présent et hors de l'histoire, car il ne se soucie ni du futur, ni du passé. Comme le remarque Claude Patu : «Les dieux qu'on adore ici, malgré qu'on ne leur élève pas des autels sont la nouveauté et la mode» (*HMV*, t. 1, p. 154-155).

Le philosophe est solitaire, le petit-maître n'existe pas en dehors du monde, de la société, de la communication. Le philosophe est un célibataire invétéré, la famille l'arrache à de grandes pensées. Sa joie est la conversation avec des amis qui lui ressemblent ; sa famille, c'est la communauté des hommes de la science, la République des Lettres idéale. La maîtresse surveille le philosophe, comme un enfant. Casanova rapporte les paroles de Rousseau qui prend Thérèse Levasseur pour «un autre moi-même. C'est un être qui n'est ni ma femme, ni ma maîtresse, ni ma servante, ni ma mère, ni ma fille ; et elle est tout cela» (*HMV*, t. 2, p. 183).

---

1. D. Fonvizine, *op. cit.*, p. 154-155.

Le petit-maître est marié, mais il s'intéresse plus aux femmes des autres, en oubliant la sienne. Même impuissant, il doit jouer le rôle du séducteur comme dans *Le sopha* de Crébillon (1741) ; la réputation de l'homme à la mode, principal atout du petit-maître, lui tient lieu de toutes les autres qualités. Insouciant et aimable, il plaisante et séduit sans réfléchir et sans se lasser. Il ne prend une femme que pour la quitter. La fameuse théorie de la séduction, formulée dans les romans de Crébillon à Laclos, est fondée sur la notion de hasard, d'occasion, dont il faut profiter promptement. Le petit-maître ou le libertin doit vanter la vertu de la femme et agir comme si elle n'a jamais existé.

Le philosophe est malade de sa vie sédentaire, le petit-maître ne peut pas tenir en place, il est toujours en mouvement. Il parle vite sans écouter, en prononçant les mots à sa façon, en utilisant son propre jargon qui lui ouvre tous les salons de l'« Europe française », de l'Italie jusqu'à la Russie. Charles de La Morlière dans *Angola* (1746), roman dédié aux petites-maîtresses, met en italique leurs expressions favorites. Ivan Krylov dans la comédie *Troumf* dénigre les élégants russes imitant le langage des petits-maîtres parisiens : prononciation chuintante, omission des sonores. L'élégant est patriote de Paris, le philosophe, cosmopolite et étranger (« citoyen de Genève »).

Le petit-maître suit toujours la mode, il est l'arbitre des élégances, le philosophe est habillé simplement : ainsi l'ami de Voltaire, le peintre Jean Huber, le représente dans une série de tableaux commandés par Catherine II. Le philosophe est négligé, jusqu'à être bizarre (Diderot), porte un habit oriental (Rousseau explique son attachement à la robe de chambre arménienne par des raisons médicales). Le philosophe est paradoxal et original sous tous les rapports, tandis que le petit-maître incarne l'idéal de l'identique, il est le meilleur parmi les semblables. Dans les deux cas, la limite du comportement de l'un comme de l'autre, c'est l'inconstance, les métamorphoses permanentes. Le petit-maître fait penser à un caméléon ; selon Caraccioli, il est difficile de déterminer son sexe, son visage, ses manières : sa voix évoque une femme, il utilise le maquillage, la poudre.

Le protagoniste de la comédie d'Alexis Piron, *La métromanie ou le Poète* (1736), est décrit à travers une série de négations : un homme sans visage, sans état, sans caractère.

> « Sa face, à chaque instant, s'élargie ou s'allonge ;
> Il se néglige trop, ou se pare à l'excès.
> D'état, il n'en a point, ni n'en aura jamais !
> C'est un homme isolé qui vit en volontaire ;
> Qui n'est bourgeois, abbé, robin, ni militaire ;
> Qui va, vient, veille, sue, et, se tourmentant bien,
> Travaille nuit et jour et ne jamais fait rien.
> Du reste, rassemblant dans sa seule personne
> Tous les originaux qu'au théâtre on nous donne :
> Misanthrope, étourdi, complaisant, glorieux,
> Distrait... ce dernier-ci le désigne le mieux »

(acte 1, scène 2).

Il porte un nom d'emprunt, les muses lui tiennent lieu d'amour et de fortune. L'instabilité du poète ou du philosophe tient à sa personnalité, tandis que le masque du petit-maître cache le vide.

Le petit-maître, catholique non pratiquant, est indifférent aux problèmes théologiques, le philosophe est le plus souvent déiste ou athée, comme Diderot. Au moment des illuminations, il se prend pour un Être suprême (Rousseau). Les contemporains le vénèrent comme la divinité littéraire. Le philosophe est l'idole de la rue, le petit-maître est l'homme de la rue.

Leur destin est bien différent. La destinée du petit-maître est l'insouciance, l'organisation et la prévisibilité des événements quotidiens. Le sort du philosophe : persécutions, prison, exil. Presque tous, en commençant par Voltaire, Diderot et Rousseau, ont été poursuivis ; l'arrestation devient l'initiation philosophique. Au temps des

Lumières personne ne prête attention au prophète tant qu'il n'est pas battu à coup de pierres, son livre ne sera pas lu avant qu'il soit interdit. L'exemple le plus classique est la troisième édition de l'*Histoire des deux Indes* de l'abbé Raynal. Condamné en 1781 par le Parlement de Paris, elle apporte à son auteur la gloire du martyr de la philosophie et devient best-seller. Gustave Lanson a remarqué que, pour un écrivain, la Bastille est l'antichambre de la célébrité. L'abbé Morellet, à peine franchi le seuil de la Bastille, s'exclame : « Ces six mois de Bastille seraient une excellente recommandation et feraient infailliblement ma fortune. »[1] Il ne s'est pas trompé, même s'il n'y est resté que six semaines.

Voltaire, Diderot et Rousseau incarnent les trois types des philosophes des Lumières. Le premier représente un homme qui réussit dans tous les domaines : philosophie, littérature, histoire et, ce qui est très important, finances. C'est un sage, qui vit dans sa retraite dans l'« opulence paisible et dans la plus extrême indépendance ». Ancien confident des monarques, il a le « petit plaisir philosophique » de voir que les rois de l'Europe ne goûtent pas son heureuse tranquillité et que sa situation est préférable à la leur[2]. Il est peut-être plus fier de son indépendance financière que de ses succès littéraires, il estime que « rien n'est si doux que de faire sa fortune par soi-même »[3]. Il est un homme pratique et habile, un vrai bourgeois, même si sa famille a obtenu des titres de noblesse. Dans ses *Mémoires* (1759), il donne un conseil : pour faire fortune, « il faut être très attentif à toutes les opérations que le ministère, toujours obéré et toujours inconstant, fait des finances de l'État. Il y en a toujours quelqu'une dont un particulier peut profiter »[4]. Voltaire

1. Cit. d'après R. Darnton, *Gens de lettres, gens du livre,* p. 53.
2. *Mémoires de M. de Voltaire,* éd. J. Brenner, Mercure de France, 1965, p. 66.
3. *Ibid.,* p. 66.
4. *Ibid.,* p. 66.

y trouve instantanément l'objet des spéculations, parfois même louches. Malgré sa vie d'ermite, il défend l'idée de l'union des élites, des philosophes et de la noblesse afin d'opérer des réformes d'en haut (d'Alembert partage aussi cette idée). La bohème littéraire ne lui inspire que le mépris[1].

Diderot, par contre, témoigne de l'intérêt et de la sympathie pour ses confrères miséreux *(Le neveu de Rameau)*. Homme des connaissances encyclopédiques, distrait, maladroit, il s'emballe facilement. Pendant ses discussions avec Catherine II, il se met à gesticuler avec une telle frénésie, que l'impératrice doit mettre une petite table entre eux pour se protéger : ses jambes sont couvertes de bleus. Ses ennemis et ses amis s'accordent à dire que c'est un « original sans copie », un « enfant de soixante ans », un homme qui rêve les yeux ouverts et ne ménage ni son temps ni sa gloire.

L'ennemi des encyclopédistes, l'abbé Fréron dans sa revue *Année littéraire* représente Diderot qui se rend à Saint-Pétersbourg comme un homme toqué, distrait, éloigné de la réalité et qui sera étranger partout. Il déclare que ce n'est qu'un masque délibéré : « Ailleurs, piqué de ce qu'on ne prenait seulement pas garde à lui, il parcourait les jardins publics, les édifices, les galeries de tableaux, vêtu de la manière la plus bizarre ; ici, en robe de chambre, là en mules jaunes, partout en bonnet de nuit, publiant dans chaque ville où il arrivait qu'il avait oublié sa perruque dans celle qu'il venait de quitter : tout cela pour se donner un air important de distraction philosophique. On demandait de tous côtés quel était cet homme extraordinaire ; et son serviteur G*** répondait : c'est le célèbre D******. »[2]

---

1. Chr. Mervaud, De Westminster Abbey au Panthéon. Le statut des « gens de lettres » dans les *Lettres philosophiques, RHLF,* 1991, n° 2, p. 177-195 ; R. Waller, L'homme de lettres en France et en Angleterre (1700-1730), *DHS,* n° 10, 1978, p. 229-252.
2. *Année littéraire,* 1774, t. 7, lettre 5, p. 118.

Et enfin Rousseau, philosophe persécuté et banni, persiflé et glorifié. Robert Martin Lesuire, dans la préface du *Philosophe parvenu* (1787), précise que la manie de persécution est une maladie assez commune aux gens de lettres qui, trop frappés de leurs malheurs, ne voient autour d'eux que des espions du gouvernement. Mais Rousseau, selon lui, est un fou sublime, un prophète[1]. Jean Starobinski en analysant l'image du prophète malade qui remonte à la Bible, montre que Rousseau exagère ses tourments et ses angoisses, aggrave inconsciemment ses maladies, comme s'il cherchait à se cacher derrière elles pour éviter la société et les contacts[2]. Des volumes ont été consacrés à la folie de Jean-Jacques.

Rousseau a toujours refusé de se considérer comme écrivain, car ceux-là n'agissent pas comme ils pensent ni comme ils écrivent. Il défend l'unité de la vie et de la création (être et paraître), mais viole ses propres recommandations : pédagogue, il abandonne ses enfants ; ennemi du théâtre et des nobles, il écrit une comédie musicale pour la cour. Dans sa quête de réponse aux questionnements philosophiques et quotidiens, il s'oppose toujours aux idées reçues. Il crée soigneusement sa légende d'homme généreux et réfractaire qui s'attire des malheurs. Juge et bourreau de lui-même, Rousseau cherche les persécutions, les offenses, les maladies, la solitude et la misère, et arrive à ses fins. Un nécrologe russe présente le parcours de l'homme juste comme le gage de la grandeur du citoyen de Genève et de la véracité de ses écrits[3].

Pour Rousseau, comme pour les prophètes de l'Évangile, les fols-en-Christ et les personnages de Dostoïevski, le scandale est le moyen principal de dénouer tous les conflits provoqués par soi-même.

1. R. M. Lesuire, *Le philosophe parvenu,* Londres-Paris, 1787, t. 1, p. VIII.
2. J. Starobinski, *Jean-Jacques Rousseau, la transparence et l'obstacle,* Plon, 1957.
3. *Sanktpeterbourgskie vedomosti,* n° 63, 7 (18) août 1778.

Les aventuriers imitent les petits-maîtres, mais ils se sentent plus proches des philosophes. Les relations avec les premiers sont idylliques, mais tendues et dramatiques avec les seconds. L'aventurier, issu du tiers état, respecte l'étiquette mondaine dans ses paroles, ses manières, ses vêtements, ses rapports avec les femmes, surtout quand il se trouve à l'étranger. Le Vénitien Casanova est fier de son argot parisien qui le fait reconnaître parmi les gens de son milieu à Saint-Pétersbourg en 1765 («Je ne connais pas le masque à sa voix, mais au style je me trouve sûr que le masque était de ma connaissance, car il avait les mêmes refrains, les mêmes intercalaires que j'avais mis à la mode à Paris partout où j'allais avec fréquence» – *HMV*, t. 3, p. 386) ou en Italie en 1772. Dans ses mémoires il évoque son livre *Lana Caprina. Epistola di un licantropo* (1772), publié en italien : «J'y avais mis une préface en français, mais ne me servant que des idiotismes du bas peuple parisien, ce qui me rendait inintelligible. Cette espièglerie me fit faire étroite connaissance avec beaucoup de jeunes gens» (*HMV*, t. 3, p. 961). Le langage sélectionne son public : recherché, éclairé, cosmopolite, noble.

La ressemblance du petit-maître et de l'aventurier n'est pas une identité. Le premier n'est qu'un spectateur, tout au plus un figurant ; le second, un comédien ou un auteur. L'élégant bavarde, le chevalier de fortune crée, invente, écrit. L'un, colporteur d'histoires et de rumeurs, se vante d'apprendre en premier toutes les nouvelles. L'autre est aussi un excellent conteur, mais il préfère narrer les histoires dont il est le héros. Il est si fier de ses récits, qu'il refuse d'y changer quoi que ce soit. Même pour le tout-puissant duc de Choiseul, Casanova n'abrège pas l'épopée de sa fuite des Piombi, qui dure deux heures.

Le petit-maître reste dans la capitale ; le chevalier de fortune, expulsé, banni, se voit obligé de la quitter. L'aristocrate libertin ne peut briller que dans son milieu, l'aventurier à l'étranger fait comme chez lui. Casanova veut séduire tout le monde, l'impératrice et la paysanne ; d'une discussion littéraire avec Voltaire, il passe à une orgie. Néanmoins il reste étranger et c'est son altérité qui suscite l'intérêt. La rivalité entre l'aventurier et le philosophe provient de la similitude de leur « anticomportement ».

Voltaire, Rousseau et les aventuriers

Voltaire sert de modèle à bien des aventuriers. Soit ils cherchent à parvenir dans les mêmes domaines que le patriarche de Ferney et fréquentent les mêmes personnes, soit ils s'efforcent d'exploiter la gloire de Voltaire, de se constituer une réputation de partisan ou d'ennemi et rival du grand homme.

Philosophe et écrivain illustre, homme riche et indépendant, ami et conseiller des monarques, Voltaire représente aux yeux de l'aventurier un modèle de réussite, un idéal inaccessible, celui qui réalise avec succès ses projets et ses rêves. D'autant plus que Voltaire a dans son for intérieur quelques traits d'aventurier : il souffre d'un complexe de bâtard, de parvenu méprisé par les aristocrates. Il connaît bien des revers de fortune, des ascensions et des chutes, il est adulé et roué de coups de bâton, embastillé et exilé. Il s'enrichit grâce à des spéculations hardies et pas avec sa plume. Frédéric II le traite d'escroc pour une opération financière avec des titres saxons. Il écrit à sa sœur, la margrave de Bayreuth, le 30 janvier 1751 : « Vous me demandez ce que c'est que le procès de Voltaire avec un Juif ? C'est l'affaire d'un fripon qui veut tromper un filou. Il n'est pas permis qu'un homme de l'esprit de Voltaire en fasse un si indigne abus [...] Il a tenu la conduite d'un fou. »[1] Voltaire a le caractère d'un joueur. Passionné du jeu, il estime que les cartes rendent les hommes libres et égaux : « Nous n'avons dans le monde de loi parfaite que pour régler une espèce de folie, qui est le jeu : les règles

1. *Mémoires de M. de Voltaire*, p. 222.

du jeu sont les seules qui n'admettent ni exception, ni relâchement, ni variété, ni tyrannie. »[1]

Souvent, Voltaire gagne là où l'aventurier perd ou ne réussit qu'à moitié. Les chevaliers de fortune essayent de s'enrichir en organisant des loteries. Par contre, Voltaire crée en 1729 une société qui achète tous les billets d'une loterie mal conçue par le contrôleur général des finances et la ruine sans difficulté. Les aventuriers rédigent de nombreux projets financiers, mais perdent leur fortune aussi vite qu'ils la font et meurent dans la misère. Le patriarche touche à soixante-six ans une belle rente de 120 000 livres (d'après Casanova) et 231 300 livres à la fin de sa vie, ce qui le range parmi les vingt personnes les mieux rentées de France.

Voltaire, ami et correspondant des souverains, forme des monarques éclairés ou, en tout cas, essaie de le faire, ce qui n'est une tâche facile ni avec Frédéric le Grand, ni avec Catherine II. L'aventurier – Casanova, d'Éon, Tschoudy, S. Zannovitch ou Cagliostro – aspire à cette place avec le plus de ferveur, mais c'est là qu'il réussit le moins.

L'aventurier écrivain tente de rivaliser avec Voltaire en rédigeant les histoires de Russie et de Pologne, comme le font Casanova et Ange Goudar. Le chevalier d'Éon entre en polémique avec l'*Histoire de l'Empire de Russie sous Pierre le Grand* de Voltaire (1759-1763) dans son *Histoire impartiale d'impératrice d'Eudoxie Fœdorovna, première femme de Pierre le Grand* (1774). Il corrige les fautes du patriarche, l'accuse de flatterie. D'Éon présente l'histoire familiale, non officielle de l'empereur, fondateur de la nouvelle Russie, en montrant un tyran cruel, mari et père violent. L'histoire du pays apparaît comme l'histoire d'une famille racontée par une femme abandonnée. D'Éon transforme les faits véridiques en histoire roman-

---

1. Cit. d'après J. Donvez, *De quoi vivait Voltaire ?*, Deux Rives, 1949, p. 54-55.

cée rappelant le thème de la victime innocente, persécutée par le destin et les scélérats, très à la mode au XVIIIᵉ siècle.

Le seul domaine, où les chevaliers de fortune sont probablement plus forts que leur idole, reste la diplomatie secrète et l'espionnage. Si, dans sa jeunesse, Voltaire rejette la proposition de l'aventurier politique Görtz qui veut refaire la carte de l'Europe et conclure l'union politique entre Pierre Iᵉʳ et Charles XII[1], en 1722 il offre ses services au ministre des Affaires étrangères et au premier ministre, le cardinal Dubois. Il est prêt à partir à Vienne en mission secrète. Plus tard, il entre dans le jeu de la diplomatie française, servant d'intermédiaire entre la cour de Versailles et Frédéric II, mais ce dernier s'avère plus fin que son précepteur philosophe.

Dans la mythologie des Lumières l'image du juste persécuté, du fou prophète, de l'homme sensible, victime de la société, est incarnée avant tout par Rousseau. Les aventuriers eux-mêmes, leurs amis ou leurs ennemis mettent souvent en parallèle leurs destins et celui de Jean-Jacques. L'auteur anonyme du pamphlet *Précis de la vie de Joseph François Borri* (1786) affirme que les charlatans, tout comme Rousseau, font toujours un mauvais choix en se demandant s'ils doivent accepter ou non une pension[2]. Jean-Jacques Tatin montre bien comment Cagliostro développe le thème du complot contre le juste, et utilise dans la *Lettre du Comte de Cagliostro au peuple anglais* (1787), qui lui est attribuée, les *topoï* du discours du philosophe : la critique de l'égoïsme des grands, la décadence des mœurs citadines, la vénération de la vie saine à la campagne[3].

Stepan Zannovitch se présente comme un philosophe solitaire, adorateur et émule de Rousseau, il rédige ses

1. Voltaire mentionne ce projet dans l'*Histoire de Charles XII* et dans l'*Histoire de l'Empire de Russie sous Pierre le Grand.*
2. J.-J. Tatin-Gourier, *op. cit.,* p. 114-117.
3. *Ibid.,* p. 23-24.

éloges poétiques (*Soneto a J.-J. Rousseau il Socrate*, 1773), fait une adaptation italienne de *Pygmalion,* tente de se mettre en correspondance avec lui[1]. Mais le citoyen de Genève ne lui fait pas confiance. Dans le troisième dialogue de *Rousseau, juge de Jean-Jacques* (1774), il accuse d'Alembert d'être mêlé à la disparition du manuscrit des *Considérations sur le gouvernement de Pologne* (1772) et ajoute : «Je ne doute pas qu'il n'y ait du d'Alembert dans cette affaire ; aussi bien que dans celle d'un certain comte Zanowisch, Dalmate, et d'un prêtre aventurier, Polonais qui a fait mille efforts pour pénétrer chez moi. »[2]

Lorsqu'en 1766, Rousseau arrive en Angleterre, le chevalier d'Éon salue le célèbre exilé et lui expose son affaire, la dispute avec le comte de Guerchy, ambassadeur français en Angleterre : «Nos malheurs ont presque une origine commune, quoique des causes & des Effets différents. [...] On pourrait à plusieurs égards faire un parallèle de la bizarrerie de votre Sort, & du mien. [...] Mon cher Rousseau, mon ancien Confrère dans la Politique, mon maître dans la littérature, Compagnon dans mon infortune... »[3] Rousseau envoie une réponse polie et met fin à la correspondance. Soulignons que Voltaire partage l'avis du chevalier d'Éon : «Jean-Jacques Rousseau est aussi fou que les Deon et les Vergi ; mais il est plus dangereux», écrit-il au comte et à la comtesse d'Argental en 1765[4]. Il prie Théodore Tronchin de lui «renvoyer les

---

1. *Pigmalione, opera del conte Stephano Zannowich,* Paris, F. A. Didot, 1773. Voir aussi l'article de Franco Venturi, Rousseau e Voltaire nelle avventure cosmopolite del conte Stefano Zannovitch, dalmatino, *Studi in onore di Paolo Alatri,* vol. 1 : *L'Europa nel XVIII secolo,* Napoli, Edizioni Scientifiche italiane, 1991, p. 101-118.
2. J.-J. Rousseau, *Œuvres complètes,* Gallimard, 1959, t. 1, p. 962-963 (note de Rousseau).
3. D'Éon à J.-J. Rousseau, 20 février 1766 – *Correspondance complète de J.-J. Rousseau,* éd. R. A. Leigh, Oxford, The Voltaire Foundation, t. 28, 1977, p. 313-315 (n° 5062).
4. 24 janvier 1765 ; Best. D12345.

folies D'Éon»[1], c'est-à-dire les *Lettres, mémoires et négocia-tions particulières du chevalier d'Éon* (Londres, 1764) qu'il gardera dans sa bibliothèque, en notant sur l'exemplaire : «Les folies d'Éon»[2]. Il faut rendre justice à Voltaire : le chevalier écrit à cette époque au duc de Broglie : «J'ai grande peur de devenir véritablement fou.»[3] Plus tard, après la parution des *Loisirs* (1774), d'Éon dans une lettre à l'éditeur porte aux nues Rousseau et prétend bien connaître le grand homme[4].

Dans l'*Histoire de ma vie*, Casanova raconte comment, accompagnant la marquise d'Urfé, il rend visite à Rous-seau à Montmorency, sous prétexte de lui donner de la musique à copier. Ils trouvent «l'homme qui raisonnait juste, qui avait un maintien simple et modeste, mais qui ne se distinguait en rien ni par sa personne, ni par son esprit» (*HMV*, t. 2, p. 183). Jean-Jacques n'est point aimable et en revenant à Paris les visiteurs rient de la sin-gularité du philosophe. Helmut Watzlawick suppose que dans cet épisode le Vénitien utilise les récits d'autrui : le mémorialiste ne précise point la date[5], il est trop laconique et évite les détails qu'il remplace par l'anecdote de la visite du prince de Conti à Montmorency. La morale ne change pas : «Voilà les bêtises des philosophes, quand voulant se distinguer ils se singularisent» (*HMV*, t. 2, p. 183-184). En évoquant Jean-Jacques, Casanova garde une distance ironique. Il le traite de «visionnaire», mentionne sa bévue

1. 18 août [1764] ; Best. D 12054. Le 14 avril 1764, Bachaumont écrit à propos du livre et son auteur que «l'indignité de son procédé, les diparates de sa conduite et de son style dans ses récits, dénotent un méchant homme et un fol» – *Mémoires secrets pour servir à l'histoire de la République des Lettres en France,* Londres, John Adamson, 1777-1789, t. 2, p. 49-50.
2. *Bibliothèque de Voltaire. Catalogue des livres,* Moscou–Leningrad, Aca-démie des sciences, 1961 (BV1221).
3. 10 février 1767 – AAE, CP, Angleterre, suppl., v. 16, fol. 254.
4. A. Franck, J. Chaumely, *D'Éon, chevalier et chevalière, sa confession iné-dite,* Amiot-Dumont, 1953, p. 170.
5. Cette rencontre aurait pu avoir lieu en 1757.

linguistique « qui ne semble pas convenir à un si rare génie » (*HMV*, t. 3, p. 421). Il critiqua *La Nouvelle Héloïse*, en prêtant la parole à Albrecht Haller. Le Vénitien compare ses mémoires et *Les Confessions* : « J'ai fait bien des sottises dans ma vie ; je le confesse avec autant de candeur que Rousseau, et j'y mets moins d'amour-propre que ce malhereux grand homme » (*HMV*, t. 2, p. 714). Le prince Charles-Joseph de Ligne, un des premiers lecteurs de l'*Histoire de ma vie*, développe ce parallèle dans sa lettre à Casanova : « J'aime mieux le Jacques qui n'est pas un Jean, car vous êtes gai, il est arbitraire. Vous êtes gourmand, il met de la vertu dans les légumes. Vous avez cueilli trente roses de virginité, il n'a cueilli que de la pervenche. Vous être reconnaissant, sensible et confiant, il était ingrat et soupçonneux. Vous avez toujours été fouteur..., et ainsi qu'il nous le dit gravement, mais avec éloquence, il s'est toujours br... »[1]

On retrouve le topos du philosophe illustre et fou sublime donnant sa bénédiction à un jeune collègue dans le roman de Robert Martin Lesuire, *Le philosophe parvenu* (1787) où, dans la correspondance imaginaire, publiée en guise de préface, Rousseau rend hommage à l'auteur et lui recommande le héros de son livre, jeune philosophe comme lui. L'écrivain et son héros apparaissent à la fois comme les amis de Rousseau et comme ses créatures.

Chaque débutant veut être parrainé par une célébrité. Ceux qui n'ont pas de lettres d'introduction les produisent et sur ce point les aventuriers ne font pas figure d'exception. En mai 1775, le prince Alexandre Belosselski-Belozerski, protecteur de Casanova et de ses frères artistes, publie dans la revue parisienne *Mercure* une lettre en vers à Voltaire ainsi que la réponse du philosophe du 27 mars 1775. La lettre est authentique, mais, à son habitude, Voltaire réutilise un poème ancien en le dédiant au

---

1. Vienne, 21 mars 179... – Ch.-J. de Ligne, *Mémoires, lettres et pensées*, éd. A. Payne et Ch. Thomas, F. Bourin, 1990, p. 649.

prince[1]. Par la suite le poète aristocrate placera dans son recueil *Épîtres aux Français, aux Anglais et aux habitants de la République de Saint-Marin* (1784, 2 éd. 1789) une lettre de Rousseau (Paris, 27 mai 1775) dont l'authenticité inspire des doutes à R. A. Leigh[2].

Voltaire encourage de jeunes écrivains qui lui envoient leurs œuvres, mais il n'a pas besoin d'aventuriers. Il ne prête que peu d'attention à ses imitateurs, il les voit à peine. Casanova donne la description détaillée de sa visite de trois jours à Ferney en 1760 dans ses mémoires, tandis que le philosophe évoque dans la correspondance, en passant, une «espèce de plaisant». La chevalière d'Éon, l'«être amphibie» selon l'expression de Voltaire, suscite son intérêt; le chevalier, à peine, bien qu'il ait ses livres dans sa bibliothèque et les lise en inscrivant des notes en marge[3]. En 1736, Voltaire entre en correspondance avec le chevalier de Mouhy, qui lui fournit régulièrement des informations. Le philosophe lui donne de l'argent en 1739, mais il finit par rompre avec ce personnage douteux. En fin de compte, Mouhy le trahit en vrai aventurier, le dénonce à la police et l'attaque dans la *Bigarrure ou Gazette galante* (1750)[4].

En revanche, l'aventurier insiste toujours sur ses liens avec Voltaire, qu'il soit ami ou ennemi. Le plus important est de participer au mythe. On ne demande même pas de protection à Voltaire, le seul nom du patriarche, employé

1. Best. D 19386, D 19388.
2. *Correspondance complète de Jean-Jacques Rousseau,* t. 40, p. 244-247 (A 650).
3. *Lettres, mémoires et négociations particulières du chevalier d'Éon,* Londres, J. Dixwell, 1764 (BV1221) ; ainsi que les écrits, dirigés contre cet ouvrage, en particulier ceux d'Ange Goudar : *Pièces relatives aux Lettres, mémoires et négociations particulières du chevalier d'Éon,* Londres, 1764, et Londres, 1765 (BV 2732). Le chevalier d'Éon avait fait envoyer à Voltaire ses *Loisirs* (t. 1-13, Amsterdam, 1774) par son éditeur, Marc-Michel Rey (BV 1222) – *Corpus des notes marginales de Voltaire,* t. 3, p. 418-420, 701-702 (notes).
4. F. Funck-Brentano, *op. cit.,* p. 212-225.

au bon moment, ouvre toutes les portes. Son disciple partage une partie de sa gloire ; sa bénédiction assure le début de l'ascension sociale, surtout si l'aventurier vient en Russie. Le chevalier de fortune tente de jouer le rôle de son disciple ou de devenir son personnage.

En 1755, le baron de Tschoudy dans son *Caméléon littéraire*, parmi d'autres nouveautés littéraires, fait la présentation des écrits de Voltaire en s'attirant des reproches de « voltairomanie » (6 avril). Dans le premier numéro, du 5 janvier, il défend le patriarche contre les attaques de La Beaumelle et de Fougeret de Monbron pour prouver : je ne suis pas comme cet écrivain vagabond et scandaleux. Plus tard, en analysant le métier de l'écrivain, il ne manquera pas l'occasion de blesser l'auteur du *Cosmopolite* et de *Margot la ravaudeuse* (13 juillet 1755).

Tschoudy commence sa carrière en Russie comme comédien. Il joue peut-être dans les pièces de Voltaire, très populaires en Russie. Dans les années 1750, le théâtre du Corps des cadets met en scène *Zaïre*, le rôle d'Orosmane est tenu par le jeune Piotr Melissino. Plus tard, c'est le Genevois François-Pierre Pictet, surnommé Pictet le Géant pour ses deux mètres de haut, metteur en scène de la pièce lors du carnaval de la cour et des festivités hivernales de 1763, qui sera ovationné dans ce rôle[1]. Ses premières expériences théâtrales se sont faites sous la direction du dramaturge, car, en 1759-1761, Pictet dans une petite troupe d'amateurs, réunie par Voltaire, représentait ses pièces dans le château de Tournais — on sait que les spectacles théâtraux étaient interdits à Genève[2]. Le Genevois devient vite un personnage littéraire : Mme d'Épinay l'évoque sous le sobriquet Moulineaux dans le conte en vers « Le cadran de l'amour », publié dans le recueil *Mes*

---

1. En 1765, en achetant une paysanne russe, Casanova la nomme Zaïre.
2. J.-D. Candaux, *Histoire de la famille Pictet,* t. 1, Genève, 1974, p. 226.

moments heureux (1759). Il arrive probablement en Russie en 1761 pour tenter l'aventure, en comptant sur le soutien du comte Alexandre Vorontsov, admirateur de Voltaire qui a visité Genève peu avant.

En mars 1762, Pictet le Géant vante le règne de Pierre III dans une lettre à Voltaire, mais subitement devient victime de la malchance. Le souverain ordonne de fustiger le Genevois qui ne s'était pas découvert devant lui dans le jardin d'Été. C'est pourquoi Pictet fait une relation détaillée et élogieuse du coup d'État, orchestré par Catherine II, dans ses lettres à Voltaire, publiées immédiatement dans les périodiques français[1] et apparemment dans la *Gazette d'Utrecht*. Pictet prétend que la lettre a été transmise à la presse par les courtisans contre son gré ; le comte Mikhaïl Vorontsov jure que le Genevois en personne l'a soumise à l'impératrice. Puisque Catherine II considère Voltaire comme l'arbitre de l'opinion publique européenne et tient beaucoup à son approbation, Pictet obtient une place dans la chancellerie du patronage des colons étrangers, présidée par son protecteur Grigori Orlov. Le Genevois s'abandonne au jeu, se lie d'amitié avec son compatriote, le joaillier de la cour, Louis Duval, et avec son jeune protégé, Bernardin de Saint-Pierre, avec Hermann La Fermière. Hélas, en 1765, en embauchant des colons, il gâche sa carrière par des trafics illégaux[2]. Catherine II ne le lui pardonne pas malgré l'intervention de Voltaire et, en 1776, Pictet quitte définitivement la Russie.

Après la mort du philosophe, son ancien copiste (il travaillait chez Voltaire en 1766), Timoléon Alphonse Gallien, qui se fait appeler de Salmorenc, après avoir appris que Catherine II avait acquis la bibliothèque et les manuscrits de son maître, essaie de profiter de sa gloire et se donne pour son disciple. « Ayant passé plusieurs années près du lit

---

1. *Journal encyclopédique,* 1762, t. V, 3 part., p. 122-131, 141-149, t. VI, 1 part., p. 145-151, t. VII, 2 part., p. 140-152.
2. *AV,* 1883, t. 29.

de Mr de Voltaire, auquel je suis redevable du peu de réputation que je me suis faite dans la République des Lettres, j'ai été dans le cas de me procurer une très grande quantité de manuscrits fort curieux », écrit-il au prince Potemkine le 5 octobre 1782 de Chklov où il dirige un gymnase[1]. Il sollicite la protection du seigneur tout-puissant en échange des papiers qu'il avait sans doute copiés ou volés à son patron, parmi lesquels certains étaient assez précieux. En vain : la réputation de Salmorenc est douteuse, Grigori Potemkine ne s'entend pas avec son patron Semion Zoritch. Le scandale qui a suivi l'arrestation pour le faux-monnayage de Premislav et Hannibal Zannovitch, habitant à Chklov, n'arrange pas les choses.

Dans l'inventaire joint à la lettre, sont mentionnés les lettres du patriarche, des listes des livres sur l'histoire russe, sur la pédagogie et sur la démonologie, des écrits sur la littérature, la politique, la religion et le clergé (très hardis, selon Salmorenc qui les avait proposés à son éditeur hollandais) et surtout les versions latine et française des discours de Voltaire où il démontre que l'Empire russe gagnera en abolissant le servage. Ce mémoire rédigé en 1767, en réponse à un concours de la Société libre d'économie de Saint-Pétersbourg, est aujourd'hui connu d'après les résumés. En 1786, Salmorenc, après avoir stabilisé sa situation – il occupe dorénavant le poste de professeur d'histoire et de rhétorique au Corps impérial des cadets à Pétersbourg –, entreprend une nouvelle tentative pour placer les manuscrits et met une annonce dans sa revue *Mercure de Russie,* publiée en français. On ne connaît pas leur destin ultérieur[2].

1. 5 octobre 1782 – AVPRI, VKD, op. 2/8 a, n° 26, fol. 1 r°.
2. Voir М. П. Алексеев, Книга Вольтера в библиотеке Томского университета, *Русская культура и романский мир* [M. P. Alekseev, Un livre de Voltaire dans la bibliothèque de l'Université de Tomsk, *La culture russe et le monde roman*], Leningrad, Naouka, 1985, p. 329-337 ; G. Dulac, A. Stroev, La lointaine sauvegarde : les manuscrits français du XVIIIe siècle dans les fonds russes, *Genesis,* n° 3, 1993, p. 143-156.

Les chevaliers de fortune adoptent parfois une stratégie opposée. Pour s'approprier la force du totem, il faut le manger : nous retrouvons cette image dans une lettre badine du chevalier d'Éon. En 1768 à Londres, il invite son ami John Wilkes à partager avec lui une douzaine de langues fumées de rennes de Russie apportées par Toulon (ou Foulon), négociant de Saint-Pétersbourg, en souhaitant que « ces langues eussent l'éloquence de Cicéron et la délicatesse de Voltaire »[1].

Pour se montrer égal à un homme illustre, on peut entrer en polémique avec lui. Voltaire, divinité littéraire, provoque la révolte des anges rebelles, de tous ceux qui veulent renforcer leur réputation en le détrônant. Ils connaissent rarement le succès dans cette voie.

Bilieux et méchant, « homme au cœur velu », Fougeret de Monbron parodie Voltaire dans *La Henriade, travestie en vers burlesques* (1745) et dans l'*Épître à M. de Voltaire pendant son séjour à Mayence* (août 1753). Il munit cette épître de notes caustiques et transforme l'image divine (« Dieu des vers, des talents ») en un portrait d'aventurier, exilé honteusement de partout, devenu la fable du quartier, plagiaire malveillant, chantant les crimes et qui terminera ses jours sur la place de Grève. Bref il y dresse son portrait. A la fin du *Cosmopolite* (1750), Fougeret de Monbron écrit qu'il se sent bien partout, sauf en prison, et conclut : « Tous les pays me sont égaux, pourvu que j'y jouisse en liberté de la clarté des cieux [...] Maître absolu de mes volontés et souverainement indépendant, changeant de demeure, d'habitude, de climat, selon mon caprice, je tiens à tout et ne tiens à rien. Aujourd'hui je suis à Londres, peut-être dans six mois serais-je à Moscou, à Pétersbourg ; que sais-je enfin ? »[2]

---

1. Londres, 27 octobre 1768 — BL, MS Add 30, 877, fol. 67.
2. *Le Cosmopolite ou le citoyen du monde,* par M. de Monbron, Londres, 1753, p. 164.

Effectivement, il arrive en Russie en 1753, lorsqu'il n'y a pratiquement pas de Français de passage, car les relations diplomatiques entre les deux pays sont suspendues. On le suppose chargé d'une mission diplomatique : deux années plus tard Ivan Chouvalov écrira à Tschoudy que les Russes attendaient l'arrivée d'un aristocrate français, une visite non officielle qui servirait de prélude au rétablissement des relations. L'ambassadeur anglais est très préoccupé par le probable changement de la politique russe, ce qui le fait surveiller Monbron de très près[1]. Monbron se trouve alors au centre de la politique européenne, toute l'information le concernant paraît aussitôt dans les journaux. En décembre 1753 le journal *Sanktpeterbourgskie vedomosti* (21 décembre 1753 [1er janvier 1754], n° 102) démentit la *Gazette de Berlin* (n° 138) qui a suggéré que Fougeret tomberait en disgrâce. Mais bientôt un nouveau scandale éclate. Selon le récit d'Alexandre Soumarokov, depuis son arrivée à Moscou Monbron dénigre sans cesse Voltaire et le marquis d'Argens, en les accusant de la méchanceté et de l'ignorance. Le dramaturge russe les défend, tout en remarquant, néanmoins, que les auteurs empruntent souvent à ses confrères et qu'une tragédie récente de Voltaire ressemble à la sienne[2]. Un jour, chez Ivan Chouvalov, Monbron accuse Soumarokov de flatterie envers les grands. Ce dernier lui dit d'aller lire sa *Henriade travestie*. Monbron se fâche, « perd les restes de la raison s'il en avait » et l'écrivain russe donne un soufflet au collègue français[3]. La *Gazette d'Utrecht* en donne son commentaire en janvier 1754 : « Sa vivacité déplacée qu'il

1. J. H. Broome, L'homme au cœur velu : the tirbulent career of Fougeret de Monbron, *SVEC* (23), 1963, p. 179-213.
2. А. П. Сумароков, О пребывании в Москве Монброна, *Полн. собр. соч. в стихах и прозе* [A. P. Soumarokov, A propos du séjour de Monbron à Moscou, *Œuvres complètes*], t. 10, Moscou, Imprimerie de l'Université, 1787, p. 150-153.
3. P. N. Berkov, Fougeret de Monbron et A. P. Soumarokov, *Revue des études slaves*, 1960, p. 29-38.

avait fait paraître dans le palais de S. M. Imp. a indisposé contre lui tous ceux qui lui avaient d'abord voulu du bien, et on lui a fait entendre qu'il ferait beaucoup mieux de quitter cet Empire. [...] On a été engagé en même temps, par principe de charité, à lui donner cet avis, parce qu'il est assez probable, qu'un Français aurait de la peine à s'accoutumer au climat de la Sibérie. »[1]

En 1760 Giacomo Casanova rend visite à Voltaire à Genève. « Voilà, lui dis-je, le plus heureux moment de ma vie. Je vous vois, à la fin, mon maître ; il y a vingt ans, monsieur, que je suis votre écolier. – Honorez-moi encore d'autres vingt, et après promettez-moi de venir me porter mes gages », rétorque le patriarche (*HMV*, t. 2, p. 401). Le vieux Casanova maintient cette réputation d'un philosophe apprenti : Lorenzo Da Ponte affirme que Casanova aurait été mis en prison à Venise parce qu'il faisait lire aux jeunes gens Voltaire et Rousseau[2].

Une autre recommandation dont se sert Casanova est sa participation au théâtre de Voltaire. En 1760, le Vénitien utilise par deux fois, en Soleure (Suisse) et à Gênes, la présentation de la comédie *Le café ou l'Écossaise* pour déclarer son amour à ses partenaires (il joue le rôle de Murray). Il traduit également en italien cette pièce, dirigée contre Fréron, contre la pègre littéraire. Voltaire a pris le sujet de la comédie de Carlo Goldoni *Le café*, dont les personnages sont un escroc, un joueur et un dénonciateur. Casanova est justement attiré par une pièce qui ridiculise les aventuriers.

Dans ses mémoires, le Vénitien reproduit sa conversation avec le patriarche, tel un tournoi littéraire, où les armes sont l'ironie, la moquerie, la connaissance de la poésie italienne On escrime en présence des spectateurs

---

1. *Gazette d'Utrecht*, 29 janvier 1754 – *Romans libertins du XVIII* siècle*, éd. R. Trousson, R. Laffont, 1993, p. 665.
2. *Mémoires de Lorenzo Da Ponte, librettiste de Mozart*, Mercure de France, 1988, p. 166.

qui comptent des points : « celui pour lequel ils se déclarent est toujours sûr de gagner », la « première pointe voltairienne », « mon tour de lui livrer chance », « les applaudissements de tous les assistants », la « réponse dont la promptitude fait tout le mérite », « contant [...] d'avoir mis cet athlète à la raison » (*HMV*, t. 2, p. 401, 407, 424, etc.). Voltaire fait moins penser à un écrivain de métier, qu'à un noble qui fait de la littérature, un fortuné qui ne gagne pas sa vie avec ses œuvres, mais en fait cadeau aux éditeurs Cramer pour leur assurer une large diffusion. Selon la correspondance de Voltaire, le visiteur produit d'abord une bonne impression et le philosophe pense utiliser sa plume contre ses ennemis littéraires : il pourrait écrire un poème comique, dans le genre du *Seau enlevé* d'Alessandro Tassoni, car les sérieuses disputes ennuient et le rire est une arme redoutable[1].

Mais l'adepte ingrat qui perd le combat contre son maître se sent offensé. Quelques années plus tard, en 1765-1766, Casanova tente de lutter contre le culte de Voltaire en Europe, une nouvelle religion : « Les lettrés russes, dans ce temps-là, dans la noblesse et dans les amateurs militaires, ne connaissaient, ne lisaient, ne célébraient que Voltaire, et croyaient, ayant lu tout ce que Voltaire avait publié, d'être devenus aussi savants que leur apôtre » (*HMV*, t. 3, p. 418). Avec tout l'amour et toute l'estime que le Vénitien porte aux Russes, il s'efforce de les dissuader, mais y renonce finalement, car, selon lui, tous les Russes qui savaient lire le français portaient un livre de Voltaire dans la poche. Après avoir

---

1. « Nous avons ici une espèce de plaisant, qui serait très capable de faire une façon de *Secchia rapita,* et de peindre les ennemis de la raison, dans tout l'excès de leur impertinance. Peut-être mon plaisant fera-t-il un poème gai et amusant, sur un sujet qui ne le parait guère. [...] en un mot, mon plaisant veut rire et faire rire, et mon plaisant a raison, car on commence à se lasser des injures sérieuses, mais gardez le secret à mon plaisant » (Voltaire à Nicolas Claude Thieriot, Tournay, 7 juillet [1760], Best. D 9044).

quitté Pétersbourg, le Vénitien entreprend de détromper les Polonais dans des discussions et de longues lettres, adressées au comte Moszynski et à un comédien français, Soulé, se produisant à Varsovie. Il s'en prend au patriarche pour son athéisme, sa mauvaise connaissance de la physique, des sources historiques, des langues étrangères, mais aussi parce que Voltaire est expulsé de partout et, à nouveau, pour son athéisme qui sape les fondements de la société[1].

Casanova poursuit cette bataille gratuite, souvent à coup de grossièretés au lieu d'arguments, dans son livre *Scrutinio del Libro « Éloges de M. de Voltaire »* (1779) et dans son propre journal, publié à Venise en français, *Le Messager de Thalie* (1780). Le Vénitien blâme toutes les pièces de Voltaire, jouées dans sa ville par une troupe française en tournée. Il trouve mauvaise *L'Écossaise* où il s'était lui-même produit vingt ans plus tôt, il dénigre *L'indiscret* et *Adélaïde du Guesclin*. Il ne loue que la tragédie *Mérope*, sans oublier, lui non plus, d'accuser de plagiat Voltaire qui, en bon pillard, a utilisé la pièce de Maffei.

La dernière et peut-être la plus intéressante forme de contact entre le philosophe et les aventuriers est dans le dialogue des mythes. Quand en 1777 le fameux chevalier d'Éon est transformé en chevalière et reconnu officiellement comme femme, il/elle entre en correspondance avec Voltaire et reçoit l'invitation de visiter Ferney. Le patriarche s'intéresse à la vie des célèbres travestis : quarante ans auparavant, il avait lu les mémoires de l'abbé de Choisy[2] qu'il garde toujours dans sa bibliothèque[3]. Le philosophe est fasciné par les bruits qui courent en Europe, par cette image d'une fille guerrière, « captain Lady », initiée aux mystères maçonniques[4]. Il parle d'elle dans sa cor-

---

1. *Pages casanoviennes,* t. 3, Paris, 1925, p. 34-66.
2. Voltaire à Berger, 22 septembre 1736 – Best. D 1153.
3. *Histoire de madame la comtesse des Barres,* Bruxelles, F. Foppens, 1736 (BV 761).
4. George Keate à Voltaire, 15 août 1777 – Best. D 20765.

respondance, scrute son portrait en Minerve. Voltaire écrit à Mlle Éon de Beaumont en anglais (Best. D 20797), ce qui donne à son invitation une nuance de secret et d'une certaine intimité. La chevalière ne vient pas à Ferney, il/elle en explique les raisons dans un petit texte inédit, semble-t-il, intitulé *Ma petite réponse au grand Voltaire* [automne 1777][1]. Par l'ordre du roi, d'Éon est mis au monastère des filles de Sainte-Marie.

Dans sa lettre, la chevalière, comme d'usage, se présente en élève de Voltaire («mon grand maître en chef-d'œuvre»), en apôtre d'un Dieu («notre Dieu-donné sur cette terre de vers, de prose et de misère») et en femme persécutée. L'image stéréotypée d'un philosophe stoïque qui supporte héroïquement ses malheurs, se transforme en celle d'une pauvre fille, enfermée dans un couvent contre son gré. D'Éon joue ainsi le rôle de l'héroïne de *La religieuse* et celui de son auteur en même temps. La chevalière développe son propre mythe, celui d'un être ambigu et instable, qui ne se réalise que dans les contradictions. D'Éon veut être homme et femme à la fois, il cultive l'image du dragon qui porte une robe en dentelles, qui apprend à broder dans un couvent des religieuses et d'une amazone qui bat les hommes en duel, triomphe sur le champ de bataille. Cela correspond bien au portrait de d'Éon, auquel Louis XVI a permis de s'habiller en femme et de porter ses décorations.

D'Éon, lecteur passionné et amateur de livres, analyse sa situation comme s'il était un personnage littéraire, créé par le philosophe. Il utilise plusieurs modèles littéraires : du conte populaire (telle *Une fille sage et le roi* – «je n'ai pu avoir l'honneur de vous aller voir à Ferney selon votre obligeante invitation, ni à pied, ni à cheval, ni en uniforme, ni en robe»), jusqu'à l'épopée héroï-comique, telle *La Pucelle d'Orléans*. Voltaire constate lui-même, en plai-

---

1. J'ignore si cette lettre fut envoyée ou publiée au XVIIIᵉ siècle ; je la cite d'après la minute – Arsenal, Mss., nᵒ 9033, fol. 312-314.

santant, que d'Éon ressemble à son héroïne[1]. Avec son goût pour la publicité et la mystification, la chevalière construit sa vie selon les règles du genre travesti. Le nouvel Hermaphrodite ne s'arrête pas devant le blasphème, en donnant des leçons de foi chrétienne. Les faits sont bas, le style est haut, la rhétorique, le vocabulaire biblique et la mythologie antique sont mis à profit pour décrire des situations dignes de *Faublas*. Jouant avec les mots d'Éon mélange la terminologie religieuse et militaire. En racontant « la belle conversion du mauvais dragon en bonne fille », il prétend que « le Dieu des armées est devenu un Dieu de paix & de miséricorde pour Geneviève Marie D'Éon comme pour Marie-Madeleine & Marie l'Égyptienne. Le Seigneur m'a visité & touché le cœur, ainsi tout ce que je fais aujourd'hui est pour rendre grâce et gloire à Dieu ». Imitant Voltaire, il veut être en même temps sérieux et caustique.

Le chevalier d'Éon ne rencontre Voltaire que le 13 mai 1778 à Paris, peu avant la mort du patriarche. Les serviteurs, flambeau à la main, se seraient alignés en deux rangs pour mieux voir la visiteuse[2]. D'Éon reste mécontent de l'accueil froid du maître et écrit une épigramme contre le vieillard malade[3]. Voltaire ne mentionne pas la visite dans sa correspondance.

Après la mort du philosophe, d'Éon cherchera à présenter Voltaire en historien de sa vie et défenseur de sa cause. Dans un ébauche de ses mémoires, *Préambule de l'historique*

1. « On m'a envoyé un chevalier Deon gravé en Minerve, accompagné d'un prétendu brevet du roi qui donne douze mille livres de pension à cette amazone et qui lui ordonne le silence respectueux comme on l'ordonnait autrefois aux jansenistes. Cela fera un beau problème dans l'histoire. Quelque académie des inscriptions prouvera que c'est un des monuments les plus autentiques. Deon sera une pucelle d'Orleans qui n'aura pas été brûlée » – Voltaire au comte d'Argental, 5 mars 1777, Best. D 20594.
2. [L.-P. de Bachaumont], *Mémoires secrets*, t. XI, p. 148.
3. P. Pinsseau, *L'étrange destinée du chevalier d'Éon, 1728-1810*, 2e éd., Clavreuil, 1945.

de la vie de la ch^re D'Éon (recopié le 3 mars 1806) il écrit :
« Voila un mouvement authentique qui pour ma justifica-
tion vaut bien le bel écrit que M. de Voltaire du mouvement de son cœur avait commencé en ma faveur <1778>
mais la mort lui a enlevé ce soin et à moi cette vanité involontaire ; puisque je ne la cherchais point, je ne rapporterai
pas <ici> ce qu'il m'a dit de trop flatteur à ce sujet. »[1]

Un autre aventurier, qui construit sa vie selon sa
légende et sa légende selon les modèles littéraires, est Stepan Zannovitch. Dans ses œuvres, il multiplie ses portraits littéraires, relate les biographies de ceux pour qui ou
pour le descendant desquels il veut se faire passer. Pour
donner du sérieux à la légende, il rédige l'histoire du
Grand Scanderberg, roi d'Albanie, aïeul du prince Castriotto – c'est le titre dont il s'affuble[2]. Mais dans un épisode il ne résiste pas et évoque un personnage, Zannovitch de son nom, rival du monarque. L'auteur se
dédouble : tel un artiste de la Renaissance qui se fait apparaître dans un coin du tableau religieux commandé.

Ce dédoublement se déclare en février 1774, quand il
publie dans le *Giornale Enciclopedico* la nouvelle de sa mort,
survenue à Colorno le 2 février. Le comte Tommaso
Medini, aventurier, traducteur de *La Henriade*, écrit à
Casanova (Munich, 18 juin 1774) : avec la mort de ce
poète Parnasse n'a pas perdu grand-chose[3]. Zannovitch
choisit de disparaître afin de participer à une fraude montée par son frère Premislav. Il saisit cette occasion pour
ériger son propre monument (« Exegi monumentum aere
perennius... »). Dans le journal *Gazzetta universale*
(19 février 1774), paraît sa lettre posthume à Voltaire qui
sera réimprimée en allemand dans les *Gothaische gelehrte
Zeitungen* un mois plus tard (n° 20, 30 mars 1774) avec une

1. BL, MS 29, 994, fol. 40 v° - 41 r°. Le texte figurant entre les cro-
chets < > est barré dans le manuscrit.
2. *Le grand Castriotto d'Albanie, Histoire,* A Francfort, chez J. J. Kes-
ler, 1772.
3. Information de Helmut Watzlawick.

note rendant hommage au jeune génie, comte dalmate, distingué par l'amitié des grands esprits de l'Europe, qui renonça au libertinage, la veille de son décès[1].

En octobre 1773, Zannovitch envoie au philosophe ses *Opere diverse*[2], et reçoit une lettre de remerciement[3]. Le commerce épistolaire commence, mais Zannovitch est obligé d'y mettre un point final. D'après sa lettre du 3 février 1774 (rappelons qu'il est « mort » le 2 février), Zannovitch prétend que Voltaire aurait accepté de parrainer son jeune collègue et demandé de poursuivre ses *Lettres dalmates*. Mais le comte Zannovitch serait un homme sentimental, presqu'un personnage de Rousseau, son cœur sensible succombe à la plus profonde mélancolie. La correspondance avec Voltaire, dit-il, a des suites néfastes : elle lui attire des persécutions, ruine sa santé et le conduit au tombeau. Pourtant la mort n'est qu'un passage vers une étape suprême, un moyen d'accéder à la vérité et Zannovitch se félicite d'être débarrassé de sa misérable dépouille. Le sort posthume d'un philosophe est meilleur que la vie d'un roi (un autre *topos* cher à Voltaire). De l'autre monde, il peut donner des conseils au patriarche : « Si je dois mourir, je suis le plus vieux sur la terre. » Dans la hiérarchie des prophètes persécutés, un mort a plus d'autorité qu'un exilé ou un détenu. Zannovitch espère être utile à Voltaire même après sa mort, mais ses conseils sont d'une platitude exemplaire : il loue la grandeur de Dieu et sa miséricorde, et meurt en chrétien et en catholique. Le prince de Ligne cite d'ailleurs les dernières paroles de Casanova : « J'ai vécu en philosophe, je meurs en Chrétien. »

1. La version originale de la correspondance entre S. Zannovitch et Voltaire est publiée par Franco Venturi, *op. cit.* Je remercie vivement M. Jean de Booy qui m'a signalé l'existence de la traduction allemande, ainsi que le directeur de la bibliothèque de Gotha et M. Jürgen Voss, directeur de l'Institut historique allemand, qui m'en ont fait parvenir une photocopie.
2. Paris, 1773. Voltaire les a gardés dans sa bibliothèque (BV 3864).
3. 28 octobre 1773, Best. D 18602.

Cinq ans plus tard, Stepan Zannovitch, devenu prince Castriotto d'Albanie, joue le rôle d'un personnage voltairien. Dans son livre *La poésie et la philosophie d'un Turc* (1779), il inclut *Le portrait caractéristique de l'auteur par M. de Voltaire* – c'est lui qui rédige cette œuvre posthume du patriarche. Il ouvre son ouvrage par une citation du chapitre XXVI de *Candide* et s'identifie ainsi avec un des personnages du dîner des rois en exil[1]. Et Zannovitch continue son jeu macabre, en publiant la même année la nouvelle de la mort du prince Castriotto[2]. En 1782, il reprend le genre du dialogue des morts, en mettant aux Enfers des hommes vivants. Dans le *Fragment d'un nouveau chapitre du « Diable boiteux »* envoyé de l'autre monde par *M. Le Sage*[3] sous le nom de Warta, il converse avec le prince héréditaire Frédéric-Guillaume, le grand-duc Paul et le comte Michal Oginski, prétendant au trône polonais. Zannovitch traite avec condescendance les futurs rois et avec un léger mépris l'abbé Raynal, qui, dit-il, « le met au nombre de ces hommes rares qu'on honore de titre de génies ».

Dans les mêmes années 1780, Cagliostro fait du dialogue des Morts un véritable spectacle. Il organise le « souper où les morts doivent revoir le jour » et il y convoque d'Alembert, Diderot et Voltaire. L'aventurier, séducteur professionnel, découvre son mythe privilégié, celui de *Don Juan* et du *Festin de pierre*.

Secret d'État et opinion publique

L'Ancien Régime est fondé sur le mystère. En Russie et en Allemagne conseiller intime ou secret s'intitule ainsi

1. G. Vidan, Un voltairien négligé : Stjepan Zanovič, *Studia romanica et anglica Zagrabensia,* t. XXVIII, n° 1-2, 1983, p. 3-23.
2. *Gazette de Worms,* 17 mars 1779.
3. *Œuvres choisies du prince Castriotto d'Albanie,* s.l., 1782.

parce qu'il participe à l'affaire cruciale : la prise de décision. L'exercice du pouvoir ne repose pas sur la loi, mais sur un système de règles et sur la volonté du monarque, impénétrable et absolue comme celle de Dieu. Tout système autoritaire implique l'anonymat et le secret. L'État-providence dispense l'individu de la nécessité de penser et de prendre des décisions qui seraient inutiles sinon néfastes.

Au cours du XVIIIᵉ siècle, l'étiquette part en éclat : si les courtisans de Louis XIV ressemblent plutôt à des automates muets, à la cour de Louis XVI on se permet de parler à haute voix. Le despotique Paul Iᵉʳ, qui lutte contre les habits « républicains » à la française, et bannit des chapeaux ronds, livre tout un combat pour la docilité. L'empereur se rend compte que la chute de l'État commence par la ruine de l'étiquette.

Au temps des Lumières, le souverain perd progressivement son caractère sacré. Le couronnement du roi comprenait la cérémonie de guérison miraculeuse par imposition de la main royale : or Louis XVI s'en sort mal. Plus tard de nouveaux thaumaturges font leur apparition, et les artistes dressent volontiers les tableaux où Bonaparte visite les pestiférés à Jaffa. Le roi symbolise la force et la fécondité de la nation, ainsi Louis XV le Bien-Aimé transforme le pays en harem, mais toute la France et l'Europe discutent l'impuissance de Louis XVI. Pire encore, le roi devient la figure la plus méprisable : un cocu comique. De nombreux pamphlétaires s'exercent à décrire la lubricité de la reine, en lui donnant pour amants les frères du roi, des courtisans. L'histoire du collier de la reine démontre : si le cardinal de Rohan, prélat, pensait pouvoir acheter l'amour de la reine, c'est que la chose était possible. En guillotinant le roi, la Révolution sauve son autorité, le transforme en martyr.

La force sacrée du roi est récupérée par d'autres acteurs. Le don de guérison passe aux thaumaturges, dont les plus célèbres sont Saint-Germain, Casanova, Cagliostro ou Mesmer. Avec la désacralisation du pouvoir, le mystère devient aussi l'apanage des aventuriers et des grands mystiques. Ils sont sollicités comme les apôtres de la vraie foi, on leur demande de découvrir la sagesse sublime, de montrer la bonne voie. En Europe, la franc-maçonnerie se répand largement dans la deuxième moitié du siècle, certaines listes des membres rappellent les listes syndicales : ainsi, en 1787 la loge parisienne Uranie est composée presque entièrement d'ingénieurs des Ponts et Chaussées[1], ce qui probablement était le meilleur moyen d'autopromotion. Entre 1775 et 1780, une douzaine des chefs de division de la première compagnie d'assurances sur la vie de Russie, tous des étrangers, Français et Allemands, fréquentent les loges pétersbourgeoises Uranie et Modestie[2]. Dès la fin des années 1760, une partie des francs-maçons se trouve sous l'emprise des mystiques ; l'influence exercée par le Maître enfreint la hiérarchie maçonnique, s'oppose au pouvoir de la Grande Loge de France. En 1785 à Paris, peu avant le scandale du collier de la reine, le Convent des Philalètes, qui tend à rassembler des frères français et allemands en quête du savoir mystique, envoie une députation à Cagliostro et s'adresse à la loge de rite égyptien créée par Cagliostro à Lyon. Mais le grand Copte, qui d'abord accepte d'initier les élus, revient sur sa décision, car apparemment il souhaiterait prendre la tête de l'ordre[3].

Si les philosophes des Lumières sont considérés comme des rois, – on l'a vu à l'exemple de Voltaire –, les poètes sont perçus comme prophètes et le culte des grands hommes prend la place de la religion[4]. Ainsi en 1787, le comte Tadeusz Grabianko fonde à Avignon une loge

---

1. CCECD, F. 113, op. 1, n° 106.
2. T. Bakounine, *Répertoire biographique des francs-maçons russes (XVIII et XIX siècles),* Institut d'études slaves, 1967.
3. CCECD, F. 118, op. 1, n° 151 ; Ch. Porset, *Les philalètes et les convents de Paris : une politique de la folie,* H. Champion, 1996.
4. P. Bénichou, *Le sacre de l'écrivain : 1750-1830,* J. Corti, 1973.

mystique Peuple de Dieu où il est le roi de Nouvel Israël et construit un temple maçonnique. De même, la marquise de Villette vénère Voltaire, en brûlant chaque jour un grain d'encens devant son buste. Après la mort du patriarche, le marquis et sa femme transforment la chambre de Voltaire à Ferney en chapelle décorée de portraits de ses amis, et enfermeront son cœur dans le reliquaire.

De leur côté, les rois empruntent le masque de philosophe. Frédéric II joue le rôle de poète, philosophe et soldat : il renonce à la cour et s'entoure de quelques rares adjudants, conseillers et écrivains. Il préfère au luxe l'austérité, à l'étiquette, la discipline militaire. Bien évidemment, sa simplicité et son accessibilité tout comme la gentillesse et l'amabilité de Catherine II sont une manifestation du gouvernement autoritaire. Ce style correspond au mieux à ces fins psychologues. La grandeur de ces monarques, surnommés immortels et divins, est due en bonne partie aux faiblesses humaines, car ils savent agir contrairement aux règles de conduite imposées à leur rang ; d'ailleurs, Pierre Ier se comportait d'une manière analogue. Autrement dit, le siècle des Lumières limite l'autocratie par la guillotine et le cordon de soie, selon une fameuse formule.

Mais pas seulement. Au XVIIIe siècle se met en place un autre contre-pouvoir : l'opinion publique, exprimée par des philosophes, et diffusée par des petits-maîtres. Dans ses commencements, les discussions portent sur le théâtre, la peinture et la littérature, avant d'aborder la politique. Les critiques créent et renversent des autorités. L'espace informatif, où circulent des rumeurs et des opinions, du café au salon, du théâtre au Parlement, prend forme. Les polémiques autour des comédies italienne ou française, la « guerre des bouffons » qui oppose les partisans de l'opéra français ou italien fissurent la société.

Les normes bourgeoises bouleversent la société : la sphère privée (famille) devient secrète, tandis que les hommes publics, philosophe et petit-maître, sont exposés à tous. Formuler une opinion signifie influencer et, d'une certaine façon, contrôler. Tout comme les œuvres, les lois et les édits sont dorénavant examinés à la lumière de la raison, de la tradition, du droit naturel (et pas seulement de la volonté du monarque)[1]. *Vox populi - vox dei*: l'opinion publique prévaut contre le monarque. Le concept d'opinion publique apparaît au milieu du XVIIIe siècle, grâce à Rousseau. Elle est présentée comme un torrent (plus tard la même métaphore sera appliquée à la Révolution), une force irrésistible, qui rend évident tout ce qui était occulté. Mais, selon les hommes des Lumières, notamment Condorcet, il faut cultiver, éduquer l'opinion publique, il faut savoir la diriger : elle doit suivre l'opinion des philosophes et non celle de la foule. Le public n'est pas une foule obscure et mouvante, le public se compose d'hommes éclairés et instruits[2]. On en revient à l'idée de l'union des élites, car l'État de son côté, on l'a déjà vu, cherche à manipuler l'opinion publique, à acheter, à engager à son service des auteurs : l'abbé Suard, Morellet, Brissot, Mirabeau, etc.

Les aventuriers, comme nous l'avons montré, sont à la fois ceux qui dominent l'opinion publique et ceux qui en deviennent les premières victimes. Nous reviendrons plus tard sur les relations de l'aventurier avec la société, quand il sera question du théâtre, et avec le souverain, quand il s'agira des utopistes et des imposteurs. Pour l'instant, remarquons seulement que le chevalier de fortune éprouve les mêmes sentiments d'amour et de rivalité envers le roi qu'envers le philosophe. Ces rapports suivent la même logique et traversent les mêmes étapes : quêtes de l'idéal, du maître, du père – correspondance – proposition de services – rendez-vous – rupture – attaques contre l'idole.

1. J. Habermas, *L'espace public : archéologie de la publicité comme dimension constitutive de la société bourgeoise,* trad. de l'allemand, Payot, 1978.
2. M. Ozouf, *op. cit.*

Les lettres adressées par les aventuriers aux monarques représentent un genre littéraire à part. On a constaté que les chevaliers de fortune se répètent dans le courrier aux philosophes et dans leurs critiques. Ici la situation est identique, d'autant plus que les aventuriers écrivent ce que leurs correspondants, à leur avis, aimeraient lire. Résultat : en prêchant la vertu, ils deviennent radicalement ennuyeux. Le prince de Ligne remarque que Casanova est un vrai philosophe, mis à part ses écrits philosophiques. La lettre débute par l'éloge de l'impératrice ou du roi, par la vantardise et l'exposé d'un projet. S'il y en a plusieurs, on commence par le plus simple pour pouvoir ensuite proposer quelque chose de global. Pour prouver ses dons littéraires, on offre un livre, pour confirmer ses dons thérapeutiques, on joint des affiches. En conclusion, l'aventurier sollicite une place ou évoque vaguement quelques difficultés passagères. Proposer son amitié est une entreprise hasardeuse : on risque de passer pour un imposteur.

La lettre envoyée le 1er janvier 1760 par le « Gentilhomme suisse de la race moscovite », dont il était déjà question, présente un exemple classique. La lettre est rédigée à Amsterdam en français avec de nombreuses fautes, mais qui n'indiquent pas pour autant l'origine russe de l'auteur. Zoltikof Altenklingen propose à l'impératrice Elisabeth Petrovna les services d'un artisan expérimenté qui pourrait établir en Russie une fabrique de savon (un projet semblable a été présenté en Pologne par Casanova en 1766)[1]. Ensuite, il promet de guérir plusieurs maladies par l'alchimie, y compris l'épilepsie, l'hypocondrie, la pleurésie, le cancer, etc. – deux ans avant la mort de l'impératrice qui tombait alors souvent malade. Enfin il s'engage à révéler le grand secret : comment augmenter les revenus de l'État de dix millions de roubles par an sans

1. Projet pour établir une fabrique de savon à Varsovie, *HMV*, t. 2, p. 1186-1188.

que les sujets perdent un sou de leurs biens. Des affiches imprimées en hollandais vantent les facultés miraculeuses du docteur « Sollhof » qui a pratiqué un an à Rotterdam, ses arcanes médicinaux salutaires dus à des études laborieuses et à de lointains voyages. Il est difficile de dire quel genre de projet voulait soumettre Zoltikof : si ce n'était pas une loterie, à la manière de celle qu'organise Casanova (ce qui paraît le plus plausible), il devait s'agir de la fabrication d'or pratiquée par le Vénitien et le comte de Saint-Germain. Signalons par ailleurs que ce dernier prend aussi le nom de Saltykov et soigne tous les maux. Comme le comportement aventurier dicte la forme épistolaire, le style des lettres et des projets du comte de Saint-Germain, adressés au roi de Danemark (Paris, 24 décembre 1759) et à la marquise de Pompadour (La Haye, 11 mars 1760) n'est pas sans rappeler celui de la lettre à Elisabeth Petrovna, mais l'écriture évidemment n'est pas la même. Saint-Germain propose au monarque de construire un vaisseau ultra-rapide sans mâts, sans voile et sans matelots, qui ne craint ni orage ni calme, qui ira sans arrêt d'un bout du monde à l'autre et que « tout homme serait également habile pour cette merveilleuse et nouvelle Navigation ». Le navire sera armé de canons qui ne reculent point, ne s'échauffent pas, tirent dix fois plus vite que les autres en coupant en deux un cheveu et ne demandent qu'un homme pour être servis[1]. La lettre de Zoltikof a été traduite en russe, mais Elisabeth Petrovna n'en prendra pas connaissance, car ses ministres décident que le projet ne mérite pas l'attention impériale[2].

La démarche de Stepan Zannovitch est analogue. Mais à la différence de Voltaire, Catherine II ne répond ni aux lettres flatteuses qu'il envoie de Varsovie et de Dresde en 1775 en demandant de l'aide et en espérant une invita-

---

1. L. A. Langeveld, *op. cit.,* p. 291-292.
2. AVPRI, F. 14, op. 1, n° 2154. Je remercie Jean de Booy pour ses conseils et son aide dans l'analyse de la lettre.

tion[1], ni aux nombreux écrits en prose et en vers où il fait son éloge (*Ode*, publiée dans ses *Lettres turques,* 1777). En 1783, quand ses frères sont arrêtés en Russie comme faux-monnayeurs, Stepan Zannovitch publie l'*Alcoran des princes* où il nomme l'impératrice «la cruelle et l'impudique Sémiramis» et l'accuse du meurtre de Pierre III, c'est-à-dire de lui-même, car le drôle se fait passer pour le Monténégrin Stepan Maly, faux Pierre III.

Par contre, Ange Goudar commence par les attaques et finit par le dithyrambe, mais sans aucun profit. Ses *Mémoires pour servir à l'histoire de Pierre III, empereur de Russie* (1763) fâchent Catherine II à tel point qu'elle ordonne au chancelier le comte Vorontsov de prescrire à ses diplomates de s'appliquer à trouver l'auteur, d'insister sur sa punition, de confisquer toutes les éditions et de défendre l'entrée de ce livre en Russie. Tout change en 1771, quand le comte Piotr Boutourline achète Sarah Goudar à son mari pour cinq cents livres anglaises et voyage avec elle en Italie. A Livourne il la présente au comte Alekseï Orlov qui commande la flotte russe en Méditerranée pendant la guerre contre la Turquie. Orlov devient lui aussi l'amant de Sarah[2]. Ange Goudar rédige *L'éloge de Catherine seconde, impératrice des Russes* (1771) et *Considérations sur les causes de l'ancienne faiblesse de l'empire de Russie et de sa nouvelle puissance* (1772). Il prépare probablement le terrain pour son voyage en Russie, mais les frères Orlov perdent la faveur de Catherine II, et le projet est abandonné. Pourtant son traité *La paix de l'Europe* (1757) sera traduit et publié en Russie en 1789 pendant la guerre contre la Turquie.

---

1. AVPRI, F. 14, op. 1, n° 1002.
2. F. L. Mars, Ange Goudar, cet inconnu, *Casanova Gleanings,* 1966, vol. IX.

Espace littéraire

Livres dans les romans
et dans la vie des aventuriers

L'aventurier, comme on l'a vu, s'efforce de transformer sa biographie en œuvre d'art. L'étude comparée des *topoï* romanesques et biographiques montre que la vie et la fiction s'imitent réciproquement et se complètent.

Le thème du livre comporte un faisceau de significations. Pour distinguer un topos, il faut tenir compte de sa place dans l'intrigue qui détermine la sémantique de l'épisode. L'évocation d'un livre au début, au milieu ou à la fin de la narration a souvent des implications différentes, même contradictoires. Ajoutons que d'autres *topoï*, par exemple ceux qui mettent en scène le thème du théâtre, peuvent jouer dans l'intrigue le même rôle que ceux qui ont trait à la lecture.

Au début du récit, le livre est traditionnellement lié au motif de l'apprentissage. Il introduit dans le monde, sert de guide, de manuel, de grimoire, de lettre de recommandation. La lecture donne lieu à l'initiation sexuelle, sociale ou littéraire. Par ailleurs, à l'étape suivante, le livre et surtout la bibliothèque entrent en concurrence avec le monde réel et le remplacent par un monde imaginaire. La lecture et l'écriture se substituent alors à la vie active, à l'amour.

« L'univers est une espèce de livre dont on n'a lu que la première page quand on n'a vu que son pays. J'en ai feuilleté un assez grand nombre que j'ai trouvé presque également mauvaises », déclare Fougeret de Monbron dans la première phrase de son *Cosmopolite* (1750). La même métaphore apparaît dans le dialogue entre Voltaire et Giacomo Casanova : « Oserais-je vous demander à quelle espèce de littérature vous vous êtes adonné ?

— A aucune, mais cela viendra peut-être. En attendant je lis tant que je peux, et je me plais à étudier l'homme en voyageant.

— C'est le moyen de la connaître, mais le livre est trop grand » (*HMV*, t. 2, p. 403). Selon la légende, le premier rose-croix a traduit de l'arabe en latin *Librum mundi*. Dans la tradition mystique, l'univers, le règne végétal et animal sont les caractères tracés par Dieu qu'on peut et qu'il faut déchiffrer. Tous les livres ne font qu'un[1].

Les voyages qui tiennent une place si importante dans la vie des aventuriers et dans le roman des Lumières ne sont qu'un des moyens d'interpréter les signes dans le grand livre de l'univers. Un jeune homme ou une fille doivent apprendre avant tout la langue de la société et celle de l'amour, traverser une limite symbolique au lieu d'une frontière géographique.

Ici, il sied de faire une distinction entre deux types de livres. Les romans donnent du plaisir, les ouvrages savants aident à prendre un état. Les premiers apparaissent à l'étape initiale, les seconds programment le déroulement de l'intrigue et son dénouement.

Dans la prose française des Lumières, un jeune homme se rapporte aux romans pour comprendre ses sentiments, analyser sa conduite. « J'avais lu quelques romans, et je me crus amoureux », dit le héros des *Confessions du*

---

1. *La Bible des Rose-Croix,* éd. B. Gorceix, PUF, 1970. Cf. la nouvelle de Borges *L'écriture de Dieu.*

comte de*** de Charles Duclos (1741)[1]. On retrouve ce topos dans *Les égarements du cœur et de l'esprit* de Crébillon (1736) : « Plein de trouble, je retournai chez moi, et d'autant plus persuadé que j'étais vivement amoureux que cette passion naissait dans mon cœur par un de ces coups de surprise qui caractérisent dans les romans les grandes aventures. »[2] Dans le conte *Bibi* de Chevrier (1745), le souvenir des romans lus aide un jeune homme à courtiser la reine. Dans *Angola* de La Morlière (1746), le prince, au cours d'un tête-à-tête galant, effectue étape par étape tout ce qu'il lit dans un roman : « Voyons, dit la fée en ouvrant la brochure, peut-être trouverons-nous ici quelques situations ou quelque conseil dont vous pourrez profiter. [...] "Peu satisfait encore, dit le prince en continuant sa lecture, la gorge de sa maîtresse n'est pas à l'abri de ses transports" et dans l'instant, le prince, toujours fidèle à son modèle, se précipite sur la fée, porte ses mains et sa bouche sur un sein d'albâtre et l'accable de brûlante caresse. »[3]

Le livre remplit les fonctions du maître séducteur, personnage traditionnel de la littérature libertine, donnant les leçons de galanterie. La lecture excite les personnages, elle anticipe un épisode galant, d'habitude le premier dans une longue série (*Le sopha* de Crébillon, 1741). Notons que dans cette scène, Crébillon relie les motifs de la lecture, de l'amour et celui de l'hypocrisie : un roman est caché sous un ouvrage pieux. Ce topos du sacrilège se retrouve dans la vie de Stepan Zannovitch racontée par son adorateur et dénonciateur, le baron de Cloots : d'après lui, Zannovitch, qui se donne pour patriarche des Monténégrins, lit pendant l'office divin le fameux roman picaresque *Don*

---

1. Ch.-P. Duclos, *Les confessions du comte de****, éd. L. Versini, Desjonquères, 1992, p. 30.
2. Cl.-P. J. de Crébillon, *Les égarements du cœur et de l'esprit,* Seuil, 1992, p. 51.
3. J.-R. La Morlière, *Angola,* Desjonquères, 1991, p. 99.

Gusman d'Alfarache au lieu du livre de prières et séduit une jeune laitière dans un coin de la cathédrale[1].

Le roman devient une métaphore courante de l'amour : «Je commençai le roman, du plus loin qu'il me fût possible, afin de reculer la conclusion.»[2] Les auteurs remplacent souvent la description d'une scène érotique par une référence à Crébillon, qui a donné le modèle du genre («Puisqu'il est décidé que seul l'Auteur du *Sopha* peut peindre les plaisirs...»)[3]; l'évocation d'un meuble «littéraire», tel un canapé ou un sopha, a toujours une connotation érotique: «Il se ressouvint que dans les Romans qu'il avait lus, tous les Auteurs par une vieille habitude, faisaient périr la vertu sur un sopha»[4]; «Ce canapé est contagieux, on ne peut pas en approcher sans s'en ressentir», «Ce canapé n'a-t-il été témoin de votre courage?»[5].

Mentionner un roman dans le texte présage l'initiation érotique. L'œuvre elle-même séduit une jeune fille, jeune lectrice, comme le soulignent les préfaces des *Bijoux indiscrets* de Diderot (1748) : «Zima, profitez du moment. [...] On sait que *Le sopha*, le *Tanzaï* et *Les Confessions* ont été sous votre oreiller. [...] Prenez, lisez et lisez tout», et de *La Nouvelle Héloïse* de Rousseau (1761) : «Jamais une fille chaste n'a lu de romans [...] Celle qui, malgré ce titre, en osera lire une seule page, est une fille perdue; mais qu'elle n'impute point sa perte à ce livre, le mal était fait d'avance. Puisqu'elle a commencé, qu'elle achève de lire: elle n'a rien à risquer.»

Nous retrouvons les mêmes motifs (le garçon qui analyse ses sentiments, la fille qui apprend à connaître le cœur humain en lisant les romans) au début de l'*Histoire de ma*

---

1. J.-B. de Cloots, *Vœux d'un gallophile,* Amsterdam, 1786, p. 186, 232.
2. R.-M. Lesuire, *Le philosophe parvenu,* Londres, Paris, 1787, t. 1, p. 141.
3. F. Chevrier, *Bibi,* 1745, p. 50-51.
4. *Ibid.,* p. 17-18.
5. Cl. Godar d'Aucourt, *Thémidore ou Mon histoire et celle de ma maîtresse* (1745), Offenstadt, 1907, p. 9.

vie où Casanova raconte sa première aventure amoureuse. « Cette fille me paraissait plus étonnante que toutes celles dont les romans que j'avais lus m'avaient représenté les merveilles. [...] mais dans quelle école avait-elle appris à si bien connaître le cœur humain ? En lisant des romans. Il se peut que la lecture de plusieurs soit la cause de la perte d'une grande quantité de filles ; mais il est certain que *la lecture des bons leur apprend la gentillesse, et l'exercice des vertus sociales* » (*HMV*, t. 1, p. 43).

Ayant passé l'initiation galante, le personnage est accepté dans la société. A ce stade, il est reconnu comme un juge littéraire, il peut critiquer d'autres romans. Conversation érudite, description d'une bibliothèque, analyse de livres nouveaux s'intercalent aux épisodes galants : « Cependant, la conversation tomba sur la lecture, ressource d'un homme fatigué et de femmes qui n'ont pas beaucoup songé à médire. »[1] Ainsi apparaît le topos de la conversation mondaine sur la littérature, où chaque personnage, dame pleine d'esprit, abbé, petit-maître ou gentilhomme raisonnable, a son rôle et ses préférences (Fougeret de Monbron, *Margot la ravaudeuse*, 1749 ; Nicolas Thomas Barthe, *La jolie femme ou la Femme du jour*, 1769).

Les personnages engagent une polémique sur l'évolution du roman. Jeannette, protagoniste de *La paysanne parvenue* du chevalier de Mouhy (1735-1736), lit *La vie de Marianne* et se compare à l'héroïne de Marivaux ; les Margot de Fougeret de Monbron et de François-Charles Huerne de La Mothe cherchent un modèle littéraire pour écrire leurs mémoires (*L'enfantement de Jupiter*, 2ᵉ éd. sous le titre *Histoire nouvelle de Margot des Pelotons ou La galanterie naturelle*, 1775). Les personnages du roman de Mouhy *Paris, ou le Mentor à la mode* (1735) proposent une lecture comparée de *La paysanne parvenue* et du *Paysan parvenu*. La Morlière *(Angola)*, Chevrier *(Bibi)*, Diderot *(Les bijoux*

1. Godar d'Aucourt, *op. cit.*, p. 10.

indiscrets) présentent tout un panorama littéraire, leurs héros examinent des bibliothèques. Tel un personnage qui fait son entrée dans la société, le conte oriental cherche et définit sa place dans le monde livresque, l'œuvre s'inscrit dans la tradition (un des *topoï* de l'introduction est l'éloge de Crébillon et le blâme à la foule d'imitateurs). A la limite le personnage est réduit à sa bibliothèque, comme dans *La bibliothèque des petits-maîtres* de François Charles Gaudet (1762). La bibliothèque de l'abbé de Pouponville comporte, entre autres, *L'Encyclopédie perruquière*, dont on reçoit deux cahiers par jour, les *Étrennes de 1759, ou les Mouches garnies de brillants*, *L'art de dématérialiser les Petits-maîtres*, la *Raison des femmes*. Livre blanc, *L'art de faire figure sans argent*, par un Gascon riche de deux millions de dettes, *Le véritable Maître à tousser, cracher, se moucher, prendre du tabac, éternuer* et en général tout ce qui concerne les fonctions nasales, *Examen de cette question: « Si les femmes doivent encore faire des enfants ? »*, par J.-J. Rousseau, citoyen de Genève, *Traité de l'attaque et de la défense des ruelles*, de main de maître, avec les plans & les figures nécessaires pour l'intelligence du livre, comédie *L'école des Petits-maîtres*, etc.[1].

Un aventurier jouit de la réputation d'érudit qui connaît par cœur des livres entiers. Il est considéré comme une « bibliothèque vivante » (Stepan Zannovitch)[2]. Pour lui, l'écriture est avant tout un moyen de s'imposer, de créer et d'assurer sa réputation en tant que philosophe. Ses œuvres servent de références, de lettres de créance : elles sont rédigées pour être offertes. La dédicace à un noble protecteur, la liste des souscripteurs (autrement la liste des connaissances fortunées), le frontispice avec un portrait gravé, la page de titre qui présente d'une

---

1. Fr. Ch. Gaudet, *Bibliothèque des petits-maîtres, ou Mémoires pour servir à l'histoire du bon ton et de l'extrêmement bonne compagnie*, Au Palais Royal, Chez la petite Lolo, Marchande de galanterie, A la Frivolité, 1762.
2. J.-B. de Cloots, *op. cit.,* p. 172, 184.

manière élogieuse l'ouvrage et l'auteur souvent ont plus d'importance que le texte même. Ainsi Stepan Zanno-vitch pouvait présenter son livre au lieu de passeport : tenez, je suis le prince Castriotto d'Albanie, confident de Frédéric-Guillaume. Ou encore il annonçait la parution de livres qu'il n'avait jamais écrits. Ivan Trevoguine, prince de Golconde, se limite souvent dans la rédaction au plan, au titre et à quelques pages d'introduction, mais il s'applique à calligraphier une longue dédicace à Cathe-rine II. Les aventuriers se servent de livres cabalistiques pour se soumettre les crédules, en transformant leurs espoirs en or. Le livre ruine et séduit, il peut devenir même une loterie, comme l'évoque Casanova dans ses mémoires.

Les personnages littéraires, en grandissant, abandon-nent les romans, les aventuriers en finissent avec les his-toires d'amour pour se consacrer aux ouvrages savants. La lecture n'est plus un plaisir, c'est un travail. On lit pour écrire. Un chevalier de fortune qui se pique d'être homme de lettres, législateur, philosophe, historien, mathématicien, financier, etc., produit un nombre impres-sionnant de textes.

Nous sommes arrivés à la troisième étape de l'intrigue, au dénouement. Au stade précédent on pouvait encore se sauver. Pour devenir avocat, le jeune marquis d'Argens change de livres : « Romans, historiettes, tout fut banni de mon cabinet. Locke succéda à Madame de Villedieu, Gas-sendi et Rohault à *Clélie* et à l'*Astrée*. »[1] Néanmoins, une nouvelle aventure galante lui donne de l'aversion pour les livres et il abandonne une carrière bien entamée. Par contre, vers la fin d'*Angola* de La Morlière, au lieu des romans excitants apparaît un talisman, composé de livres ennuyeux, qui rend le héros impuissant.

Casanova, devenu dans ses vieux jours un agent de

---

1. J.-B. de Boyer d'Argens, *Mémoires de Monsieur le marquis d'Argens* (1735), Desjonquères, 1993, p. 95.

l'Inquisition vénitienne, dénonce les livres qui lui plaisaient dans sa jeunesse. Mais bien avant, le Vénitien avait déjà fait la moitié de son chemin, alors que les livres sont apparus en grand nombre, les bibliothèques se sont substituées aux harems d'antan : « N'ayant pas assez d'argent pour me mettre dans le courant avec des joueurs, ni pour me procurer quelque tendre connaissance avec quelque fille du théâtre français ou de l'italien, j'ai pris le goût à la bibliothèque de Monseigneur Zaluski, évêque de Ckiovie » (*HMV*, t. 3, p. 446). La bibliothèque devient un refuge, l'abri d'un philosophe. Parmi les livres, le temps s'arrête : « J'ai vécu dans la plus parfaite paix sans jamais penser ni au temps passé, ni à l'avenir, le travail m'empêchant de connaître que le présent existait » (*HMV*, t. 3, p. 338).

En 1764, Casanova reste dans la bibliothèque de Wolfenbüttel huit jours entiers : « J'ai passé huit jours sans jamais en sortir que pour aller dans ma chambre et sans jamais sortir de ma chambre que pour y rentrer » (*HMV*, t. 3, p. 338). En 1757, pendant cinq mois, le baron de Bilistein dévore les livres pour rédiger son *Végèce français* (1762)[1]. Stepan Zannovitch prétend qu'il a passé plusieurs semaines dans une retraite solitaire sans quitter le lit où il lisait et écrivait. Casanova, lui aussi, en vieillissant, écrit souvent dans son lit pour plus de commodité.

Un aventurier qui est en train de faire carrière peut quitter le poste de bibliothécaire, comme le font en Russie le Piémontais Odart et le Genevois Pictet. Ivan Trevoguine qui vit modestement à Paris fréquente des bibliothèques et en prépare même un guide, avant qu'il prenne le risque de tenter la fortune et de devenir un prince. Le vieux Casanova n'a pas le choix : la bibliothèque au château du comte de Waldstein à Dux sera son refuge, mais aussi une prison d'où il ne pourra plus s'évader. Il est

---

1. Ch. Andreu de Bilistein, *Institutions militaires de la France ou le Végèce français,* Amsterdam, E. van Harrevelt, 1762, p. VII.

payé pour faire le catalogue de la bibliothèque, mais il préfère la remplir avec ses ouvrages. Seule la rédaction des mémoires le sauve: «En m'occupant à écrire dix à douze heures par jour, j'ai empêché le noir chagrin de me tuer ou de me faire perdre la raison» (*HMV*, t. 3, p. 723).

L'écriture tient lieu de la vie. Quand on ne peut plus agir, on écrit. C'est ce que fait un aventurier en prison. C'est ce que font aussi les personnages de dizaines de romans du XVIIIe siècle. Implicitement, le thème du livre est toujours présent dans les œuvres écrites à la première personne: le héros parvenu à la fin de sa vie rédige toujours ses mémoires.

Pour l'aventurier, amateur de livres et excellent collectionneur, comme le chevalier d'Éon, la bibliothèque est un autre moyen d'immortaliser son image. Les ouvrages qu'il rassemble dans sa bibliothèque l'aident à organiser, à modeler, et même à changer sa vie. Car d'Éon construit sa vie d'après les livres, comme un livre et à partir des livres. Dans sa lettre au duc de Broglie (Londres, 31 novembre 1767) il définit son «genre de vie: sans jamais avoir de maîtresses, passant mon temps avec mes livres»[1]; ce qui probablement était vrai, car son travestissement résultait de son impuissance. Son comportement et ses textes nécessitent une lecture attentive, la confrontation de manuscrits et de variantes, l'interprétation de chaque épisode. Mythomane et graphomane, copiste (c'est la première responsabilité du secrétaire d'une ambassade) et compilateur infatigable qui ne recule pas devant le plagiat, il conserve scrupuleusement et classe ses agendas, ordres, lettres, dépêches et fabrique les pièces manquantes. Ainsi, dans les archives du ministère des Affaires étrangères à Paris sont conservées les copies de sa correspondance de 1764 avec Tercier, un des responsables du Secret du Roi, où il est question de la destruction des documents concernant le voyage de la chevalière en

---

1. AAE, CP, Angleterre suppl., vol. 16, fol. 290.

Russie[1]. A un moment difficile, il publie des documents justificatifs, en les transformant en romans épistolaires, dont il est le héros (*Lettres, mémoires et négociations particulières du chevalier d'Éon*, 1764).

Toute sa vie durant d'Éon collectionne avec acharnement des manuscrits et des livres. Certes, il n'était pas «lectrice» d'Elisabeth Petrovna en 1755, car ce poste n'existait pas à la cour russe. Le chevalier vient en Russie en 1756 en mission secrète, officiellement comme bibliothécaire du comte Vorontsov, et d'après d'Éon, il est surpris de voir toute cette «belle bibliothèque [...] dressée sur une espèce de pupitre», tandis que lui «pauvre particulier, avait laissé [...] une grande chambre et six coffres pleins de volumes»[2]. Le chevalier Douglas, son supérieur, qui est parti en mission analogue une année plus tôt, affirme qu'il passerait «pour le plus déterminé bibliomaniste, minéralogiste et voyageur»[3].

A Pétersbourg, le chevalier achète des livres dans la librairie de Müller: *La morale* d'Épicure (70 kopeks), *L'ami des hommes* de Mirabeau, les *Discours* de J.-J. Rousseau, les *Œuvres complètes* de Machiavel (4 roubles), des livres d'histoire russe et française, *La Rossiade*, poème épique de Kheraskov, des Règlements de Pierre Ier, contes de Crébillon fils, etc.[4]. Il est vrai que la facture des vins français et des vêtements est plus élevée, mais elle fait partie des frais du service du secrétaire de l'ambassade.

D'Éon utilise les livres comme cachette. Dans la reliure de l'*Esprit des lois* de Montesquieu, il apporte à Elisabeth Petrovna un message de Louis XV. A Londres il garde sa correspondance secrète dans douze coffrets de sapin imi-

---

1. *Ibid.*, fol. 127-136.
2. D'Éon au marquis de L'Hospital, 23 juillet 1760 – O. Homberg, F. Jousselin, *Un aventurier au XVIIIe siècle, le chevalier d'Éon (1728-1810)*, Plon-Nourrit, 1904, p. 21.
3. Strasbourg, 9 juillet 1755 – AAE, CP, Russie suppl., vol. 8, fol. 28.
4. M. de Decker, *Madame le chevalier d'Éon*, France Loisirs, 1987, p. 67.

tant des in-folio et intitulés *Recueil des documents*, il prétend qu'il a rédigé le catalogue exact de cette bibliothèque[1].

Le parallèle entre espion et poète, dépêche et livre est typique du langage chiffré de la correspondance diplomatique de l'époque. On a vu comment le baron de Tschoudy a dénoncé son compatriote, l'agent français Meyssonier de Valcroissant. Dans sa réponse à Tschoudy du 9 (20) mars 1756, Ivan Chouvalov parle de la dépêche interceptée comme d'un « petit poème en prose », de l'arrestation et de l'interrogation comme d'une dispute littéraire, des chiffres comme d'une traduction de l'allemand :

« Les vers en question sont assez intéressants. L'auteur est venu lui-même ici à Pétersbourg, il a été chez moi quatre fois, comme c'est un jeune homme et n'ose pas se déclarer Poète public, il m'a voulu nier que c'était lui, pourtant à la fin il me l'avoua et il vous soupçonne de m'avoir procuré son ouvrage quoique je lui ai assuré le contraire, cependant ayant fait plus de connaissance avec lui, il est content de moi ! Vous savez que je ne suis pas fort dans la langue allemande pour pouvoir entendre son ouvrage, mais je l'ai fait mettre en français. Les impostures dont il était rempli ne méritent pas qu'il puisse encore monter au Parnasse et je crois qu'il n'écrira plus »[2] (ce qui en effet posait problème en prison). La police française a trouvé cette lettre dans les papiers de Tschoudy et l'a décodée certainement sans peine.

Mais revenons à d'Éon qui a contribué à la libération de Tschoudy. Il continue d'acheter des livres en France et en Angleterre. Quand il perd son poste à Londres, et ses gages avec, il se décide à vendre sa bibliothèque à la Sémiramis du Nord. Le 27 janvier 1769, il expédie à Adam Olsoufiev, ministre du cabinet de Catherine II, un cata-

1. D'Éon à Tercier, Londres, 20 janvier 1764 – AAE, CP, Angleterre suppl., vol. 16, fol. 129 r°.
2. 9 (20) mars 1756. – Arsenal, Mss, F. Bastille, n° 11945, fol. 292.

logue des manuscrits recueillis. Ce catalogue est transmis par un marchand pétersbourgeois Toulon, propriétaire d'une manufacture à Petrovskoe à qui d'Éon a montré sa bibliothèque[1]. Un an plus tard, d'Éon rappelle à Toulon cette affaire, en affirmant que l'impératrice a besoin des manuscrits pour la rédaction du nouveau code des lois et indique le prix : de 8 à 10 000 roubles (il accepte, par ailleurs, le règlement en fer)[2]. A Pétersbourg, le marchand mène à bien la souscription aux *Loisirs* de d'Éon en plusieurs volumes : parmi les souscripteurs le comte A. P. Chouvalov, le comte A. S. Stroganov, le prince M. M. Chtcherbatov (deux exemplaires). D'Éon, réjoui, envoie le 5 septembre 1770 une caisse de ses ouvrages et demande de mettre une annonce de vente dans les journaux moscovites et pétersbourgeois.

Le chevalier d'Éon prétend que Olsoufiev lui a proposé 4 500 livres pour l'ensemble de la bibliothèque (sept catalogues), mais à cause de la guerre, a demandé un délai[3]. Entre-temps, d'Éon met en gage les manuscrits pour 1 800 livres. Après la conclusion de la paix entre la Russie et la Turquie en 1774, le chevalier demande 2 000 livres à l'ambassadeur russe à Londres, le comte Alekseï Moussine-Pouchkine, afin de dégager les manuscrits et de les transmettre à l'impératrice. Il promet également de lui trouver d'autres ouvrages de jurisprudence (autrement dit, de devenir son bibliothécaire, à la manière de Diderot) et propose de céder sa bibliothèque pour le montant que la Sémiramis du Nord daignera fixer. Mais celle-ci n'a pas daigné. Depuis la publi-

1. D'Éon à Adam Olsoufiev, Londres, 27 janvier 1769 (minute) — AAE, MD, France, v. 2187, fol. 62 r°-v°. Toulon était beau-frère et associé du marchand pétersbourgeois Michel, agent diplomatique français dès 1749.
2. D'Éon à Toulon, Londres, 25 août 1770 (minute) — AAE, MD, France, v. 2187, fol. 64-66.
3. *Détail exact de tout ce qui s'est passé à ce sujet entre la cour de Saint-Pétersbourg et le chevalier d'Éon depuis 1769 jusqu'à présent [entre 1774 et 1777]* — AAE, MD, France, t. 2187, fol. 72-73.

cation de *Nakaz* elle était assiégée de propositions du même genre[1].

A la fin de sa vie, en 1791, la chevalière fait des livres son portrait de prestige en publiant le catalogue de sa bibliothèque pour la vente chez Christie[2]. Afin d'attirer le public, d'Éon décide de mettre en vente son propre mythe : « estampes, meubles et effets, armes, bijoux, diamants et généralement tout ce qui compose la garde-robe d'un capitaine de dragons et celle d'une dame française ».

Le catalogue complet se compose de six catalogues : d'abord les manuscrits, ensuite les livres classés par format et thèmes.

1. Manuscrits du maréchal de Vauban, car d'Éon avait l'intention de publier ses écrits sur la fortification.

2. Les lois civiles et criminelles en France (collection de documents législatifs et parlementaires, essentiellement du XVIIe siècle, y compris *Examen d'articles proposés pour la composition de l'Ordonnance civile*, avril 1667), ainsi que les livres de Platon, de Montesquieu et de J.-J. Rousseau. D'Éon, avocat au Parlement de Paris, parle dans les *Loisirs* de l'histoire du droit russe, en s'appuyant sur les ouvrages de Strube de Piermont, membre de l'Académie de Saint-Pétersbourg[3].

3. Manuscrits sur les finances (on a déjà mentionné les ouvrages économiques de d'Éon).

4. Manuscrits sur l'histoire, la politique, les arts, les sciences, etc.

5. « Catalogue sur la langue sainte contenant les Bibles manuscrites et imprimées en langues hébraïque, syriaque,

---

1. Vladimir Somov nous a fait savoir qu'un manuscrit appartenant à d'Éon est conservé à la Bibliothèque nationale à Saint-Pétersbourg, mais nous ignorons la date de son acquisition.
2. *Catalogue des livres rares et des manuscrit précieux du cabinet de la chevalière d'Éon,* Londres, Spilsburg, 1791.
3. F.-H. Strube de Piermont, *Sur l'origine et les changements des lois russiennes,* Saint-Pétersbourg, 1756 ; d'Éon, Recherches sur les divers changements arrivés dans les lois russes jusqu'à ce jour, *Les loisirs du chevalier d'Éon de Beaumont,* t. 5, p. 1-78.

talmudo-rabbinique, arabe, persane, turque, éthiopienne, géorgienne, malaïque, gothique, grecque, latine, gauloise, française, anglaise, etc. », ainsi que des dictionnaires et des grammaires de langues orientales, des manuscrits du XVᵉ siècle, des livres du XVIᵉ avec les notes de l'auteur. La liste fantaisiste de langues est à l'image du polyglotte, chercheur de la langue originelle, tel que se présente un aventurier.

6. Catalogue annoté de livres comprenant 674 titres (y compris des éditions en plusieurs volumes) avec la description de reliures, du papier et des marges. Il débute par des in-folio, ensuite des in-4°, in-8°, in-12°. Une dizaine d'ouvrages en grec, une quarantaine en anglais.

Selon les calculs de Michel Marion, au milieu du XVIIIᵉ siècle, une bibliothèque privée à Paris comptait une centaine de volumes, dont 22 % étaient des livres de théologie (2 % judaïsme), 13 % de jurisprudence et droit, 9 % sciences et art, 21 % de belles-lettres, 14 % d'histoire et géographie, et 21 % pour le reste. La littérature contemporaine était peu représentée, Voltaire prévalant sur Rousseau, ce qui n'a rien de surprenant pour le milieu du siècle. Parmi les livres les plus fréquents, notons la Bible, l'*Encyclopédie*, les dictionnaires de Bayle, de Furetière, de Trevoux, *Don Quichotte* de Cervantès, les lettres de Mme de Sévigné, les *Aventures de Télémaque* de Fénelon, les *Essais* de Montaigne, les *Fables* de La Fontaine, l'*Iliade* et l'*Odyssée* d'Homère, *La Henriade* de Voltaire et les *Causes célèbres* de Gayot de Pitaval[1].

Les thèmes des livres et des manuscrits réunis par d'Éon correspondent plus ou moins aux goûts de l'époque, si ce n'est qu'il a peut-être plus d'œuvres de Rousseau, et toutes les éditions courantes s'y trouvent. Le catalogue ne comprend que les ouvrages qui mettent en valeur les connaissances encyclopédiques et les nom-

---

1. M. Marion, *Recherches sur les bibliothèques privées à Paris au milieu du XVIIIᵉ siècle : 1750-1759,* Bibliothèque nationale, 1978.

breuses facettes de leur propriétaire : le militaire (ouvrages sur la tactique et la stratégie, l'histoire des guerres), l'historien, le diplomate, le juriste, l'économiste (notons que d'Éon possède également des livres du baron de Bilistein), voyageur, philosophe et théologien. On y trouve aussi des œuvres de d'Éon lui-même. Un grand nombre de dictionnaires et d'encyclopédies (environ 8 %), instruments professionnels d'un homme de lettres et d'un savant, beaucoup de livres qui apprennent l'art de vivre dans la société et de communiquer (y compris *L'homme de cour* de Baltasar Gracian et *Instruction pour un jeune seigneur ou l'Idée d'un galant homme* du marquis de La Chétardie, 1734), de manuels de correspondance et de pédagogie (5 %) qui indiquent la façon dont on peut mettre en pratique les connaissances puisées dans les livres. Il y a les œuvres complètes de Rousseau, Helvétius, Montesquieu, les livres de Pascal, de Voltaire, de Locke, de l'abbé de Saint-Pierre, de Charles Bonnet, de Machiavel et l'*Anti-Machiavel* de Frédéric II, les mémoires de Richelieu et du cardinal de Retz. Les belles-lettres sont représentées par Boileau, La Fontaine, Marmontel, Grécourt, Graffigny, etc. Notons en l'occurrence *Le diable boiteux* de Lesage, *Le masque de fer* de Mouhy, *Le cosmopolite* de Fougeret de Monbron, *Le compère Mathieu* de Du Laurens, *L'espion chinois* d'Ange Goudar, *Le barbier de Séville* de Beaumarchais, les *Lettres juives* et les *Lettres cabalistiques* du marquis d'Argens. Parmi les romans, on trouve ceux qui sont réputés comme des manuels de séduction (*Confessions du comte de**** de Duclos), mais plus nombreux sont ceux qui racontent les aventures de femmes : *L'héroïne mousquetaire* de Préchac (1677[1], prototype de d'Éon), *Les illustres Françaises* de Robert Chasle, *Manon Lescaut* et *Histoire d'une Grecque moderne* de l'abbé Prévost. Ces livres s'insèrent tout naturellement parmi les

1. D'Éon possédait une autre édition du roman : *L'illustre mousquetaire*, La Haye, 1699.

ouvrages consacrés aux femmes qui comprennent des dizaines d'apologies, dictionnaires, histoires et biographies, modèles à imiter : *Galerie des femmes fortes* par le père Le Mogne (deux éditions, de 1660 et de 1665), *Apologie des dames* (1737), *Histoire de Jeanne d'Arc* par Lenglet Dufresnoy (1753), les *Vies des femmes illustres de la France* (2 v., 1761), *Dictionnaire historique portatif des femmes célèbres* (1769), *Défense des femmes*, *Défense du beau sexe*, *Histoire des femmes galantes* de Brantôme, etc.

Bien sûr, d'Éon, élégant invétéré, avait besoin des *Recherches sur les habillements des femmes* (1727), mais cet autodidacte achetait de nombreux aide-mémoire des maladies gynécologiques, tel le *Traité des maladies des femmes grosses* de Maurisseau (5 éd., 1712), et les mettait ensuite dans le catalogue pour « paraître » : il était malgré tout un homme.

La vente fixée au 5 mai 1791 n'a pas eu lieu ; on a annoncé une souscription à son profit et les admirateurs de la chevalière ont recueilli 465 livres. En 1792, d'Éon continue d'acheter des livres et paye 500 livres pour une collection de cent éditions d'Horace. Toutefois le 24 mai 1793 il vend chez Christie une partie de sa bibliothèque et certains objets (notamment la tabatière qui lui aurait été offerte par Elisabeth Petrovna)[1]. La vente publique l'a sauvé de la pauvreté et surtout de l'oubli. Et attirer l'attention était probablement son objectif principal. En 1791, il demande un poste de capitaine dans l'armée républicaine pour défendre la Révolution et la France. Dans les journaux, notamment dans le *Morning Chronicle*, il publie des invitations à une partie d'échecs avec Philidor en 1793 (dans sa bibliothèque, il y avait *Le livre de la moralité des nobles hommes sur le jeu des échecs, translaté du latin en français par frère Jehan de Vigay vers l'an 1300*), aux combats d'escrime avec des maîtres

---

1. G. de Contades, Un bibliophile singulier et inattendu. Le chevalier d'Éon, *Annales littéraires*, 1891, p. 39-50.

renommés, toujours en robe (en 1796, il a été blessé par un fleuret cassé).

Les derniers livres et manuscrits (116 titres), dont six volumes de documents juridiques et les œuvres d'Horace[1], seront vendus aux enchères trois ans après la mort de d'Éon, le 19 février 1813, Christie gardera les manuscrits de Vauban. Les plus intéressants sont peut-être les livres que d'Éon n'a pas mis dans son catalogue de prestige : traités historiques, livres de voyages et des mémoires sur la Russie en français et anglais (20 titres !), ouvrages sacrilèges, satiriques et érotiques, notamment *La Pucelle d'Orléans* de Voltaire et *La Papesse Jeanne* (plusieurs éditions) qui avaient servi de modèle à son comportement. Le chevalier d'Éon devient ainsi écrivain, lecteur et bibliothécaire de sa propre vie.

Genres narratifs

Il est temps de situer l'aventurier sur la carte littéraire de l'époque. A première vue, c'est le roman qui devrait fournir le plus grand nombre de parallèles. Il est si proche des mémoires qu'il donne lieu à des formes hybrides, comme les faux mémoires d'hommes célèbres : de Cagliostro[2] ou du comte de Bonneval, le renégat devenu pacha turc[3]. Les aventuriers, à leur tour, rédigent des romans, y compris d'aventures. Pourtant les similitudes les plus frappantes, nous les découvrons dans les comédies, contes et utopies. La vie d'un aventurier suit la

---

1. *A Catalogue of the very Valuable and Rare Historical, Bibliocal and other curious mss and library of printed Books of the chev. d'Eon,* Londres, 1813.
2. *Confessions du comte de C**** avec l'histoire de ses voyages en Russie, Turquie, Italie et dans les pyramides d'Égypte,* 1787.
3. Au cours de leurs voyages à Constantinople, Casanova et Fougeret de Monbron lui rendent visite. Le pacha explique à ce dernier que tout est faux dans les *Mémoires de Mr le comte de Bonneval.* – Fougeret de Monbron, *Le cosmopolite,* Londres, 1753, p. 12.

logique des genres dramatiques et fantastiques, on y retrouve les mêmes sujets archétypaux. Par contre, la prose des Lumières qui cherche la vraisemblance utilise d'autres structures narratives et enchaîne différemment les événements ; seuls quelques motifs et épisodes coïncident ou sont empruntés. Le chevalier de fortune reste en marge de la ligne magistrale de l'évolution romanesque.

Pour mieux comprendre ce phénomène, il faudra d'abord analyser la notion d'aventure. Vladimir Jankélévitch constate que la condition nécessaire de toute aventure est l'ennui[1]. La routine du quotidien est indispensable pour vouloir lui échapper. La répétition journalière d'événements émousse leur perception : on ne s'aperçoit plus qu'ils surviennent, donc ils ne se produisent plus ; le temps cyclique est égal à son arrêt. Par contre, l'aventure ouvre la porte sur l'inconnu, le futur. D'après Jankélévitch qui rejoint sur ce point Georg Simmel[2], trois éléments transforment la vie en aventure : l'amour, la mort et l'art. Mais l'inverse est juste aussi : en arrachant un morceau de vie de son contexte, l'aventure le « défamiliarise », selon le terme de Victor Chklovski, lui communique le début et la fin, l'achèvement esthétique.

De ce point de vue, Moll Flanders est moins aventurière que madame Bovary. Étrangère à ce monde, l'héroïne de Flaubert transgresse les normes, suivant les modèles littéraires, elle cherche à faire de la vie un roman. Mais la vie résiste aux métamorphoses et tue cette apprentie sorcière. L'aventurier est un héros romanesque qui, selon Gyorgy Lukacs, vit une rupture avec l'univers et dont la psychologie est forcement démoniaque[3]. On peut

1. V. Jankélévitch, *L'aventure, l'ennui, le sérieux,* Aubier, Montaigne, 1963.
2. G. Simmel, *Philosophie de la modernité : la femme, la ville, l'individualisme,* trad. de l'allemand, Payot, 1988 ; chapitre « L'aventure ».
3. G. Lukacs, *La théorie du roman,* trad. de l'allemand, Gallimard, 1989, p. 84-85.

dire que dans la littérature russe, avec sa tendance à mettre en scène l'anticomportement et les hommes inutiles, l'aventure dans sa forme extrême consiste à rester allongé sur le poêle, comme Emelia, personnage des contes populaires, ou sur le canapé, comme Oblomov.

La notion d'aventure évolue selon le pays, l'époque et les modèles littéraires. Mais l'art constitue un piège : « L'aventure qui s'arrondit en œuvre d'art n'est plus une aventure »[1], elle se fige. Privé de son imprévisibilité, Don Juan se métamorphose en statue du Commandeur. Victor Chklovski dans ses premiers articles a expliqué que le canon littéraire, tout comme le quotidien, « automatise » les événements. Les mémoires de Casanova dont l'authenticité enfreint les stéréotypes littéraires sont plus originaux que son roman utopique l'*Icosaméron* (1788) où la fiction est régie par les lois du genre.

Dans un texte fantastique, l'extraordinaire fait loi, dans un roman galant, les bonnes fortunes sont prévisibles, comme les aventures dans un roman d'aventures. L'absence du quotidien est un problème que le roman des Lumières n'a jamais su résoudre. Des détails pittoresques, parfois sanglants, pénètrent dans le roman lors des descriptions de la campagne, des bas-fonds citadins ou de l'étranger, mais le chronotope romanesque demeure conventionnel. Les personnages ne rencontrent pas de résistance du milieu, mais luttent contre des obstacles littéraires. L'univers romanesque habituel, le Paris galant, est décrit comme un monde idéal d'où les choses de la vie sont évacuées : on ne mentionne que des nouveautés, mises à la mode par des petits-maîtres. Les obstacles disparaissent pour un personnage qui a appris les règles de conduite. Le monde étranger est l'antipode de son univers et, par conséquent, l'exotisme est aussi prévisible, même s'il n'est pas réduit à des décors comme dans les contes « orientaux ». Dans tous les cas, le héros est pro-

1. V. Jankélévitch, *op. cit.,* p. 30.

tégé du danger par les règles du genre[1] et par la conviction qu'il vit dans le meilleur des mondes. Les romans où la rationalité et la justesse de l'univers sont remises en question, où le finale tragique est possible *(Manon Lescaut, Les liaisons dangereuses)*, font figure d'exception et sont considérés comme des chefs-d'œuvre.

Au cours de nos recherches, nous avons proposé une typologie du roman français du XVIIIe siècle[2], dont quelques développements et conclusions sont présentés ici.

Le roman français des Lumières présente quatre versions qui diffèrent selon la qualité du héros principal : jeune aristocrate, jeune paysan, jeune paysanne, dame noble. Le type du héros impose à la fois le nom, le caractère et le portrait, dicte le développement de l'intrigue et la distribution des rôles. Les trois premiers personnages sont actifs, et donc évoluent psychologiquement, tandis que l'aristocrate vertueuse reste passive et égale à elle-même dans le tourbillon des péripéties.

Au siècle des Lumières, les romans pédagogiques, dans la lignée des *Aventures de Télémaque* (1699) de Fénelon, sont peu nombreux[3]. Les œuvres les plus connues appartiennent à la tradition maçonnique et utopique et dressent le portrait d'un jeune souverain et la description d'un État

---

1. De même le détective est invulnérable dans le roman policier ; il serait beaucoup plus simple de le tuer, personne ne découvrirait le crime.
2. А. Ф. Строев, *Типология романических жанров и французский роман эпохи Просвещения* [A. F. Stroev, *Typologie des genres romanesques et le roman français à l'époque des Lumières*], Thèse, Université de Moscou, 1983 ; А. Ф. Строев, Роман антивоспитания во французской литературе XVIII в., *Филологические науки* [A. F. Stroev, Le roman d'anti-éducation dans la littérature française du XVIIIe siècle, *Sciences philologiques*], 1983, n° 5 ; *Французская литературная сказка XVII и XVIII веков* [*Conte littéraire français du XVIIe et du XVIIIe siècle*], éd. A. Stroev, Moscou, Khoudojestvennaia literatoura, 1990. Notre analyse des modèles narratifs ne tient pas compte de la prose sentimentale.
3. R. Granderoute, *Le roman pédagogique de Fénelon à Rousseau*, Genève-Paris, Slatkine, 1985.

aussi exemplaires l'un que l'autre (Ramsay, *Les voyages de Cyrus*, 1727, Terrasson, *Séthos*, 1731). Les trois premiers types de roman sont bien liés à l'idée d'éducation mais en proposent les versions mondaines. Toutes les aventures se déroulent sous l'égide de la Cythère. L'intégration à la société, l'ascension ou la chute dans la hiérarchie sociale se font au travers des aventures amoureuses. Le roman s'achève par un mariage qui signifie l'éloignement du monde : un homme marié est perdu pour la société. La prose française ne confie au mari qu'un seul rôle, celui du cocu ridicule. Si l'auteur par mégarde marie son héros et que les lecteurs attendent la suite, il se voit obligé de cocufier le mari (*La mouche* de Mouhy, 1736), sinon de faire enlever ou de mettre à mort l'épouse, comme le fait Louvet de Couvray (*Faublas*, 1787-1790).

L'éducation, qui transforme l'homme naturel en homme civilisé, n'est pas toujours considérée comme positive. Le fait que les trois romans des années 1730 qui ont fourni les trois modèles narratifs dominants – *Les égarements du cœur et de l'esprit* de Crébillon fils (1736-1738), *La vie de Marianne* (1731-1741) et *Le paysan parvenu* (1734-1735) de Marivaux – sont restés inachevés n'est pas dû au hasard. En devenant homme du monde, le héros perd sa personnalité, se transforme en masque. Dans la terminologie de Carl Gustav Jung, on pourrait dire qu'à force de découvrir sa *persona* (rôles sociaux), l'*anima* (univers intérieur) disparaît, se meurt. Le dilemme remonte à *Perceval* de Chrétien de Troyes, roman d'éducation chevaleresque : le jeune homme, qui a appris les règles de conduite courtoise, est incapable d'une question spontanée et naturelle au Roi Pêcheur et perd ainsi le Graal.

Le type du roman-liste de bonnes fortunes élaboré par Charles Duclos, Jean-François de Bastide (les *Confessions d'un fat*, 1742), Charles de La Morlière, Claude Godar d'Aucour, François-Joseph Darut de Grandpré (*L'aimable petit-maître, ou Mémoires militaires et galants de M. le comte de G.*R.****, 1750), etc., a eu plus de succès que l'histoire d'un paysan qui fait carrière à Paris. En cas de réussite, le roturier renonce au modèle bourgeois au profit du modèle aristocratique et devient ainsi une mauvaise, donc inutile, copie du petit-maître. S'il ne réussit pas, son histoire est celle de la débauche et du vice qui aboutit à sa perte, ce qui est plus caractéristique de la prose de la deuxième moitié du siècle (*Le paysan perverti* de N. Rétif de la Bretonne, 1775).

Cette version du destin masculin doit beaucoup aux aventures des « paysannes parvenues ». Marianne de Marivaux réussit grâce à ses coquetteries vertueuses, car il se trouve qu'elle est aristocrate et la noblesse protège contre le vice. Javotte du chevalier de Mouhy (*La paysanne parvenue*, 1735-1736), elle aussi sauvegarde sa vertu et finit par se marier, tandis qu'à l'arrière-plan on perçoit celui qui attire toutes les aspirations inconscientes de l'héroïne, le roi. Mais leurs épigones romanesques ne parviennent pas à garder la chasteté et les paysannes se transforment en filles de joie (Claude Villaret, *Antipaméla, ou Mémoires de M. D.****, 1742, Éléazar de Mauvillon, *Antipaméla*, 1743, Louis Charles Fougeret de Monbron, *Margot la ravaudeuse*, 1748, Jean Baptiste Magny, *Mémoires de Justine ou les Confessions d'une fille du monde qui s'est retirée en province*, 1754, Antoine Bret, *La belle Allemande*, 1754, de Sainte-Croix, *La comédienne, fille et femme de qualité, ou les Mémoires de la marquise de****, 1756-1757, etc., jusqu'à Pierre Jean Baptiste Nougaret, *La paysanne pervertie*, 1777, N. Rétif de la Bretonne, *La paysanne pervertie*, 1784).

Les trois modèles romanesques se heurtent aux obstacles narratifs. Au commencement, on montre un novice ridicule qui ignore tout des manières ou du langage mondains, qui prend les comédiennes pour des duchesses et pense qu'une « petite maison » n'est qu'une simple maison de campagne (Anne Claude Philippe de Caylus, *Les confidences réciproques*, 1747). L'auteur a de la matière pour expliquer et amuser le lecteur qui découvre la capitale du monde avec le héros – Casanova a commis à Paris les mêmes bévues. La première étape se termine par l'initiation qui provoque elle-même d'autres bonnes fortunes. Progressivement la force d'inertie s'essouffle et le récit détaillé d'une nouvelle conquête fait place à une énumération. Comment peut-on parler de la psychologie et des caractères, si Margot la ravaudeuse est forcée de recevoir trente mousquetaires en deux heures. La version « masculine » élabore les portraits psychologiques des dames : coquette, savante, précieuse, bigote, intéressée, sentimentale. Ensuite l'auteur ajoute de la couleur locale et décrit des caractères des femmes de différentes nations, en montrant une Espagnole jalouse et vindicative, une Anglaise frigide et pleine de bon sens, une Italienne impulsive et fougueuse. Puis le séducteur passe en revue les femmes des différentes couches sociales. Les victoires deviennent de plus en plus faciles : les femmes de financiers ou de juges sont séduites, tandis que les comédiennes et les bourgeoises sont achetées. Dans la variante féminine, par contre, on trouve plutôt des caractères sociaux : un riche fermier général et son double, un étranger riche et borné, un Allemand ou un Anglais, un prêtre, vedette du roman érotique, un aristocrate pauvre et débrouillard, souvent un Gascon, un vieux noble et son jeune fils libertin.

Dans le monde galant, les obstacles n'existent pas, car disait-on dans des écrits du XVIIIe siècle, les Français peuvent être jaloux de leurs maîtresses mais pas de leurs femmes. Il n'y a pas de place pour la rivalité, les hommes attendent leur tour et au lieu d'envoyer un cartel, ils rappellent aux fautifs que « la marchandise doit être en commerce » (Duclos, les *Confessions du comte de****, 1741). La liste des bonnes fortunes œuvre toute seule : il suffit de la montrer pour que la dame soit séduite par la réputation de son propriétaire. Le héros, pratiquement dépourvu d'individualité, n'est qu'un trait d'union entre les épisodes, il devient presque superflu. Il est un voyeur, un être asexué, sa mission est d'observer et de relater les événements et il finit par se métamorphoser en sofa (Crébillon, *Le sopha*,

1741), canapé (Fougeret de Monbron, *Le canapé couleur de feu*, 1741) ou bidet (A. Bret, *Le B****, 1749), il est remplacé par une bague magique (Diderot, *Les bijoux indiscrets*, 1748). Les héros n'ont plus besoin d'agir : un système de sonnettes transmet les péripéties d'ébats amoureux (Jean Baptiste Guiard de Servigné, *Les sonnettes, ou Mémoires de M. le Marquis de****, 1749), un cabriolet merveilleux garantit une succession de prétendants (Gabriel Mailhol, *Le cabriolet*, 1755). L'espace domine les hommes, leur impose leur mode de comportement : une « petite maison » charme ses visiteurs (Bastide, *La petite maison*, 1753 ; Vivant Denon, *Point de lendemain*, 1777).

Cet assemblage d'épisodes peut se poursuivre à l'infini, si le personnage se métamorphose, comme dans les contes « orientaux » ou reçoit d'un sylphe le don de changer de sexe en préservant sa jeunesse, comme dans *Éléonore, ou l'heureuse personne* (1799), attribué à André de Nerciat. Si le pivot narratif est complètement ruiné, le roman devient un recueil de récits, énumération de types féminins (Victor Jouy, *La galerie des femmes*, 1799). On met un point final lorsque le répertoire de *topoï* est épuisé. A ce moment, la bourgeoise vertueuse se marie, la bourgeoise vicieuse fait fortune et quitte la société. Le temps biologique intervient tout d'un coup dans l'univers romanesque : les héroïnes s'aperçoivent qu'elles ne sont plus jeunes et que leur beauté a terni. Néanmoins, l'hymen ne résout pas les problèmes que rencontre le roturier : le mariage ne le transforme pas en comte, mais sa femme en bourgeoise (E. de Mauvillon, *Le soldat parvenu*, 1753). Pour pouvoir s'arrêter, le héros doit s'enrichir, devenir fermier général. L'aristocrate peut perdre l'intérêt pour les aventures galantes et la vie mondaine – Duclos montre cette transformation minutieusement et avec une grande justesse psychologique – mais il n'est plus alors un petit-maître. Il ne lui reste qu'à rédiger ses mémoires et peindre ses égarements pour donner une bonne leçon aux lecteurs.

C'est le destin du marquis d'Argens qui a commencé sa carrière littéraire par des *Mémoires* (1735) qui, en général, couronnent le parcours. C'est un des premiers exemples de roman-liste, qui met en scène une vie d'aventurier ou plutôt sa jeunesse. A trente-quatre ans, d'Argens a touché aux carrières d'avocat, d'officier et de diplomate, fait des voyages en Europe et à Constantinople. Il a vécu quatorze aventures galantes, a connu des tromperies et des trahisons. Il a rompu des promesses de mariage, mais a tenté de contracter un mariage secret, pour lequel son père, qui voulait l'empêcher, l'a fait mettre en prison. Parmi ses héroïnes, il y a demoiselles et femmes mariées, nobles et roturières, comédiennes et femmes de juges, fille publique et jeune novice, Françaises et Italiennes, Grecques et Turques. D'Argens, tel un aventurier romanesque, n'évolue pas d'une péripétie à l'autre, mais sa transformation « hors champ » en écrivain dresse le bilan de la première moitié de son chemin. Néanmoins, à la fin de sa vie, le marquis renoncera à sa première, et probablement la plus réussie, expérience littéraire ; en 1769 à Aix-en-Provence, il conseillera à Casanova de ne jamais écrire des mémoires pour ne pas paraître ridicule ou menteur. Dans ses romans, rédigés dans les années 1730, le marquis d'Argens enrichit le schéma du roman-liste par des épisodes autobiographiques et par des éléments narratifs tirés du roman d'éducation. Dans le roman *Le Mentor cavalier ou les Illustres infortunés de notre siècle* (1736), le jeune comte de Beauval et son précepteur répètent la carrière de l'auteur, en parcourant la France, l'Espagne, l'Italie, la Turquie et l'Afrique. Après plusieurs aventures, vécues ou entendues, le héros trouve le bonheur dans son pays natal. Le personnage du *Législateur moderne ou les Mémoires de Meilcourt* (1739) renonce à la libre pensée de sa jeunesse. D'athée, Meilcourt devient déiste, pour finir en bon catholique ; il apporte la foi et les lois justes aux indigènes sauvages, triomphe sur des pirates et les met sur la bonne voie.

La rivalité est nécessaire pour introduire l'intrigue dans le roman d'éducation galante. La structure romanesque ouverte se transforme alors en situation dramatique close. Des rapports de jalousie et de concurrence s'installent entre quatre personnages du roman mondain : le maître du vice (libertin), la dame « usagée », le jeune petit-maître et la jeune fille vertueuse. L'enjeu change : on ne lutte plus pour l'amour mais pour le pouvoir. Les romans du milieu du siècle peuvent connaître une fin heureuse, une fois les séducteurs diaboliques, hommes ou femmes, démasqués et exterminés (*Rose ou les Effets de la haine, de l'amour et de l'amitié* de Jean-Auguste Julien, dit Desboulmiers, 1761 ; *Mémoires du marquis de Saint-Forlaix* de Nicolas-Étienne Framery, 1770 ; *Les sacrifices de l'amour, ou Lettres de la marquise de la Syrcé et du comte de Mirbelle* de Claude-Joseph Dorat, 1772 ; *Le comte de Valmont, ou les Égarements de la raison* de Philippe-Louis Gérard, 1774-1778). A la fin du siècle, on ne croit plus que l'univers est fondé sur les lois de la raison : les personnages deviennent fous *(Faublas),* s'entre-tuent *(Les liaisons dangereuses).* La philosophie de la violence succède à la philosophie du plaisir. La guillotine révolutionnaire et la plume du marquis de Sade transforment l'histoire et le roman en hécatombe.

Passons au quatrième type du roman : l'histoire d'une dame de qualité, dont l'exemple le plus connu se trouve chez Duclos, dans l'*Histoire de Madame de Luz* (1741). Il débute là où les autres variantes s'achèvent : la situation de calme, de stabilité et du bonheur. La jeune fille ou la dame noble possède tout : beauté, fortune, situation qu'elle devrait perdre. Son sort l'oblige à subir des coups de la fortune : la vertu tel un aimant attire des méchants. Si les trois premières versions narratives exploitent le schéma : initiation – respect des règles de conduite galante (aventures) – rejet de ces règles (mariage/départ), ici la source de l'intrigue est à l'opposé, avec le refus de s'adapter, de suivre les normes galantes. L'héroïne vertueuse correspond parfaitement à la définition de l'aventurier de Lesuire : elle attire des aventures. Une série de péripéties remplace une action unie, où l'ascension sociale était présentée comme une décadence morale. La dame devient la victime de jaloux, diffamateurs, rivales, brigands, ravisseurs, tueurs à gages, maîtres chanteurs, elle est trompée, séparée de son amoureux, séquestrée. L'intrigue se complique par le travestissement (l'héroïne s'habille en homme), par de fausses rumeurs sur sa mort. Plusieurs *topoï* romanesques, jusqu'aux attaques de pirates, connus depuis le roman grec et bien populaires au XVIIᵉ siècle, que ce soit dans *Artamène ou le Grand Cyrus* de Mlle de Scudéry (1648-1653) ou dans l'*Histoire d'Hipolyte, comte de Duglas* de Mme d'Aulnoy (1690), trouvent logiquement leur place dans ce modèle narratif.

Mais cette fois, l'héroïne se sent seule non pas dans un monde exotique mais dans son propre univers : le mal est omniprésent et, plus elle est vertueuse, plus les personnes succombent autour d'elle. Dans les *Mémoires et aventures d'une dame de qualité qui s'est retirée du monde* de Cl.-F. Lambert (1739) périssent[1] neuf (trois) hommes, quatre (une) femmes et cinq serviteurs tombés dans les combats avec les ravisseurs et les tueurs à gages, sans compter ceux qui ont été massacrés par les pirates ; dans *Les malheurs de l'amour* de Tencin (1747) : cinq (neuf) hommes et deux femmes ; dans les *Mémoires d'une honnête femme* de F.-A. Chevrier (1753) : cinq (deux) hommes et quatre femmes. Si les romans d'aventures traditionnels finissent bien, ici la fin est tragique.

La culture rococo met en valeur le *joli* et non plus le *beau*. Dans la deuxième moitié du XVIIIᵉ siècle, le roman d'une jolie femme apparaît comme parallèle au roman du petit-maître : *La jolie femme, ou la Femme du jour* de N.-T. Barthe (1769), *Confidences d'une jolie femme* de

---

1. Entre parenthèses, figure le nombre des cadavres qui s'amoncellent dans les histoires intercalaires.

Mlle d'Albert (1775), les *Erreurs d'une jolie femme, ou l'Aspasie française* de Françoise-Albine Benoist (1781), etc. Barthe consacre le dernier chapitre de son roman à l'analyse du terme *joli* qu'il désigne comme style dominant de l'époque. La narration vise maintenant la description des mœurs et non plus des aventures. Néanmoins, les héroïnes suivent le mot d'ordre des filles publiques des romans précités : comme l'a formulé *La belle Allemande* de Villaret, les admirateurs ruinés font la gloire de la beauté.

Le marquis de Sade a dressé le bilan des deux modèles narratifs dans *Justine* et *Juliette*, récit des « infortunes de la vertu » et des « prospérités du vice ». L'histoire des deux sœurs, dont l'une est intelligente (vertueuse) et l'autre belle (vicieuse), a été plusieurs fois déclinée dans les contes didactiques et les romans de Fénelon, de Moncrif, de Nougaret, de Rétif de la Bretonne, etc. Sade propose une expérience philosophique : chaque vertu et chaque bonne action sont punies, chaque crime récompensé. Mais les lois du genre sont plus fortes que la mauvaise foi : Justine reste vierge malgré les viols atroces, elle renaît après les supplices, seule la foudre peut la tuer. Par contre, les carnages, la guerre fratricide des libertins emportent les scélérats par dizaines.

Comme on n'a pas trouvé l'aventurier dans l'espace littéraire galant, essayons de le repérer dans le monde des aventures. Le récit d'aventures ressemble moins au roman de la carrière galante, découverte du XVIIIᵉ siècle, qu'à l'histoire de la vertu persécutée, de l'homme qui refuse de s'adapter.

On est en contradiction avec ce qui était dit sur la plasticité de l'aventurier protéiforme, sur sa capacité à s'adapter à n'importe quelle situation. Pour élucider la question, tournons-nous vers ses prédécesseurs littéraires : le médiateur mythique, le héros du conte merveilleux et le picaro. Les personnages des mythes et des contes populaires peuvent se métamorphoser, se déplacer dans l'espace, pénétrer dans l'autre monde parce qu'ils sont étrangers, traîtres et fous. Le sot, qui danse pendant les obsèques et pleure aux noces, transgresse encore les lois universelles quand il communique avec un intrus. L'étranger est un ennemi, la seule forme de communication possible est l'assassinat : celui qui suit les règles de l'hospitalité trahit sa communauté et laisse entrer le Mal dans ce monde[1].

Pavel Grintzer a montré que le schéma narratif du conte revêt dans les formes premières du roman la forme suivante : rencontre − séparation − recherches/exploits − retrouvailles[2]. Dans les romans grecs et baroques, les héros ont un coup de foudre et sont immédiatement séparés, le mariage étant impossible en raison de l'inégalité, de l'animosité, des interdits prononcés par les parents, la cruauté des rivaux, le rapt, etc. Les recherches se transforment en longs voyages et en épreuves de la fidélité. Malgré les tentations et les viols, les personnages sauvegardent le fétiche de l'innocence et finissent par s'unir. On trouve ce schéma dans le conte galant de Crébillon (*Tanzaï et Neadarné*, 1734) et chez ses continuateurs, Cahusac, La Morlière, etc., mais inversé : les héros doivent se tromper pour se libérer de l'impuissance envoyée par un sorcier et pour se marier ; le conte devient alors roman-liste.

La grande innovation du roman picaresque, comme le montre Daniel Souiller, est l'absence de l'amour, substitué par le service[3]. Lazarillo de Tormes ne cherche pas une femme mais un maître qui pourrait remplacer le père. L'objectif final n'est plus le mariage, mais la situation dans la société. Les relations d'amour-haine sont transposées sur les rapports sociaux (maître/serviteur). Par contre, les femmes n'inspirent qu'animosité, car elles sont

---

1. V. Propp, *La morphologie du conte,* Seuil, 1970.
2. П. А. Гринцер, Две эпохи романа, *Генезис романа в литературах Азии и Африки* [P. A. Grintser, Deux époques du roman, *Genèse du roman dans les littératures d'Asie et d'Afrique*], Moscou, Naouka, 1980, p. 3-44. Voir aussi M. Bakhtine, *Esthétique et théorie du roman,* Gallimard, 1963.
3. D. Souiller, *Le roman picaresque,* PUF, coll. « Que sais-je ? », 1980.

les rivales du picaro. Ces créatures changeantes et comédiennes nées réussissent toujours à tromper l'homme et à le subjuguer. Trois personnages qui, par ailleurs, ont des traits communs, provoquent la peur et la haine : la femme, le diable et le juif. Le picaro leur ressemble, étant leur descendant, fils d'une sorcière et d'un étranger. On aurait pu être d'accord avec Daniel Souiller qui oppose le roman picaresque et le roman de chevalerie, si dans *Érec et Énide* de Chrétien de Troyes, le bonheur familial n'empêchait de servir la cause chevaleresque.

La littérature française du XVIIIᵉ siècle est pauvre en romans picaresques traditionnels. Il est significatif que D. Souiller exclut de cette catégorie *Gil Blas* de Lesage et y inclut *Le paysan parvenu* de Marivaux, considéré par Robert Granderoute comme un roman d'éducation. Sans entrer dans le débat, on proposera quelques constatations. Tout d'abord, le roman picaresque suppose la narration à la première personne, tandis que la prose française, comme l'indique René Démoris[1], évite de donner la parole aux roturiers. C'est pourquoi au lieu du picaro, apparaît le personnage du noble appauvri ou du noble auquel on dévoile à la fin le mystère de sa naissance. Le narrateur est un créateur, il crée l'univers, or la civilisation aristocratique ne veut pas céder l'univers au tiers état. Les femmes auxquelles la nature assigne le rôle de séductrices infernales font concurrence au héros et empruntent la voie de la fourberie, imitant en quelque sorte la conduite des héroïnes des romans de l'anti-éducation. Et enfin, dans le roman picaresque la tendance à décrire les mœurs aboutit au même résultat que dans le roman-liste : il se transforme en recueil de récits. Dans *Le diable boiteux*, l'intrigue picaresque est réduite à l'introduction, chez les continuateurs de Lesage ce sont les cheminées de Madrid ou le diable qui assument le rôle de narrateur.

---

1. R. Démoris, *Le roman à la première personne : du classicisme aux Lumières,* A. Colin, 1975.

Certes, plusieurs situations du roman picaresque resurgissent dans les romans d'aventures. Le mot même d'aventure apparaît dans cent quarante titres des romans français des Lumières, sans compter les sous-titres. Pour exemple, nous allons analyser quatre œuvres déjà mentionnées dans d'autres contextes, dont trois romans sont dus aux aventuriers écrivains : *La mouche ou les Aventures de M. Bigand* de Mouhy (1736[1]), *L'aventurier français,* d'Ange Goudar (1746), *L'ami de la fortune* de Jean-Henri Maubert de Gouvest (1754) et *L'aventurier français ou Mémoires de Grégoire de Merveil* de Robert-Martin Lesuire (1782).

L'auteur adopte une position qu'il résume plusieurs fois au cours de son récit en s'adressant directement au lecteur : il choisit un héros qui provoque le chaos et de nombreuses aventures, parce que le lecteur adore les aventures et en redemande. L'auteur passe alors un contrat avec le lecteur : plus les histoires sont fantastiques, plus le lecteur doit y croire (Lesuire). Pour confirmer l'authenticité du roman, l'auteur raconte l'histoire de la découverte du manuscrit, trouvé dans un coffre en chêne dans les fondements d'une maison à Rome (Mouhy), les malheureuses circonstances qui ont causé sa détérioration, car les chercheurs de trésors ont endommagé le manuscrit, d'où les lacunes, le passage d'un propriétaire à l'autre (recherche, vol, confiscation lors de l'arrestation, vente). Enfin le texte se métamorphose lors de la traduction, les Italiens deviennent des Français. L'histoire du manuscrit prédit celle du héros, l'accumulation de détails multiplie les contradictions et donc détruit l'illusion de vraisemblance que l'auteur souhaitait créer. Mais rappelons-nous que l'histoire du manuscrit des mémoires de Casanova est plus fantastique encore que celle inventée par Mouhy : les éditeurs Brokhaus ont caché le vrai texte aux lecteurs pendant près de cent cinquante ans, n'imprimant que la ver-

---

1. La seconde édition est parue en 1777 sous le titre : *La mouche ou les Espiègleries et aventures galantes de Bigand.*

sion réécrite par Laforgue et suscitant ainsi de nombreuses légendes. Ils le gardaient précieusement dans un coffre-fort et l'ont sauvé pendant le bombardement destructeur de Leipzig en 1945 pour le transporter en cachette dans la zone d'occupation américaine[1].

Les quatre romans ont des épisodes similaires. Néanmoins, *L'ami de la fortune* ressemble par sa structure aux romans de l'ascension sociale, tandis que les trois autres œuvres sont plus proches du roman d'aventures et comprennent des épisodes picaresques et utopiques. Maubert de Gouvest raconte l'histoire d'une carrière bien réfléchie où les ascensions et les chutes sont presque logiques, où le protagoniste se met au service de personnes réelles, où les ordres et les instructions limitent sa liberté et où la trahison, la provocation et l'espionnage font partie de ses responsabilités professionnelles.

Maubert de Gouvest donne non seulement les dates exactes de la vie de son héros, le marquis de Saint-A. (1708-1745) – c'est également la démarche de Mouhy –, mais il met en relation sa biographie avec les événements historiques, tandis que chez Mouhy, Goudar et Lesuire, les événements ne tiennent pas compte de la chronologie. Comme il se doit, un noble pauvre quitte le Midi pour monter à Paris, fait connaissance avec des libertins et des chevaliers d'industrie qui le ruinent définitivement (on trouve un début identique chez Goudar). Le marquis devient militaire et rencontre une fille entretenue par un homme puissant, Barjac, valet de chambre du cardinal de Fleury. Barjac, homme d'influence, presque tout-puissant car lié avec Bachelier, valet de chambre du roi, donne des conseils au héros et trace un plan. Saint-A. doit charmer la marquise de L. et la duchesse de B., jouer la candeur et l'innocence du provincial, qui a choisi la voie de la vertu. La marquise de L., à son tour, donne à son amant des leçons d'intrigue

---

1. H. Watzlawick, Biographie d'un manuscrit, *HMV,* t. 1, p. XV-XXVIII.

politique et fait de lui son agent. Sur l'ordre de Barjac, Saint-A. devient le confident du duc Y., lui prête de l'argent, pénètre ses secrets et déjoue les intrigues de son parti, rival de Fleury. Sa trahison lui vaut des bénéfices et des fermes pour son père et ses frères, des mariages avantageux pour ses sœurs. Le domaine de six arpents se transforme en marquisat.

Après les intrigues à la cour, le héros s'acquitte d'une série de missions secrètes en Espagne, à Vienne, en Saxe et en Pologne, où il assure l'élection de Stanislas Leszczynski. Comme les aventuriers réels, le héros évoque le thème de l'alchimie politique, en comparant la diplomatie secrète avec la recherche de la pierre philosophale. Pendant la guerre en Italie, Saint-A. s'essaye à la carrière militaire, mais avec sa petite troupe de volontaires il réussit mieux dans le pillage que dans les batailles. Des aventures galantes peu heureuses entravent ses missions spéciales et une fois, en Espagne, elles conduisent le personnage en prison. A deux reprises, il contracte des mariages avantageux qui se soldent par la mort de la première épouse et la rupture avec la seconde (on a déjà évoqué le sort malheureux du mari dans la prose française). Le personnage reste passif, sa vie s'arrête au milieu de sa course, quand Barjac, son protecteur, meurt, et la fortune tourne le dos au marquis de Saint-A.

Si le héros de Maubert de Gouvest, comme d'autres arrivistes, se fraye le chemin en s'appuyant sur sa famille, comme fait le « paysan parvenu » ou l'écrivain Jean-Baptiste Antoine Suard[1], en revanche les aventuriers sont solitaires. Le personnage de Goudar est orphelin, Bigand, le héros de Mouhy, est chassé de la maison paternelle et envoyé au monastère. Celui de Lesuire, Merveil, est un enfant trouvé, dont le frère jumeau a hérité du titre et du patrimoine familial. Les adolescents sont jetés dans la vie,

---

1. Robert Darnton analyse sa carrière comme une exception de la règle générale. – R. Darnton, *Bohème littéraire*, p. 8.

dans le monde adulte, dans le monde de la misère et de l'imposture. Le héros de Goudar, un petit noble de Gascogne, reçoit pour tout héritage de son père un seul conseil : chercher les dupes. Mais le premier épisode de la vie adulte se présente comme l'initiation traditionnelle du roman picaresque : le héros est dupé et volé. Tout en prêchant la vertu et en donnant de bons conseils, les escrocs ruinent l'« aventurier français ». Après une telle défaite, six mois passés avec des bandits ressemblent à une idylle pastorale.

Le deuxième élément narratif – la rencontre suivie de la séparation avec sa bien-aimée – joue un rôle important dans le roman de Lesuire : Merveil finit par épouser sa cousine Julie. Mais les grands sentiments ne supposent pas la fidélité à tout prix. Les aventures amoureuses abondent dans les trois livres, d'autant que Bigand est, comme il se doit, malheureux dans le mariage et que le héros de Goudar, celui qui ressemble le plus à un picaro, redoute l'hyménée. D'une manière ou d'une autre, le personnage doit rester seul jusqu'à la fin du récit.

Chez Goudar, l'enchaînement des épisodes se produit grâce au fait que l'aventurier, devenu valet, change plusieurs fois de maîtres. Grégoire de Merveil adopte différents métiers, même celui de bouffon. Chez Mouhy, Bigand écoute une série d'histoires intercalées. Mais l' « aventurier français » doit souffrir : la perte de sa bourse lui donne de l'énergie et les coups lui rendent sa force. A la fin de chaque étape, Grégoire de Merveil traverse une frontière aquatique, limite de la vie et de la mort : il risque de se noyer dans une rivière, ensuite dans la mer. Des évanouissements léthargiques, de fausses rumeurs sur la mort des personnages se répètent dans les trois romans. Dans celui de Goudar, à la fin de chaque épisode, le héros est dépouillé de ses biens. Nu comme un ver, il fait de nouveau son entrée dans le monde.

Le changement permanent de costumes transforme le héros et lui impose un nouveau rôle, même celui de femme, comme dans le roman de Lesuire. Mouhy et Goudar décrivent la friperie où les maîtres joueurs se transforment en princes. Mais régulièrement le riche habit retourne à la friperie, il vit sa vie en changeant de propriétaire-joueur. Les épisodes reçoivent le même traitement que les personnages : la structure narrative demeure, mais les codes changent. Les motifs essentiels (fourberie, enquête, présage, théâtre, jeu, duel) migrent d'un épisode à l'autre.

Les maîtres de l' « aventurier français » lui apprennent à diriger les hommes. Un charlatan de foire qui vend des potions et prédit l'avenir explique qu'on peut le lire sur le visage. Un mendiant professionnel confirme ses dires : pour recevoir l'aumône il faut savoir reconnaître celui qu'on aborde et le contrefaire. Ainsi le personnage doit être à la fois comédien et enquêteur. Le monde du roman d'aventures est différent de celui du roman policier où chaque énigme a plusieurs solutions et où le texte devient une étude de possibilités. Ici chaque mystère terrifiant n'a qu'une explication rationnelle et unique. Dans *Zadig*, Voltaire donne un exemple de la méthode inductive et raconte l'événement d'après les indices. Le même procédé est utilisé par Beaumarchais qui publie dans un journal londonien le portrait littéraire d'une inconnue reconstitué d'après un objet perdu. Les vraies méthodes de l'enquête policière qui ont subsisté jusqu'au début du XIXe siècle, jusqu'à Vidocq (travestissement, écoute, espionnage, arrestation, interrogatoire qui aboutit toujours à l'aveu), sont mises en scène dans le roman de Mouhy, dont le héros éprouve un penchant maladif pour l'espionnage.

Le jeu de cartes, les maisons de jeu, les friponneries sont décrits en détail. Les héros ont souvent plus de chance au jeu qu'en amour. Chez Mouhy, dans une histoire intercalée, une partie d'échecs est présentée comme une sorte de duel : une jeune fille habillée en homme l'emporte sur son amant lors d'une compétition publique. Les héroïnes romanesques jouent aux échecs et escriment

127

aussi bien que la chevalière d'Éon, dans les *Mémoires de Mademoiselle de Mainville, ou Le feint chevalier* du marquis d'Argens (1736), *Le cabriolet* de Mailhol (1755), *Les erreurs d'une jolie femme* de F.-A. Benoist (1781), *Faublas* de Louvet de Couvray, etc.

Le héros de Goudar, en vrai aventurier, préfère placer ou marier les femmes au lieu de les séduire. Il crée une sorte d'agence matrimoniale, dresse un registre, un catalogue : une liste de conquêtes à l'usage des autres. Dans l'épisode final, le motif traditionnel de l'imposture intervient. Pour soutirer de l'argent à un bourgeois provincial, l'« aventurier français » organise un mariage avec une princesse orientale. Il transforme en palais de rêve un hôtel loué, où une actrice joue la « princesse royale de Madagascar », il élabore le rituel de cour. Même le lieutenant de police ne cache pas son admiration et admet qu'un homme, qui avait une imagination assez féconde pour former des États et des princesses imaginaires, est un génie supérieur.

Grégoire de Merveil s'acquitte de ce rôle de législateur dans un monde exotique. Le nouvel espace est créé pour échapper aux aventures banales. Après le naufrage, il vit en Robinson sur une île déserte, se retrouve ensuite dans un pays au centre de la Terre, puis dans un monde à l'envers, satire de la vie parisienne. D'ailleurs, la descente sous la terre apparaît dans un grand nombre d'œuvres du XVIII⁰ siècle : *Lamekis ou les voyages extraordinaires d'un Égyptien dans la terre intérieure. Avec la découverte de l'île des Sylphides* (1735-1738) et *La mouche* de Mouhy, *Le philosophe parvenu* de Lesuire, *Le compère Mathieu* de Du Laurens (1777), l'*Icosaméron* de Casanova, les faux mémoires de Cagliostro, *Confessions du comte C**** (1787), le poème didactique inachevé d'Antoine-Léonard Thomas, *Le Czar Pierre le Grand* et dans le roman du Danois Ludvig Holberg, *Le voyage de Nikolas Klim dans le monde souterrain* (1741). Ce motif a des origines différentes : il remonte soit à la tradition satirique, celle de Swift (Holberg, Du

Laurens), soit à des contes de fées *(Lamekis),* soit aux textes utopiques (faux Cagliostro, Lesuire) ou alchimiques *(La mouche).* Les deux dernières variantes sont les plus intéressantes. L'univers souterrain se présente comme un refuge où l'on échappe aux injustices de notre monde, où les habitants sont bons et les lois simples et raisonnables. Les habitants sont des humains ou des êtres fantastiques, tels les Mégamicres multicolores et bisexués, inventés par Casanova. La voie vers le monde souterrain passe par une pyramide égyptienne (Cagliostro, Mouhy), ce qui sous-entend une initiation aux mystères sacrés, telle que la subit le héros du roman de l'abbé Terrasson *Séthos.* Dans la plupart des cas, ce pays merveilleux ressemble à un trésor. Dans la tradition alchimique, la terre est un lieu de la transmutation de la matière, un creuset naturel. Nous verrons plus tard comment cette métaphore modèle les aventures souterraines, décrites dans les romans de Casanova et du chevalier de Mouhy.

Souvent, dans les romans d'aventures les histoires intercalées complètent l'histoire principale, mettent en scène les épisodes manquants mais qui font partie de l'invariant du destin. Ainsi, dans *L'aventurier français* de Goudar, on raconte les aventures de plusieurs femmes, les travestissements, intrigues amoureuses dans un couvent vénitien ou dans le harem du grand vizir de Constantinople. Les personnages sont interchangeables (Bigand et frère Ange), ils prennent facilement le relais de l'action, car dans l'espace d'aventures, comme dans le texte folklorique, ne peut agir qu'un personnage à la fois. Leur fonction principale étant la narration, les personnages sont dépourvus d'individualité. Le texte n'a pas de fin, et le personnage est invulnérable et immortel. Dans la prose française du XVIIIᵉ siècle, il n'y a qu'un seul exemple de mort du narrateur, lorsque par inadvertance de l'auteur, le héros raconte sa propre fin tragique. L'enchaînement d'épisodes est illimité, car le rite d'initiation, principe narratif majeur des premiers romans d'aventures et picaresques, se transforme en schéma formel. La rivalité se joue moins entre les personnages qu'entre l'auteur et le lecteur : comment capter sa curiosité, inventer quelque chose de neuf, d'inouï et y faire croire. Les textes du XVIIIᵉ siècle sont d'ailleurs riches en dialogues avec le lecteur. Mais l'auteur qui sait tout et qui voit tout, conserve son rôle de Créateur, et le héros demeure un pantin entre ses mains. Le personnage se voit privé d'aventures – car elles aussi sont programmées.

Aventurier sur la scène européenne

Le théâtre dresse un portrait psychologique de l'aventurier beaucoup plus pertinent que le portrait romanesque. Les raisons en sont multiples. Premièrement, on trouve parmi les archétypes du théâtre le rite de l'exaltation et la subversion du roi, l'exil et le sacrifice du bouc émissaire. La tragédie en représente la version élevée, la comédie de l'imposteur en donne la version basse. Deuxièmement, le théâtre offre la parole à l'ennemi, au personnage destructeur, qui enfreint les normes sociales et sexuelles. Troisièmement, un héros collectif s'oppose à ce personnage : la société, héritière du chœur antique. Cela modifie le lieu de l'action, bouleverse l'intrigue et le système des personnages.

On a vu dans le chapitre précédent que souvent le héros romanesque ne rencontre pas de résistance du milieu. Il voyage, s'essaie à de nouveaux métiers : les décors et les rôles changent, mais pas lui. Le personnage ne peut être démasqué, car il reste toujours égal à lui-même. S'il a perdu, s'il est volé par son compagnon, il n'a aucun mal à recommencer à zéro. La structure narrative reste ouverte. Par contre, le drame exige une fin, le héros court à la catastrophe. Dans les romans de l'anti-éducation, surgissent des situations dramatiques qui rappellent celles que nous découvrirons dans les comédies et les mémoires des aventuriers : le conflit entre l'élève et le maître, entre les concurrents. Le dénouement dans les comédies est moins sanglant : tout s'achève par la révélation. Dans les comédies que nous étudions, deux modèles dominent : celui de l'imposteur, et de l'« honnête aventurier ». Le fourbe va en prison, le juste a droit au mariage. Le premier modèle est dramatique, tandis que le second reprend la structure romanesque, enrichie de quelques procédés scéniques, y compris le changement rapide des masques. Mais à la différence du roman, les événements y sont condensés, l'action est concentrée, la biographie antérieure est à peine mentionnée et construit la réputation du personnage. Dans la comédie, comme dans la nouvelle, toute la vie se voit réduite à un épisode – avec un renversement de situation et un dénouement imprévisible.

L'aventurier des Lumières transforme l'espace intime en espace public. Ainsi, dans les comédies dont il est le héros, une maison privée accueille les élus pour devenir salon mondain ou temple maçonnique, laboratoire d'alchimiste ou cabinet d'un guérisseur. Le chevalier de fortune pénètre dans une famille qui représente le micro-modèle de la société. L'aventurier est confronté moins à des individualités qu'à leur absence, à ce qui, au siècle dernier, était défini comme « psychologie des foules », instinct grégaire. Ce type de comportement est décrit dans les ouvrages classiques de Gustave Le Bon et Jean-Gabriel de Tarde, qui ont beaucoup influencé Sigmund Freud[1].

La foule est un organisme vivant qui n'est pas égal à ses composants. Un être collectif accumule la bêtise et non l'esprit, les défauts et non les qualités. Une foule composée d'hommes se comporte comme une femme, des

1. G. Le Bon, *Psychologie des foules,* F. Alcan, 1895 ; J.-G. de Tarde, *L'opinion et la foule,* F. Alcan, 1901 ; S. Freud, *Psychologie collective et analyse du moi* (1921), Payot, 1950.

hommes civilisés se transforment en barbares. Les passions dominent sur la raison, l'instinct sur la logique, la personnalité n'est qu'un automate qui obéit aux ordres. L'homme de la foule est anonyme et irresponsable, il savoure son impunité et l'illusion de sa puissance invincible. L'imitation et la subordination font loi ; tout un chacun y existe, agit, et pense comme tout le monde. La foule crédule demande des miracles, elle est attirée par le merveilleux, par tout ce qui dépasse le quotidien, le réel. Elle transforme la fiction en vérité absolue, les rumeurs en réalité ; elle crée un univers imaginaire. La foule est instable et impulsive, elle se précipite d'un extrême à l'autre, de la servitude à l'anarchie.

La foule n'existe pas sans meneur. Elle a besoin d'un maître, elle le désire et le crée à l'image qu'elle porte dans son inconscient. Celui qui est appelé à prendre les décisions apparaît comme un homme fort, un mâle qui domine, subjugue, qui inspire l'adoration, la peur et l'horreur. C'est un être supérieur en qui l'on croit comme en Dieu et qui est tenu de faire des miracles.

Les relations entre l'aventurier et la société sont une tragi-comédie qui se joue dans divers villes et pays, selon un rituel social aux allures archaïques. Un aventurier, on l'avait dit, est un personnage double : en tant qu'individu, il ressemble à un homme de la foule *(anima)*, mais doit jouer le rôle d'un meneur *(persona)*. Ses deux qualités dominantes sont la force et l'inconstance. Il est fier de sa liberté et il la redoute. La peur de l'indépendance et la fuite de la liberté ont été diagnostiquées presque deux cents ans avant Erich Fromm par Rousseau dans les *Considérations sur le gouvernement de Pologne* (1772)[1]. Le

---

1. « Fière et sainte liberté ! Si ces pauvres gens pouvaient te connaître [...] ; ils te fuiraient avec effroi, comme un fardeau prêt à les écraser » – J.-J. Rousseau, *Œuvres complètes,* t. 3, Gallimard, 1964, p. 974. Pendant la Révolution française, Catherine II cite ces paroles dans sa lettre à F. M. Grimm du 13 (24) mai 1791 – *SRIO,* t. 44, p. 538.

sociologue contemporain définit ce type de relations comme autoritaire[1]. Un chevalier de fortune veut diriger les hommes, tout en cherchant la protection des puissants de ce monde. Individualiste, il attire des admirateurs. Sa forte personnalité, ses connaissances encyclopédiques ne lui servent qu'à répondre aux exigences de la foule, à l'image idéale qu'elle se fait de son chef.

L'aventurier n'a pas de place dans la hiérarchie sociale, il prend celle qui est vide sur le moment. Tel un comédien, il change des costumes et des rôles. Guglielmo, le héros de la comédie de Carlo Goldoni *L'honnête aventurier* (1751), subit de telles transformations. Le beau Vénitien se métamorphose avec l'apparition d'un nouveau personnage. Une demi-heure suffit pour passer en revue l'histoire de sa vie : précepteur à Messine, médecin dans une petite ville près de Naples, rédacteur de calendriers, diseur de bonne aventure et secrétaire à Rome, avocat en Toscane, juge à Venise, poète et auteur dramatique à Naples (le même épisode se retrouve dans d'autres comédies de ce type, chez Klouchine et chez Mme de Montesson). A Palerme, Guglielmo joue avec succès encore deux rôles : celui d'un homme galant et celui d'un homme d'État, qui en un clin d'œil rédige un plan concernant les logements des étrangers et les habitations des gens du pays : « Ce projet a trois objectifs : le bien public, le bénéfice privé, la bonne administration de la cité. »[2] Goldoni lui-même voyage sans cesse, il connaît bien ces métiers et bien d'autres, exercés par plusieurs aventuriers. Casanova refuse le poste de précepteur à Berlin, soigne des malades à Paris (Cagliostro le fait avec succès en France et en Russie), dresse des horoscopes, écrit des pièces de théâtre, poèmes et romans, rédige des projets. Comme Goldoni, le Vénitien a dans sa jeunesse pris l'habit, a fait le

---

1. E. Fromm, *La peur de la liberté* (1941), trad. de l'anglais, Buchet-Chastel, 1963.
2. C. Goldoni, *L'honnête aventurier,* éd. D. Aron, L'Arche, 1996, p. 103.

prédicateur, a travaillé dans une étude d'avocat, est devenu docteur en droit.

Les chevaliers de fortune jouent les rôles de roi de carnaval, de Messie sous le masque du fou, du bouc émissaire. On leur demande des miracles puis on les chasse comme des escrocs. Les aventuriers sont admirés et persécutés par la foule pour les qualités que l'État réprimande.

Répétons-le : l'aventurier qui cherche à s'adapter aux exigences de la société demeure un étranger. Les chevaliers de fortune transgressant lois, normes et frontières, appartiennent à des minorités, s'ils ne sont pas marginaux. L'étranger qui connaît mal la langue et les usages du pays excite le rire[1]. On le méprise comme vagabond ou on le bannit comme espion. Dans tous les cas, il est toujours soupçonné du pire. Cette méfiance, on le verra, devient l'un des mobiles de l'intrigue comique. Ainsi le « Parisien russe » de Dmitri Khvostov peut voler, frauder, faire bassesse parce qu'il a accepté un mode de conduite étranger. Et en même temps, c'est cette dissemblance qui provoque l'intérêt, l'admiration. Quand Rica, le héros des *Lettres persanes* de Montesquieu, est habillé en Oriental, on le traite comme un envoyé du ciel et on ne le remarque plus quand il porte un costume européen (lettre XXV).

L'aventurier transgresse les normes sexuelles, séduit femmes et hommes. Ce roturier qui gagne sa vie en exerçant des métiers méprisés ou interdits (comédien, pamphlétaire, joueur, faux-monnayeur) ne peut être admis au commerce des gens respectables. Astrologue et guérisseur, cabaliste et alchimiste, l'aventurier suscite l'intérêt du public et la surveillance de la police. Le siècle des Lumières ne brûle plus les sorciers, mais les papes interdisent la franc-maçonnerie à deux reprises. A la fin du siècle, les illuminés comparaissent devant les tribunaux d'Allemagne et de Russie. En Italie, Casanova et Caglios-

---

1. Casanova énumère dans l'*Histoire de ma vie* les nombreuses bévues commises pendant son premier séjour à Paris.

tro sont jetés en prison pour exercice des sciences occultes.

Un chevalier de fortune préfère ne pas se mêler aux affaires de religion et de politique. Il n'est ni athée, ni révolutionnaire. L'État et l'Église s'acharnent sur l'aventurier dès qu'il se transforme en imposteur et représente un danger pour eux. Plus la vénération d'un aventurier est profonde, plus sa fin est tragique, comme celle de Cagliostro.

C'est la société qui crée ses aventuriers, elle leur donne forme, leur souffle des rôles et des actes. C'est elle qui engendre ses séducteurs, ses Don Juan, ceux qui dominent ses pensées. L'aventurier répète que ce sont les victimes qui le provoquent, le pousse à les tromper : Casanova l'affirme plusieurs fois dans ses mémoires, dans son pamphlet *Soliloque d'un penseur* (1786), dirigé contre Cagliostro et Saint-Germain. Seul le mensonge rend l'homme heureux. Sans illusions la vie n'a plus de sens. Paris demande toujours du nouveau et ne fait pas de distinction entre vouloir et pouvoir. Et c'est une aubaine pour les escrocs, dit Casanova, car tout projet est considéré comme faisable. On exige de l'aventurier des miracles dans tous les domaines : médecine (l'eau de jouvence, le remède universel), amour[1], politique, finances. Le siècle des Lumières continue à croire que l'alchimie peut remplir les caisses vides de la trésorerie royale.

La foule change souvent ses idoles et bafoue ses anciens « meneurs », mais l'aventurier attend l'immolation et les persécutions. On ressent cette pulsion chez Casanova, Stepan Zannovitch, d'Éon et Cagliostro. Ce « vainqueur galant »[2] n'aspire dans son for intérieur qu'à un désastre et utilise habilement le masque du persécuté. Il

1. Selon Casanova, les femmes faisaient l'éloge du comte Tiretta, excellent amant, comme d'une « créature au-dessus des mortelles » – *HMV*, t. 2, p. 56.
2. Une danse à l'ancienne que Casanova exécute avec succès en Courlande.

suffit à Casanova d'être blessé en duel en Pologne, de courir le risque d'une arrestation, pour attirer la compassion générale, et d'importantes sommes d'argent venant des ennemis politiques de son rival Branicky. Cagliostro embastillé en tire la gloire européenne. Les loques du gueux à la fois dissimulent et mettent en valeur la richesse et le pouvoir. La marquise d'Urfé est persuadée que Casanova gâche sa vie pour dissimuler son pouvoir secret de rose-croix appelé à décider du sort de l'Europe. Dans la comédie de Goethe, *Le grand copte*, Cagliostro porte aussi ce double masque : charlatan qui se cache sous l'image d'un charlatan. Sous l'apparence de mystères mystiques, il apprend à ses adeptes à manipuler les gens. Mais à chaque grade des initiés, il propose de suivre une stratégie totalement différente, et le spectateur reste dans l'incertitude : Cagliostro croit-il qu'il faut agir pour le bonheur des hommes ou bien les tromper et les mépriser ? Ajoutons encore que le masque de prophète persécuté présente plusieurs avantages : on peut facilement faire des mystères et se donner de l'importance quand on n'a pas grand-chose à dire. A l'inverse, on peut très bien brouiller les pistes en apportant des informations trop abondantes et en répandant des bruits contradictoires.

La conduite de l'aventurier, comédien de père en fils, est toujours théâtrale. Il transforme en spectacle tout événement quotidien. Pour influencer les personnes, pour prouver leurs dons magiques, Casanova, Saint-Germain et Cagliostro ont recours à des effets dramatiques. Casanova dans ses mémoires et le héros de *L'honnête aventurier* soulignent constamment l'aspect théâtral des événements : « On dirait vraiment une de ces péripéties de comédie, qui font arriver les personnes quand on a besoin d'elles. »[1]

Paris est comparé au théâtre, et le théâtre à Paris : « Paris était le théâtre ou l'adroite marquise désirait débuter. Gardez-vous bien, lui dit Cagliostro, nous ne sommes

1. C. Goldoni, *L'honnête aventurier*, p. 119.

pas assez forts pour ce pays. C'est là que sont les premiers roués de la terre... »[1] La scène, l'orchestre, les loges d'actrices, le foyer sont des lieux d'action privilégiés, comme dans les romans de l'époque et dans les mémoires du marquis d'Argens et de Casanova, ainsi que la meilleure école des intrigues galantes. « Les foyers des théâtres sont le noble marché où les amateurs vont exercer leurs talents pour nouer des intrigues. J'avais su assez bien profiter de cette agréable école » (*HMV*, t. 2, p. 78). Le comportement au théâtre est soumis à l'étiquette de cour. Ainsi, en présence de Paul Ier le public ne peut pas applaudir ou siffler à son gré, il faut imiter l'empereur. En Allemagne, quand Casanova se met à applaudir sans tenir compte de l'avis du prince, il se fait réprimander ; en Pologne, il entre dans la loge de l'actrice courtisée par le chef du parti opposé et provoque un duel.

On considère que le théâtre améliore les mœurs et donne des exemples à suivre. Dans *Le messager de Thalie,* Casanova se réjouit de la tournée d'une compagnie française à Venise qui « réformera les abus de la galanterie vénitienne ; elle ferait renaître le goût du mystère ; elle rendrait les hommes plus séduisants, en les rendant plus respectueux envers le beau sexe, et réveillerait dans le beau sexe un peu d'amour-propre [...] La parure prendra une forme plus élégante, le maintien une contenance plus noble, l'entretien facile une aisance [...] En un mot si dans ce pays il y a des vices (et il se peut qu'il y en ait), ils deviendront beaux »[2]. Casanova, connaisseur en la matière, estime que seules de bonnes comédies peuvent instruire un « pauvre homme d'esprit » et le mettre en garde contre les escrocs et aventuriers *(Soliloque d'un penseur).*

Suivant ce conseil, étudions les relations entre l'aventurier et la société comme une pièce de théâtre. Nous utili-

1. J. P. L. de la Roche du Maine de Luchet, *Mémoires authentiques pour servir à l'histoire du comte de Cagliostro,* s. l., 1785.
2. *Pages casanoviennes,* 1925, t. 1, p. 56.

serons des mémoires, des lettres et d'autres ouvrages d'aventuriers, surtout l'*Histoire de ma vie* et le *Soliloque d'un penseur* (1786) de Casanova, les mémoires de ceux qui les connaissaient bien, comme le baron de Gleichen et le baron Cloots, ainsi que les pamphlets et les faux mémoires qui devaient dénigrer les aventuriers. Le grand nombre de ces écrits est dû au scandale autour du collier de la reine : *Mémoire authentique pour servir à l'histoire du comte de Cagliostro* de J. P. L. de la Roche du Maine de Luchet (1785), *Cagliostro démasqué à Varsovie* (1786) attribué au comte Auguste Moszynski (ou Mosna-Moszynski). Ils seront comparés avec les comédies des auteurs français, russes, italiens, allemands et danois traitant ce sujet : *Le méchant* de Gresset (1747), *Les philosophes* de Palissot (1760), et les parodies dues à André Charles Cailleau : *Les originaux ou les fourbes punis* (1760) et *Les philosophes manqués* (1760), ainsi que *Les petites-maîtresses ou l'aventurier* (vers 1789 ou 1790) ; *Le barbier de Séville*, *Le mariage de Figaro* et *La mère coupable* de Beaumarchais, *L'aventurier comme il y en a peu* de la marquise Charlotte-Jeanne de Montesson (1779), *Les aventuriers* de Marie-Alexandre de Théis (1772), l'opéra comique *La fausse aventurière* de Louis Anseaume et de Pierre-Augustin Lefebvre de Marcouville (1757) ; les comédies de Catherine II *Le trompeur* (1785), *Le trompé* (1785) et *Le chaman de Sibérie* (1786)[1] ; *Le faux sage* de Nikolaï Emine (1786), *Le Parisien russe* du comte Dmitri Khvostov (1787), *L'alchimiste* d'Alexandre Klouchine (1793), *L'important* (1786) et *Les hommes singuliers* (publié en 1793) de Iakov Kniajnine, adaptations libres des comédies françaises ; *L'honnête aventurier* de Carlo Goldoni (1751), *Le grand copte* de Goethe (1791) et *La poudre arabe* de Ludvig Holberg (1724).

Les vies très théâtrales des aventuriers se ressemblent à tel point qu'on peut décrire le scénario type. Commençons

---

1. Voir W.-R. Chettéoui, *Cagliostro et Catherine II : la satire impériale contre le mage,* Éd. des Champs-Élysées, 1947.

par les rôles avant de passer à l'intrigue. Il y a deux groupes de personnages : celui de l'aventurier (le protagoniste) et celui de la société (le chœur avec son coryphée). Le premier groupe compte, outre le héros lui-même, ses différentes incarnations, ses doubles. Au-dessus de lui, se trouve son superego, son parrain dans le métier (dans le pamphlet de Luchet, Saint-Germain préside à l'initiation maçonnique, picaresque et sexuelle de Cagliostro) ; au-dessous de lui – son complice, son apprenti. Ce personnage paraît dans les comédies *Le trompé, Les philosophes,* dans les mémoires de Casanova. Mais les alliances de cette sorte ne durent guère : comme il n'y a de place que pour un aventurier, le complice devient son pire ennemi. Casanova lutte ainsi contre Giacomo Passano, contre Karl Ivanov, soi-disant prince de Courlande, etc. Les biographies des chevaliers de fortune sont pleines d'histoires de haine et de rivalité. Les aventuriers s'entre-déchirent, intriguent, se battent en duel avec des armes de toutes sortes : l'épée (Casanova et Medini, Casanova et Darragon), le poison (Cagliostro et Rogerson, médecin personnel de Catherine II), les sciences secrètes (Casanova et Saint-Germain), les cartes ou les articles dans la presse et les pamphlets.

Les personnages du deuxième groupe sont aux antipodes des aventuriers. Ils sont riches, nobles, ils ont une situation stable dans la hiérarchie sociale et dans l'espace, ils ont leur maison et leur « petite maison », leur famille. Ils ne changent ni de nom, ni de nationalité, ni de profession. S'ils prennent de nouvelles maîtresses, cela fait partie des règles de la conduite mondaine. Leur qualité dominante est leur faiblesse (comme le dit Erich Fromm, dans la société il n'y a que deux sexes : les forts et les faibles). Ils croient qu'une force extérieure peut résoudre leurs problèmes et ils la personnifient dans l'image de l'aventurier à qui ils prêtent des dons magiques. Ceux qui ont un futur assuré et prévisible, qui connaissent bien les règles de la réussite traditionnelle (la marquise d'Urfé, escroquée par Casanova, maîtrisait fort bien des spéculations financières) sont tentés par d'autres voies. Aspirant à un pouvoir suprême, ils sont prêts à sacrifier leur patrimoine, leur situation, même leur sexe : ladite marquise espérait devenir un homme. Ce ne sont pas des sots, au contraire, Casanova dans le *Soliloque* insiste sur le fait que les victimes des fourbes sont principalement des gens d'esprit qui veulent pénétrer l'impénétrable. Le diplomate allemand au service du Danemark, le baron Charles Gleichen, admire tous les célèbres thaumaturges, de Saint-Germain et Cagliostro au comte Grabianko. Dans son pamphlet, Luchet fait dire à Cagliostro qu'on ne trompe que des gens qui cherchent à tromper les autres et c'est pourquoi il se dirige vers la Russie où l'on se croit fort rusé parce qu'on triche aux jeux de hasard.

Le rôle principal dans ce groupe revient à celui qu'on peut nommer le premier disciple. Cela peut être un homme, comme dans les comédies de Catherine II, pamphlets sur Cagliostro ou mémoires de Gleichen, ou une femme, comme dans les comédies de Goldoni, Palissot, Khvostov, mémoires de Casanova, mais sa fonction essentielle reste la même. Il doit croire au jeu théâtral de l'aventurier et entretenir l'illusion par tous les moyens. Intelligent et instruit, l'élève est trop sérieux pour discerner la duplicité du maître. Le premier disciple est entouré d'un groupe d'adeptes, ses copies en miniature, qui, tel le chœur dans le théâtre grec, se contentent de faire écho aux événements. Les adeptes sont tous passifs, ils n'ont d'autre volonté, d'autre avis, d'autres idées que ceux de leur maître. Dans les comédies de Catherine II, remarquable psychologue, on voit bien ce phénomène de la dépersonnalisation, de l'hypnose collective, de l'adoration du chef. L'impératrice montre avec lucidité qu'une simple eau peut guérir celui qui y croit. La réputation de guérisseur, due au hasard, fait naître des bruits qui se répandent comme une maladie contagieuse. Son influence grandit, le chaman soumet à son pouvoir la famille d'aristocrates qui l'héberge, leurs connaissances, toute la ville de Saint-Pétersbourg.

Ce don de dominer la foule, de gouverner l'opinion publique est surtout propre au thaumaturge, mais Casanova l'utilise aussi avec succès quand il joue un tout autre rôle, celui de financier ou d'économiste. Le sang-froid et l'aplomb lui permettent d'influencer pendant toute une soirée un groupe d'experts, vrais spécialistes en la matière, et de faire croire que lui seul peut organiser une loterie au profit de l'École militaire ou améliorer la gestion des mines de Courlande. Dans ce cas, les rôles des premiers disciples sont tenus par Pâris-Duverney et le duc de Biron, ceux des complices et des concurrents, par les frères Calzabigi et par le directeur des mines de Courlande.

Quand l'auteur ou bien les personnages des comédies ou des mémoires soupçonnent l'aventurier de faire des tours de passe-passe, apparaissent immédiatement les thèmes du théâtre, de la prestidigitation ou encore du carnaval. Dans *Le trompé*, les valets russes comparent le rituel maçonnique au déguisement traditionnel lors des fêtes de Noël. Le comportement des maîtres qui se déguisent hors du temps prescrit est jugé comme ridicule et même un peu diabolique. Le sortilège n'a aucune influence sur les gens du peuple, égaux par leur naissance à l'aventurier. Dans les pièces de Catherine II, ils jouent le rôle de spectateurs qui commentent l'action depuis la scène[1].

Dans cette perspective, la trilogie dramatique de Beaumarchais représente un intérêt tout particulier. Si son auteur est incontestablement un aventurier, Figaro ne l'est pas. Même s'il a changé bien des fois de métier, a fait un séjour en prison, connaît le métier de l'écrivain et de l'agent secret, il se conduit dans toutes les situations en fourbe et en serviteur. Son passé romanesque de picaro le différencie d'autres domestiques comiques qui, tout en dominant leurs maîtres, défendent leurs intérêts et les aident à se marier, comme dans *Le barbier de Séville*. Par contre, dans *Le mariage de Figaro,* le valet se rebelle contre

1. Au XVIIIᵉ siècle, une partie du public était assise sur scène.

son maître et ses droits, y compris contre le droit de cuissage légendaire. Dans une narration romanesque ouverte, le picaro peut se révolter, car il a toujours une possibilité de se trouver un autre patron. Mais dans l'espace comique clos, cette rébellion risque de saper les bases de la maison, de la famille et de l'État. Louis XVI avait raison en interdisant la pièce comme révolutionnaire. Du reste, il est révélateur qu'après la Révolution ni Beaumarchais ni Figaro n'ont trouvé leur place sous le nouveau régime. La comédie s'est transformée en drame. Beaumarchais sort de la prison à la veille des massacres de septembre 1792. Dans *La mère coupable*, Figaro, vieux serviteur dévoué, lutte contre un aventurier qui cherche à s'emparer de la maison et de son maître.

Un autre type de personnages que l'impératrice russe oppose aux aventuriers dans *Le trompeur* et *Le trompé*, ce sont les femmes qui ne s'intéressent qu'aux affaires de famille. Elles incarnent le bon sens bourgeois. Ceux qui sont possédés par l'amour de la philosophie (la comédie de Palissot), par des sciences ésotériques ou par la France (la comédie de Khvostov) ne sont que des fous[1] qu'il faut soigner.

L'opposition aux plans de l'aventurier est indispensable pour le déroulement de l'intrigue. Dans les mémoires romanesques *Cagliostro démasqué à Varsovie*, ces fonctions sont remplies par le premier disciple, le comte Moszynski, qui ne veut pas reconnaître le pouvoir de l'intrus et céder au Grand Copte la direction de la maçonnerie polonaise. Freud aurait dit que c'est une révolte contre le père, dirigée par le « frère » aîné. Le coryphée du chœur se transforme en protagoniste, le meilleur des adeptes en traître, en rival.

Néanmoins tous ces personnages ne peuvent pas

---

1. Cet autre type de marginaux, que la société craint et fait interner parce qu'ils dévoilent ses fantasmes cachés, comme le marquis de Sade ou le chevalier de Faublas, a plusieurs traits communs avec les aventuriers.

vaincre le pouvoir magique de l'aventurier. Alors une force suprême entre en jeu : *deus ex machina,* l'État, la justice. Dans les comédies impériales, ainsi que dans les mémoires de Casanova, l'aventurier est brusquement arrêté, dépouillé de ses biens, l'argent et les diamants sont restitués aux adeptes trompés. Le thaumaturge est accusé d'être un escroc, un voleur, un faussaire, bien que, même dans les satires, il n'ait pas besoin de voler : les disciples lui donnent tout de leur propre gré. Sa faute est plus grave : il fausse les rapports sociaux. L'État rétablit la structure hiérarchique, ce système complexe qu'un aventurier remplace par les relations binaires maître-disciple. Les adeptes oublient leurs obligations envers la famille (la marquise d'Urfé), la religion (après l'apparition du comte Tiretta, la femme dévote chasse son confesseur), le roi. Le chevalier de fortune, en quête permanente de monarque qui symbolise pour lui le père, joue le rôle du père-époux de la société. Le coffret dont il s'empare dans les comédies à l'instar de Tartuffe – Catherine II, évidemment, imite Molière – ne contient qu'une chose : le pouvoir. Le souverain réel est obligé de tuer le roi de carnaval, mais cette mise à mort rituelle annonce l'exécution du monarque sacré (Louis XVI), l'assassinat de Pierre III, d'Ivan Antonovitch, de Paul Ier. L'aventurier ne réussit que dans un pays où les liens sociaux s'affaiblissent : en France avant la Révolution, en Pologne avant le partage ou en Russie, où les régicides succèdent aux révoltes de paysans et d'aristocrates.

Ces inversions finales des rôles père-bâtard, roi-fou, sont doublées par deux autres : sadique-masochiste, homme-femme. L'emploi social oblige l'aventurier à gouverner, à posséder, à faire des esclaves. « L'imposteur voit le genre humain à ses pieds », dit Casanova dans le *Soliloque,* mais son âme demande de l'humiliation. Il doit porter le masque d'un homme fort, impénétrable, stable, d'un séducteur, et c'est pourquoi dans son caractère se développent des traits opposés, féminins.

La vie de l'aventurier et ses épisodes représentent un cycle d'ascensions et de chutes. On peut relever quelques étapes, qui correspondent au déroulement traditionnel des comédies.

1. Prologue. Des bruits vagues parcourent la société ; la réputation, souvent douteuse, précède le héros.

2. L'arrivée, la première apparition de l'aventurier produit une vive impression.

3. Action principale. Démonstration des dons « magiques », succès complet de l'aventurier, dû à sa perspicacité, à son art de reconnaître les gens et de lire sur les visages, à ses réactions immédiates, à ses décisions rapides et à ses heureuses improvisations. Cela concerne notamment Kalifalkgerston (Cagliostro) et le chaman dans la comédie de Catherine II. Casanova se compare souvent aux acteurs de la « commedia dell'arte ». L'aventurier promet facilement à tout le monde de résoudre ses problèmes, distribue à droite et à gauche des titres et des propriétés, mais lui-même croit aussi à ces châteaux en Espagne : c'est typique du comportement de l'« important » de Kniajnine, prototype du *Revizor (Inspecteur général)* de Nikolaï Gogol.

Mais le principal atout reste son étrangeté, sa conduite semble imprévisible et même illogique, non seulement à ses interlocuteurs et à d'autres personnages, mais aussi à son auteur. Dans le pamphlet *Cagliostro démasqué à Varsovie*, écrit sous forme de journal, le narrateur, le comte Moszynski, énumère les règles du comportement, que devrait suivre un à un le parvenu. Elles ressemblent beaucoup aux prescriptions parodiques que reçoit un nouvel adepte après l'initiation maçonnique dans *Le trompé* et elles remontent au *Tartuffe* : l'hypocrisie, la modestie affectée, les efforts pour plaire à tout le monde. L'aventurier refuse d'emprunter cette voie, ainsi que de gouverner par des intrigues et des insinuations, comme le font le Méchant de Gresset et Figaro de Beaumarchais. Le comte polonais et l'impératrice russe sont surpris par ce grand fou, le thaumaturge, qui fait le contraire. Il agit par provocation, par scandale. Il refuse une lente progression, brûle les étapes, crée une situation imprévisible où il peut tout perdre ou tout gagner d'un seul coup. Le jeu théâtral devient un jeu du hasard.

4. Point culminant. La renommée de l'aventurier est consolidée, il subjugue ses disciples. Encore un peu et il sera le maître absolu de la maison, de la société. Mais les soupçons, étouffés par ses premiers succès, se renforcent. Les promesses ne sont pas tenues, le grand œuvre reste un rêve. Les espérances déçues pèsent lourd, font disparaître l'armure magique de la croyance qui protégeait le héros. Ses ennemis et rivaux s'unissent pour déjouer ses projets.

5. Dénouement. L'intervention de la police met fin à sa carrière, l'aventurier est arrêté. Il disparaît laissant la place libre à un nouveau thaumaturge.

Soulignons que ce jeu du hasard est aussi le jeu de l'amour. Les psychanalystes connaissent bien ce phénomène, quand l'élève (la foule) s'éprend de son maître. Casanova lui-même décrit l'adoration des monarques (Louis le Bien-Aimé, Frédéric II), des comédiens à Paris et surtout à Varsovie, où les admirateurs de deux actrices rivales forment de vrais partis politiques. L'intrigue amoureuse double l'action principale dans ses mémoires et dans les comédies de Catherine II. On peut interpréter l'éternelle histoire des fiançailles de jeunes amoureux qui s'unissent en dépit des obstacles, comme le récit d'une défaite de l'aventurier, raconté dans un autre registre, où le pouvoir est remplacé par l'amour. Ce modèle vient du *Tartuffe*, du *Méchant* et, ce qui est important, il est contraire à celui que proposent les romans de l'époque. Des paysans, des soldats et des philosophes parvenus de Marivaux, de Mauvillon, de Lesuire, etc., exploitent leur succès auprès des femmes pour monter l'échelle sociale. Casanova le séducteur ne le fait pas et Cagliostro non plus. Quand le héros d'une comédie « mélange ces deux métiers » (comme dit Tchatski dans la comédie d'Alexandre Griboedov *Le malheur d'avoir trop d'esprit*), il gâte son affaire. Les relations amoureuses ne lient que deux personnes, elles contrarient la formation d'un groupe d'adeptes, rompent le charme qui agit sur la société. La solution possible serait la création de sectes mystiques et orgiaques, mais ce sont les légendes qui font des loges féminines, fondées par le Grand Copte et sa femme à Paris, des lieux de débauche et transforment le prophète en idéologue du plaisir (*Mémoire authentique* de Luchet).

L'affaire du collier (1785) qui a donné lieu à nombre de pièces y compris à celles de Catherine II et de Goethe, est remarquable par la rivalité de deux aventuriers, un homme et une femme, camouflée en intrigue politique et amoureuse. Si Cagliostro y tient le rôle de l'aventurier, le cardinal de Rohan joue celui du premier adepte. N'étant satisfait ni du savoir mystique que lui avait transmis le Grand Copte, ni de son statut de chef de l'Église française, il se laisse séduire par la proposition de la comtesse Jeanne de la Motte de Valois d'accéder à un plus haut rang. Il se laisse persuader par la concurrente de Cagliostro, qui prétend provenir d'un fils naturel de la famille royale – démarche typique d'une aventurière –, elle affirme que la reine a un faible pour lui et qu'elle souhaiterait recevoir un collier en cadeau. L'histoire a été plusieurs fois décrite, Alexandre Dumas à lui seul lui a consacré quatre volumes. On en connaît bien la fin : le collier qui coûtait un million six cent mille livres, en partie acquitté par le cardinal, est parvenu en Angleterre en pièces et a été vendu par le mari de Jeanne de la Motte. Tous les participants de l'affaire ont été envoyés en Bastille, mais seule de la Motte a été condamnée. Elle s'enfuira de la prison quelques années plus tard. Le couple Cagliostro a été expulsé en Angleterre, de Rohan est tombé en disgrâce et le roi est devenu la risée de l'Europe.

Quelques *topoï* romanesques et comiques se manifestent : le rendez-vous du cardinal avec la comédienne qui joue la reine, une fausse lettre de Marie-Antoinette. Le cardinal donne le collier à l'aventurière de son propre chef, tout comme la marquise d'Urfé qui remet à Casanova le coffret avec sept métaux précieux. Et finalement, le fantôme de l'amour anéantit le sortilège du cabaliste et la femme séductrice s'avère plus habile que le diable.

Certes, l'invariant comique change selon le point de vue adopté et l'attitude envers le héros. Dans ses comédies, Catherine II ridiculise plutôt les martinistes moscovites que Cagliostro, bien qu'elle s'intéresse à l'affaire et redoute la nouvelle apparition du magicien en Russie[1]. En 1780, les francs-maçons russes, probablement Ivan Elaguine, ont soumis à l'impératrice des écrits mystiques qu'elle a qualifiés de bêtises et d'absurdités[2]. La même année, Catherine II parodie le rite et le catéchisme maçonniques dans son *Secret de la société antiabsurde*. Plus tard, effrayée par la Révolution française, l'impératrice fera écraser le cercle des martinistes de Moscou, groupé autour de l'éditeur Nikolaï Novikov. Ce dernier sera arrêté en 1792 ; on lui incriminera la propagande des idées néfastes, ainsi que l'influence exercée sur l'héritier, le grand-duc Paul. En rédigeant ses comédies, Catherine II a utilisé l'article « Théosophie » de l'*Encyclopédie* de Diderot[3], d'ailleurs très détaillé et objectif. Les trois pièces ont une même structure, mais la première est consacrée à l'aventurier *(Le trompeur)*, la seconde, au premier disciple et aux adeptes *(Le trompé)* et la troisième, à la foule d'admirateurs *(Le chaman de Sibérie)*, parce que Catherine II se dresse contre la propagation des idées plus que contre les individus.

1. Le 11 (22) août 1787, Catherine II écrit au gouverneur général de la Liflande de faire exiler le « fameux charlant Cagliostro », s'il arrive à Riga, en le prévenant que la prochaine fois il serait mis en prison pour le reste de sa vie – *RS,* t. 91, 1897, p. 512.
2. Catherine II à F. M. Grimm, 11 (22) janvier 1780 – *SRIO,* t. 23, p. 168-169.
3. Catherine II à F. M. Grimm, 17 (28) février 1786 – *SRIO,* t. 23, p. 374. En 1785, Grimm relate à l'impératrice l'affaire du collier et lui fait parvenir des mémoires sur ce sujet.

Au cas où le héros n'est pas un thaumaturge mais un simple escroc, l'intrigue se simplifie et se réduit à une fraude collective plus ou moins originale (car l'aventurier est seul et les escrocs s'amassent en une meute). Dans *La poudre arabe* de Holberg, les faux alchimistes vendent de la poudre qui transforme les métaux en or, dans *Les aventuriers* de Théis, un imposteur se fait passer pour un prince en convoitant une grande dot. Dans *Les petites-maîtresses ou l'Aventurier* de Cailleau, l'arriviste cache qu'il est marié. L'intérêt de la pièce, restée inédite, réside dans le temps de l'action – au début de la Révolution quand les maîtres se sont retrouvés à égalité avec leurs domestiques : « Depuis le règne de la liberté, c'est une cohue ; on ne se reconnaît plus ; les maîtres et les valets sont confondus ! rien n'est plus choquant que cet assemblage bizarre de tant de gens de différents états, tout y paraît dans l'Égalité, et personne ne gagne dans ce marché-là ; car les maîtres se divertissent de l'Extravagance de leurs valets et ceux-ci rient de la folie de leurs maîtres. »[1] Dans les pièces de Marivaux, utopiques et galantes, les maîtres prennent la place des serviteurs et *vice versa,* l'abolition de la hiérarchie sociale détruit en premier lieu les emplois théâtraux et l'intrigue.

La transformation qui représente le plus grand intérêt c'est celle où l'aventurier apparaît comme un héros positif. Quand Carlo Goldoni dans ses mémoires analyse *L'honnête aventurier*, il souligne deux points. Premièrement, il met en valeur le caractère romanesque du sujet qui, « sans donner dans le merveilleux, pouvait, à cause de ses combinaisons singulières, être placé dans la classe des *Tom-Jones*, des *Tompsons*[2], des *Robinsons* et de leurs pareils ». Deuxièmement, l'auteur insiste sur la véracité du récit, qui est presque autobiographique : « Le protagoniste

1. A. C. Cailleau, *Les petites-maîtresses ou l'Aventurier* – Arsenal, Mss, n° 6760, fol. 255 v°.
2. Kinbern, *La vie et les aventures de Joseph Tompson,* 1762.

avait cependant un principe historique, car si *L'honnête aventurier* qui donne le titre à la pièce n'est pas mon portrait, il a essayé au moins autant d'aventures et il a exercé autant de métiers que moi; [...] je ne pus pas cacher de m'être donné un coup d'œil en la composant.»[1] Rappelons que Goldoni connaissait intimement la mère du fameux séducteur, la comédienne Zanetta Casanova, qui jouait dans ses pièces, que l'aventurier était en bonnes relations avec les amis de l'écrivain, telle la famille Balletti, et en mauvaises relations avec ses ennemis, tel l'abbé Pietro Chiari. Relevons enfin la troisième singularité de cette comédie signalée par son titre paradoxal. Bien que l'intrigue corresponde globalement aux récits qui décrivent la conduite des aventuriers, son heureux dénouement contredit la fin dramatique et révélatrice des mémoires et des pièces de théâtre qui traitent ce sujet.

Dans les autres comédies de Goldoni on trouve quelques situations ou quelques personnages, identiques à ceux qui ont été décrits: un comte amateur d'art, fou de sa collection, qui force les gens à le tromper (*La famille du collectionneur,* 1749), un joueur et un séducteur, un méchant et un dénonciateur (*Le café,* 1750). Dans *L'honnête aventurier* les modèles romanesque (la carrière d'un séducteur) et comique (la révélation d'un étranger) se heurtent. Le personnage, traité d'habitude comme un méchant, ennemi de la société, devient chez Goldoni un vrai héros, pareil à ceux des romans picaresques, des romans de l'ascension sociale, du *Paysan parvenu* de Marivaux jusqu'au *Bel-Ami* de Maupassant. La scène principale, celle de la révélation de l'identité et du bannissement de l'aventurier (mort provisoire), est transposée de la fin au milieu de l'action. Quand le héros répond aux avances d'une riche veuve, tous les personnages de la pièce (les prétendants offensés, les femmes abandonnées, les valets

1. *Mémoires de M. Goldoni,* éd. P. de Roux, Mercure de France, 1965, p. 235.

envieux) deviennent ses ennemis. On lui ferme les portes, on veut l'expulser de la ville. La deuxième partie met en scène une série de duels où Guglielmo combat un à un les hommes et les femmes, en se servant de son charme, de ses multiples talents. Agissant en médecin, avocat, juge d'instruction, homme d'État, il conquiert tout Palerme, des valets jusqu'au vice-roi. Il séduit les uns, envoie en prison les autres. Même les hommes du peuple ne peuvent rien contre lui, car il ne cède pas à la tentation de l'argent; les domestiques, par contre, volent les maîtres. Le seul bien de Guglielmo est sa réputation d'homme: «Dans toutes mes aventures, j'ai toujours su rester un honnête homme, et comme personne ne peut me reprocher une filouterie, je suis sûr qu'au milieu de mes malheurs je trouverai un jour mon bonheur.»[1] Pour faire fortune il doit refuser l'or, pour se marier avec une riche veuve il doit être fidèle à sa pauvre fiancée. Par ces moyens simples et efficaces, il attise la jalousie et le désir des trois femmes, qui se le disputent.

Le triomphe final de l'honnête aventurier n'est assuré que par une parfaite trahison, sorte de suicide. Il abandonne sa fiancée, se vend pour une dot importante, et, par conséquent, cesse d'être honnête. En se mariant, en devenant le conseiller du vice-roi, il accepte une situation sociale stable et cesse d'être aventurier. Ses multiples talents sont désormais inutiles: il lui suffit d'être fonctionnaire. Le dénouement romanesque met fin au spectacle.

Si la pièce de Goldoni, au fond, fait l'apologie de la morale bourgeoise, dans la comédie de la marquise de Montesson *L'aventurier comme il y en a peu*, l'histoire subit un changement important: le héros est un noble. Rappelons aussi que la même métamorphose est survenue lors de la transposition du roman picaresque espagnol sur le sol français. Le comte d'Aubigny doit quitter son pays

1. C. Goldoni, *L'honnête aventurier,* p. 94.

après un duel et gagner sa vie comme peintre et homme de lettres durant ses pérégrinations en Europe. Au finale, il est gracié par le roi et une riche veuve le récompense pour ses souffrances.

Dans *La fausse aventurière* d'Anseaume et de Marcouville, toutes les aventures sont imaginées : pour tromper un vieillard fortuné et se marier avec son fils, l'héroïne pauvre et honnête lui raconte des histoires sur son passé, où elle n'oublie ni les inévitables pirates, ni le naufrage, ni l'esclavage, ni le sérail, etc.

Le théâtre russe du XVIIIe et du début du XIXe siècle donne quelques exemples originaux, purement théâtraux de telles transformations des structures comiques. Dans la comédie de Klouchine *L'alchimiste* le héros veut, en trompant, guérir l'adepte, son ami, et lui faire oublier ses chimères. Il le traite par des moyens spécifiquement théâtraux. Il joue l'un après l'autre les rôles d'un imposteur étranger, d'un militaire, d'un joueur, d'une femme galante, d'un artiste et d'un médecin, en agissant en parfait aventurier-comédien. L'alchimiste, après avoir vécu en une journée les épisodes de toute une vie tumultueuse, revient à la société, à la vie normale.

Ainsi, en transformant l'aventurier en comédien, Klouchine met en relief l'un des motifs constants : l'illusion théâtrale doit être renforcée et, ensuite, détruite. A la fin des pièces de Catherine II les personnages s'adressent directement au public : applaudissez. Les francs-maçons, personnages de la comédie de Nikolaï Emine, font référence aux pièces de l'impératrice : vous voyez, nous ne pourrons plus longtemps tromper des gens, le théâtre nous a montrés sous notre vrai jour.

Dans la comédie *Les hommes singuliers* de Iakov Kniajnine, le motif des philosophes charlatans est doublé de l'inversion des rapports entre les maîtres et les domestiques. Un valet habile prend le dessus sur l'aristocrate, esclave des idées à la mode, en faisant ainsi la révolution dans la maison, et se comporte d'égal à égal avec lui.

151

Permettons-nous un petit détour en dehors du XVIIIᵉ siècle. Dans la comédie d'Alexandre Griboedov *Le malheur d'avoir trop d'esprit* (1824) – comme l'avait montré Andreï Zorine dans son article – l'intrigue comique reste traditionnelle mais les emplois classiques sont réinterprétés. Un jeune homme intelligent, méchant et malicieux, devient un héros principal et positif (Tchatski). Par contre, l'amant modeste et honnête devient un hypocrite, un tartufe qui subjugue une famille aristocratique pour faire carrière (Moltchaline). L'auteur utilise le thème du bannissement d'un intrus, emprunté au *Méchant* de Gresset, pour lui donner un tout autre sens, celui de l'histoire de l'*Ingénu*. Tchatski est orphelin, il n'est pas riche, il a perdu son patrimoine de trois cents paysans. Il est étranger dans sa ville natale, Moscou, où il revient après un voyage de trois ans. Jeune, il a déjà fait son service militaire ; lié avec des ministres, il s'est brouillé avec eux. Mais son bel esprit et son charme se retournent contre lui : il est battu sur le champ d'amour par son modeste concurrent. Un mécanisme d'exclusion se met alors en marche, en utilisant des mensonges et des rumeurs. Pareil à l'aventurier, l'homme intelligent et droit est proclamé fou. La conduite singulière, la norme différente, étrangère, sont perçues comme de la folie. En France, on accuse des philosophes de démence ; en Russie, on traite comme fous des gens qui pourraient être dangereux pour l'État, des imposteurs au philosophe Tchaadaev.

En 1776, le comte Nikita Panine écrit à l'ambassadeur russe, le prince Bariatinski, au sujet de l'officier Litsine qui à Paris se donne pour le prince de Pologne : « au fond c'est un homme complètement fou et sa folie est d'autant plus voyante qu'elle s'accompagne d'un très mauvais comportement » et qu'il faut mettre en garde le ministère français contre « cet homme fou, qui ne vaut aucune attention »[1].

---

1. N. Panine à I. Bariatinski, Saint-Pétersbourg, 9 décembre 1776 – AVPRI, F. 93, op. 6, nᵒ 319, fol. 7 rᵒ.

En 1777, le baron Fiodor Asch, fils du directeur des postes, annonce à Ivan Chouvalov que lui, Chouvalov, est le fils de l'impératrice Anna Ivanovna et de Biron et donc, empereur légitime, ce qui vaut à Asch la réclusion dans la prison, puisqu'il a « sombré dans le crime à cause de sa démence ».

Ce type de punition est caractéristique de l'époque de Catherine II qui préfère, surtout au début de son règne, intimider plutôt que d'exécuter. En 1766-1767, le prince Alexandre Khovanski, au retour de France, choisit le rôle de « méchant ». « Avec témérité scélérate », il se met à dénigrer les établissements et les actes de l'impératrice et, lors des élections de la commission de la rédaction du code, pose du foin au lieu d'une boule. Catherine II ordonne au gouverneur général de Moscou, P. S. Saltykov, de lui faire « bien peur afin qu'il retienne son abominable langue »[1].

Mais au temps de Paul Ier, les motifs de la peur, du rire et de la folie se fusionnent en une triade qui prend racine dans la culture russe. Nicolas Gogol lui donnera une forme classique dans *Le journal d'un fou*, histoire tragique grotesque d'un fonctionnaire minable que se prend pour le roi d'Espagne. Dans sa comédie le *Revizor*, l'écrivain montre comment une société, animée par la terreur, transforme un premier venu, plus que médiocre, en homme d'importance : un ministre, un écrivain, un maréchal. Comme avant lui, Catherine II et Alexandre Griboedov, Nicolas Gogol examine la formation d'une opinion publique, où la réputation peut être due au jeu du hasard. Il met l'accent sur cette hypnose collective, au moment où la société fabrique un objet de vénération sans se donner le souci de l'examiner préalablement. De ce point de vue, Khlestakov fait penser aux imposteurs russes, à ces faux princes que leurs compagnons et les paysans obligent à

---

1. *Письма императрицы Екатерины Великой к фельдмаршалу П. С. Салтыкову* [*Lettres de l'impératrice Catherine II au feld-maréchal P. S. Saltykov*], Moscou, 1886.

remplir le rôle d'un tsar en croisade pour son trône. L'image d'un autre aventurier, peint par Gogol dans le roman *Les âmes mortes* (1842), prend aussi une valeur symbolique. Tchitchikov est un chevalier d'industrie, un trafiquant, un filou, mais aussi un diable qui achète des âmes ou un saint qui descend en enfer pour en faire sortir les pécheurs et ressusciter les morts.

Mythes littéraires :
Don Juan, Œdipe, Faust, le Juif errant

L'aventurier réalise des modèles de comportement, fixés dans les mythes, les modifie dans ses textes à moins que sa vie n'en donne des versions qui font défaut dans la littérature de l'époque. Puisque Casanova est devenu presque synonyme de Don Juan, essayons de déterminer leur ressemblance et leur différence. Les mémoires du Vénitien paraissent à l'époque où Byron, Pouchkine et Stendhal créent leurs images de Don Juan ; le public y voit une « Odyssée érotique » (selon la formule de Stefan Zweig), une histoire du séducteur par excellence. Stendhal et Pouchkine, plus tard Dostoïevski, lisent ses mémoires, les citent, les utilisent dans leurs œuvres.

Casanova participe à la création du mythe, en aidant son compatriote, aventurier et homme de théâtre Lorenzo Da Ponte, à mettre au point le livret de l'opéra de Mozart *Don Giovanni* (1787). Il est difficile de savoir ce qui a été retenu dans la version définitive, car Casanova, selon les habitudes de l'époque, n'a gardé dans ses archives que des brouillons, des épisodes rejetés par le compositeur. Par exemple, les deux versions casanoviennes de la scène 9 du second acte, au lieu de présenter le maître montrent le valet qui l'a remplacé. Dans la première scène, toutes les victimes de Don Juan promettent à tour de rôle à Leporello des tortures atroces et une mort abominable ; le serviteur se défend en plaisantant. Dans la seconde version,

Leporello pour se justifier accuse les femmes : « Oh sexe séducteur ! Source de douleur ! » et s'enfuit, en se cachant derrière le voile des paroles. Ces deux épisodes sont liés à des événements personnels : de la même manière Casanova à la fin de sa vie essaye de conjurer la mort qui s'approche, en écrivant sans cesse. Les femmes l'attirent toujours, mais ce n'est plus la passion, c'est l'impuissance qui le tourmente. Les domestiques l'emportent sur le maître. Le Vénitien livre des batailles acharnées et ridicules contre la valetaille du château de Dux. Da Ponte raconte comment le vieux Casanova rencontre le valet qui l'avait volé jadis (vingt-cinq ans auparavant, selon la chronologie casanovienne) et comment le Vénitien doit accepter sa défaite.

Pour comparer les histoires des deux séducteurs, regardons de près le schéma narratif de la légende de Don Juan et les motifs qui la constituent, en faisant appel aux différentes études consacrées à ce mythe qui, comme celui de Faust, est créé par la littérature moderne[1]. La version de Mozart nous servira de texte de base, sans oublier les autres.

L'histoire de Don Juan est faite pour le théâtre. Tout comme les comédies et les mémoires que nous venons d'étudier, elle contredit les principes généraux de la prose et rejette les logiques narratives et humaines : la légende élimine la fin heureuse, ainsi que le mariage, forme dominante de l'achèvement du récit, elle transforme l'étranger, l'ennemi en héros et lui donne la parole. Tartuffe et Don Juan, deux intrus, séduisent corps et âmes, bien que le premier soit dévot et le second athée.

---

1. O. Rank, *Don Juan ou Le double* (1932), trad. de l'allemand, Payot, 1990 ; J. Rousset, *Le mythe de Don Juan,* A. Colin, 1978 ; J. Kristeva, *Histoires d'amour,* Gallimard, 1983 ; F. Marceau, *Casanova ou L'anti-Don Juan,* Gallimard, 1985 ; P. Brunel, *Dictionnaire des mythes littéraires,* Monaco, Éd. du Rocher, 1988 ; *Don Juan. Tirso, Molière, Pouchkine, Lenau. Analyses et synthèses sur un mythe littéraire,* éd. J.-M. Losada-Goya et P. Brunel, Klincksieck, 1993.

Don Juan se place hors de la société, hors du temps et de l'espace, il incarne le côté sombre des hommes. C'est une créature de la nuit, sans nom et sans visage : il se cache derrière les masques, les costumes et l'obscurité. Il ne connaît ni l'enfance, ni la vieillesse ; sa réputation, la liste de ses conquêtes lui tiennent lieu de biographie. Sa constance fait sa force, il reste toujours égal à lui-même : un prince charmant, Dorian Gray avant la lettre. Par contre, l'attitude de Casanova envers les femmes diffère au début et à la fin de sa carrière sentimentale ; ses anciennes maîtresses vieillissent avec lui : Giacomo les rencontre de nouveau, tout au long de son perpétuel tour d'Europe (Thérèse Imber, Bellino – Thérèse [Angela Calori], Baret – Langlade, Mlle M--r, Irène, Henriette, etc.). Le continent se transforme en une énorme famille. Dans chaque pays, Casanova retrouve ses amis, ses maîtresses et ses enfants naturels, tandis que Don Juan ne se fait que des ennemis. En rejetant la fin traditionnelle, Don Juan prétend à l'immortalité. Son valet devient son historiographe, alors que l'aventurier mémorialiste prolonge sa vie avec sa propre plume.

Don Juan est opposé à trois types de personnages : les femmes, le valet et la statue. Il voudrait initier toutes les filles du monde. Ce seigneur exerce son droit de cuissage, comme le comte d'Almaviva, il est appelé à féconder les filles avant le mariage. Plusieurs mythes archaïques décrivent cette tâche comme un exploit ardu et dangereux, car l'homme doit détruire l'horrible piège de la *vagina dentata*. Le même motif renaît dans les contes galants du XVIIIe siècle, où, comme dans *Tanzaï* de Crébillon, le génie passe la nuit avec la princesse pour que les jeunes mariés puissent enfin consommer leur mariage. L'image de la *vagina dentata* apparaît dans *Le sultan Misapouf* de Voisenon.

Don Juan incarne celui qu'on attend. Le masque séducteur ressemble à l'image sacrée, qu'elle soit divine ou diabolique. Le seigneur des femmes ne prend pas son droit à la légère. Comme le précise Otto Rank, Don Juan n'a pas de rival : en tuant et en trompant les maris et les pères, il n'élimine que des obstacles fâcheux. L'époux ou l'amant en titre donnent du goût, du piment au plat du jour : « Sans un amant légitime, la femme n'a pas de charme pour lui. »[1] De même, Casanova est jaloux des femmes qui appartiennent aux autres, il joue lui aussi le rôle d'une divinité antique, d'un Zeus fécondant les filles, sauf que le Vénitien prend soin de les placer convenablement par la suite.

Stendhal fait remarquer que Don Juan pousse l'idée chevaleresque jusqu'à l'excès : prendre les femmes pour juges de son mérite. Néanmoins, la dame idéale n'existe que dans l'imagination, elle reste l'objet d'une quête perpétuelle. Don Juan, descendant des chevaliers du Graal, ressemble à un alchimiste qui cherche la pierre philosophale, à un artiste qui explore la beauté. Ce séducteur n'existe pas sans contraintes à transgresser. Banni de sa patrie, il défie les lois sociales, le pouvoir royal et divin. Il fait l'amour à des religieuses, il viole dans le palais du souverain (dans la pièce de Tirso de Molina), en cocufiant Dieu et le roi. Il prend plaisir au vice et au crime : d'après Stendhal, Gilles de Rais, amateur de messes noires, ou Cenci, assassin incestueux, sont de véritables Don Juan. Par contre, le personnage créé par Byron n'est qu'un Faublas, garçon beau et insignifiant qui profite des bonnes occasions[2].

Comme l'a montré Camille Dumoulié, le mythe de Don Juan s'inscrit dans le contexte de l'illuminisme et dans la tradition de l'hérésie des Frères du Libre Esprit qui a existé du Moyen Age au XVIIe siècle[3]. L'homme qui atteint l'union avec Dieu, devient parfait, il se place au-

1. O. Rank, *op. cit.,* p. 159.
2. Stendhal développe ces idées dans les *Chroniques italiennes* et les *Mémoires d'un touriste.*
3. C. Dumoulié, La volonté de jouissance, *Don Juan. Tirso, Molière, Pouchkine, Lenau,* p. 105.

delà du bien et du mal. La notion de pêché n'existe pas pour lui, il peut voler, mentir ou forniquer car tout acte est commandé par Dieu, les crimes ne sont que les marches d'un escalier mystique. L'homme libre ne doit suivre que sa volonté et son plaisir, sans se soucier du bonheur et du malheur d'autrui. Cette espèce de panthéisme mystique aboutit à l'autosacralisation, l'homme veut égaler Dieu et n'a plus besoin du Seigneur.

Si Don Juan détruit l'ordre et apporte le chaos dans l'univers, Casanova est plutôt conformiste. Évidemment, lui aussi veut dominer les femmes. Le sexe faible ne reçoit dans ses mémoires qu'une seule épithète élogieuse : « douce ». Même pour l'impératrice russe, il n'en trouvera pas d'autres : « bien faite, douce, facile ». Il explique : « Au défaut de l'amour, ce qui est principal dans les expéditions de cette espèce, c'est la soumission. On ne trouve ni grâce, ni vice, ni transport, mais l'on est assez dédommagé par l'exercice d'un empire absolu » (*HMV*, t. 1, p. 460). Le Vénitien répète les exploits de Don Juan, mais leur sens est différent. Il reste toujours bon catholique même quand il séduit des religieuses, à travers la grille du couvent, ou quand il se rend chez sa maîtresse en passant par l'église : le sentiment de sacrilège ravive son ardeur. Casanova s'approche du domaine royal : il courtise la princesse de Chartres, il cherche à plaire à Mme de Pompadour. Cependant, il n'entre pas en rivalité avec le roi, au contraire, il lui cède ses filles. Le portrait de Louison O'Morphi, commandé par le Vénitien, enchante Louis XV comme dans un conte de fées ; Louison sera sa favorite de 1752 à 1755. Casanova compose l'horoscope d'Anne Roman-Coupier : prédit qu'elle sera la maîtresse du roi et mettra au monde un enfant qui changera le destin de l'Europe. La Grenobloise s'applique à suivre l'oracle et devient favorite de 1761 à 1765.

Don Juan aime la beauté, Casanova préfère les belles, tout en dissertant sur la notion de beau dans la vie et dans l'art. Leurs techniques de séduction se ressemblent. Dans le livret de Da Ponte, Don Juan utilise trois procédés : il se donne pour un autre (il pénètre chez Anne, habillé en Octave ; il met le costume de Leporello) ; il écarte et remplace le fiancé (il séduit la paysanne, en promettant de l'épouser) ; il organise une fête, un carnaval pour détruire le quotidien ennuyeux, et pour mettre la femme dans une situation inhabituelle, il l'entoure de rivales et provoque sa jalousie. Dans tous les cas il emploie les effets scéniques – masque, travestissement, dédoublement de personnages, quiproquo – et transforme la vie en théâtre. Casanova dédaigne la tromperie, il veut être aimé pour ses qualités, même s'il se déguise en Pierrot ou en un serviteur d'auberge. Il recourt constamment à un second procédé : il prend la fiancée dans la voiture, sur la route de l'église, au repas de noces. Néanmoins, il préfère la méthode classique : éveiller la jalousie. Il séduit des femmes en série, en les mettant ensemble ou à tour de rôle dans son lit. Son calcul est simple : si la fille seule peut résister, elle va succomber en compagnie de son amie. Casanova est plus efficace que Don Juan : alors que le Vénitien triomphe dans la plupart des cas, l'Espagnol dans la version de Mozart n'essuie que des échecs, on l'interrompt en permanence. Et c'est Leporello qui possède Elvire, en se déguisant en son maître.

Souvent Casanova tombe amoureux, il est prêt à faire des sacrifices, il éprouve des sentiments forts et durables, comme pour Henriette. L'amour pour ce séducteur n'est pas une partie d'échecs. Il ne prépare pas ses coups, comme le font les libertins romanesques, même s'il prend plaisir à donner des leçons de « philosophie dans le boudoir » à Mlle de Vesian ou à Mlle M--r, suivies de travaux pratiques. Casanova se fie plus à son intuition, à son don d'improvisation et à son charme masculin qu'à son expérience. Il est prêt à souffrir et à attendre pour brusquer la situation au bon moment. L'aventurier dit oui à toutes les propositions de Madame la Fortune.

En vieillissant, Casanova recourt à un expédiant décisif: l'argent. Moins il lui reste à vivre, plus il est pressé. L'amour naît avec un cadeau même si l'on reçoit la récompense trente ans plus tard: ainsi la comédienne Denis se souvient de la pièce d'or, donnée par le gamin. Au lieu de serments, Casanova offre de l'or à la petite Cécile. C'est plus pratique, assure-t-il. Il est généreux, car les femmes détestent les avares, mais souvent il les achète sans façon, en proposant de l'argent à leurs mères, leurs maris ou à elles-mêmes. A Genève, Casanova, tel un personnage de conte de fées, offre trois balles d'or à trois amies du syndic. En faisant l'amour avec elles, il introduit ce prétendu remède contre la grossesse. Ainsi, la balle prend une valeur symbolique, devient une clé d'or qui ouvre le corps féminin.

Contrairement à Don Juan, Casanova trompe rarement. Sa correspondance amoureuse avec la comédienne Julie Valville ressemble à un accord de concubinage qui prévoit la possibilité d'interrompre l'union au moment voulu. Si Don Juan, en promettant le mariage, abandonne les femmes et les rend malheureuses, Casanova, comme le montre bien Félicien Marceau, se retire sans les offenser, en restant leur ami. Sa maîtresse Marcoline dit qu'il ne voyage que pour rendre heureuses toutes les pauvres filles, pourvu qu'elles soient jolies (*HMV*, t. 3, p. 38). L'aventurier a l'avantage d'être un homme sans conséquences: les femmes savent qu'elles ne risquent rien avec cet amant qui ne deviendra jamais leur mari[1].

Casanova a ses lieux de rendez-vous préférés. Il surprend la femme, comme il étonne la société; il l'invite dans sa petite maison ou dans un château, loué à propos. En imitant les personnages de roman, il pénètre par des escaliers de service, se cache dans les greniers ou les débarras où il passe des heures sans faire de bruit, évitant

---

1. M. Delon, Casanova et le possible, *Europe,* n° 697, 1987, mai, p. 41-50.

d'éternuer pour ne pas alarmer un mari jaloux qui dort dans la chambre voisine. Ce vagabond préfère les lieux de passage, comme l'escalier ou la voiture. Dans un carrosse, de longs discours ne servent qu'à repousser l'autre (le dialogue entre Casanova et le faux castrat Bellino – Thérèse), car les corps qui se touchent involontairement n'ont pas besoin de paroles pour se comprendre. Ces lieux sont des espaces trompeurs : une jeune servante, abordée sur l'escalier, fait des vents au rythme des attaques amoureuses et fait déserter le séducteur ; la main du comte de La Tour d'Auvergne lui procure du plaisir dans une voiture tandis que Casanova croit être servi par Babette, la maîtresse du comte ; une Anglaise voyageant dans la voiture refuse de le reconnaître le lendemain, car, dit-elle, « ces folies-là ne forment pas un titre de connaissance » (*HMV*, t. 3, p. 155). Or, c'est là un coup dur pour un aventurier qui commence par faire l'amour. Le séducteur débute par la fin parce qu'il rejette le mariage final : « Le mariage est un sacrement que j'abhorre [...] parce que c'est le tombeau de l'amour » (*HMV*, t. 3, p. 170), « l'idée de mariage me faisait frémir ; je me connaissais trop pour ne pas prévoir que dans un ménage régulier je deviendrais malheureux, et que par conséquent ma moitié le deviendrait aussi » (*HMV*, t. 2, p. 42). Une construction narrative analogue avait étonné les premiers lecteurs de *La Nouvelle Héloïse* où l'événement romanesque primordial était transposé de la fin au début.

Casanova méprise les orgies dont il n'est pas l'organisateur. Si dans sa jeunesse vénitienne, il participe à un viol collectif, au milieu de sa vie il choisit plutôt le rôle du spectateur. Il déteste l'espace qui lui impose la débauche. En parfait Vénitien, il aime l'eau et la mer, fiancée du doge. Constamment il évoque les gondoles, les canaux, les rendez-vous galants dans une petite maison sur une île. Il effectue des rites magiques dans des baignoires ou dans de petites piscines. Mais à Berne, il déçoit la fille qui sert les clients dans les bains : la professionnelle ne l'intéresse pas.

La seconde fois, il vient avec sa bonne, habillée en homme, prend deux filles, prêtresses en jeux lesbiens, et monte un spectacle érotique.

Casanova est plus sensuel que sensible. Mais les sens les plus rationnels et littéraires, la vue et l'ouïe, le trompent. Certes, une fille intelligente et instruite peut attirer Casanova par de savants discours et une dispute théologique peut s'achever au lit, comme cela se produit avec la fille d'un pasteur genevois. Casanova aime en effet le rôle de mentor et dans ses mémoires les discussions se substituent parfois aux combats amoureux. Mais on perçoit à travers ce badinage philosophique et érotique l'amertume du mémorialiste qui ne peut plus ni aimer ni causer à son gré. Quand une scène de voyeurisme surgit dans l'*Histoire de ma vie*, il y a toujours un autre homme : un rival heureux (un adolescent qui profite des faveurs de Bettine), un ami (Tiretta, Bernis) ou un amant qui séduit le Vénitien (Ismaïl, Lounine). Le thème du théâtre et de l'illusion réapparaît, mais pour Casanova c'est l'art de tromper qui rend les femmes attirantes : « Je la vois toute nue et elle ne me cause la moindre sensation ? Pourquoi ? [...] Nous n'aimons donc que l'artifice et le faux... » (*HMV*, t. 2, p. 365). Paroles et regards mettent l'imagination en flammes, mais souvent tout s'arrête là, comme c'est le cas du syndic genevois, philosophe du plaisir, mais aussi du vieux Casanova, selon l'avis du prince de Ligne. Le style élevé de son aventure avec Mme Foscarini où le narrateur évoque le *sanctuaire*, le *temple d'amour, l'endroit où l'amour meurt pour se renaître*, en parodiant presque le discours religieux ou alchimique, souligne la défaite. Le plus souvent, le Vénitien décrit la beauté féminine avec les clichés littéraires : peau blanche, cheveux noirs, beaux yeux.

Par contre, les sens les plus proches du subconscient – le toucher, l'odorat et le goût – sont les plus véridiques. Comme le dit Casanova, « l'homme qui se déclare amoureux d'une femme autrement qu'en pantomime a besoin d'aller à l'école » (*HMV,* t. 2, p. 58). Henriette à qui on demande, comment elle peut vivre avec l'officier hongrois sans lui jamais parler, répond que la parole n'est pas nécessaire aux affaires qu'ils ont ensemble : « Nous jouons au pharaon ; et je tiens la banque » (*HMV*, t. 1, p. 478). De même, le comte Tiretta n'a pas besoin de connaître le français pour obtenir à Paris le titre glorieux du M. de Six coups.

Quand Casanova cherche à deviner le vrai sexe de Bellino – Thérèse – la vue le trompe, le toucher l'instruit. Giacomo préfère s'assurer de sa propre main que la fille est vierge, que ce soit une demoiselle française[1] ou une paysanne russe[2]. D'ailleurs, il prête les mêmes habitudes à Louis XV[3].

Tel Don Juan, Casanova sent la femme à distance. « Mi pare sentir odor di femmina »[4], annonce l'Espagnol dans l'opéra de Mozart, avant de voir sa future proie. Casanova s'intéresse à Thérèse, dès qu'il entend qu'une comédienne loge à l'hôtel[5]. Il s'éprend d'Henriette et sans l'avoir vue lui vient à l'aide, car la fille cache son visage sous la couverture pendant la descente des archers de l'évêque[6]. Ces deux femmes mystérieuses, ces deux Sphinx le fascinent : il doit deviner, si Thérèse est un garçon ou une fille, si Henriette est une aventurière ou une aristocrate. A peine Casanova résout l'énigme, il veut faire durer la liaison. Mais dès qu'il pense au mariage, il attire inconsciemment les malheurs et provoque la séparation. Il perd son passe-

1. « J'allonge une main déterminée par-dessous sa robe, et je trouve dans l'instant une porte parfaitement fermée qui ne pouvait me conduire au bonheur qu'étant abattue » – *HMV*, t. 2, p. 40.
2. « Je me suis assis et en la prenant entre mes cuisses, je l'ai reconnue de la main, et je l'ai trouvée intacte » – *HMV*, t. 3, p. 398.
3. « Il s'assit, il la prit entre ses genoux, il lui fit quelques caresses, et après s'être assuré de sa royale main qu'elle était toute neuve, lui donna un baiser » – *HMV*, t. 1, p. 622.
4. L. Da Ponte, *Don Giovanni*, Flammarion, 1994, p. 31.
5. « Le mot d'actrice m'intéresse ; et je le suis » – *HMV*, t. 1, p. 230.
6. « Je m'imaginais fort aimable la fille qui était couchée près de lui ; il me tardait de voir sa figure » – *HMV*, t. 1, p. 475.

port et se fait arrêter ; par sa faute on reconnaît Henriette et on l'oblige à rejoindre sa famille.

Chaque femme, comme chaque plat, a son odeur qui attire et provoque, suggère Casanova. Les plaisirs de la table égalent les plaisirs du lit. Selon le prince de Ligne, Casanova, dans sa vieillesse, dévore les mets, en se vengeant de son impuissance : « Il se venge de tout cela contre tout ce qui est mangeable et potable ; ne pouvant plus être un dieu dans les jardins, un satyre dans les forêts, c'est un loup à la table. »[1] Dans le récit de ses jeunes années, les scènes de festins et d'amour s'entremêlent : Casanova n'oublie jamais d'énumérer les plats aphrodisiaques servis par ses maîtresses. Si la femme lui fait concurrence à table, elle le fera aussi au lit, comme Marcoline qui boit et mange comme un homme et qui emprunte des filles à Casanova.

Nous avons déjà évoqué les liens homosexuels des aventuriers. Le héros de l'*Histoire de ma vie* ressemble aux androgynes de l'*Icosaméron*, mais il est séparé de sa moitié qu'il doit chercher partout. Encore enfant, Casanova résout l'énigme qui veut qu'en latin le sexe féminin soit du genre masculin et *vice versa* : parce que l'esclave porte toujours le nom de son maître (*HMV*, t. 1, p. 30). Sur ce point, il partage le credo de Mme Foscarini : « Quand je voyais un homme, j'étais enchantée de voir l'être qui était la moitié de mon espèce né pour moi, moi étant faite pour lui, me tardant d'y être jointe par le nœud du mariage » (*HMV*, t. 1, p. 359). Les filles habillées en garçon séduisent Casanova et il les voit partout, fier de son talent de deviner le vrai sexe des travestis, bien qu'il ait été berné par le chevalier d'Éon. Il évoque le cas d'un Suisse dont l'identité féminine n'a été révélée qu'après le mariage : Casanova prétend l'avoir perçue immédiatement. D'après une théorie, l'inconstance de Don Juan s'explique aussi

1. Cit. d'après *HMV*, t. 3, p. 1162.

par son homosexualité refoulée : il cherche chez les femmes ce qu'elles ne possèdent pas.

La liste des bonnes fortunes est le pivot de la stratégie donjuanesque. Le valet qui tient le registre joue le rôle d'arbitre, il établit les résultats. Lui seul peut certifier l'existence des beautés séduites : 640 en Italie, 231 en Allemagne, 100 en France, 91 en Turquie, 1003 en Espagne, d'après le catalogue de Leporello. Une réputation brillante assure la carrière d'un militaire, d'un homme à la mode ou d'un thaumaturge. A l'inverse du modèle donjuanesque, Casanova évite la gloire du mage et du séducteur ; il est son propre historiographe, mais ses mémoires ne séduisent que le public. Il n'a pas le caractère d'un chasseur ou d'un sportif et n'entend pas battre des records. D'après les calculs de Suzanne Roth, Casanova fait état de cent quarante femmes. Si l'on divise ce nombre par quarante années, décrites dans l'*Histoire de ma vie*, le résultat est mince : trois à quatre femmes par an. Mais il est possible que Casanova ne mentionne que les conquêtes les plus intéressantes, car il dit avoir connu quelques centaines de femmes.

Le valet est un double comique, inséparable de Don Juan, comme Sancho Pança auprès de Don Quichotte. Selon Otto Rank, sa fonction est celle d'avoir peur. Le serviteur, qui critique ou remplace son maître, obéit en effet aux lois terrestres, tandis que son seigneur se conforme aux normes surhumaines. Casanova a besoin d'un valet pour se sentir le maître, même s'il explique à Henriette que mieux vaudrait s'en passer, car tous les domestiques volent et espionnent. Casanova admire les valets qui le servent pendant des années, comme Leduc et Costa, il les dépeint comme des chevaliers de fortune : « Il est ma chère amie, quelquefois fripon, grand libertin, hardi, même audacieux, plein d'esprit et ignorant, menteur effronté, que personne, excepté moi, n'a le pouvoir de faire démordre. Ce mauvais sujet cependant a la grande qualité d'exécuter aveuglement tout ce que je lui ordonne bravant tout risque auquel il peut s'exposer m'obéissant ; il défie non seulement des coups de bâton, mais la potence s'il ne la voit que de loin » (*HMV*, t. 2, p. 347).

En 1760 en Suisse, la gouvernante Dubois partage le lit de Casanova et dirige ses actions. Elle l'aide à déjouer une vénérienne boiteuse et audacieuse, en menant une intrigue digne de Figaro. Le Vénitien, qui a confondu les femmes pendant la nuit, s'en tire en assurant l'odieuse à F... qui l'a dupé, qu'elle a passé la nuit avec son valet Leduc. Comme dans les comédies, les hommes ne sont que des instruments entre les mains de femmes : « La pièce n'est pas encore finie ; nous avons encore trois scènes ; le retour de l'espagnol, l'apparition de votre supplice, et l'étonnement de Mme ... lorsqu'elle saura toute cette histoire », dit la gouvernante (*HMV*, t. 2, p. 353).

Celui qui n'a rien à perdre, gagne. Celui qui perd va en enfer. Le Commandeur, double tragique de Don Juan, y conduit bel et bien le séducteur. Lors de leur première rencontre, Don Juan tue le père d'Anne, en détruisant l'autorité paternelle, symbole du pouvoir. Le second combat, livré contre la statue, fait penser au mariage avec la Mort. L'image du Commandeur relie les deux thèmes : l'amour et la peur, Éros et Thanatos. L'opéra de Mozart présente le dernier repas comme un festin de noces, Don Juan attend la statue avec impatience, lui donne la main comme à sa fiancée et devient la proie du diable, des flammes d'enfer. La terre l'engloutit.

Nous avons déjà évoqué des voyages souterrains et nous traiterons plus loin le commerce des esprits. Soulignons toutefois que les auteurs qui au XIXᵉ siècle abordent le mythe de Don Juan, donnent eux aussi des versions tragiques de l'histoire de la statue animée (*Le cavalier d'airain* et *Le coq d'or* de Pouchkine, *La Vénus d'Isle* de Mérimée)[1]. Ce thème apparaît en marge de la vie et des

---

1. Voir à ce propos l'article magistral de Roman Jacobson, *La statue dans la symbolique de Pouchkine* (1937).

œuvres des aventuriers. Stepan Zannovitch traduit en italien le *Pigmalion* de Jean-Jacques Rousseau. Dans le film de Fellini, Casanova trouve la femme idéale dans une poupée belle comme la mort. Le siècle des Lumières adore les automates, les jouets mécaniques de Vaucanson. La philosophie considère les hommes comme des machines douées de raison. Dans l'*Icosaméron*, Casanova décrit les chevaux de poste qui volent dans les cieux comme des automates. Néanmoins le Vénitien, tout alchimiste qu'il est, préfère se mesurer avec des vivants plutôt que de combattre la matière inanimée. Il rend la santé à une fille qui ressemble à une statue de cire. Elle souffre, parce qu'elle n'a pas de menstrues. Le chirurgien la fait saigner, et Casanova la rend femme, ce qui met fin à ses supplices (vol. 4, ch. XI).

Le mythe d'Œdipe influence la vie des aventuriers bien avant la découverte de Freud. Nous avons déjà évoqué le complexe de l'enfant abandonné, l'abnégation des parents et la recherche du « vrai » père. Casanova brave régulièrement l'un des plus anciens tabous : l'inceste. On pourrait penser que son monde à lui étant si petit, il a beau changer de pays ; il rencontre toujours les mêmes. Le temps passe et les filles remplacent leurs mères : Lucrèce et Leonilda ; Irène, sa mère et sa fille. Plus le séducteur vieillit, plus il s'intéresse aux jeunettes. « Mais sa passion dominante, /C'est les jeunes débutantes », prétend Leporello[1]. A la fin des mémoires, ce sont ses propres filles et petites-filles qui attirent le Vénitien. Mais les casanovistes estiment que Giacomo ne pouvait en réalité être le père de toutes, car les dates ne coïncident pas. Peut-être y a-t-il du défi quand Casanova prétend n'avoir éprouvé aucun remords, après avoir connu l'amour avec sa fille Leonilda : « Déterminés à ne pas consommer le prétendu crime, nous nous touchâmes de si près qu'un mouvement presque involontaire nous força à le consommer si com-

---

1. L. Da Ponte, *op. cit.*, p. 43.

plètement. [...] Nous restâmes sérieux et muets, en proie de la réflexion, étonnés, comme nous nous le dîmes après, de ne nous sentir ni coupables, ni victimes d'un remords. Nous nous arrangeâmes, et ma fille, assise près de moi, m'appela son mari en même temps que je l'ai appelée ma femme. »[1] La phrase reprend les déclarations analogues des personnages de l'*Icosaméron*, où l'inceste est présenté comme une loi universelle de la nature : « Nous nous trouvâmes devenus mari et femme sans avoir fait aucune résistance et sans avoir prêté le moindre consentement à le devenir. Pouvons-nous avoir offensé la nature, tandis que ce fut la nature elle-même qui nous fit agir ainsi sans le concours de notre volonté ? »[2]

Dans la tradition littéraire, de l'*Œdipe roi* de Sophocle jusqu'aux *Cent ans de solitude* de Garcia Marquez, le mythe contient un noyau central invariable (combat du père avec le fils, inceste) et des motifs secondaires : la fondation d'une dynastie ou d'un État, l'accès au pouvoir, une énigme et sa solution, l'aveuglement physique et/ou moral, la solitude. Nous retrouvons quelques-uns de ces motifs dans la vie de Casanova : le don prophétique qu'il tient de son génie, la solitude finale au château de Dux. Les autres thèmes apparaissent dans l'*Icosaméron*, cette utopie fondée sur l'inceste, d'après la formule du casanoviste allemand Helmut Bertram[3]. Édouard et Élisabeth, frère et sœur qui pénètrent dans le monde souterrain, donnent naissance à une tribu humaine qui se propage en proportion géométrique. De génération en génération, ne naissent que de faux jumeaux, frères et sœurs, qui se marient à douze ans. Dès qu'on les compte par milliers, le patriarche Édouard remplace le mariage incestueux par le mariage entre cousins. Mais les indigènes, les Mégamicres

---

1. G. Casanova, *HMV*, t. 3, p. 842.
2. G. Casanova, *Icosaméron*, F. Bourin, 1988, p. 70.
3. H. Bertram, Utopie et l'inceste. L'*Icosaméron* de Casanova, *Lendemains*, 1996, sept., n.° 81.

(grands d'esprit et petits de taille) conservent la tradition de l'inceste, car ces hermaphrodites qui viennent au monde par paire ne peuvent vivre sans leur moitié. Peu à peu, les hommes géants subjuguent le monde qui les a abrités. Édouard joue le Robinson qui apporte aux indigènes les acquis de la civilisation, y compris la poudre et l'imprimerie. Néanmoins, les protagonistes, comblés d'honneurs, entourés de nombreux descendants, deviennent de plus en plus solitaires. Le hasard les fait revenir sur la terre, où ils se trouvent étrangers. Ils racontent leur histoire, mais comme dans les contes merveilleux, le frère et la sœur qui avaient conservé la santé et la force dans le monde souterrain, vieillissent très vite dans leur pays natal et meurent.

La culture française des Lumières parle peu de Faust et du Juif errant. On ne connaît que quelques récits populaires, consacrés à l'alchimiste. Dans la seconde moitié du XVIIIᵉ siècle, les deux personnages font leur entrée dans la littérature allemande et anglaise (Schiller, Goethe, Lewis). Le comte de Saint-Germain et Cagliostro se font passer pour le Juif errant. D'ailleurs, on leur attribue la même anecdote : quand on demande à leur domestique, s'il est vrai que son maître a connu Ponce Pilate ou Charlemagne, celui-ci répond qu'il n'en sait rien et qu'il le ne sert que depuis trois cents ans.

La situation change radicalement quand les émigrés en masse commencent leurs pérégrinations en Europe. Grimm, cet honnête aventurier qui reflète bien les idées et les sentiments de l'époque, évoque constamment dans ses lettres son sort de Juif errant[1]. Au début du XIXᵉ siècle, Jan Potocki, comte polonais au service russe, en évoquant le Juif errant dans son roman le *Manuscrit trouvé à Saragosse*, l'introduira dans la littérature romantique. Le Juif errant reste le symbole d'un contestataire mystique

---

1. F. M. Grimm à N. P. Roumiantsev, Gotha, 13 mars 1793 – RGB, F. 255, cart. 7, nº 42, fol. 29-30 vº.

qui s'identifie ou s'oppose à Don Juan et à Faust, à Caïn criminel ou au Christ souffrant.

Les deux personnages littéraires, Don Juan et Faust, ne se rencontrent que dans les textes du XIXe siècle[1]. Néanmoins, les aventuriers, alchimistes et séducteurs, évoquent leurs images. L'amour devient la science, la connaissance au sens biblique du terme (Adam connut Ève). La passion de la découverte est leur force motrice. En quête de l'idéal (la belle Hélène de la seconde partie de *Faust*), tous les deux font périr les femmes qui les aiment (Marguerite) ; le diable veut prendre leur âme (dans les versions populaires, le démon tue l'alchimiste). De ce point de vue, les légendes de Don Juan et de Faust développent le thème biblique de l'amour − séduction diabolique, thème que la littérature du XVIIIe siècle transforme en roman d'aventures ou en prose mystique. Ainsi dans *Le diable amoureux* de Cazotte, le héros, guidé par un cabaliste, invoque Belzébuth qui, après avoir changé trois fois son image, apparaît en jeune fille amoureuse.

Les doubles entourent Faust, comme ils suivent Don Juan : d'un côté se place Méphistophélès, de l'autre se trouve Faust lui-même, mais transformé en jeune homme. Si Don Juan incarne l'ennemi, Faust conclut le pacte avec lui et introduit le mal dans ce monde.

Don Juan et Faust défient Dieu, en transgressant ses lois, en transformant son univers, et bravent le temps. Ils vivent dans le présent, où le passé et le futur n'existent pas, car chaque moment détruit le précédent, efface son souvenir. Quand Faust veut arrêter l'instant, il meurt.

Le jeune Casanova agit en vrai Italien : il vit au jour le jour, saisit les bons moments et les opportunités, sans se soucier du futur[2]. Par contre, le vieux Giacomo mémorialiste essaye d'arrêter le temps qui s'écoule inexorablement,

---

1. A. Dabezies, *Le mythe de Faust,* A. Colin, 1973.
2. G. Poulet, *Études sur le temps humain,* IV. *Mesure de l'instant,* Presses pocket, 1990, p. 105-139.

de le faire revenir en arrière. Don Juan oublie tout, Casanova garde précieusement ses souvenirs. Il est bouleversé quand il remarque sur les vitres d'une auberge genevoise les mots tracés jadis avec la pointe d'un diamant : « Tu oublieras aussi Henriette » (*HMV*, t. 2, p. 398). Le Vénitien sent bien la relativité de la chronologie et du calcul des heures, car il connaît plusieurs systèmes et des calendriers différents. Pour lui, ce sont des choses conventionnelles et modifiables. Au XVIIIᵉ siècle, les Italiens adaptent le calcul des heures au coucher du soleil, tandis que les Français utilisent la méthode moderne. Le premier système suit le rythme de la nature, le second favorise l'emploi du temps social. Comme le remarque Casanova, l'Italien aime voir le coucher du soleil toujours à la même heure, contrairement au Français qui préfère manger aux heures fixes. Le temps sacré du repas français l'emporte sur le soleil, ce Dieu des anciens, et même le Roi Soleil doit s'y conformer. L'année vénitienne commence le premier mars et quelquefois Casanova désoriente son lecteur sans le vouloir, en suivant le calendrier de son pays.

En Russie, ce méridional perd le nord et cherche midi à quatorze heures. Le jour hivernal à Saint-Pétersbourg est si court que le Vénitien confond matin et soir, dort vingt-quatre heures et perd une journée. Il déteste les nuits blanches d'été, ainsi que le coup de canon de la forteresse Saints-Pierre-et-Paul qui sépare le jour et la nuit : comme tout le pays, le temps obéit à l'ordre militaire. Casanova propose alors à Catherine II une reforme cardinale : le passage du calendrier julien au système grégorien. Dans ses dernières années, il développera ce projet qui aurait dû mettre la Russie à l'heure de l'Europe. L'impératrice refuse son plan pour ne pas provoquer de mécontentement général. Pour éviter la confusion, elle opte pour le système de doubles dates.

Dans le monde de Mégamicres, l'année est quatre fois plus courte que sur la surface de la terre. Cependant, le temps qui accélère les récoltes et les naissances s'arrête presque pour les habitants qui ne connaissent ni maladie, ni vieillesse, mais qui connaissent la date de leur mort. Comme le constate Chantal Thomas en analysant l'*Icosaméron*, le monde utopique, organisé selon les règles mathématiques, où tout est prévisible, est le règne de l'ennui. Cet Éden que Casanova place sous la terre à l'endroit où la tradition situe l'enfer ressemble à un lieu de détention, que ce soient les prisons de Piombi ou le château de Dux. La recherche du paradis terrestre est l'un des buts de la maçonnerie, mais quand Casanova et ses personnages trouvent enfin la terre promise, leur vie se transforme en châtiment.

Littérature et alchimie

La liste des conquêtes fait la force de Don Juan. L'accord signé avec le diable rend Faust tout-puissant. Comme Casanova mémorialiste ne cède sa plume ni à son valet, ni au diable, il joue dans les aventures alchimiques et cabalistiques le rôle du séducteur, d'un esprit malin. L'histoire de la marquise d'Urfé, racontée par Casanova, ressemble à l'histoire de Faust, mais présentée par Méphistophélès. La tradition veut que le diable soit toujours ironique, et justement Casanova décrit sa victime avec sympathie, mais sa propre image n'a rien de flatteur : « Je l'ai quittée portant avec moi son âme, son cœur, son esprit et tout ce qui lui restait de bon sens » (*HMV*, t. 2, p. 96). Plus le Vénitien s'efforce de présenter le rituel magique comme une mascarade ridicule, plus on a envie de le prendre au sérieux. Et cela pour deux raisons. D'une part, parce que ce genre d'« anticomportement » est le propre des alchimistes et des mystiques ; d'autre part, parce que la définition du secret maçonnique donnée par Casanova est entrée dans les dictionnaires de la franc-maçonnerie : « Le secret de la maçonnerie est inviolable par sa propre nature, puisque le maçon qui le sait ne le sait que pour l'avoir deviné. [...] Lorsqu'il y est parvenu, il se garde bien de faire part de sa découverte à qui que ce soit, fût-ce son meilleur ami maçon puisque s'il n'a pas eu le talent de le pénétrer, il n'aura pas non plus celui d'en tirer parti en l'apprenant oralement. » Et il poursuit : « Ceux qui par une indiscrétion malhonnête ne se sont pas fait un scrupule de révéler ce qu'on y fait n'ont pas révélé l'essentiel. Comment pouvaient-ils le révéler s'ils ne le savaient pas ? S'ils l'avaient su, ils n'auraient pas révélé les cérémonies » (*HMV*, t. 1, p. 554). Hermann Hesse dans son roman *Le voyage en Orient* (1932) le formule à sa façon : celui qui dévoile le mystère, l'oublie.

Les casanovistes s'accordent à dire que Casanova ne croit pas aux doctrines mystiques et dupe franchement la marquise. Il passe sous silence les rites maçonniques ; il raconte ceux des rose-croix mais il les présente comme sa propre invention, ridicule et absurde. Il ne dévoile le secret de la fabrication de l'or, communiqué au prince de Courlande, qu'au moment où ses papiers, conservés à la Bastille, ont été rendus publics. Dans une note il dit qu'il pratiquait l'alchimie à Paris avec la princesse d'Anhalt-Zerbst, mère de Catherine II.

Nous allons étudier l'histoire de la marquise d'Urfé racontée par le Vénitien comme une unité narrative. Nous pourrons alors l'inscrire dans le contexte des épisodes analogues de l'*Histoire de ma vie* et de l'*Icosaméron* et la comparer avec des légendes alchimiques et rosicruciennes, ainsi qu'avec des contes littéraires, écrits entre le XIVe et le XIXe siècle.

A l'époque des Lumières, le courant mystique domine au sein de l'ordre maçonnique ; plusieurs loges, y compris les loges russes qui entrent dans le système de Melissino, pratiquent l'alchimie. Les expériences chimiques ont pour but la fabrication de la pierre philosophale, susceptible de guérir des métaux « lépreux » et de les transformer en or, ainsi que la découverte de la panacée ou de l'or liquide qui remédierait à tous les maux et apporterait l'immortalité. Il s'agit en fait de la même matière sous deux formes différentes.

Le grand œuvre comporte quatre phases, selon le nombre des éléments (la terre, l'eau, le feu et l'air) : passage au noir, au blanc, au jaune (exceptionnellement au vert) et au rouge. Mais, souvent le processus est réduit à trois étapes. Le stade noir est celui de la matière première, du chaos et de la décomposition. Symboliquement on le présente comme un mariage incestueux qui entraîne mort du fruit de cette union, ou bien comme le démembrement du roi, tué par son propre fils. Le passage au blanc lave l'âme après la mort. Elle ressuscite, libérée du corps. Comme le blanc contient toutes les couleurs du spectre, il est incarné par le paon, la lune ou l'argent. Le soleil symbolise le passage au rouge, ce sont les noces chimiques du rouge et du blanc, du roi et de la reine.

La transformation de la matière ne peut s'accomplir sans l'évolution spirituelle. De ce point de vue, le processus alchimique n'est que l'initiation, la purification et la transfiguration de l'adepte, la recherche de soi-même, de la vérité, qui passe par la ruine et le désespoir, la mort symbolique et la résurrection[1]. Les livres anciens ridiculisent les « souffleurs » qui ne pensent qu'à la chimie et deviennent victimes des fourbes ; seuls les « philosophes » trouvent la bonne voie.

L'histoire de la marquise d'Urfé réunit deux thèmes : l'initiation érotique et mystique d'un jeune homme (de Casanova) qui acquiert des connaissances secrètes, trouve une femme-mère, et la métamorphose en une jeune beauté. Depuis la fin du XVIIᵉ siècle, le conte de fées utilise une construction analogue, avec le changement de rôles, comme dans *Riquet à la houppe* de Charles Perrault : après le mariage, la jeune fille devient intelligente et le roi hideux, beau.

---

1. Carl Gustav Jung défend cette approche dans *Psychologie et alchimie*, trad. de l'allemand, Buchet-Chastel, 1970.

Examinons de près nos personnages. Jeanne Camus de Pointcarré (1705-1775) épouse Louis-Christophe de la Rochefoucauld, marquis d'Urfé († 1734), en 1724, une année avant la naissance de Casanova. Le mari complaisant ne prête pas attention aux amours de sa femme qui compte parmi ses amants le Régent, Philippe d'Orléans. Il accepte l'explication selon laquelle les enfants, conçus pendant son absence, proviennent des génies élémentaires – toute sa famille, depuis le fameux alchimiste Anne d'Urfé, est férue de sciences occultes – et finalement, pour ne plus ennuyer son épouse, il se fait tuer à la guerre[1]. La marquise, riche et avare, multiplie ses revenus par des spéculations financières. En 1757, l'année où elle fait connaissance avec Casanova, elle a cinquante-deux ans, lui trente-deux. Dans ses mémoires, le Vénitien brosse le portrait d'une vieille femme de soixante-dix ans, en ajoutant qu'elle « avait été belle, mais elle était comme je suis aujourd'hui », la présentant en quelque sorte comme son double (*HMV*, t. 3, p. 50).

En 1757, Casanova est au faîte de sa gloire. Il s'échappe des prisons vénitiennes, et arrive à Paris où, grâce à la protection du cardinal de Bernis et à sa propre ingéniosité, il devient agent secret du gouvernement français, financier et entrepreneur. Le Vénitien organise la loterie de l'École militaire, fait un voyage d'inspection à Boulogne et deux autres en Hollande où il trouve de l'argent pour le trésor royal, ruiné par la guerre. Il devient riche et, semble-t-il, acquiert la nationalité française. Casanova se forge la réputation d'un homme solide et fortuné, fait oublier ses anciens succès de thaumaturge.

L'introduction. 1757, Paris. Casanova fait connaissance avec le comte de La Tour d'Auvergne, s'éprend de sa maîtresse Babette, mais après la méprise dans la voiture

---

1. A. Compigny Des Bordes, *Casanova et la marquise d'Urfé,* Champion, 1922.

devient son ami. Ils se battent en duel pour un bon mot, le comte reçoit un coup d'épée : le sang scelle leur relation qui devient presque intime[1]. Une semaine plus tard, Casanova guérit le comte de la sciatique, en dessinant sur sa cuisse le signe de Salomon. Le comte, fasciné, le présente à sa tante, la marquise d'Urfé.

Le noyau de l'intrigue. La marquise montre à Casanova sa grande bibliothèque alchimique et une merveille de laboratoire où le feu ne s'éteint jamais sous l'athanor et où pousse un « arbre de Diane ». Elle prétend posséder la pierre philosophale, mais Casanova sort son arme favorite, la cabale. En faisant des calculs rapides, il compose des pyramides mathématiques et reçoit de son génie les réponses à toutes ses questions. La marquise croit qu'elle ne pourrait accéder à une science suprême sans changer de sexe et que Casanova seul saurait la transformer. Pendant une série de repas, la marquise présente à Giacomo ses amis. Le Vénitien élimine ceux qui pourraient rivaliser avec lui dans les domaines occulte (Saint-Germain) ou galant (le doyen des petits-maîtres, le chevalier d'Arzigni), ainsi que les proches de la marquise. Les dîners se transforment en débats intellectuels. Les domestiques le prennent pour le mari de la marquise. Le Vénitien et Mme d'Urfé prêtent le serment des rose-croix.

L'action principale. Par trois fois, Casanova tente en vain de transformer la marquise. Il impute ses échecs à Saint-Germain.

1. Casanova promet de faire passer l'âme de la marquise dans le corps d'un garçon, Giuseppe Pompeati, fils de son ancienne maîtresse, Thérèse Imber, que le Vénitien intitule comte d'Aranda. En 1759, Casanova est arrêté pour dettes, la marquise d'Urfé le fait sortir de prison. En 1761, le valet Costa disparaît avec l'argent et les tabatières, donnés par la marquise pour libérer des prisons

---

1. Le Vénitien parle de son ami comme d'une femme, en précisant qu'il est « doux comme un mouton » – *HMV,* t. 2, p. 83.

portugaises le grand Quérilinthe, chef des rose-croix (personnage inventé par Casanova).

2. 1762. Pont-Carré, château de la marquise d'Urfé, puis Aix-la-Chapelle. La danseuse Marianne Corticelli, fausse pucelle de la noble famille Lascaris, fait l'amour deux fois avec Casanova en présence de la marquise. Elle devrait mettre au monde un enfant, dans lequel passerait l'âme de Mme d'Urfé. Pour consulter son génie et faire des ablutions rituelles, Casanova prend le bain avec la marquise et y trouve une lettre, envoyée de la Lune. Le Vénitien prive la danseuse de tous ses bijoux, offerts par la marquise. Mais la Corticelli proteste et on la met à la porte. A la fin de l'année, une ennemie de Casanova raconte cette histoire dans un mémoire, en en donnant la première version écrite.

3. Le point culminant. 1763, Marseille. Casanova expulse les rebelles : l'aventurier Passano, engagé pour tenir le rôle de Quérilinthe, et son propre frère cadet. Le Vénitien fait semblant de faire des offrandes à la mer et s'approprie une caisse contenant sept métaux (la fameuse caisse de l'aventurier). Avec l'aide de Marcoline, qui joue avec succès le rôle d'une Ondine, Casanova consomme son mariage mystique avec la marquise d'Urfé dans un bain. La première tentative réussit, mais pendant les deux suivantes Casanova est obligé de tricher. Impuissant, il trompe la Vénus. La marquise devrait accoucher d'un garçon, c'est-à-dire d'elle-même dans la vie ultérieure. Elle propose à Casanova de l'épouser pour qu'il devienne son mari et, après métempsychose, son père.

La chute. 1763. Casanova part en Angleterre où il rend le jeune Pompeati à sa mère. Dans ses mémoires il prétend avoir appris à Londres la mort de la marquise d'Urfé. En réalité, elle ne mourra que dix ans plus tard, non sans avoir encore été bernée par Passano. Casanova mémorialiste la tue au moment où elle doit accoucher, en prétendant qu'elle s'était empoisonnée avec une trop forte dose de médecine universelle, tout à fait comme Paracelse. Un an avant, le Vénitien avait laissé échapper une phrase révélatrice : « J'appréhendais aussi que ma bonne Mme d'Urfé fût morte ou devenue sage, ce qui pour moi aurait eu le même résultat » (*HMV*, t. 2, p. 716). A Londres, Casanova subit la défaite la plus humiliante de sa vie : Charpillon, une fille de joie, se moque de lui sans vergogne, le ruine, le prive de ses faveurs et les offre à tous[1]. Le Vénitien sent l'approche de la fin : « Ce fut ce fatal jour de septembre 1763 que j'ai commencé à mourir et j'ai fini de vivre. J'avais trente-huit ans » (*HMV*, t. 3, p. 221-222). Il est condamné à la pendaison et attrape une cruelle syphilis ; il échappe par miracle à mort.

L'épilogue. Le comte de Saint-Germain transforme l'argent en or devant le Vénitien ébahi. Il affirme qu'il aurait pu transformer la marquise en homme et offre son assistance médicale au Vénitien, mais Casanova refuse. Plus tard la famille d'Urfé accusera Giacomo d'avoir soutiré un million de livres à la marquise.

La marquise n'est pas la seule à être séduite par la chimère de Palingénésie. Un hermétiste Fischer de Vienne pendant dix ans recherche la régénération spirituelle et corporelle et tient Jean-Baptiste Willermoz au courant de ses travaux. Fischer fait partie des « vrais Maçons » qui utilisent la pierre philosophale et la panacée pour autre chose que pour assurer leur fortune et leur santé. Ils croient que des opérations alchimiques produiraient un « enfant philosophique, par les vertus duquel le possesseur prolongera aussi ses jours, guérira les maladies et spiritualisera pour ainsi dire son corps, s'il en a le courage et assez de confiance pour aller chercher la vie jusque dans les bras de la mort »[2].

Malgré son extravagance, l'histoire de Mme d'Urfé s'inscrit bien dans la logique narrative de l'*Histoire de ma*

---

1. Pierre Louÿs utilisera cette histoire dans son roman *La femme et le pantin* (1896-1898).
2. Willermoz à Charles de Hesse, 8 juillet 1781 – A. Joly, *Un mystique lyonnais et les secrets de la franc-maçonnerie,* Demeter, 1986, p. 158.

vie. Casanova cherche sa place dans la société. Pour lui naître signifie retrouver la famille qu'il n'a jamais connue : un père, une mère, une épouse. La transformation magique de la marquise s'insère dans la série des guérisons spectaculaires : celles de Casanova enfant, de Bragadin, de la duchesse de Chartres et de Mme du Rumain. Jusqu'à l'âge de huit ans Giacomo est un imbécile, qui n'a aucune mémoire et qui ne comprend pas grand-chose. Sa grand-mère, la seule femme qui ait sur lui un ascendant absolu, mène le gamin chez la sorcière de Murano qui le guérit, en l'enfermant dans une caisse (comme lui-même le fera avec les métaux). La nuit suivante une belle fée sort de la cheminée et lui ordonne de garder le secret. Le père de Casanova meurt quelques mois après la résurrection du fils. La saignée abondante qui accompagne la guérison devient le motif qui marque les chutes de l'intrigue casanovienne, les renversements de la situation, que ce soit des fausses-couches, l'absence de règles, la perte de la virginité ou le duel. Chantal Thomas compare le vampirisme d'une maîtresse de Casanova avec les habitudes des Mégamicres qui tètent du lait rouge comme le sang.

Casanova, âgé de vingt-et-un ans, plongé dans les bas-fonds de Venise, sauve la vie du sénateur Matteo Bragadin qui a failli mourir d'une crise cardiaque dans sa gondole (encore le motif de l'eau). Giacomo explique le traitement médical qui lui est prescrit par son génie et, grâce à la cabale, gagne le cœur de Bragadin et de ses deux amis, Marco Dandolo et Bernardo Barbaro. Tous les trois sont célibataires. D'après eux, un homme marié ne pourrait communiquer avec des esprits. « Je serais votre femme », leur promet alors Casanova. « Je te dois la vie », lui dit Bragadin, qui adopte Casanova comme son fils. Tout comme avec la marquise d'Urfé, Casanova joue les rôles de l'époux, du père et du fils.

Pendant son premier séjour à Paris, Casanova aide la duchesse de Chartres à conserver la beauté de sa peau et faire disparaître des boutons. Amoureux à la folie, il a

179

peur de lui avouer sa passion et préfère rester le maître de ses pensées. De même, dix ans plus tard, Giacomo rétablit la voix de Mme du Rumain, en lui prescrivant un régime sévère et des bains. Il prétend qu'il n'était pas son amant, quoique les domestiques pensent le contraire et que les casanovistes d'aujourd'hui partagent leur opinion. Avant ces épisodes, à Césène, Casanova utilise un bain pour soutirer de l'argent à un riche paysan, Francia, qui espère trouver un trésor, et pour séduire sa fille Javotte.

Récapitulons les motifs récurrents : eau, sang, rajeunissement ou guérison, aventure galante, mariage incestueux, caisse ou argent, magie ou escroquerie. Deux autres motifs sont secondaires, mais néanmoins importants : mauvaise odeur et couleur noire. Les rivaux de Casanova, le chevalier d'Arzigni et Passano, sentent mauvais : c'est l'odeur de la vieillesse ou de la maladie. Tous les aventuriers qualifient leurs rivaux de « noirs » : Casanova traite ainsi Saint-Germain et Passano, qui du reste lui rend bien la monnaie. Giacomo prétend que les forces maléfiques ont transformé la Corticelli et le jeune Pompeati en gnomes noirs.

Lorenzo Da Ponte, dans ses mémoires, raconte à sa façon l'histoire de Mme d'Urfé. Il en fait un livret d'opéra comique, son genre préféré. En une seule journée, il condense sept ans, mettant en relief des éléments majeurs. Selon Da Ponte, Casanova promet à la vieille femme de la rajeunir et de l'épouser. Pour prouver son talent, il donne un philtre magique à une jeune comédienne, déguisée en femme âgée. Sous une couverture noire, la fille abandonne le grime et retrouve sa jeunesse. La vieille enchantée boit la potion avec une forte dose de somnifère et s'endort, pendant que Casanova se retire avec ses bijoux. Ayant gagné la partie, il commet pourtant une gaffe impardonnable : il confie le butin au valet qui disparaît immédiatement.

Racontée de cette manière, l'histoire de la métamorphose mystique rappelle un conte merveilleux et badin. Comparons-la avec les textes de Chaucer et de Voltaire, de Cazotte et de Nodier, avec les contes galants, écrits dans la tradition de Crébillon fils. Selon la méthode des formalistes russe, nous montrerons comment un sujet donne naissance à plusieurs fables.

Dans le *Conte de la femme de Bath* des *Contes de Cantorbéry* de Geoffrey Chaucer (XIVᵉ siècle)[1] un chevalier du Roi Arthur va être décapité pour le viol d'une paysanne. La reine promet de le gracier si un an plus tard il est capable de dire ce que les femmes désirent le plus. Douze mois s'écoulent; jusqu'au jour où le chevalier voit vingt-quatre belles danser dans une forêt et rencontre une vieille hideuse qui lui propose son aide. «Je suis un homme mort», pense le héros qui promet d'accéder au premier vœu de l'horrible créature. Celle-ci donne alors la bonne réponse à l'énigme de la reine: les femmes veulent gouverner, la domination leur procure le plus grand plaisir[2]. Le chevalier est alors obligé d'épouser sa salvatrice et la vieille lui démontre, en citant des auteurs antiques, qu'il ne pouvait trouver meilleure femme. *Primo*, devant Dieu, la noblesse n'est rien en comparaison avec la vertu. *Secundo*, la pauvreté voulue est très honorable, c'est une voie de sainteté. *Tertio*, une femme vieille et laide sera fidèle. Convaincu par ce discours, le chevalier accepte de laisser sa femme le dominer et, lorsqu'il lève la courtine, s'aperçoit qu'elle est devenue jeune et belle.

La version voltairienne de cette histoire paraît en 1763 sous le titre *Ce qui plaît aux dames* avec quelques changements de taille. L'auteur introduit le temps de la narration: un soir d'hiver, quand le Soleil part en Afrique, dans le noir[3], et le merveilleux règne sur la terre. Casa-

---

1. G. Chaucer, *Les contes de Cantorbéry,* éd. J.-P. Foucher, Le Livre de poche, 1974, p. 303-323.
2. Nous retrouverons cette formule, en parlant de la «gynécocratie» russe au XVIIIᵉ siècle.
3. «Or maintenant que le beau Dieu du jour /Des Africains va brûlant la contrée» – Voltaire, *Romans et contes en vers et en prose,* éd. E. Guitton, Le Livre de poche, 1994, p. 367. Toutes les citations renvoient à cette édition.

nova indique aussi l'heure de ses opérations magiques : sans le respect strict des heures planétaires, on ne peut rien accomplir.

Le chevalier Jean Robert, jeune, pauvre et beau comme les aventuriers (« Force d'Hercule, et grâce d'Adonis, /Dons fortunés qu'on prise en tout pays », p. 368) effectue le même trajet, en venant de Rome à Lutèce (Paris) dans l'habit d'un pèlerin[1]. La beauté d'une paysanne « Qui tenterait les saints du paradis » (p. 368) provoque le viol. Mais c'est plutôt un marché qu'une violence : le chevalier achète l'amour pour vingt écus. La jeune Marton est une séductrice, dans le genre du « diable amoureux » : « Que vers Charonne il fut tenté du diable, /Qu'il succomba... » (p. 369). Pendant l'heure du berger, le chevalier casse les œufs de la paysanne, un moine noir vole sa monture et sa bourse. Retenons les métaphores, utilisées dans les textes alchimiques : noir, or, œuf, dissolution.

L'amour conduit au seuil de la mort ; les femmes séduisent, prononcent le verdict et sauvent. Elles incarnent cette énigme séculaire que l'homme doit résoudre. La rencontre avec la vieille se passe dans le bois ; dans la classification proppienne[2], on pourrait la définir comme maîtresse de la forêt. La vieille est d'une laideur qui fait peur, comme le mariage : « J'aimerais mieux que votre majesté /Me fiançât à la mère du diable » (p. 373). Voltaire rime avec élégance les notions centrales du conte : vie-envie, flammes (d'amour et d'enfer)-amants, désir-rire. Les deux derniers sont les attributs du diable. Les cabalistes en effet défendent de rire : Casanova l'interdit au comte de La Tour d'Auvergne ; la vieille dit au chevalier Jean Robert : « ne riez point, rien n'est plus sérieux ».

1. Casanova rencontre pour la première fois Cagliostro et sa femme lors d'un pèlerinage.
2. V. Propp, *Les racines historiques du conte merveilleux* (1946), Gallimard, 1983, Les transformations des contes merveilleux (1928), *Morphologie du conte,* Seuil, 1970.

Chez Chaucer et chez Voltaire, la vieille est pétrie de science et de sagesse : ses réflexions « l'instruisaient, mais sans l'air instructif » (p. 375). Dans la seconde version, non seulement elle donne des leçons au jeune homme (comme la marquise d'Urfé à Casanova), elle apparaît comme narratrice et comme une « affreuse aventurière ». Chemin faisant le chevalier a envie de noyer la vieille, ce qui fait supposer qu'ils traversent une rivière, frontière entre les deux mondes (et nous rappelle l'amour dans l'eau à la Casanova). La vieille appelle son époux « mon fils ». Dans la cabane, Jean Robert ne songe qu'à la mort. La laideur et la puanteur de la vieille l'empêchent de remplir ses obligations conjugales ; néanmoins quand, les yeux fermés et le nez bouché, il accomplit l'exploit exigé, presque par miracle, la sombre chaumière s'éclaire de mille feux (mais non pas de la lumière du jour), se métamorphose en palais et sa maîtresse apparaît en belle fée. La narration correspond au schème de la *Morphologie du conte* de Propp : complicité-méfait (viol-vol) – épreuve préliminaire (énigme difficile, proposée par la reine, recherche d'un auxiliaire) – épreuve définitive (le mariage et la métamorphose). Il y a certes une différence : la maîtresse de la forêt devient une épouse merveilleuse, en remplaçant la reine. La vieille le souligne : « Et vous, madame [...] aimez-vous mieux que moi ? » (p. 373).

A la fin, Voltaire revient au temps de la narration et défend les croyances populaires ; il oppose la fantaisie aux tristes spéculations raisonnables : « Ah ! croyez-moi, l'erreur a son mérite » (p. 378). Est-il sérieux dans son badinage ? En suivant Jean Fabre, qui avait relié Voltaire au roman noir, à Cazotte et à Potocki[1], Édouard Guitton estime que le patriarche appartient à ce type des écrivains des Lumières, précurseurs du romantisme, qui préfèrent le paradoxe à une logique trop rationnelle, qui n'ignorent

---

1. J. Fabre, *Idées sur le roman : de Madame de la Fayette au Marquis de Sade,* Klincksieck, 1979, p. 243-245.

pas le pouvoir du mal et l'évoquent avec une forte dose d'ironie[1]. Ce n'est pas le seul conte de Voltaire qui se prête à une interprétation mystique. *Le blanc et le noir* parle de la lutte de deux forces dans le monde, du bien et du mal, qui par des routes différentes mènent à une fin tragique. Ce conte, ainsi que *Le crocheteur borgne* et *Cosi sancta,* présente une question sur le libre choix et la prédétermination imprévisible, le monde illusoire et trompeur où une métamorphose merveilleuse n'est qu'une des applications de la loi universelle sur la relativité du bien et du mal, bref les idées que nous retrouvons également dans *Zadig* et *Candide.*

Voltaire entre en dialogue avec Chaucer et avec les contes galants des années 1730 et 1740, genre en vogue depuis *Tanzaï et Néadarné* (1734) et *Le sopha* (1741) de Crébillon fils. Les œuvres de Fougeret de Monbron (*Le canapé couleur de feu,* 1741), d'Antoine Bret (*Le *****, histoire bavarde,* 1749), de François-Antoine Chevrier (*Bibi,* 1745), de l'abbé Voisenon (*Le sultan Misapouf et la princesse Grisemine,* 1746), de Jacques Cazotte (*Mille et une fadaises,* 1742), de Paul Baret (*Le grelot,* 1754) et d'autres conjuguent les thèmes de l'initiation et de la métamorphose. La transfiguration magique matérialise la peur des noces et d'impuissance, le complexe de castration. Ceux qui refusent l'amour d'une vieille sorcière sont transformés en chien, en théière, en canapé, en sofa, en bain ou en bidet ; on leur enfonce une écumoire ou un grelot à l'endroit le plus inimaginable. Le prince ne peut se marier avec la princesse qu'en se surpassant et faisant l'amour à la fée.

Les écrivains parlent de la métamorphose et de la métempsycose en plaisantant, mais il ne faut pas oublier que ce sont des thèmes alchimiques majeurs. Dans le cas de Cazotte, la situation devient encore plus complexe. Son conte *La belle par accident* prétend corriger le héros et les lecteurs qui aiment trop les contes de fées, mais ce sont

---

1. Voltaire, *op. cit.,* p. X.

les fées qui donnent la leçon. La situation initiale remonte à *Don Quichotte* : l'homme essaye de vivre selon les règles d'un genre littéraire, situation que Wieland utilisera dans son roman merveilleux *Don Silvio de Rosalva* (1764).

Après la mort de son père, le prince Kalibad devient l'objet de « toute la tendresse imaginable » de sa mère qui le fait « même coucher à coté de son lit »[1] (forme atténuée d'inceste). Chaque nuit, il écoute des contes de fées. Comme dans le récit de Voltaire, le temps de la narration et le temps de l'action s'entremêlent. La nature devient à ses yeux un enchantement et Kalibad refuse d'épouser une belle princesse : il ne veut épouser qu'une fée.

La version de Cazotte redouble le premier bloc narratif, les amours avec une fausse héroïne. La reine mère meurt. Deux vieilles bohémiennes, Cancrélade et Mophétuse, arrivent dans la capitale du royaume d'Astrakan et, en apprenant la folle passion du prince, jouent devant les fenêtres du palais un rite burlesque et étrange. Kalibad reconnaît immédiatement leur « jeunesse éternelle sous l'odieuse apparence de la décrépitude et de la difformité » (p. 92), tandis que les bohémiennes lui ordonnent de « surmonter tous les dégoûts imaginables », car ces créatures ne peuvent communiquer avec les hommes qu'avec des précautions extraordinaires qui indisposent la vue et tous les autres sens. Le page qui les voit, comme le chevalier de Voltaire, se bouche le nez et ferme les yeux. Par rapport au conte de Voltaire et au récit de Casanova, Cazotte redistribue les rôles à l'inverse : c'est la vieille qui trompe le prince pour lui voler son petit coffre d'ébène plein de bijoux. La nuit, malgré tous les baumes et les arômes, la vieille pue comme une charogne et le prince furieux la défenestre. En tombant, elle s'accroche à une branche d'arbre et reste suspendue.

1. Toutes les citations renvoient à l'édition : J. Cazotte, *La belle par accident. Conte de fée, Œuvres badines et morales de M. C,* 3 vol., 2 part., Lausanne et Paris, La Veuve Esprit, au Palais-Royal, 1788, p. 81-126.

A ce moment, le vent amène deux fées avec un orphelin, le fils du roi de Géorgie, qui a été assassiné par ses ennemis. Les fées construisent dans le jardin un superbe pavillon et transforment Cancrélade en jeune beauté. Le prince humilié qui pensait avoir tué la vieille lui demande sa main. La bohémienne explique à sa compagne abasourdie que pour rajeunir, il faut s'enterrer dans le fumier et prononcer la formule : « tout ce qui pue porte salut » ; un génie viendra alors enlever des années superflues. Comme dans les textes alchimiques, la terre incarne une femme : « il y a longtemps que la terre fut aussi décrépitée que je l'étais hier. Tout y repose journellement et voilà le mystère qui renouvelle sans cesse les fleurs... » (p. 112). La mort n'est que le début de la régénération, pour renaître il faut s'enterrer (ou faire un voyage au centre de la terre, comme dans les romans utopiques). La transmutation de la matière sous l'effet d'une pierre philosophale se présente comme l'histoire d'un grain semé dans la terre qui meurt pour que la plante pousse.

Les vraies fées dénoncent l'imposture juste avant la cérémonie du mariage. Un horrible nain nu, chassieux, cornu et velu, venu du lac noir, arrache la belle peau de la vieille. Cette métamorphose à l'envers doit convaincre Kalibad qu'une belle femme est la plus grande merveille et qu'il doit épouser la princesse de Kandahar.

On ne connaît pas la date de la rédaction de *La belle par accident*, parue en 1776, quatre ans après *Le diable amoureux*. Le conte traite du même problème que le roman : les difficultés qui attendent un adepte au stade noir. Selon la légende, les rose-croix blâment l'auteur pour avoir dévoilé leurs mystères, tandis que l'écrivain, semble-t-il, ne fait connaissance avec leur doctrine qu'après la rédaction du roman. Il serait initié en 1778. A cette époque, il subit l'influence des thèses de Martinès de Pasqually. Cazotte estime que la bataille universelle entre les forces du bien et du mal se livre à l'intérieur du cœur humain, que c'est l'homme qui décide et qui crée le bien et le mal. Au reste, Dieu ne fait rien sans ces élus qui sont les rois de la terre ; il y en a huit en France et Cazotte est de leur nombre. Dans *Le blanc et le noir*, Voltaire montre une transformation pareille des idées manichéennes ; le conte oriental subit l'influence de l'illuminisme quand il s'agit de la lutte des bons et des mauvais génies, comme dans le *Vathek* de William Beckford et *Le manuscrit trouvé à Saragosse* de Jan Potocki.

Max Milner suppose que Cazotte a été initié dans ces doctrines par notre ancienne connaissance, la marquise d'Urfé. Cazotte écrit dans une lettre : « Je l'ai connu chez la vieille marquise Durfé, de son temps la doyenne des Medées françaises. Elle fut une des premières qui fit courir après moi, quand j'eus fait prendre l'air au scientifique ouvrage du *Diable amoureux*. Elle avait été toute sa vie en commerce avec des esprits ; moi, je les peignais de main de maître, et nous nous trouvâmes aussi savants l'un que l'autre, c'est-à-dire, fort ténébreux. »[1] Peu avant sa mort, Mme d'Urfé force Cazotte à jouer le rôle qu'elle avait réservé à Casanova.

Une version romantique de ce sujet, présentée par Charles Nodier, admirateur de Cazotte, nous fait sortir de nos limites chronologiques. Le récit-cadre de *La fée aux miettes* (1832) interprète cette étrange histoire comme racontée par un fou. Encore adolescent, l'orphelin Michel promet sa main à une vieille mendiante, mine de connaissance qui connaît toutes les langues. Vingt louis d'or (même chiffre que dans le conte de Voltaire) sont le gage de leurs fiançailles. Michel voyage, devient charpentier, bâtisseur du temple de Salomon. Après le mariage, la fée aux miettes se transforme en une beauté éternelle, la reine de Saba, dont le roi Salomon était amoureux ;

---

1. *Œuvres badines et morales... de Jacques Cazotte,* Paris, 1817, t. 1, p. LIII, cit. d'après M. Milner, *Le diable dans la littérature française de Cazotte à Baudelaire : 1772-1861,* J. Corti, 1960, t. 1, p. 106-107.

187

puis elle disparaît de nouveau[1]. Ici l'histoire se rapproche du thème de la deuxième partie du *Faust* de Goethe, riche, elle aussi, en symboles maçonniques, où l'alchimiste entreprend un voyage à la recherche de la belle Hélène. Michel assiste aux noces des chiens, ensuite on l'accuse d'avoir tué le gouverneur de l'île qui est aussi un chien. Condamné à l'échafaud, il refuse la main d'une jeune fille qui veut le sauver – le bloc narratif, qui était au début du conte de Voltaire, est ici transposé à la fin. Enfin, Michel trouve refuge dans une maison de fous, où, heureux, il attend tranquillement sa femme, la reine.

Les légendes alchimiques qui traitent le même sujet, utilisent régulièrement les métaphores érotiques : le grand œuvre est la procréation et la naissance. Selon Paracelse, celui qui veut entrer dans le Royaume de Dieu doit d'abord pénétrer avec son corps dans sa mère et y mourir[2]. Le feu est le père, la terre est la mère, les enfants sont des métaux, nobles et vulgaires. Leur transmutation est la guérison qui rajeunit et rend immortel. La pierre philosophale elle-même n'est ni homme, ni femme, mais un hermaphrodite. Quelquefois dans les légendes, la baignade d'un couple philosophique dans une fontaine alchimique, ou l'ablution d'une vierge qu'on lave en caressant son corps pour que la noirceur la quitte, précède la scène du mariage mystique[3].

Le roman alchimique de dom Jean-Albert Belin, évêque de Belley, *Les aventures du philosophe inconnu* (1746), contient des parallèles bien intéressants. Il est écrit à la première personne, l'action se passe dans une ville occidentale, probablement à Paris. Le héros rencontre « une certaine Dame dont la vieillesse était extrême et la science

---

1. Dans les légendes alchimiques la reine du Sud, princesse de Saba, incarne la sagesse et l'art royal.
2. M. Eliade, *Le mythe de l'alchimie,* L'Herne, 1990.
3. E.-Ch. Flamand, *Érotique de l'alchimie,* Le Courrier du livre, 1989.

incomparable »[1], qui connaît toutes les langues et tous les métaux. Elle reste pauvre, ne voulant pas braver le sort, situation qui ressemble à celle qu'on trouve dans les textes de Chaucer, de Voltaire, de Cazotte et de Nodier et qui inverse celle du récit de Casanova. Le héros en quête de vérité fait des dépenses immenses, lui offre tout son bien, son cœur et sa main, car l'amour est le meilleur moyen de partager les connaissances. On prépare en même temps le mariage et le grand œuvre. Le héros a trente ans (à peu près comme Casanova), la fiancée, ce « vivant sépulcre », a 144 ans (12 × 12), mais elle est encore menstruée et peut procréer ; le jeune homme attend son rajeunissement. Il remarque qu'il pourrait « fournir aux plumes et au théâtre un vrai sujet de comédie et de roman » (p. 96) et tout se passe exactement comme dans les comédies : l'âtre s'écroule, la poudre de projection est volée, la femme disparaît, en laissant l'odeur diabolique du souffre.

Dans le second livre le héros voyage, il est « persécuté partout, sur la mer et sur la terre, du ciel et des enfers » (p. 107). Dans la troisième partie, il rencontre des « alchimistes et non pas philosophes », des souffleurs qui prennent des mauvaises voies de recherche, en choisissant douze variantes d'une matière première, y compris le fumier et la terre puante, comme dans les textes de Cazotte et de Casanova[2]. Le héros rit, en les écoutant. Ses aventures continuent : les bandits l'attaquent, il traverse la mer, attrape une mauvaise maladie (Casanova chasse Passano justement parce que ce dernier attrape une maladie vénérienne avant l'opération magique). A ce moment le héros entend la voix de sa mère défunte qui lui dit de laisser tout, de chercher Dieu et la grâce. Dans la quatrième

1. J.-A. Belin, *Les aventures du philosophe inconnu en la recherche et invention de la pierre philosophale, suivies de l'Apologie du grand œuvre* (1646), éd. S. Matton, Retz, 1976, p. 82. Toutes les citations renvoient à cette édition.
2. Casanova utilise l'urine pour dessiner un signe cabalistique sur la cuisse de La Tour d'Auvergne.

partie – « La Philosophie », qui correspond au stade suprême du grand œuvre –, revient la dame Alchimie du premier livre, mais son image change. C'est maintenant la Beauté éternelle, la mère épouse. Le héros s'adresse à « ma chère maîtresse, ma mère toute aimable », il boit du lait de la sagesse à sa mamelle (boisson préférée des Mégamicres). Dans le roman, l'homme évolue, en passant de l'alchimie terrestre à l'alchimie spirituelle ; au début de l'histoire il ne pouvait voir l'alchimie que sous les traits d'une vieille créature : la femme change avec lui.

La légende suivante est due à un autre ecclésiastique, chanoine et alchimiste anglais George Ripley (1415-1490). Nous la citons d'après le résumé de Carl Jung[1]. Un roi atteint de stérilité, tare originelle, n'a pas de descendants (cf. des problèmes analogues au début des contes merveilleux galants ; Casanova les rencontre au milieu de sa vie). Il pourrait naître de nouveau par l'arbre du Christ[2]. Le roi décide alors de retourner dans le ventre de sa mère et de se dissoudre dans la matière première. La mère l'encourage dans son dessein et le dissimule sous sa robe, jusqu'à ce qu'elle l'incarne une nouvelle fois, par elle et en elle (mariage incestueux, mort et naissance). Le prince, enfant de la Lune et du Soleil, épouse une vierge rachetée (comme dans les textes de Voltaire, de Cazotte et de Casanova apparaît une fille, opposée à la reine fée, et le motif d'argent). Le roi devient « un triomphateur suprême, un grand guérisseur de tous les malades, un rédempteur de tous les péchés »[3].

Le traité *Les « noces chimiques » de Christian Rose-Croix en l'an 1459*, attribué à Johann Valentin Andreae (1586-

---

1. C. Jung, *op. cit.,* p. 521-523.
2. L'arbre alchimique, qui produit des fruits d'or, c'est-à-dire la pierre des philosophes ; rappelons-nous l'arbre de Diane dans le laboratoire de la marquise d'Urfé et la bohémienne accrochée à un arbre dans le conte de Cazotte.
3. Dans l'alchimie spirituelle, la pierre philosophale symbolise Jésus-Christ.

1684)[1], est entièrement consacré au problème qui nous intéresse, mais nous ne prendrons qu'une « comédie dans le roman » : une représentation théâtrale, jouée au mariage du roi. Le roi des Nègres dévaste le royaume de la cousine du vieux roi (cf. le conte de Cazotte et le début du conte de Voltaire). Le jeune prince fait la guerre aux Noirs, la vierge reprend sa couronne. Néanmoins, l'Africain perfide attaque de nouveau, fait dévêtir la princesse, la fouette et la condamne à mort. En prison on lui donne du poison qui la rend lépreuse[2]. Un chœur de fous apparaît ; un intendant et un moine – qui rappelle le moine noir de Voltaire – tourmentent la vierge. Enfin, le prince tue le Nègre lors du combat et épouse la princesse[3].

Le roi, dans le roman de Casanova l'*Icosaméron*, assiste à un autre spectacle. Ce n'est plus une allégorie alchimique, mais une comédie contre les alchimistes, comme il y en a beaucoup sur les scènes européennes de l'époque, et qui rappelle les pièces contre les thaumaturges. Un avare qui ne s'intéresse qu'à l'alchimie, ruine sa famille et ses enfants. Au colloque international de Budapest, consacré à Casanova (décembre 1996), Gérard Laouhati a bien démontré le caractère autobiographique de ce roman, en comparant la descente dans le monde souterrain dans une caisse de plomb avec la fuite de Casanova de la prison Piombi. Mais si l'on interprète le livre comme un ouvrage alchimique, le plomb deviendra une matière première, un métal lépreux. L'inceste, la mort et la résurrection des personnages, l'hermaphrodisme des Mégamicres, leur classification selon la couleur (les nobles sont rouges, le

---

1. *La Bible des Rose-Croix,* éd. B. Gorceix, PUF, 1970.
2. Le thème du lien mystique existant entre la lèpre et les « infortunes de la vertu », développé dans la littérature française du XXᵉ siècle, apparaît dans les œuvres de Paul Claudel et d'Henry de Montherlant.
3. Les pièces, traitant des sujets alchimiques du XVIᵉ au XIXᵉ siècle sont analysées par Didier Kahn et Hervé Guénot – *Chrysopœia,* t. II, fasc. 1, janvier/mars 1988.

peuple est vert, jaune ou bigarré), leur longue vie sans maladies, leur jeunesse éternelle, leur lait sanglant, la résurrection du ver noir et la mise à mort des serpents dans les jardins d'Éden trouvent des explications analogues. Tschoudy écrit dans *L'étoile flamboyante* (1766), bréviaire de la franc-maçonnerie alchimique, que le centre de la Terre où brûle le feu éternel présente un athanor idéal.

Une des histoires, intercalées dans le roman du chevalier de Mouhy *La mouche ou les aventures de M. Bigand* (1736), lie le voyage dans le monde souterrain avec la métamorphose alchimique de l'homme. Le cabaliste Mosaïde, arrivé en Égypte, entre dans la grande Pyramide et au bout d'une longue descente pénètre dans une cave, où quatre Noirs opèrent près d'un puits ardent. Un vieillard prend la cervelle du Juif et la jette dans le creuset, pour l'initier aux mystères sacrés, puis le fait descendre dans la fournaise. Purifié par le feu, Mosaïde devient incorruptible[1]. Le cabaliste rencontre le sage Huzaïl, ministre de Sémiramis, reine d'Égypte. Le sage converse avec des esprits, vit dans les flammes, possède la pierre des philosophes et le catholicon de l'immortalité. Mosaïde revient sur terre où il cherche la source de Chryseïl, fontaine miraculeuse. Ensuite, il pense redescendre sous la terre, en pénétrant par le volcan Etna. Après la mort de sa femme, le cabaliste arrive à Paris, se convertit et entre dans un couvent, où il passe pour un homme divin, car le feu ne lui fait aucun mal. Il s'enferme pour dix ans dans un caveau du cimetière. Un jour l'eau monte et entre dans son crâne vide qui devient noir. Le miracle s'opère : Mosaïde meurt pour devenir immortel. Tout en restant homme, il se transforme en creuset. Plus Mouhy est exact dans sa reconstitution de processus alchimique, plus la description est burlesque : le texte se cache derrière le masque du charlatanisme. L'histoire magistrale du roman

---

1. Au lecteur moderne ce fils de feu rappelle les personnages de Nerval et de Borges.

fait écho à cette nouvelle. Rametzi, fameux alchimiste, protège et enrichit Bigand; pour sortir de la prison, ce dernier se fait passer pour le maître d'art royal.

Dans un autre roman de Mouhy, rédigé à la même époque, *Lamekis* (1735-1738) nous retrouvons la reine d'Égypte Sémiramis, la descente aux catacombes, les mystères du monde souterrain, interdit aux femmes, habité par le peuple, né au sein de la terre. Les motifs alchimiques sont noyés dans les aventures miraculeuses et fantastiques: feu perpétuel, descente à travers une montagne de feu, habitants multicolores, bleus, roses et blancs, pareils aux Mégamicres, combat d'un chien avec un serpent monstrueux. L'auteur n'oublie pas de noter qu'il s'agit de la production de l'or, qu'un liquide coule dans les veines mobiles de la terre et que cet or liquide, remède universel, guérit les plaies et préserve des maladies; qu'au centre se trouve «une espèce de creuset formé par la nature». Par plaisanterie, Mouhy ajoute dans la préface que son «ouvrage porte avec lui le sacré talisman de la cabale la plus mystérieuse: [...] ce livre préserve de tous les maux, éloigne les événements bizarres et capricieux, donne la paix à l'âme et beaucoup d'argent; remplit les vœux des femmes» et qu'il faut lire cette troisième partie le 9 mai à trois heures après minuit[1].

Maintenant, nous pouvons revenir à l'histoire de la marquise d'Urfé afin de comprendre sa fonction dans les mémoires de Casanova. Le récit correspond bien aux légendes alchimiques et aux contes littéraires qui sont en rapport avec des idées mystiques, mais qui se développent indépendamment d'elles. Casanova cherche sa personnalité et trouve son nom, ses versions sacrée et profane. A Paris, le Vénitien s'identifie avec son génie Paralis et reçoit des lettres à son adresse. Plus tard, il crée un titre, celui de chevalier de Seingalt. Comme Casanova l'utilise

---

1. Ch. de Mouhy, *Lamekis ou les voyages extraordinaires d'un Égyptien dans la terre intérieure,* Paris, Poilly, 1737, part. 3, p. III-V.

en 1763, en se présentant à l'ambassadeur français à Londres, il est probable qu'il a reçu ce nom avec la nationalité française (*HMV*, t. 2, p. 137); en tout cas ce nom figure sur la page de titre de ses ouvrages. Il semble que ce soit une anagramme de son nom rosicrucien: Parali*s*ée *Galt-in*-ard-*e* = *Se-in-galt*. Le reste, *ard*, pourrait signifier *ardent*. Paralis rime avec Séramis, le nom secret de Mme d'Urfé.

Casanova mémorialiste est obligé d'adapter une double attitude envers son récit, comme le font Voltaire et Cazotte. L'auteur est face à un dilemme à résoudre: s'il ne croit pas aux mystères qu'il dévoile, il discrédite sa narration, s'il y croit, il se déprécie. Casanova retrouve en quelque sorte la situation initiale de *Don Quichotte*, la visite de la bibliothèque de la marquise fait penser au fameux chapitre du roman de Cervantès. Mais si dom Belin, Voltaire et Cazotte mettent en parallèle l'amour et la science (que nous avons évoqué en parlant de Don Juan), Casanova rapproche Éros et mimésis, l'art de la narration. Deux fois, dans ses conversations avec Mme d'Urfé et une jeune théologienne genevoise, Casanova utilise comme notions synonymiques Logos et phallus, qui contient la semence vitale. Quand Giacomo explique les mystères du sexe à une jeune fille, à Mlle M--r ou à une autre, il emprunte volontiers le langage alchimique[1].

Le récit de Casanova s'inscrit bien dans le modèle du conte merveilleux. Dans une épreuve préliminaire, le comte de La Tour d'Auvergne et sa maîtresse jouent le rôle d'une fille séductrice. Les mêmes motifs secondaires apparaissent: perte d'argent et tromperie. L'épreuve principale est divisée en plusieurs étapes: élimination des autres prétendants, remplacement des proches de la marquise d'Urfé par une nouvelle famille (Pompéati et Corticelli) et enfin noces mystiques dans l'eau. Néanmoins, la fin et le sens de la narration sont différents. Dans les

---

1. « C'est la matière qui placée, dans le fourneau qui lui est propre, en sort après neuf mois mâle ou femelle » – *HMV*, t. 2, p. 39.

contes et les légendes alchimiques, l'accouplement avec une vieille guérit de l'impuissance, dans l'*Histoire de ma vie* il la provoque. Dans le premier cas, le mariage sauve de la mort, dans le second il la présage. Pendant le rite magique, le Vénitien trompe deux fois la Vénus, il vole la mer, la fiancée du doge, en subtilisant le coffret précieux, et il n'échappe pas à la vengeance de la déesse de l'amour et de la patronne de sa ville. Il ne pourra point vaincre la courtisane Charpillon, enveloppée dans sa chemise de nuit comme dans un linceul, et il sera sur le point de mourir. Casanova est un alchimiste qui ne devient pas philosophe, qui reste à la première phase noire, celle des souffrances, de l'analyse et de la désespérance. Devant lui, l'argent se transforme en or, mais ce n'est pas lui qui fait le miracle. Chacun reçoit selon sa foi.

Un État exemplaire : la loterie

> *Ce monde-ci n'est qu'une loterie*
> *De biens, de rangs, de dignité, de droits,*
> *Brigués sans titres et repartis sans choix.*
>
> Voltaire

Dans la première partie, nous avons noté que la communauté de joueurs ressemblait à un État cosmopolite au même titre que la République des Lettres ou le monde théâtral. Après les ouvrages classiques de Johan Huizinga (*Homo ludens*, 1938), de Roger Caillois[1], de Robert Mauzi[2] et de Iouri Lotman, il est inutile d'insister sur l'importance du jeu dans la vie culturelle et sociale. Parmi les derniers travaux consacrés au jeu dans la culture française des Lumières, on peut signaler les actes du colloque *Le jeu au*

1. R. Caillois, *Les jeux et les hommes : le masque et le vertige,* Gallimard, 1958.
2. R. Mauzi, Écrivains et moralistes du XVIIIᵉ siècle devant les jeux de hasard, *Revue des sciences humaines,* 1958, p. 219-256.

XVIIIe siècle[1], les livres d'Olivier Grussi[2] et de John Dunkley[3]. C'est pourquoi nous n'évoquerons que deux problèmes, celui du jeu comme stratégie sociale et comme moyen de refaire le monde.

Il suffit de vouloir risquer son argent pour être admis dans la société où tous les partenaires ont les mêmes droits et respectent les mêmes règles. « C'est une chose admirable que le jeu : rien ne rétablit aussi parfaitement l'égalité parmi les hommes », estime Diderot. Lansquenet est « une espèce de république mal policée où tout le monde devient égal », affirme Charles Dufresny. Selon Robert Mauzi, les écrivains et les moralistes des Lumières trouvent dans le jeu deux principes contradictoires du plaisir : le repos et le mouvement. Le jeu-loisir s'oppose au travail, aux tumultes et aux passions violentes. En offrant une certaine stabilité, il permet toutefois d'échapper au quotidien. Le jeu vu comme mouvement détruit la stagnation et l'ennui ; il apporte l'imprévisible et transforme la vie en aventure. Le danger et le risque diversifient les émotions, l'amertume de la perte est nécessaire pour savourer le plaisir du gain. Le jeu-repos est un passe-temps agréable et souvent lucratif, même si la sociabilité importe plus que le résultat ; le jeu-mouvement est une passion funeste, un malheur. L'État multiplie des édits contre le jeu[4] : on l'accuse de rompre les liens sociaux, de détruire les familles et les fortunes, de s'ériger en une sorte de religion, d'avantager les pauvres au détriment des riches, de redistribuer les biens. Bref, on fait le même procès au jeu qu'aux aventuriers.

1. *Le jeu au XVIIIe siècle,* Aix-en-Provence, Edisud, 1976.
2. O. Grussi, *La vie quotidienne des joueurs sous l'Ancien Régime à Paris et à la cour,* Hachette, 1985.
3. J. Dunkley, *Gambling, a social and moral problem in France, 1685-1792,* Oxford, Voltaire Foundation, 1985 (*SVEC,* vol. 235)
4. John Dunkley mentionne deux interdictions du jeu et une douzaine d'ordonnances, parues en France entre 1717 et 1781, Les jeux de hasard et la loi au XVIIIe siècle, *Le jeu au XVIIIe siècle,* p. 9-16.

Ces deux attitudes envers le jeu s'expliquent en partie par l'existence de deux types de jeux de cartes : deux types de jeux de cartes : ceux de hasard et de commerce. Quand Casanova joue à *tresseti* chez le prince Czartoryski il est un galant homme ; quand il se lance dans une partie de pharaon, il devient un joueur farouche. Dans les deux cas, Giacomo garde son sang-froid et joue bien, à moins qu'il pense à un duel imminent ou qu'on lui serve une boisson narcotique. En adoptant un jeu et une stratégie, le joueur se prononce pour un concept de bonheur, pour un modèle de comportement : il choisit soit l'enrichissement bourgeois soit la prodigalité aristocratique, il calcule ses coups ou il risque, faisant confiance à son étoile.

Les comédies représentent les deux attitudes. Florindo, protagoniste du *Joueur* de Carlo Goldoni (1750), ne triche pas et joue honnêtement. La fin heureuse, invraisemblable, rappelle la comédie *L'honnête aventurier*. Florindo calcule minutieusement les bénéfices que pourraient lui rapporter ses châteaux en Espagne : serait-il plus intéressant de placer l'argent dans le jeu qui rend cent sequins par jour ou acheter une rente à quatre pour cent. En un an il pourrait ainsi devenir riche, acquérir des terres et un titre, faire construire un magnifique palais et le meubler à la dernière mode ; toutes les femmes de la ville courraient après lui... Seulement les escrocs gagnent toute la fortune de Florindo. La police vient à son secours et arrête les filous. Il récupère son argent et sa fiancée Rosaura qui a failli le quitter.

Par contre, dans la vie de Valère, protagoniste du *Joueur* de Jean-François Regnard (1797), le jeu et l'amour sont incompatibles. Quand il gagne, il vante les mérites des cartes, sa vie n'est qu'un festin ; nouvel alchimiste, il transforme le cuivre en or :

« Je ne suis point du tout né pour le mariage.
Des parents, des enfants, une femme, un ménage,
Tout cela me fait peur ; j'aime la liberté.

197

Il n'est point dans le monde un état plus aimable
Que celui d'un joueur. Sa vie est agréable ;
Ses jours sont enchaînés des plaisirs nouveaux :
Comédie, opéra, bonne chère, cadeaux.
Il traîne en tous les lieux la joie et l'abondance ;
On voit régner sur lui l'air de magnificence :
Tabatières, bijoux ; sa poche est un trésor ;
Sous ses heureuses mains, le cuivre devient or. »[1]

Quand Valère perd, il fait sa pénitence et se souvient de sa fiancée bien-aimée ; sa passion croît quand l'argent diminue. En parfait gentilhomme il méprise les escrocs et les chevaliers d'industrie ; il est hardi et prêt à se battre. Son valet décrit les batailles de cartes comme les faits d'armes :

« On peut le voir encore sur le champ de bataille ;
Il frappe à droite et à gauche, et d'estoc et de taille.
Il se défend, Madame, encore comme un lion
[...] Il vendait cher son sang et sa vie au vainqueur. »[2]

La passion du jeu s'avère plus forte que l'amour. Malgré tous ses efforts, Valère ne peut devenir un époux exemplaire, il perd sa fiancée et sa dot, les faveurs de son père et son héritage. Il ne lui reste plus qu'à se consoler avec des sentences philosophiques de son valet et... le jeu.

Dans la vie de Casanova, l'amour et le jeu ont les mêmes droits, l'un peut remplacer l'autre. Ces deux occupations ruineuses demandent des fonds importants. « N'ayant pas assez d'argent pour me mettre dans le courant avec des joueurs, ni pour me procurer quelque tendre connaissance avec quelque fille du théâtre français ou de l'italien... », soupire Casanova en 1766 en Pologne (*HMV*, t. 3, p. 446). Juste à ce moment, le baron de Bilistein l'exhorte en vain à éviter les femmes et les

1. J.-F. Regnard, *Le joueur* (1697), éd. J. Dunkley, Genève, Droz, 1986, p. 150-151.
2. *Ibid.*, p. 173.

cartes[1]. Quelques années plus tard, Casanova affirme : « La passion du jeu est plus forte que celle de la galanterie ; le joueur à Spa n'a pas le temps de s'arrêter à considérer le mérite d'une fille, ni le courage de lui faire des sacrifices » (*HMV*, t. 3, p. 539). Quelquefois le Vénitien transforme une partie de cartes en combat presque mortel. Il parie qu'il ne quittera pas le premier la table de jeu : quarante-deux heures plus tard son adversaire d'Entragues, joueur adroit, mais moins endurant, tombe de sa chaise évanoui, épuisé. J'ai mis ma vie sur la carte de pharaon, dit Casanova avant sa fuite de Piombi.

Casanova gagne quand il joue contre les hommes et perd assidûment contre les femmes. Quand il unit ses efforts avec une joueuse, ensemble ils gagnent bien. Néanmoins, quand Irène, partenaire et maîtresse d'autrefois, retourne contre le vieux Casanova son arme préférée, il doit l'obliger à lui rendre son argent en menaçant de la dénoncer. Il avoue ainsi son impuissance. Les mémoires s'interrompent sur cet épisode.

Souvent la fortune favorise le Vénitien à la loterie et aux cartes. Il lui arrive de faire sauter les banques et de partager les bénéfices avec les grecs. Il reconnaît immédiatement les tricheurs, mais il prétend jouer honnêtement. Ses amis aventuriers ne le croient pas toujours. Bragadin, son père adoptif, lui conseille de tailler au lieu de ponter : ainsi il sera du côté du destin, contre lequel s'acharnent tous ceux qui pontent. Casanova ne partage pas cet avis, il perd ou il gagne dans les deux cas. Il en accepte cependant le principe, préférant le rôle du metteur en scène à

---

1. Bilistein à Casanova, Saint-Pétersbourg, 9 décembre 1765 : « Du nom de Dieu, cher ami, songer sérieusement à vous placer & très vite ; craignez vos compatriotes, ce sont les plus méchants [...] Comportez-vous avec décence et fermeté, travaillez, ne vous livrez pas à toutes les compagnies ; point de jeu, point de femmes, point de tracasseries ; souvenez-vous de nos conversations ; vous en approuverez le succès... » – A. Stroev, H. Watzlawick, Casanova et Bilistein, *L'Intermédiaire des casanovistes,* année XIII, 1996, p. 41.

celui du comédien. Une stratégie du jeu et du comportement l'attire : celle où il ne doit pas se fier à un hasard, mais où il pourrait gouverner le destin, imposer aux joueurs ses règles, en calculant d'avance les probabilités, faire profiter tout le monde et s'enrichir. Ainsi les hommes s'identifient aux numéros, parmi lesquels un seul gagne. Dans le biribi, prototype de la roulette, au lieu des chiffres sur le tableau sont dessinées trente-six figures. Les joueurs tirent la balle hors du sac à tour de rôle. A Gênes en 1763, Casanova débanque, en misant toujours sur l'Arlequine et en gagnant trois fois de suite : la maîtresse de la maison à qui il fait la cour était peinte sur un portrait en costume d'Arlequine.

La loterie convient aux exigences de Casanova. Ses règles et son but en font un jeu bourgeois où l'administrateur gagne à coup sûr. Mais l'aventurier l'organise et se ruine avec éclat, car il fait de la roue de la fortune un instrument pour sélectionner des hommes et partager des biens, pour créer un État exemplaire ou une langue. La loterie est une activité sociale, tandis que les cartes sont un passe-temps individuel. C'est plutôt un accord qu'un jeu libre. Un calcul mathématique remplace les mains trop adroites, le partenaire est déshumanisé : un automate qui représente l'État. Nous revenons toujours au thème du Commandeur, au motif typiquement romantique du jeu avec le diable ou avec un fantôme.

Il existe deux variétés : la loterie et le loto. Les origines de la première remonte à l'Égypte des pharaons et à la Rome impériale, où pendant les fêtes on faisait distribuer des tablettes. Avec des chances égales, les résultats sont différents, le gain sert à vérifier si le sort est bon ou mauvais. Des lots plaisants ou humiliants, créés par l'empereur Héliogabale, le soulignent : on gagne dix ours ou dix mouches, dix livres d'or ou dix livres de sable. En Italie on utilise la loterie pour écouler des invendus au lieu de les solder. Au XVIᵉ siècle, les Italiens qui viennent dans la suite de Catherine de Médicis introduisent la loterie en

France. Le prospectus d'une loterie, organisée en France cent ans plus tard, la présente comme une branche de commerce : *La loterie ou nouveau commerce de hasard très fidèle, par lequel risquant seulement un Écu, on peut tout d'un coup devenir riche* (1657). L'organisateur, le sieur Peschrt, raconte qu'à Venise on tire les lots sur un vaisseau, que ce placement rapporte autant que le commerce de la mer. Dans les deux cas « l'on peut s'enrichir sans blesser sa conscience en risquant peu de chose », sauf que dans le meilleur des commerces un écu ne peut produire qu'un écu de gain, tandis qu'en loterie un écu peut rendre riche. N'oublions pas qu'en Hollande Casanova cherche à apprendre, à l'aide de la cabale, si son navire marchand reviendra du voyage. L'administrateur raconte l'histoire d'une servante vénitienne qui a gagné un terrain coûtant deux cent mille livres, ce qui l'a tiré de la misère et de la servitude. C'est là le grand appât : vous pouvez d'un coup changer votre destinée, devenir un maître. Avec privilège du Roi, le sieur Peschrt met en lots l'immobilier et des articles de luxe : hôtel à cent huit mille livres, vingt-deux maisons, tableaux, meubles, bijoux, vaisselle − des attributs de la richesse qui devraient séduire les pauvres. Ce type de loterie garantit aux entrepreneurs un gain minimum de quinze pour cent. Néanmoins, en 1687, les loteries privées sont interdites en France.

Le second type, loto à quatre-vingt-dix numéros, dont cinq sortent à chaque tirage, est plus risqué. Cette loterie est née à Gênes où tous les six mois, l'on s'en servait pour tirer au sort cinq sénateurs à pourvoir les charges de magistrature. On fait des paris, en misant sur un numéro ; à chaque chiffre est associé un prénom féminin. Ainsi, la roue de la fortune concrétise la métaphore du destin : historiquement liée à l'idée de la république des joueurs, la distribution des postes gouvernementaux et le choix des femmes.

L'activité de John Law, que Montesquieu décrit dans un chapitre des *Lettres persanes*, a contribué indirectement à la propagation des loteries en France. Cet Écossais fait de l'or avec du papier et s'enrichit avec des espérances humaines. L'argent, placé en titres, perd sa valeur symbolique et ne représente qu'un signe. Autrefois seuls les usuriers faisaient de l'argent avec de l'argent ; maintenant toute la société s'adonne à cette occupation, méprisée et châtiée par la religion. La bourse et les spéculations financières attirent les gens qui se ruinent ou font des fortunes miraculeuses. La frénésie du gain s'empare de la société. Des domestiques deviennent plus riches que leurs maîtres, en gagnant cent pour cent en un mois ; selon une légende, un bossu, qui dans la cour de la compagnie de Law prête sa bosse pour conclure les affaires, amasse une somme rondelette. Law, appelé « honnête aventurier » par ses biographes, excellent joueur et faiseur de projets, s'enfuit des prisons anglaises après la sentence de mort prononcée contre lui et change plusieurs fois de pays[1]. En 1716, il sauve les finances françaises d'une ruine imminente, en créant une banque générale. La valeur des actions de sa Compagnie du Mississippi est décuplée ; elle chute en 1720 alors que Law, contrôleur général des finances, se trouve au sommet de sa gloire et de son pouvoir : exemple classique du fonctionnement de la roue de la fortune. D'après les croyances du Moyen Âge et de la Renaissance, le chaos des esprits règne dans le monde sublunaire ; la fortune qui change tout devient le mobile de l'histoire, tandis qu'au-dessus, dans le monde des quintessences, tout reste stable. Ces lois du changement et de la stabilité, du hasard et de l'inévitable, gouvernent l'univers[2]. La loterie représente ce modèle en miniature.

Mis en garde par Pâris-Duverney, Voltaire n'achète pas les titres émis par Law. En 1729, comme nous l'avons

1. G. Oudard, *La très curieuse vie de Law, aventurier honnête homme,* Plon, 1927 ; H. M. Hyde, *John Low, un honnête aventurier,* trad. de l'anglais, Hachette, 1949.
2. C.-G. Dubois, Constance et instabilité dans *Don Juan* de Molière, *Don Juan. Tirso, Molière, Pouchkine, Lenau,* p. 58-59.

déjà mentionné, il ruine la loterie, organisée par le contrôleur général des finances Le Pelletier-Desfort pour les rentiers de l'Hôtel de Ville. Depuis le règne de François Iᵉʳ, c'est l'État qui rembourse cet emprunt ; parfois, notamment à l'époque de la Fronde, les arriérés du paiement provoquent des émeutes de Parisiens. Le mathématicien La Condamine fait, en plaisantant au cours d'un dîner, la démonstration suivante : si l'on achète tous les billets, on peut gagner à chaque tirage un million de livres. Voltaire réunit les fonds nécessaires et réalise ce plan. L'administration paie, mais on lui conseille de partir en voyage quelque temps, histoire d'échapper au courroux du gouvernement[1].

Étant donné que les entrepreneurs de la loterie génoise, c'est-à-dire du loto, peuvent perdre beaucoup, les frères Calzabigi en 1757 doivent attendre à Paris le concours de Casanova pour défendre le projet devant Pâris-Duverney[2]. Grâce au Giacomo est instituée la loterie de l'École militaire qui plus tard changera de nom, devenant loterie royale et loterie nationale. A chaque tirage cinq numéros sur quatre-vingt-dix gagnent ; on peut jouer un seul numéro (extrait), deux (ambe), trois (terne) ou quatre (quaterne). Souvent, les organisateurs condamnent la « quinte » pour éviter des risques. Casanova a réponse à toutes les questions et les hésitations du conseil d'État, car les calculs mathématiques promettent un bénéfice d'environ un sur six, mais ne le garantissent pas. Selon les mémoires du Vénitien, d'Alembert était un des experts de la loterie, ainsi que, semble-t-il, Denis Diderot, car ses archives conservent un manuscrit, consacré à l'analyse de cette loterie[3]. Casanova

1. J. Donvez, *op. cit.,* p. 26-27 ; R. Pomeau, *D'Arouet à Voltaire,* Oxford, The Voltaire foundation, 1985, p. 259-260.
2. H. Watzlawick, Casanova et les loteries, *Être riche au siècle de Voltaire,* éd. J. Berchtold et M. Porret, Genève, Droz, 1996, p. 161-171.
3. D. Diderot, Calcul de la loterie de l'École Militaire, *Œuvres complètes,* Hermann, 1975, t. 2, p. 454-455.

reçoit en récompense quelques bureaux de loterie qu'il revendra plus tard. Voltaire achète des billets pour quatre-vingt mille livres, mais on ignore s'il a gagné.

Casanova sait choisir des billets gagnants ; une fois à Venise il gagne cinq mille livres. Il séduit les jeunes filles en leur indiquant des bons numéros ou en leur achetant des billets qui rapportent gros. Cagliostro possède le même don, mais il prétend tenir sa chance d'une science secrète. Il posséderait un manuscrit, expliquant des opérations cabalistiques nécessaires. En 1777, à Londres, il prédit à ses amis des numéros gagnants, s'attirant ainsi la jalousie, l'envie et même des persécutions[1]. Cette croyance au calcul magique est parvenu jusqu'à nos jours[2].

Afin d'attirer les joueurs, on présente la loterie comme l'unique moyen de s'enrichir vite et d'une manière honnête. Casanova organisateur séduit des monarques : il explique que seule la loterie royale aura suffisamment de crédit pour attirer le peuple. Il avance encore un autre argument : l'utilité publique. En 1764, à Berlin, sept ans après le succès parisien, Casanova aide de nouveau Calzabigi, quand Frédéric II veut suspendre les tirages. Le Vénitien rend hommage au meilleur des impôts, populaire, volontaire et utilisé pour le bien public, qui sert à l'établissement des écoles ou des théâtres, le meilleur parce qu'il revient à la société avec intérêts. Néanmoins, Casanova n'a aucune chance de réussir à Pétersbourg, bien que, semble-t-il, sa conversation avec Catherine II dans le jardin d'Été ait pour but l'établissement d'une loterie et non pas la réforme du calendrier. Mais il se trouve que quelques années avant l'arrivée de Casanova en Russie, Pierre Le Fort, petit-neveu du fameux collaborateur de Pierre Ier, a mal géré les caisses des petites loteries d'un rouble et celles d'une grande loterie impériale en

1. *Lettre du comte de Cagliostro au peuple anglais,* Londres, 1787.
2. Roberts, *L'astrologie au service de la loterie nationale,* La Diffusion scientifique, 1984.

faveur de l'Établissement des invalides. Il a fait banque-route dans une affaire qui aurait dû rapporter dix pour cent et a laissé quarante-cinq mille roubles de dettes. Après une pareille mésaventure, l'impératrice traite toutes les loteries d'escroquerie, quoiqu'elle reçoive d'autres projets séduisants[1]. Dans l'anonyme *Mémoire sur l'établisse-ment de la loterie génoise, considérée comme une des plus puis-santes branches de Finance d'un souverain* (vers 1767), la loterie est considérée comme un impôt, similaire à la taxe sur les objets de luxe. Elle assure la circulation des richesses, améliore les finances du souverain, ainsi que le moral des sujets, car elle profite des « dépenses frivoles, consacrées pour l'ordinaire à éteindre des passions aveugles et des faiblesses nourries par des besoins imaginaires »[2]. Après avoir présenté l'historique de la loterie en Italie, en Autriche, aux Pays-Bas, en France et en Prusse, l'auteur rédige des modèles de tous les documents nécessaires et le projet d'une « Lettre patente portant Établissement de la loterie impériale de Russie » ; il promet trente-trois pour cent de bénéfice, en précisant que la loterie parisienne a rapporté en dix ans dix-sept millions de livres tournois.

En 1770, à La Haye, les sieurs Quentin et de Neorberg présentent à l'ambassadeur russe, le prince Dmitri Golit-syn, ami de Diderot, un mémoire adressé à l'impératrice et le prospectus d'une Banque loterie. Les actions mises en vente assureraient son capital, les tirages seraient étalés sur vingt ans. En proposant de l'établir en Russie, les auteurs s'engagent à payer annuellement douze mille flo-rins au Trésor pour soutenir les familles pauvres. Les intérêts et une partie du capital constituent des lots ; si l'actionnaire ne gagne rien, à la fin on lui rembourse les

---

1. Le Fort raconte cette malheureuse affaire dans sa lettre à Cathe-rine II du 23 juillet 1763 – AVPRI, F. 14, op. 1, n° 1406. En 1766, l'impératrice lui pardonne sa dette et le fait quitter la Russie. En 1782, sa famille recourt vainement à la protection de F. M. Grimm.
2. RGALI, F. 195, op. 1, n° 6164, fol. 11-16.

trois quarts des fonds avancés[1]. Malgré la recommandation de l'ambassadeur et du vice-chancelier, le prince Alexandre Golitsyn, Catherine II écrit en marge de la lettre : « J'abhorre les loteries. »[2] Dix ans plus tard, l'impératrice refuse presque dans les mêmes termes de participer à la loterie que Beaumarchais propose aux souscripteurs des œuvres complètes de Voltaire : « Je n'ai rien à faire avec le bout d'oreille de Figaro ; évitez, s'il vous plaît, toute affaire avec cet homme-là ; je hais les loteries à mort : elles sont défendues chez moi... »[3] La tsarine méprise toute forme d'escroquerie, qu'elle soit proposée par un aventurier ou par l'État. Enfin, une autre explication est aussi possible : Catherine II entretient des relations personnelles avec ses sujets, elle évite de s'identifier avec la roue mécanique de la fortune. Elle souhaite avoir une réputation de monarque qui enrichit le peuple au lieu de le ruiner. Casanova raconte dans l'*Histoire de ma vie* que pendant son voyage à Riga, l'impératrice propose à la noblesse du pays de tenir une banque au pharaon et qu'elle perd immédiatement dix mille roubles. Cette scène imaginée par le Vénitien reflète bien les légendes, créées autour de l'impératrice.

Frédéric Melchior Grimm, correspondant préféré de Catherine II, partage son avis. Il met en garde ses pupilles, les comtes Nikolaï et Sergueï Roumiantsev qui voudraient effectuer une ascension hasardeuse : « Je ne puis m'empêcher de donner ma pleine approbation à celui qui porte son louis à la loterie, je me trouverais même parfaitement heureux moi-même de son plan et de sa conduite, mais comme j'espère ne jamais voir le temps où il pourra raisonnablement s'attendre à gagner un million, j'avoue qu'il me faudrait peut-être plus de philosophie

---

1. RGADA, F. 1263, op. 1, n° 1117, fol. 156-162.
2. D. A. Golitsyn à A. M. Golitsyn, La Haye, 18 mai 1770 – RGADA, F. 1263, op. 1, n° 1117, fol. 154 v°.
3. Catherine II à Grimm, 14 (25) mai 1780 – *SRIO,* t. 23, p. 177.

que je n'en ai, si l'argent qu'il est obligé de risquer, ne lui rapportait le moindre intérêt de mon vivant. »[1] Grimm préfère placer son argent en rentes. Néanmoins, quand cinq ans plus tard, Nikolaï Roumiantsev gagne quatre cents roubles à une loterie en faveur des hôpitaux, et Grimm perd, les amis partagent le bénéfice et achètent des billets d'une loterie de Londres[2].

Par contre, le meilleur ami de Grimm, Denis Diderot, est du même avis que Casanova, dont il avait soutenu le projet. Des problèmes insolubles attirent ces deux mathématiciens de talent : le philosophe cherche la quadrature du cercle, l'aventurier, la duplication du cube. En 1775, Diderot élabore le projet d'une machine cyclométrique capable de mettre en chiffres et de décrypter automatiquement les textes ; Casanova cryptographe, selon l'avis des experts, aurait anticipé d'un siècle le décryptage mathématique des « chiffres polyalphabétiques ». Diderot et Casanova considèrent les mathématiques comme un moyen philosophique d'analyser le monde : « Si l'art de calculer en général était proprement l'art de trouver l'expression d'un rapport unique résultant de la combinaison de plusieurs rapports, cette même définition était celle du calcul moral aussi certain que le mathématique » (*HMV*, t. 2, p. 29). La loterie est un modèle de la vie humaine, dont on peut calculer et prédire les probabilités. Quand Diderot analyse le livre d'Antoine Deparcieux *Essai sur les probabilités de la durée de la vie humaine* (1746), il résout entre autres un problème financier, en chiffrant la valeur des rentes viagères. Le philosophe ne déteste pas les cartes, il aime jouer au trictrac. En 1760 il traduit de l'anglais le drame d'Edward Moore *Le joueur* (1753), où la frénésie du jeu conduit le protagoniste à la folie et au suicide.

1. Grimm à N. P. Roumiantsev, Paris, 11 septembre 1783 – RGB, F. 255, cart. 7, n° 29, fol. 20 v°-21 r°.
2. Grimm à N. P. Roumiantsev, Paris, 10 août et 11 décembre 1783 – RGB, F. 255, cart. 7, n° 36.

Dans ses dernières années, il écrit un petit poème *Le jeune marchand de loto,* toujours en développant la métaphore : amour-jeu :

> Mais de la superbe machine
> Le pouvoir merveilleux décline
> De jour en jour ; c'est son défaut
> Je vous en préviens. Blonde ou brune
> Vous n'avez que le temps qu'il faut,
> Si vous voulez faire fortune
> A mon loto[1].

Dans le *Projet de loterie,* présenté au contrôleur général des finances, Diderot propose un jeu obligatoire, universel et progressif[2]. Tous les habitants du royaume, depuis le roi jusqu'au dernier de ses sujets, doivent acquérir un billet ou une action. Ils sont repartis en plusieurs classes, le prix du billet variant en fonction du revenu ; sa valeur augmente pour les riches et les célibataires, elle est maximale pour les ecclésiastiques. Comme le gain ne dépend pas du prix du billet, cette loterie offre un nouveau système d'impôts, prévoyant non seulement la collecte, mais aussi la redistribution de l'argent au profit des défavorisés, en lésant le clergé. Une troisième partie des lots est constituée de fonds viagers à trois pour cent. La réalisation de ce plan aurait pu mener à une réforme sociale, voire à une révolution.

En défendant le projet de la loterie de l'École militaire, Casanova réussit à convaincre ses opposants que les craintes de la population apportent de l'argent aussi bien que les espoirs ; les compagnies d'assurances florissantes en sont la meilleure preuve. A l'époque stalinienne, le plan de Diderot sera mis en place : chaque citoyen, en fonction de son salaire, devra obligatoirement et bénévolement acheter des billets qui ne rapporteront rien. *La loterie à Babylone* de Borges perfectionne l'idée d'Hélioga-

---

1. *CL,* janvier 1778 ; D. Diderot, *Œuvres complètes,* Club français du livre, 1971, t. 12, 493-495.
2. D. Diderot, *Œuvres complètes,* Hermann, t. 2, p. 440-454.

bale : la Compagnie usurpe le pouvoir dans le pays, la loterie devient universelle, gratuite et secrète, une sorte de religion. Les tirages renforcent le pouvoir du hasard, transforment le cosmos en chaos : on y gagne un nouveau destin, y compris la prison ou l'exécution.

Diderot aime l'art combinatoire et des idées paradoxales. Dans *Les bijoux indiscrets* (ch. 19) il décrit un clavecin qui harmonise des couleurs, selon l'invention du père Castel. Le philosophe propose, en plaisantant, d'utiliser des mélodies en couleurs pour créer des habits féminins. On peut le prendre au sérieux et y voir un prototype du « jeu des perles de verre » de Hesse ; la culture devenant semblable à la combinaison d'éléments hétérogènes. Ainsi, la loterie devient un texte, un livre, un jeu du hasard. Casanova raconte l'histoire des fripons qui à la maison de la Lambertini, à Paris, gagnent de l'argent avec un livre, composé de douze cents feuilles, dont deux cents sont des lots et dont les mille autres sont vierges. Le joueur, misant un petit écu, pose la pointe d'une épingle au hasard entre les feuilles du livre fermé : s'il tombe sur une page gagnante, il prend le lot (*HMV*, t. 2, p. 45).

Au XVIIᵉ siècle, les précieuses de l'hôtel Rambouillet organisent une loterie linguistique. Chaque billet sortant porte un néologisme que l'habitué doit mettre à la mode. Rappelons-nous comment Casanova exhibe en Italie et en Russie des nouveautés de l'argot parisien. Giacomo rédige plusieurs plans pour perfectionner les loteries : *Projet d'une nouvelle méthode au bénéfice du loto de Rome* (1770) où il présente le jeu comme un impôt sur l'argent superflu qui serait dépensé d'une façon encore plus dangereuse, et le *Calcul des proportions pour régler les paiements des gains des seize cas possibles de hasards du nouveau règlement de la loterie publique de Venise*. Le plus intéressant, celui d'une *Loterie grammaticale*[1], où les chiffres sont remplacés par des syl-

1. *Ibid.*, t. 3, p. 1145-1156 ; G. Lahouati, Miser sur les mots, *Europe*, n° 697, 1987, mai, p. 125-132.

labes, est probablement issu de la cabale. Comme Casanova calcule les gains en kreutzers, il se peut qu'à la fin de sa vie il ait voulu offrir cette loterie à l'empereur autrichien. Il estime que les treize cents syllabes qu'il avait choisies recouvrent la majeure partie du vocabulaire français ; trois mille suffisent pour les mots de toutes les langues du monde. Le joueur compose un mot de deux, trois ou quatre syllabes qui ne se répètent pas (par exemple, Casanova propose For-tu-ne), le communique aux administrateurs et attend qu'il sorte à l'un des tirages de l'année. Chaque fois la roue de la fortune désigne quatre-vingt-dix syllabes. On a plus de chances d'y gagner qu'aux autres loteries, démontre Casanova, mais d'autres avantages sont encore plus intéressants. Cette loterie serait un excellent moyen pour l'alphabétisation des illettrés. Celui qui voudrait interpréter les mots, composés à chaque tirage, aurait un matériel excellent pour prédire l'avenir et faire des horoscopes. Tous les Européens pourraient participer, en jouant les mots de leur langue maternelle. Ainsi la loterie unirait les nations et les pays, renforcerait leur entente.

Le projet casanovien transforme le jeu en école, en oracle mensuel et en machine à fabriquer une langue universelle. Elle ressemble au mécanisme, inventé par un professeur dans *Les voyages de Gulliver* de Swift : de multiples tablettes portent tous les mots de la langue ; en les tournant, on obtient de nouvelles combinaisons ou des phrases. En notant tous les fragments sensés, on obtient des textes. En fin de compte, l'appareil reproduira toutes les œuvres existantes et en rédigera de nouvelles. L'idée remonte à la machine, inventée par l'alchimiste et théologien Ramon Lulle *(Ars Magna),* qui présente des notions et des catégories fondamentales, classées selon les parties du discours. Lulle croit ferme que sa machine démontre l'existence de Dieu et, selon une légende, il part avec cet instrument pour convertir les infidèles et trouve la mort à l'étranger.

L'idée captive encore de nos jours. Borges imagine la culture comme un livre immense, une bibliothèque universelle *(Le livre du sable, La bibliothèque de Babel)*. Les expériences littéraires développent les idées de Swift. Victor Chklovski décrit une machine à rédiger des scénarios qui aurait été inventée en Amérique («Le sujet dans le cinéma», 1923). Elle se compose d'une série de bobines : la première désigne les professions de personnages, la seconde, leur âge, la troisième, les pays, la quatrième, les actions : battre, embrasser, monter une échelle, sauter dans l'eau, tuer l'ennemi, etc. Autrement dit, Chklovski présage d'un ton badin plusieurs idées maîtresses de la *Morphologie du conte* de Vladimir Propp. Dans les années 1960 et 1970, les recherches structurelles et narratologiques s'approchent d'une manière ou d'une autre de l'idée de programmer l'écriture par ordinateur ; Iouri Lotman estime que la culture conçue comme un mécanisme sémiotique sert de prototype à la création d'une intelligence artificielle. Alain Robbe-Grillet et Michel Butor rédigent des nouveaux romans, fondés sur des motifs générateurs et sur un tri infini de versions.

Comme tant d'autres, Casanova rêve d'une langue universelle qui aiderait les gens à se comprendre et à vivre en paix. Umberto Eco passe en revue plusieurs variantes de la quête d'une langue parfaite[1]. La tradition mystique et rosicrucienne voit dans la construction du temple de Salomon l'antithèse à la destruction de la tour de Babel. On déchiffre le sens caché des langues sacrées, on étudie la cabale judaïque ou on interprète des hiéroglyphes égyptiens dans le but de trouver la langue du monde. L'approche linguistique implique la rédaction d'une grammaire universelle, comme celle de Port-Royal, ou d'un dictionnaire comparé et étymologique de toutes les langues connues qui servira de fondement à une grammaire

---

1. U. Eco, *La recherche d'une langue parfaite dans la culture européenne,* Seuil, 1994.

théorique et aidera à résoudre le problème de la langue adamique. Catherine II, attirée par les idées de Court de Gébelin, opte pour la seconde solution. En 1785, l'académicien Pierre Simon Pallas rédige sur son ordre un programme de recherche linguistique, envoyé dans les provinces russes, en Amérique et en Chine. L'impératrice reçoit des quatre coins du monde des matériaux, des dictionnaires de langues rares, dont celui du breton, offert par le marquis de Sérent[1]. Les deux volumes du *Linguarum totius obris vocabularia comparativa, Augustissimae cura collecta* (Saint-Pétersbourg, 1787-1789) regroupant 286 mots de deux cents langues n'atteignent pas l'objectif utopique.

La Révolution française donne un sens pratique aux discussions théoriques. La langue change, une avalanche de projets linguistiques et de dictionnaires de néologismes accompagne la chute de l'Ancien Régime. Le dictionnaire rédigé par l'Allemand Snetlage provoque une critique sévère de Casanova. Dans son traité sous forme d'épître *A Léonard Snetlage* (1797), le Vénitien démontre que la langue française aurait pu se passer des termes *comme guillotiner, incarcérer, monarchien, tribunal révolutionnaire*, etc. En faisant la guerre aux mots, il lutte contre les idées, il n'approuve ni la terreur, ni l'égalité des pauvres et des affamés. La linguistique devient un instrument politique[2]. Mais, en concluant son traité, Giacomo revient à l'utopie d'une fraternité linguistique et donne sa solution. La langue doit être créée d'une manière naturelle, comme l'amour fait venir l'enfant au monde. Casanova propose d'élever des nouveau-nés des deux sexes dans un lieu solitaire par des gouverneurs taciturnes. Les enfants, en grandissant, communiqueront entre eux et inventeront leur propre langue qui ne pourrait être autre que la langue

1. Armand Louis, marquis de Sérent à Grimm, [Versailles], 15 décembre 1785 – SPII, F. 203, op. 1, n° 188.
2. Voir A. Ф. Строев, Старый Казанова (Язык и революция), *Вопросы литературы* [A. F. Stroev, Le vieux Casanova : la langue et la Révolution], *Questions de littérature,* 1989, n° 7.

adamique. Hélas, Frédéric II avait déjà fait des expériences similaires, sans le moindre résultat.

Dans l'*Icosaméron*, Casanova décrit une autre version de la langue universelle, car les Mégamicres ont hérité d'Adam le sixième sens et sa langue. Elle compte six voyelles (a, e, i, o, u, ou) prononcées sur sept tons différents (sur l'écrit, on les présente par des couleurs différentes), ce qui donne un alphabet de quarante-deux sons. Helmut Watzlawick suppose que le Vénitien a inventé cette langue, parce que dans sa vieillesse il a perdu ses dents à cause de syphilis et prononçait mal les consonnes. Ne pouvant plus briller comme conteur, il a été contraint d'écrire.

Cette langue chantante des Mégamicres que Casanova compare aux sept notes d'une gamme de musique, n'est pas sans rappeler le clavecin des couleurs : Édouard propose sa façon de les noter, inspirée par la tradition musicale. La langue des Mégamicres possède 29 479 mots, des déclinaisons et des conjugaisons, trois genres : masculin, féminin et neutre. Le maître de maison, ainsi que le roi à la cour donnent la tonalité de la conversation qu'on ne peut changer ; c'est pourquoi avant son apparition tout le monde reste muet. Les Mégamicres peuvent aussi utiliser la langue des gestes, inventée pour communiquer dans l'eau, mais elle est plus pauvre. N'oublions pas que Casanova la considère comme une langue d'amour.

Espace géographique

Refaire le monde:
aventuriers, favoris et imposteurs

Le 25 juillet 1785, le grand-duc de Russie, futur empereur Alexandre Ier, rédige à l'âge de huit ans un exposé sur l'histoire romaine, donné probablement par son précepteur Frédéric César de La Harpe. Il le commence par ces mots: «Rome fut bâtie il y a 2 537 ans par Romulus, aventurier qui la peupla d'un ramas de toutes les nations voisines. Telle fut l'origine de ce peuple si célèbre dans la suite.»[1] Depuis le XVIe siècle, Moscou se proclame la troisième Rome, véritable héritière de la ville antique et sainte. Dès sa fondation, la nouvelle capitale russe, Saint-Pétersbourg, ville de saint Pierre, entre en dialogue avec Rome[2]. Plus tard, l'impératrice Catherine II destine le grand-duc Constantin, frère d'Alexandre, au trône de Constantinople, seconde Rome. Selon ses projets, un nouvel empire orthodoxe devrait être fondé sur les débris de la Turquie vaincue. La phrase enfantine du futur empe-

1. Amsterdam, Bibliothèque universitaire, Mss, Collection P. A. Diederichs, 134 G3.
2. Iou. Lotman, B. Ouspenski, Moscou, la «Troisième Rome»: l'idée et son reflet dans l'idéologie de Pierre Ier, *Sémiotique de la culture russe,* Lausanne, L'Âge d'homme, 1990, p. 75-88.

reur prend alors une valeur symbolique: un aventurier avait fondé un État exemplaire qui depuis sert de modèle pour toute la civilisation occidentale et pour la Russie.

L'aventurier vend des illusions, il rend les gens heureux, en exauçant leurs vœux secrets ou, plutôt, en promettant de les satisfaire. Il est à la recherche du pays où il pourrait réaliser ses projets utopiques. S'il ne le trouve pas, il le crée sur papier, en rédigeant l'histoire d'un État imaginaire, comme Casanova, Trevoguine ou Psalmanaazaar, ou sur la carte politique. Quelquefois un chevalier de fortune monte sur le trône, comme Théodore de Neuhof, roi de Corse en 1736, ou Stepan Maly, roi de Monténégro entre 1767 et 1773. Il prétend au pouvoir, en exerçant le rôle d'un prince qui doit récupérer son patrimoine, comme Stepan Zannovitch, soi-disant prince de Castriotto, ou la princesse Tarakanova; il veut gouverner une république, comme Bernardin de Saint-Pierre et Bilistein. Quand Voltaire dans *Candide* décrit le dîner à Venise qui réunit huit monarques destitués, il mentionne parmi eux des aventuriers imposteurs.

Avant la Révolution française et les conquêtes napoléoniennes qui ont bouleversé l'Europe, il n'y a pas de trônes vacants au centre du monde civilisé. Ils ne peuvent apparaître qu'aux confins de la carte politique, dans un pays au nord, à l'est ou au sud de l'Europe, là où passent les frontières de zones d'influence, où les puissances européennes tentent d'établir leur protégé. Un État pareil peut servir de tampon entre les empires et contrôler des voies commerciales; il peut se créer sur une île (la Corse) ou sur le littoral de la mer Noire, de la mer d'Aral ou de la mer Baltique. Les aventuriers ruent vers les pays dotés d'un système politique instable et d'une succession imprévisible, comme la Russie et la Pologne, vers les terres chrétiennes qui restent sous la domination turque, comme la Moldavie et la Valachie, la Transylvanie, le Monténégro. La Russie, qui au XVIIIᵉ siècle se forge une nouvelle culture, modifie les principes de l'administration et augmente considérablement ses possessions, les attire en premier lieu. Les uns partagent les intérêts politiques russes, les autres s'y opposent. Les guerres et les révolutions stimulent l'activité des aventuriers.

Plusieurs projets émanant de chevaliers de fortune visent à établir des liens horizontaux en Europe. Les aventuriers considèrent la politique comme une science destinée à unir les gens. Dans le traité *La paix de l'Europe ne peut s'établir qu'à la suite d'une longue trêve ou Projet de pacification générale* (1757), rédigé au début de la guerre de Sept ans, Ange Goudar déclare que les savants et les hommes de lettres sont censés formuler les lois de la politique et l'arracher des mains des hommes d'État qui ne connaissent d'autre solution que la guerre. Ange Goudar développe les idées du *Projet de paix perpétuelle* de l'abbé de Saint-Pierre (1713) qui avait proposé de faire des États chrétiens une seule république à l'instar de la Suisse et de la Hollande et de créer un système d'équilibre, fondé sur l'Arbitrage permanent, sorte de Parlement européen. Afin de préserver la paix dans la République européenne, Ange Goudar pense à instaurer un armistice général pendant vingt ans, en conservant des armées et en s'unissant contre un agresseur potentiel. En d'autres termes, il conçoit un système de sécurité collective, si chère au XXe siècle.

Il faut souligner deux points importants dans son raisonnement. Les États ne pouvant plus vivre séparément, la paix naîtra de la balance des forces dans l'Europe unie. Des auteurs et des savants fonderont cette République, en remplaçant un État militarisé, transformé en armée, par le modèle de la République des lettres.

Dans la mythologie des Lumières, la Russie attend avec impatience des étrangers qui se chargeront de la civiliser et policer. Elle semble une terre promise pour appliquer de nouvelles idées philosophiques et politiques, pour réaliser des projets les plus hardis. En 1764, à Brandebourg et à Berlin, avant d'aller en Russie, Casanova lit les utopies de Campanella et de Thomas Morus, la *Nouvelle Atlantide* de Francis Bacon[1]. On voit en Russie le pays des carrières vertigineuses. Le chevalier d'Éon écrit au début de l'*Histoire impartiale d'impératrice d'Eudoxie Fœdorovna, première femme de Pierre le Grand* (1774) : « L'Histoire de la Russie est remplie d'événements extraordinaires et il est inutile de pénétrer dans les ténèbres de son antiquité pour y trouver cet horrible merveilleux qui frappe l'étonnement, l'esprit même le plus crédule. [...] Les élévations les plus subites et les chutes les plus rapides semblent se succéder dans cet empire, comme si la providence l'avait choisi pour faire connaître, plus sensiblement qu'ailleurs, l'instabilité des grandeurs humaines, dont elle dispose à son gré. »[2] Ce morceau, ainsi que la majeure partie de son ouvrage, d'Éon les a empruntés à un mémoire anonyme, présenté en 1731 au ministère des Affaires étrangères[3]; néanmoins, si la formule est toujours d'actualité sous les règnes d'Anna Ivanovna et de Catherine II, elle s'applique encore mieux à ceux de Pierre Ier et de Paul Ier.

La culture française incarne cette destinée russe en la personne du prince Alexandre Menchikov. Au lieu de présenter un jouet de la Fortune, Jean-François de La Harpe dans sa tragédie *Menzikoff ou les exilés* (1775) parle de la montée bien calculée d'un homme d'importance, ami d'enfance de Pierre Ier. Menchikov gouverne sous les trois empereurs et tombe, voulant régner lui-même (« jusqu'au grand nom du Czar je voulais m'enlever »[4]). Il pense épouser Catherine Ire, veuve de Pierre le Grand, mais il projette le mariage de sa fille avec Pierre II quand il est destitué et envoyé avec sa famille en Sibérie. Ce n'est que l'introduction de la tragédie : La Harpe développe une

1. G. Casanova, Esprit de l'*Icosaméron* (1793), *HMV,* t. 2, p. 1090.
2. *Les loisirs du chevalier d'Éon de Beaumont,* t. 6, p. 1.
3. *Histoire anecdote d'Eudoxia Feodorowna, première femme de Pierre Ier, empereur de Russie,* 1731 – AAE, MD, Russie, t. 1, fol. 129-140.
4. J.-F. de La Harpe, *Menzikoff ou les exilés, tragédie,* Paris, Cambert et Baudouin, 1781, p. 42.

histoire romanesque, inventée de toutes pièces, où Menchikov, jaloux de Voldemar qui aime sa femme, tue son rival à l'église.

Le prince Kovchimen, histoire tartare (1710), paru du vivant de Menchikov, donne une version captivante de sa réussite[1]. La transformation de la biographie du favori de Pierre Ier selon la poétique d'un conte oriental donne des résultats étonnants : la logique d'une narration fictive prédit l'exécution future du prince Alexis. A une exception près : dans le roman, quand le père envoie son fils à l'échafaud, un soldat se substitue à l'accusé au dernier moment et le prince reste en vie. Vraisemblablement cette histoire prend sa source dans une rumeur qui parcourt Paris en 1705. Selon ces bruits, Pierre le Grand ordonne d'exécuter Alexis, mais Menchikov le fait remplacer par un soldat et, quand le courroux de tsar s'apaise, il lui présente le prince sauvé[2]. Ce récit ressemble au texte folklorique et, selon l'historien Sergueï Soloviev, remonte aux chants et légendes, consacrés à Ivan le Terrible. L'écrivain français donne une forme littéraire au motif archaïque du combat du père avec son fils, courant dans les histoires de rois et de guerriers légendaires, que ce soit Œdipe, Siegfried, Cú Chulainn ou Ilya Mouromets. En Russie, le sacrifice du fils devient un élément inaliénable du mythe du grand souverain et d'un dictateur sanguinaire (Ivan le Terrible, Pierre le Grand et Staline)[3]. Ainsi, *Le prince Kou-*

---

1. R. Virolle, Histoire polonaise et moscovite dans la littérature romanesque française du XVIIIe siècle, *Ex Oriente lux,* Bruxelles, 1990, p. 175-186. Le roman est attribué à l'abbé de Choisy ainsi qu'à un ingénieur français, Joseph-Gaspard Lambert, au service de la Russie en 1706.
2. К. В. Чистов, *Русские народные социально-утопические легенды* [K. V. Tchistov, *Légendes utopiques populaires en Russie*], Moscou, Naouka, 1967, p. 115-116. En 1718, le prince Alexis, condamné à mort, périt en prison.
3. B. Ouspenski, Historia sub specie semioticae, *École de Tartu : travaux sur les systèmes de signes,* Bruxelles, Éd. Complexe, 1976, p. 141-151.

chimen réunit le thème de l'ascension d'un favori avec les motifs du prince remplacé et du mauvais roi qui structurent les légendes des imposteurs.

Un aventurier occidental qui arrive en Russie pour faire fortune rencontre nécessairement des rivaux, car d'autres occupent sa place dans la société. En haut, à la cour, fonctionne le système de favoris, en bas le peuple fait surgir des imposteurs.

Casanova n'a rien à faire à la cour de Louis XV qui transforme la France en son harem. Sans succès, Giacomo cherche la protection de la marquise de Pompadour ou des nouvelles favorites. Frédéric II apprécie la beauté masculine du Vénitien, mais ce dernier manque l'occasion ; il le regrettera, en rencontrant plus tard à Breslau l'abbé Bastiani qui avait bien profité des amours royales. La situation en Russie est différente. Tout au long du XVIIIᵉ siècle, ce sont les femmes qui gouvernent le pays : Catherine Iʳᵉ, Anna Ivanovna, Anna Leopoldovna, Elisabeth Petrovna, Catherine II. Les mémorialistes parlent même de la « gynécocratie » russe[1]. Les étrangers, Biron, Lestocq et le marquis de La Chétardie, deviennent des favoris des impératrices, mais Catherine II rompt avec cette tradition : elle ne veut plus d'intrus, les Russes seuls doivent jouir de ses faveurs. En sélectionnant et en remplaçant ses élus, l'impératrice dynamise la hiérarchie sociale. La *Table des rangs* de Pierre Iᵉʳ établit l'équivalence de tout type de service, des grades courtisans, militaires et civils ; elle stabilise la société, en définissant l'ordre de l'avancement et en classant les fonctionnaires en quatorze grades hiérarchiques. Par contre, le mirage d'une faveur impériale renforce la concurrence, fait apparaître des voies détournées. La guerre donne naissance à de grands capitaines, la tsarine crée des hommes politiques.

---

1. Ch.-F.-Ph. Masson, *Mémoires secrets sur la Russie et particulièrement sur la fin du règne de Catherine II et le commencement de celui de Paul Iᵉʳ*, Paris, chez Charles Pougens, 1800-1803.

Les favoris de Catherine II, Grigori et Alekseï Orlov, Grigori Potemkine, ressemblent aux aventuriers par leur physique impressionnant et leur force masculine, par leur hardiesse sans limites, par leur don de séduction et d'improvisation, par leurs désirs insatiables. Assoiffés de gloire, d'argent et de femmes, ils possèdent une vive imagination, un esprit rapide et percutant : en 1772, dans une lettre privée, Catherine II loue les talents de Grigori Orlov qui, dit-elle, saisit immédiatement le problème, le comprend mieux que le rapporteur. Contrairement aux aventuriers, les favoris savent agir aussi bien que rêver, ils surprennent par leur énergie et la capacité de travail. Ils aiment les grands projets (le plan grec d'Orlov, ensuite celui de Potemkine ; la campagne perse de Valérien Zoubov). Ils s'érigent avec plus ou moins de succès en conquérants, libérateurs de peuples chrétiens, bâtisseurs des villes, ils cherchent à suivre les traces d'Alexandre le Grand. Ils réalisent les espoirs des aventuriers et ne laissent aux étrangers que des seconds rôles.

La seule réussite frappante parmi les étrangers est celle, très romanesque, du Serbe Semion Zoritch (1745-1799) qui est, précisons-le, de religion orthodoxe. On décline sa biographie différemment, mais toutes les versions sont pétries de *topoï* romanesques. Zoritch semble avoir été un simple paysan ou berger, selon les règles du genre pastoral. Beau et hardi garçon, il entre au service de la Russie avec la protection de son oncle. Il se couvre de gloire pendant la guerre contre les Turcs ; blessé et emprisonné, il passe quatre ans en Turquie. Selon d'autres sources, encore enfant, il devient esclave turc. Cet esclavage en Orient, *topos* de multiples romans du XVIIe et du XVIIIe siècles, prend souvent un sens mystique dans les biographies de nos héros : c'est un séjour dans le monde à l'envers, dans le pays des sciences occultes. Après la chute, l'ascension ; un homme nouveau réapparaît. Zoritch revient en Russie et, en 1777-1778, lancé par le prince Potemkine, il entre en faveur auprès de Catherine II. Mais le jeune général tente d'éliminer son protecteur et rival et il est renvoyé après onze mois de règne. Enrichi par l'impératrice, il acquiert la réputation d'un grand joueur (Pouchkine le mentionne dans la *Dame de pique*), débauché et faiseur de dettes. Il se conduit en souverain dans son domaine, la petite ville de Chklov, où il s'entoure de dizaines d'aventuriers venus de tous les coins du monde : Français, Italiens, Allemands, Serbes, Grecs, Moldaves, Turcs, Dalmates. Les habitants de cette colonie envient et imitent leur Maître sans pourtant perdre l'occasion de le duper.

Bien que la conduite des aventuriers occidentaux ressemble à celle des imposteurs russes, qui se font passer pour des tsars[1], il faut souligner la différence entre ces deux types de marginaux. Au XVIIIe siècle apparaissent des dizaines de faux Ivan Antonovitch et Pierre III ; le marquis de Pougatchev, comme l'ont baptisé Catherine II et Voltaire, est le plus connu d'entre eux. En 1763, l'ambassadeur français relate qu'une fausse princesse Dachkova sème l'agitation sur le Don.

En Europe occidentale et en Russie, la société forme ses aventuriers et ses imposteurs. C'est elle qui sollicite ses séducteurs, ses Don Juan, qui leur souffle des gestes et des paroles, qui leur impose le rôle de roi de carnaval. Souvent, il est difficile de distinguer un aventurier d'un imposteur. C'est le cas pour Stepan Zannovitch ou Ivan Trevoguine qui appartiennent à l'Orient et à l'Occident.

---

1. Parmi les nombreux travaux qui leur sont consacrés, citons : B. A. Ouspenski, Tsar et imposteur : l'imposture en Russie comme phénomène historique et culturel, Iou. Lotman, B. Ouspenski, *Sémiotique de la culture russe,* p. 329-363 ; А. С. Мыльников, *Искушение чудом: « Русский принц », его прототипы и двойники* [A. S. Mylnikov, *La tentation du miracle : le « prince russe », ses prototypes et ses doubles-imposteurs*], Moscou, Naouka, 1991 ; C. S. Ingerflom, Les représentations collectives du pouvoir et l' « imposture » dans la Russie des XVIIIe-XXe siècles, *La royauté sacrée dans le monde chrétien,* éd. de l'EHESS, 1992, p. 157-164.

Néanmoins, la différence des contextes politiques et des traditions sociales détermine la réception contradictoire de ces marginaux et la divergence de leur comportement.

Les aventuriers créent leur légende, les imposteurs l'empruntent. Les premiers suivent la tradition écrite, les seconds restent dans le domaine de l'oralité, bien que la structure du texte reste pareille. Nous avons vu comment Casanova utilise dans ses mémoires des contes merveilleux et des traités alchimiques. Dans d'autres situations, il copie des romans d'aventures, en l'occurrence *Gil Blas* (cf. vol. 8, chap. VII), ou bien transforme un tableau en narration : par exemple, en racontant l'épisode avec la servante de Mme Keyserling à Mitau, Casanova s'inspire probablement de *La chocolatière* de Jean-Étienne Liotard (1745). Cagliostro et Saint-Germain puisent plusieurs épisodes de leurs légendes dans l'hagiographie rosicrucienne, tout particulièrement des *Échos de la fraternité ou Confrérie du très louable ordre de la Rose-Croix* (1614). Dans son mémoire, rédigé pendant le procès du collier, Cagliostro concentre des *topoï* que plusieurs aventuriers mentionnent aussi : origine inconnue (enfant abandonné d'un roi ou d'un seigneur), éducation ou voyage en Orient, descente dans le monde souterrain et initiation sous les pyramides, pérégrinations et persécutions, nécessité de se cacher, connaissance de plusieurs sciences et de nombreuses langues, y compris des langues mortes et sacrées, multiples professions, commerce avec des esprits, refus de se faire payer pour des guérisons et des bienfaits, renoncement à la nourriture terrestre, etc. Des versions personnalisées dépendent de l'aventurier (Casanova et Zannovitch remplacent l'Égypte par la Turquie) et de son public : la marquise d'Urfé et le prince de Ligne voient Giacomo d'un œil différent.

Pour prétendre au trône, l'imposteur doit le perdre. Une légende typique raconte un coup d'État ou un attentat vécu durant l'enfance ou la jeunesse, le remplacement du prince ou son bannissement, l'esclavage ou la prison, des pérégrinations et pèlerinages (Pologne, Constantinople, Égypte, Jérusalem), la misère et les souffrances[1]. Que ce soit un imposteur ou le personnage d'un roman utopique de Bernardin de Saint-Pierre ou de Casanova, pour trouver le chemin dans sa patrie ou dans un pays imaginaire, il doit renaître après un danger mortel, subir une épreuve, l'humiliation, le froid et la faim, traverser la mer.

L'aventurier joue, l'imposteur vit son rôle. En Europe occidentale, on exige de lui des miracles dans tous les domaines : rendre la jeunesse et la beauté, trouver un trésor caché, libérer le pays, enrichir la caisse royale sans augmenter les impôts. En Russie, on ne demande aux imposteurs que de rétablir le Royaume de Dieu sur la terre et de faire revenir l'âge d'or. Après l'emprisonnement de Pougatchev, une rumeur court en France que le « marquis » propose à l'impératrice de le libérer pour qu'il conquière la Chine[2], comme Ermak qui avait subjugué la Sibérie : on l'imagine tout-puissant, même enfermé dans une cage de fer. L'imposteur est appelé à réaliser les rêves utopiques des paysans. Selon les croyances populaires, seuls les bons tsars et les lois justes sont légitimes. Les monarques qui trahissent les espoirs du peuple sont considérés comme des usurpateurs (Boris Godounov, Catherine II) ou des Antéchrist (Ivan le Terrible, Pierre le Grand), et leurs décrets sont remis en cause. Par contre, les manifestes de Pougatchev offrant la terre et la liberté passent pour de vraies lois ; on reconnaît des signes royaux dans les balafres et les marques des imposteurs. Comme le démontre Boris Ouspenski, deux phénomènes renforcent la tradition de l'imposture. D'un côté, selon les

---

1. Kirill Tchistov étudie dans son livre la version russe de cette légende.
2. Grimm à S. P. Roumiantsev, 20 janvier 1775 — RGB, Moscou, F. 255, cart. 7, n° 40, fol. 2.

sources folkloriques, le peuple pratique un « jeu au tsar » ; de l'autre côté, le monarque lui-même peut jouer à l'imposteur, mettre sur son trône un faux souverain. A plusieurs reprises, Ivan le Terrible fait couronner et tuer ensuite cette créature comique et tragique : le prince Vladimir, le boyard Fiodorov ou le Tartare Simeon Bekboulatovitch. Pierre le Grand, partant à l'étranger, met à sa place Fiodor Romodanovski ; il crée une Diète bouffonne, presque rabelaisienne, présidée par un prince-pape, son fou. En développant les idées de Mikhaïl Bakhtine, Dmitri Likhatchev et Alexandre Pantchenko[1] estiment que pendant les périodes d'instabilité politique et de révolution, la vie de la société et des dirigeants russes ressemble à un carnaval. Iouri Lotman et Boris Ouspenski apportent des précisions importantes, en mettant le doigt sur un lien indissoluble entre le rire et la cruauté où les spectateurs se trouvent impliqués dans le spectacle contre leur gré[2]. Serguéï Averintsev rappelle que, selon la tradition chrétienne, le rire est, par sa nature, diabolique ou sacrilège ; au lieu de libérer l'homme, le carnaval lui fait adopter une position d'esclave[3]. Certains mémorialistes russes constatent que la peur et l'hilarité n'ont jamais été aussi présentes que sous le règne de Paul Ier. La tradition politique russe ne sépare pas la scène de l'orchestre. La bouffonnerie sanglante produit immanquablement son effet parce que les spectateurs sont sans défense. Dans l'image archaïque du monde, le mal guette l'homme derrière la porte de sa maison. Dans l'espace ennemi, il faut

---

1. Д. С. Лихачев, А. М. Панченко, *Смеховой мир Древней Руси* [D. S. Likhatchev, A. M. Pantchenko, *Univers comique de l'Ancienne Russie*], Leningrad, Khoudojestvennaïa literatoura, 1976.
2. Iou. M. Lotman, B. A. Ouspenski, De nouveaux aspects de l'étude de la culture russe médiévale, Iou. Lotman, B. Ouspenski, *op. cit.,* p. 57-74.
3. С. С. Аверинцев, Бахтин, смех, христианская культура, *М. М. Бахтин как философ* [S. S. Averintsev, Bakhtine, le rire, la culture chrétienne, *M. M. Bakhtine comme philosphe*], Moscou, 1992, p. 7-17.

s'habiller, parler, agir contrairement aux normes habituelles : mettre la fourrure à l'envers ou se dénuder, rire aux funérailles et pleurer au mariage. L'espace est partagé en deux d'une manière manichéenne, le paradis et l'enfer se réfléchissent comme dans un miroir. Entre l'espace ami et l'espace ennemi il n'y a pas de territoire neutre, la tradition orthodoxe ignore le purgatoire catholique. Pour défendre la norme, la société russe établit des zones d'anticomportement, dresse des limites temporelles (le carnaval), spatiales (le bain, le cabaret) et sociales où des baladins, des innocents, des imposteurs sont à l'œuvre. Selon le contexte, on considère leur conduite comme licencieuse, satanique ou sainte. En analysant le canon hagiographique russe, Baruch Behrman montre que la cruauté participe de la notion de sainteté[1], et, ajoutons-le, tout comme la peur amène le rire. A notre avis, la théorie bakhtinienne du carnaval et du rire universel (ou, en d'autres termes, d'un anticomportement) s'applique mieux à la Russie qu'à l'Europe de l'Ouest. Si l'on revient au XVIIIe siècle, le carnaval vénitien qui dure une bonne partie de l'année théâtralise la vie urbaine, mais n'abolit pas la hiérarchie sociale, ne détruit pas le quotidien. L'anticomportement russe n'épargne ni serf, ni tsar, ni ivrogne, ni juste ; il se manifeste par des révoltes qui font trembler le pays.

Le peuple munit son imposteur d'une biographie légendaire, presque immuable pendant deux cents ans : elle n'appartient pas à une personne, mais à l'image d'un sauveur. Chacun des faux Dmitri ou Pierre III est identifié à ses prédécesseurs et profite de leur réputation et de leurs exploits. L'imposteur ressemble à la collectivité qui le fait naître. Comme dans l'oralité, le texte (la vie d'un faux tsar) n'a pas d'auteur, l'auditoire le connaît aussi bien

1. B. Behrman, Le Lecteur des vies de saints. Le canon hagiographique russe au Moyen Âge (1982), *Livre et lecture en Russie,* éd. A. Stroev, IMEC-MSH, 1996, p. 61-90.

que le narrateur qui présente sa version. Par contre, les histoires des aventuriers européens rappellent des textes littéraires, des pièces de théâtre qui suivent les règles du genre, mais diffèrent les uns des autres. Le canonique et l'inattendu se mêlent, se prêtent appui. Le comédien n'est plus égal à son public : les aventuriers sont des roturiers, leurs spectateurs sont des hommes nobles, riches et puissants. L'imposteur s'identifie totalement à son rôle, par exemple la « cour » de Pougatchev imite la cour impériale, le village Berda est rebaptisé Moscou, ses généraux portent les noms de comtes et de ministres. Son histoire aboutit à une fin tragique : l'exécution ou la mort en cachot. Les aventuriers ne sont qu'exilés, dans le pire des cas ils s'enfuient de la prison. L'illusion théâtrale les sauve : un mauvais comédien est sifflé, chassé du théâtre, mais il reste en vie.

Si l'on interprète l'apparition du faux Pierre III comme un mythe littéraire, on revient à l'histoire du mari assassiné qui revient de l'autre monde pour châtier des bourreaux sacrilèges et rétablir la justice. En d'autres termes, c'est le Commandeur qui se venge de Don Juan ou plutôt de la femme infidèle : selon Kirill Tchistov, au XVIIIe siècle les imposteurs brandissent le slogan de la lutte contre le règne des femmes.

Un guérisseur, masque préféré de l'aventurier, n'a pas beaucoup de chances de faire fortune en Russie : la concurrence est trop rude. Jusqu'au début du XVIIIe siècle, il y a peu de médecins professionnels ; les villageois et les citadins pauvres s'adressent à un sorcier, à une sage-femme ou exorcisent la maladie par un bain bien chaud. Evgueni Karnovitch remarque que Cagliostro, après avoir manqué sa chance auprès des aristocrates russes, ne peut se rattraper en fascinant la foule : il se présente en grand seigneur, tandis que les Russes se fient à un paysan borné. Un certain Erofeitch effectue des cures miraculeuses avec une sorte d'élixir vital, traite le petit peuple aussi bien que des courtisans de Catherine II[1]. Nous avons vu que l'impératrice dans ses comédies montre la même attitude envers les thaumaturges : un mage étranger, Kalifalkgerston, ne domine que le maître de la maison, la famille lui échappe, tandis qu'un chaman de Sibérie subjugue toute la ville. En Europe un thaumaturge doit paraître savant, en Russie il est censé être illettré. En France Cagliostro, magnétiseur de talent, cache soigneusement son manque de culture ; sa femme, d'après Casanova, ne savait pas lire.

Cela ne veut pas dire, que l'Europe ne connaissait pas de paysans sorciers, que la Russie ignorait tout à fait des médecins étrangers. Le 13 (24) juillet 1772, le journal *Sanktpeterbourgskie vedomosti* (n° 56) raconte l'aventure parisienne d'un paysan allemand qui guérit par attouchement. On prétend que grâce à son intervention les aveugles voient, les sourds entendent, les boiteux marchent. Une foule excitée envahit la rue autour de sa maison. La police arrête le guérisseur et lui ordonne de faire des cures sous son contrôle. L'imposture dévoilée, le paysan part en Angleterre.

Grimm analyse ce phénomène dans sa *Correspondance littéraire* (juillet 1772) : « Et comme l'histoire n'est, pour ceux qui savent lire, qu'une perpétuelle répétition des mêmes événements, ce pauvre Jésus Christ des Deux-Ponts a eu à peu près le succès de son divin prédécesseur [...] Je n'aurais conseillé à aucun esprit fort de prêcher contre l'authenticité de ses miracles, il aurait couru risque d'être étouffé ou écrasé par la foule des croyants aveugles, sourds, boiteux, estropiés que la foi et l'espérance avait rassemblés. Ce bonhomme ne prenait point d'argent. [...] Il guérissait par attouchement et n'exigeait du malade que la foi en Dieu. Toutes les fois que la gué-

---

1. Е. П. Карнович, *Замечательные и загадочные личности XVIII и XIX столетий* [E. P. Karnovitch, *Personnalités remarquables et mystérieuses aux XVIIIe et XIXe siècles*], Saint-Pétersbourg, Souvorine, 1884, p. 133-134.

rison ne s'esquivait point, c'était la preuve, que la foi avait manqué. »[1]

Dix ans plus tard, Grimm demande à Nikolaï Roumiantsev, ministre russe à Francfort, des informations à propos d'un autre paysan allemand «vrai charlatan, qui guérit moyennant certaines fumigations, sans aucun remède intérieur. On ajoute qu'il a traité avec beaucoup de succès une jeune princesse, fille du prince de Nassau-Wielbourg, à qui une demoiselle d'honneur de sa cour l'avait indiqué. Des personnes très considérables de ce pays me persécutent pour avoir des mémoires sûres et authentiques sur ce traitement et sur les effets »[2]. En 1779, lors du séjour de Cagliostro à Pétersbourg, le journal *Sanktpeterbourgskie vedomosti* parle souvent de Mesmer et du magnétisme ; il annonce que les frères Pellier, oculistes français qui pratiquent à Pétersbourg, rendent chaque jour la vue à plusieurs personnes ; le journal joint les listes des patients guéris (27 septembre [8 octobre] 1779, n° 78).

Les imposteurs ne sont pas un phénomène exclusivement russe. En Europe leurs noms paraissent souvent dans la chronique judiciaire. Au XVIIe siècle, Brisacier, secrétaire des commandements de la reine Marie-Thérèse, écrit une lettre au roi de Pologne Jean Sobieski, en déclarant qu'il est son fils naturel. Il prie le roi de Pologne d'intervenir en sa faveur auprès du roi de France, pour que Louis XIV le fasse duc et pair de France. Pour appuyer sa requête, Brisacier joint une fausse lettre de Marie-Thérèse, un portrait de la reine orné de diamants et une lettre de change pour cent mille écus. Jean Sobieski accepte un fils richissime et écrit à Louis XIV qui naturellement demande des explications à la reine. Pour usage de faux Brisacier est embastillé entre 1676 et 1678, puis on le met en liberté comme fou, et en 1782 on l'exile en

1. *CL,* t. 10, p. 3-5.
2. Grimm à N. P. Roumiantsev, Paris, 11 septembre 1783 – RGB, F. 255, cart. 7, n° 29, fol. 20 v°-21 r°.

Pologne où un mauvais accueil l'attend. Ayant pitié de l'imposteur, Jean Sobieski lui rend un peu d'argent. Brisacier passe en Moscovie où, voulant « aller aux Indes chercher la fortune, qu'il n'avait pu faire en Europe »[1], il meurt.

Casanova évoque dans ses mémoires plusieurs imposteurs et les journaux d'époque et les archives de police prouvent la véracité de ses récits. Le Vénitien ne tolère pas de concurrents ; en 1745 à Corfou, il démasque un soldat, son serviteur, qui se fait passer pour un prince de la famille de La Rochefoucauld. Par rapport aux situations dramatiques, les rôles sont inversés : dans les comédies un valet fidèle dévoile l'intrus, dans l'*Histoire de ma vie* Giacomo s'oppose à toute la garnison qui se fie à l'imposteur. Au risque d'être arrêté, Casanova offre une bastonnade au soldat. Dans les années 1750, en France et en Italie, le Vénitien rencontre un certain Karl Ivanov, fils d'un horloger de Narva, qui se donne pour le prince de Courlande. Casanova garde de lui un mauvais souvenir, car l'escroc le mêle dans ses fraudes financières.

En 1764, *Sanktpeterbourgskie vedomosti* informent leurs lecteurs que le 22 juillet la police a arrêté et conduit à Bicêtre un Éthiopien qui séjournait à Paris sous le nom de « prince d'Angola ». On raconte que cet imposteur est de basse naissance, qu'il avait trompé plusieurs personnes à Copenhague et à Hambourg et qu'il a laissé quelques mille livres de dettes (31 août [11 septembre] 1764, n° 70). En novembre 1780, on expulse de Russie un certain Joseph Abaïssi, faux prince de Palestine. Catherine II ordonne de lui fournir un habit, de l'argent pour le voyage (cent ducats et deux cent cinquante roubles) et de le faire accompagner jusqu'à Riga par un sergent de la garde, en lui interdisant de revenir[2].

---

1. F.-T. de Choisy, *Mémoires pour servir à l'histoire de Louis XIV,* Mercure de France, 1979, p. 212-216, 398 (note).

Dans les années 1780, un prince turc Isan-Bey habite à Chklov ; il aurait aidé Zoritch pendant son séjour forcé en Turquie ; puis la fortune aurait persécuté ce prince à Paris. Sous le règne de Paul Ier la surveillance des étrangers devient plus sévère, — en témoignent les dossiers d'une demoiselle qui se faisait passer pour la fille du comte Orlov (1797), ceux d'un faux comte de Belrose, exilé en Sibérie (1798), ceux d'une fausse baronne allemande, expulsée de Russie (1798)[1].

Il semble que la Russie ne réserve aux aventuriers étrangers que le rôle d'escroc. Le 11 (22) décembre 1781, Catherine II écrit à Grimm : « Mais que voulez-vous, on a beau se tuer à crier contre cette confiance dans les aventuriers chez nous de toute espèce ; ils y sont si accoutumés qu'ils ne peuvent s'en défaire, et n'y a que la génération à naître qui s'en passera peut-être. »[2] Les diplomates français accusent à l'unisson la mauvaise conduite de leurs compatriotes. Louis Alexandre de La Messelière, secrétaire en 1757 de l'ambassade à Pétersbourg, raconte : « Nous fûmes assaillis par une nuée des Français de toutes couleurs, dont la plupart, après avoir eu des démêlés avec la Police de Paris, sont venus infester les régions septentrionales. Nous fumes étonnés et affligés de trouver chez beaucoup de Grands Seigneurs des déserteurs, des banqueroutiers, des libertins, et beaucoup de femmes de même genre, qui par la prévention que l'on a eu en faveur de Français, étaient chargés de l'éducation des enfants de la plus grande importance. »[3] Son chef, le marquis de l'Hospital, demande conseil au cardinal de Bernis : « Voulant mettre de l'ordre et me rendre maître autant qu'il m'est possible, des Français qui vivent sous la domination de l'Impératrice de Russie, et qui s'établissent dans les dif-

5. AVPRI, VKD, op. 2/6, part. 18, n° 3477.
1. RGADA, F. 7, op. 2, n° 3043, n° 3137, n° 3264.
2. *SRIO*, t. 23, p. 223.
3. L. A. Frotier de La Messelière, *Voyage à Pétersbourg ou Nouveaux mémoires sur la Russie,* Paris, Vve Panckoucke, 1803, p. 124.

férentes villes de cet empire, je vous supplie de vouloir bien diriger ma conduite à cet égard, en me prescrivant ce que j'ai à faire pour les protéger et pour les punir [...] Il y a un nombre de placés comme maîtres de langues et gouverneurs chez des seigneurs russes et d'autres gens aventuriers ; mais peu de négociants, je ne sais que faire de telles racailles qui souvent compromettent le nom de la nation et l'ambassade de France. »[1] Trente ans plus tard, le comte de Ségur, ambassadeur à Pétersbourg de 1784 à 1789, répète : « Il est vrai que depuis très longtemps on voyait abonder en Russie un grand nombre de Français peu recommandables, parmi lesquels se trouvaient des femmes galantes, des aventuriers, des femmes de chambres, des domestiques, déguisant leur ancien état avec adresse et leur ignorance sous les formes d'un langage assez poli... »[2] Le comte de Ségur raconte l'histoire d'un aventurier adroit et effronté qui a pris le nom du comte de Verneuil. Le fripon paraît assez riche, il a de la grâce, il parle avec gaieté, chante, s'accompagne agréablement et se fait admettre par la brillante société de Pétersbourg. Ses succès vont croissant lorsque dans plusieurs maisons on constate la disparition de couverts, de montres, de tabatières ou de bijoux (hélas, c'est aussi l'argenterie qui compromet la carrière parisienne d'Ivan Trevoguine). Le fripon quitte la capitale, mais n'ayant pas de passeport il ne peut pas franchir la frontière. Alors, il fait réveiller le gouverneur de Riga au petit matin et fait un scandale, en prétendant venir de Pologne. Le gouverneur fait jeter l'insolent hors de l'empire : et l'escroc ne demandait que cela[3].

---

1. Le marquis de l'Hospital au cardinal de Bernis, Saint-Pétersbourg, 14 juin 1758 – AAE, CP, Russie, vol. 56, fol. 309 r°-v°. Je remercie Vladimir Bérélowitch qui m'a indiqué ce document.
2. L.-Ph. de Ségur, *Mémoires, souvenirs et anecdotes,* Paris, Firmin Didot, 1859, t. 1, p. 365.
3. *Ibid.,* p. 367.

République des aventuriers.
Bernardin de Saint-Pierre

En réalité, la situation était différente de celle que décrivent les diplomates. Les aventuriers, comme nous le savons, gagnent rarement, leurs plans et projets leur survivent et sont souvent réalisés par d'autres. La plupart des projets proposent deux façons de réformer la Russie. D'une part, il s'agit d'éclairer les Russes en établissant un système d'enseignement public, allant de la maternelle à l'université et à l'académie. Ce projet commandé par Catherine II a été élaboré en 1775 par Diderot et Grimm, qui ont tenu compte de l'expérience des collèges pédagogiques autrichiens. Remarquons par ailleurs que cette activité provoquait une appréhension chez les diplomates français. Le 7 juin 1765, l'ambassadeur français, le marquis de Bausset prévient depuis Pétersbourg le duc de Praslin de l'établissement d'une école pour quatre-vingts élèves avec des instituteurs français, sous le patronage d'Ivan Ivanovitch Betskoï : « Si cet établissement continue, il sera dangereux pour l'Europe. Il formera un tiers état ; cet état qui est la pépinière des artistes, des commerçants, des navigateurs et qui fait par conséquent la force des Empires. »[1]

La deuxième voie, plus utopique, prévoit l'organisation de colonies de gens libres, par exemple de Suisses, foyers de la liberté qui s'étendraient par la suite sur l'ensemble du pays[2]. Diderot développe ce projet dans les chapitres sur la Russie qu'il écrit pour l'*Histoire des deux Indes* de l'abbé Raynal. Mais le philosophe français reste assez sceptique en ce qui concerne la possibilité de civiliser le

---

1. AAE, CP, Russie, t. 77, fol. 292-293 ; publ. *SRIO,* t. 140, 1912, p. 499.
2. « On parle d'une prodigieuse émigration de Suisses qui doivent quitter leurs montagnes pour venir habiter les bords de mer Caspienne » – Le marquis de Bausset au duc de Praslin, Saint-Pétersbourg, 23 août 1765 – AAE, CP, Russie, vol. 78, fol. 41.

pays, surtout après son voyage à Saint-Pétersbourg : l'étendue du territoire ne permet pas de le gouverner depuis le centre, le climat rude prédispose à la paresse et à l'alcoolisme, les savants étrangers transplantés sur le sol russe fanent, telles des plantes exposées au froid. La meilleure solution qu'on puisse imaginer pour l'empire serait son éclatement en une douzaine de petits États ; l'ordre installé dans l'un d'eux servirait alors de modèle aux autres. Ces projets sont rejoints par d'autres propositions sur le développement de colonies et du commerce extérieur de la Russie, rédigés par des étrangers, comme le chevalier d'Éon, Giovanni Michele Odart, Giacomo Casanova, le baron Charles Léopold Andreu de Bilistein, Pierre-François Pictet et Jean-Henri Bernardin de Saint-Pierre.

Dans ses pérégrinations, le jeune Bernardin suit le trajet classique des aventuriers de la République des Lettres : il part de la France en Hollande, d'où il rejoint la Russie en passant par l'Allemagne. Après avoir séjourné en Pologne, en Prusse et en Saxe, il revient à Paris. Même des quiproquos, dont il est victime, sont significatifs : quand en 1761 en Hollande, Bernardin se sert d'une lettre de recommandation du général de Saint-Germain, on le prend pour le disciple du fameux thaumaturge, qui venait de quitter le pays.

Bernardin de Saint-Pierre arrive à Saint-Pétersbourg en septembre 1762, peu après l'avènement au trône de Catherine II. Il vient sans invitation, sans argent, sans recommandations, sur le même navire qu'une troupe de comédiens[1]. Il change de nom, comme il se doit, en devenant chevalier de Saint-Pierre, jouit de la confiance du comte Münnich, des Français au service russe, du général

---

1. Sur le séjour de Bernardin en Russie voir : F. Maury, *Étude sur la vie et les œuvres de Bernardin de Saint-Pierre,* Paris, Hachette, 1892 ; M. Souriau, *Bernardin de Saint-Pierre d'après ses manuscrits,* Société française d'imprimerie et de librairie, 1905.

Daniel de Bosquet et d'Alexandre Guillemot de Villebois, chef de l'artillerie. Il entre dans le génie. Son principal atout, selon ses biographes français, est l'art de plaire à tout le monde. L'orfèvre de la cour, le Genevois Louis Duval, lui prête de l'argent. Le grade d'officier lui permet d'être présenté à la cour et, selon la légende accréditée par son premier biographe, L. Aimé-Martin, Bernardin attend beaucoup de l'audience. Villebois qui reste vingt ans au service de Catherine Alekseevna voit en lui un éventuel favori de l'impératrice, un rival des Orlov. Mais, comme le relate Aimé-Martin, Saint-Pierre décontenancé, ne produit aucun effet sur l'impératrice. En 1764, Bernardin de Saint-Pierre quitte la Russie dans la menace d'un mariage, proposé par le général de Bosquet qui veut lui faire épouser sa nièce. Avant de partir en retraite, le Français est élevé au grade de capitaine et reçoit une forte somme, d'où probablement ses allusions ultérieures sur des attentions particulières de l'impératrice[1].

Bernardin de Saint-Pierre commence son activité littéraire en Russie par la rédaction de projets dont certains sont dignes de Swift si ce n'est de Münchausen : par exemple, celui de l'acheminement du courrier exprès par des boulets en été et sur les patins en hiver. Le plus connu est son *Projet d'une compagnie pour la découverte d'un passage aux Indes par la Russie,* présenté à Catherine II en 1763 par le biais de Grigori Orlov. Il suggère d'attirer par l'appât des richesses et des honneurs les hommes qui ont dû quitter leur patrie, de garantir leur liberté et leur prospérité en fondant une colonie au bord de la mer d'Aral. « La colonie des aventuriers serait reconnue par la cour de Russie comme une république entière-

---

1. Dans le journal *Sanktpeterbourgskie vedomosti,* où tous les étrangers devaient publier leur départ quinze jours à l'avance, dans les numéros 35, 36 et 38 (1764, 30 avril /11 mai ; 4 mai /15 mai ; 11 mai /22 mai) parmi ceux qui quittent la Russie, est mentionné « le capitaine du génie le chevalier de Saint-Pierre qui habite du côté de Liteïnaïa au corps des ingénieurs ».

ment libre, se gouvernant par ses propres lois, ayant ses magistrats et tous ses officiers élus de son propre choix.»[1] Fort de cent cinquante gentilshommes et cent cinquante artisans, cet État devrait conquérir et civiliser le pays sauvage; il serait l'intermédiaire entre le despotisme russe et la «liberté effrénée» des Tartares. Les aventuriers mettront sous leur contrôle le commerce russe et européen avec l'Inde, en prélevant dix pour cent sur toutes les marchandises.

Bien que la même année Catherine II ordonne d'explorer la côte est de la mer Caspienne, le plan de Bernardin ne peut lui convenir. Premièrement, il est irréalisable: on ne peut parvenir par voie navigable de Pétersbourg au Golfe que sur une carte géographique de l'époque, ce que d'ailleurs l'auteur avoue lui-même: «C'est la première idée qui vous vient lorsque vous jetez les yeux sur les cartes.»[2] Deuxièmement, le plan coûte cher: Bernardin demande un emprunt de cent cinquante mille roubles sans aucune garantie de remboursement. Enfin, l'idée de fonder une république utopique sous forme de compagnie commerciale va à l'encontre des principes fondamentaux du gouvernement autoritaire de Catherine II, le seul possible, d'après elle, en Russie.

Notons deux éléments importants: les idées républicaines sont diffusées en Russie par des Français et Bernardin avec son projet sert les intérêts de Versailles. Avant de venir à Pétersbourg, le chevalier d'Éon a écrit le mémoire *Réflexion sur la facilité d'une révolution en Russie à la mort de l'impératrice avec le Plan que l'on aurait du suivre pour*

---

1. J.-H. Bernardin de Saint-Pierre, Projet d'une compagnie pour la Découverte d'un passage aux Indes par la Russie, présenté à S. M. l'Impératrice Catherine II, *Œuvres posthumes,* éd. L. Aimé-Martin, Paris, Lefèvre, 1833, p. 39.
2. *Ibid.,* p. 33. Néanmoins, deux ans plus tard, Grigori Teplov, secrétaire du cabinet, proposera à la Commission du commerce de chercher de nouveaux trajets commerciaux en étudiant des cartes géographiques.

réussir et la possibilité de l'exécution par la suite, où il exhortait à « abolir le honteux esclavage » et à faire « une grande révolution dans la forme du gouvernement en faveur de la liberté », tout cela afin d'affaiblir le pays : « La liberté une fois introduite dans l'Empire de Russie le ferait tomber dans une anarchie pareille à celle de la Pologne [...] Il n'y a guère de Russe instruit et qui ait voyagé qui n'ait gémi cent fois avec moi dans des Conversations particulières sur leur malheureux sort. Ceux qui lisent les Brochures françaises et surtout les Anglaises se piquent d'une philosophie plus hardie et déclament avec leurs amis contre l'État despotique et tyrannique dans lequel ils vivent. »[1]

Après la révolution de palais qui a amené Catherine II au trône, le baron de Breteuil écrit au Roi : « La forme du gouvernement paraît pesante au plus grand nombre des Russes. Il est constant que tous ont le désir de s'affranchir du despotisme, et je suis d'opinion que si l'Impératrice perdait son fils, elle serait obligée pour se maintenir d'abandonner l'autorité à la nation. Dans mes conversations particulières et de confiance avec les Russes, je n'oublie pas de faire sentir le prix de la liberté et d'une liberté Républicaine, les extrêmes sont du goût de la nation, et faits pour son génie grossier et féroce. Quoique l'avenir soit impénétrable, je sens qu'on peut se flatter de voir ce vaste et despotique Empire dégénérer en République de sénateurs par les factions. »[2] De retour en France, le diplomate développe ces idées dans un *Mémoire sur la Russie* (1763) en indiquant qu' « il faut s'attacher à détruire la nation Russe par elle-même ». « Le gouvernement a eu, depuis 20 ans, l'imprudence de laisser élever la plupart des jeunes gens à Genève. Ils reviennent la tête et le cœur aussi remplis des principes

1. AAE, MD, Russie, v. 9, fol. 376.
2. Moscou, le 5 (16) décembre 1762 – AAE, CP, Russie, t. 72, fol. 339 v° ; publ. *SRIO,* t. 140, p. 127.

républicains que peu propres à s'accoutumer aux lois contraires de leur Pays. »[1]

Mais revenons à Bernardin de Saint-Pierre. A peine arrivé en Pologne en juin 1764, en vrai aventurier, il trahit sa tsarine, en devenant l'agent secret de l'ambassadeur français qui favorise les rivaux du parti russe. Lorsque Stanislas-Auguste Poniatowski, avec le soutien de Catherine II, est élu roi, il cherche la bienveillance du monarque[2]. Mais Bernardin ne trouve de poste convenable ni à Varsovie, ni à Berlin, et rentre bredouille à Paris. Les recommandations des diplomates français lui permettent seulement de trouver une place sur un navire partant pour l'île de France, aujourd'hui l'île Maurice.

En juin 1771, Jacques-Henri Bernardin de Saint-Pierre revient à Paris après un voyage de sept mois à l'île de France. Il n'a ni poste, ni argent, il n'a payé ni ses dettes faites en Russie en 1764, ni ses emprunts postérieurs. Il ne peut proposer à ses amis, devenus ses créanciers, que « quelques madrépores en assez mauvais état, des coquilles médiocres »[3]. L'ambassadeur russe à la cour du roi de Prusse, le prince Vladimir Sergueevitch Dolgorouki, refuse cette offre amicale que Bernardin s'est empressée de lui faire le 3 juillet 1771, et dans sa lettre du 17 août 1771 il l'assure qu'il peut encore attendre jusqu'à ce que le ministre de la Marine tienne ses promesses[4]. Bernardin, qui dans le *Voyage en Russie* traite les Russes d'«inconstants, jaloux, fourbes, grossiers, ne respectant

1. *Mémoire sur la Russie,* remis par M. le Bon de Breteuil à son retour de Pétersbourg. 1er septembre 1763 – AAE, MD, Russie, v. 9, fol. 367 r°, 366 v°.
2. J. Fabre, *Stanislas-Auguste Poniatowski et l'Europe des Lumières,* Université de Strasbourg, 1952, p. 289.
3. Bernardin de Saint-Pierre à Pierre-Michel Hennin, 3 juillet 1771 – *Correspondance de J.-H. Bernardin de Saint-Pierre,* éd. L. Aimé-Martin, Paris, Ladvocat, 1826, t. 1, p. 157.
4. Amsterdam, Bibliothèque universitaire, Mss, Collection P. A. Diederichs 134 Ax, fol. 1.

que ce qu'ils craignent », ne fait d'exception que pour les princes Dolgorouki, qui sont pour lui les modèles de vertu[1].

En août, Bernardin soumet au ministre Pierre-Étienne Bourgeois de Bouine une demande de remboursement de mille trois cents livres dépensées pendant le voyage. Mais le ministre de la Marine accepte de ne lui payer que huit cents livres et le salaire de six mois[2]. En automne 1771, Bernardin de Saint-Pierre met fin à sa carrière diplomatique en refusant de suivre à Naples son protecteur, le baron de Breteuil, et quitte sa maison des Tuileries. Il tente sa dernière chance : réécrire et publier son journal de voyage. « Non pas que je veuille devenir auteur, c'est une carrière trop désagréable et qui ne mène à rien », précise-t-il dans sa lettre à P.-M. Hennin[3].

Cependant, il compte beaucoup sur cette œuvre. « Je me suis amusé à écrire des Mémoires sur l'Ile-de-France qui seront imprimés vers la fin de l'année. Je vous en réserverai un exemplaire. J'y parle d'un esclave que j'avais, qui portait votre nom et auquel j'ai donné la liberté. On m'a dit que cet ouvrage réussirait. Votre compatriote [Jean-Jacques Rousseau] et M. d'Alembert me l'ont assuré. Mais j'en doute. Si cela arrive, je vous prierai peut-être d'en faire parvenir un exemplaire à Sa Majesté, à qui je dois aussi de la reconnaissance. »[4]

Après la parution du *Voyage à l'île de France* (1773), l'auteur, qui sollicitait vainement une place d'officier à l'École militaire, espère que cet ouvrage fera date en Europe et que tous les gouvernements offriront des emplois à celui qui « avait pris courageusement la défense

1. Bernardin de Saint-Pierre, *Œuvres posthumes,* p. 25-26.
2. F. Maury, *op. cit,* p. 94.
3. 29 décembre 1771, *Correspondance,* t. 1, p. 169.
4. Bernardin de Saint-Pierre à Louis Duval, 27 juillet 1772 – C.-A. Sainte-Beuve, *Causeries du lundi,* Paris, Garnier Frères, 1853, t. 6, p. 434.

de l'humanité»[1]. Mais le livre se vend mal et les résultats escomptés se font attendre. Le 2 février 1773, avant même d'acheminer ce livre à son ami Hennin, il envoie à Pétersbourg par un vaisseau d'Amsterdam un exemplaire à Duval[2], et un autre par le biais de Necker à l'impératrice Catherine II. Tout au long de cette année, Bernardin fréquente les Necker, leur fait part de ses projets littéraires, lit dans leur salon des chapitres du *Voyage*. Mais a-t-il bien choisi l'intermédiaire ? En 1781, quand Necker décide d'offrir à l'impératrice son livre *Compte rendu au Roi* il aura recours aux services de Frédéric Melchior Grimm.

Bernardin de Saint-Pierre joint à son livre cette lettre :

« Madame

Un officier français qui a eu l'honneur de servir dans le corps des ingénieurs de votre Majesté en 1763 prend la liberté de vous offrir un exemplaire d'un voyage qu'il vient de faire imprimer. Il vous devait cet hommage comme à une souveraine également distinguée par son courage et par son esprit ; il vous devait ce tribut de reconnaissance pour les bienfaits qu'il a reçus en Russie de votre Majesté.

Après avoir été porté aux deux extrémités du monde par le sort plutôt que par la fortune je m'estime heureux d'avoir à vous donner une preuve désintéressée de ma reconnaissance et de mon estime à vous Madame qui réunissez ce qui fait la gloire des grands princes, la puissance au dehors et la bonne administration au dedans.

Après le souhait si naturel de chercher à me fixer dans ma patrie où l'on me promet de l'emploi, c'eut été sous les ordres de votre Majesté que j'eus désiré servir. Je l'ai fait autant que ma santé l'a permis et j'ai été longtemps pénétré du regret de ne pouvoir plus y employer ma personne. J'ai au moins la satisfaction d'avoir porté le nom de votre Majesté dans un pays où l'on

1. M. Souriau, *Bernardin de Saint-Pierre d'après ses manuscrits,* Société française d'imprimerie et de librairie, 1905, p. 148.
2. Duval à Bernardin, 24 juin 1773 – L. Aimé-Martin, *Mémoire sur la vie et les ouvrages de J.-H. Bernardin de Saint-Pierre,* Paris, Ladvocat, 1826, p. 438.

n'avait connu que ses victoires, et où la connaissances des qualités qui vous sont propres, comme l'esprit, les talents et si j'ose dire les grâces de votre Majesté, n'avaient pu parvenir à cause de l'éloignement.

Il ne me reste Madame qu'à faire des vœux pour votre bonheur. Après avoir été la princesse la plus redoutée du Nord et de l'Orient soyez en la plus aimée. Vous avez commencé le bonheur de vos sujets en donnant la liberté à une partie du peuple et en inspirant aux grands la tolérance et le goût des arts. Puisse un long règne vous donner le temps de perfectionner votre ouvrage! Puisse votre nom être en bénédiction chez des peuples que vous cherchez à éclairer et à rendre heureux.

Ce sont les souhaits sincères de celui qui est /avec un profond respect /de Votre Majesté /Madame

Le très humble, très respectueux /et très obéissant serviteur /De Saint Pierre

à Paris ce 2 février 1773 /à l'hôtel de Bourbon /rue de La Magdelaine St Honoré. »[1]

Bernardin arrange à sa manière les mythes favoris des Lumières. Comme d'habitude, la partie essentielle de la lettre est consacrée à la Sémiramis du Nord, à ses propres efforts pour assurer la réputation de la tsarine dans le monde civilisé. Tout en faisant l'éloge de sa sagesse, l'écrivain décrit coquettement les grâces de cette grande femme. Ensuite Bernardin insiste sur son désintéressement et évoque sa faible santé qui l'empêche de servir en Russie. Remarquons encore un appel au destin, typique des aventuriers, et un parallèle implicite entre le Nord et le Sud («porté aux deux extrémités du monde par le sort plutôt que par la fortune»). Dans les œuvres de Bernardin, la Russie est un pays de sauvages qu'il faudra policer et civiliser, comme un pays exotique. Dans son roman inachevé *Histoire de la régente Anne,* il transporte tout à fait naturellement l'impératrice russe sur les rives de l'Amazonic, où elle invite le capitaine d'un navire hollandais et un

---

1. A. Stroev, Une lettre inédite de Bernardin de Saint-Pierre à Catherine II, *DHS,* n° 26, 1994, p. 240-241.

Français, qui ressemble beaucoup à l'auteur, à un dîner prétendu russe composé de caviar, champignons, sterlet et pieds d'ours. La fille d'Anna Ivanovna, Sophie de Brunswick, se marie avec un Indien philosophe qui affirme que le destin d'un sauvage est plus enviable que celui d'un roi, car le fils de la nature vit en bonne intelligence avec tout le monde, sa tribu est unie, il aime la vie et ne redoute point la mort[1].

Il est possible qu'une des sources du roman qui traite librement l'histoire russe est la rumeur qui s'est répandue à Paris en 1771 après le décès d'une certaine Mme d'Auban ou Maldack, morte à l'âge de plus de quatre-vingts ans. Le bruit courait que c'était la princesse de Brunswick, épouse du tsarévitch Alexis, maltraitée par son tyran de mari qui avait essayé de l'empoisonner jusqu'à neuf fois. Alors qu'elle était grosse de huit mois, il lui avait donné un coup de pied dans le ventre. Revenue de son évanouissement, la princesse avait fait la morte et aidée par la comtesse de Kœnigsmark, mère du maréchal de Saxe, elle s'était sauvée miraculeusement, et était partie à Paris et puis en Amérique. Elle avait trouvé refuge à Louisiane où elle s'était mariée avec d'Auban, capitaine de l'infanterie, et avait donné naissance à une fille. Héritière de l'empire de l'Orient qui s'étend de la Suède à la Chine et sœur de l'impératrice de l'Occident, elle ne possédait qu'une petite plantation et dix-sept nègres. Quand dix ans plus tard, la famille a déménagé à Paris, le maréchal de Saxe l'a reconnue aux Tuileries et a prévenu le roi, et celui-ci l'impératrice d'Autriche. Mais la princesse ne voulant pas se séparer de son mari et de sa fille, elle a quitté Paris pour l'île de Bourbon où elle est restée jusqu'à leur décès en 1757. A la fin de sa vie, elle est rentrée à Paris. La cour d'Autriche lui a payé une pension de 45 000 livres dont elle distribuait les trois quarts aux pauvres. Grimm évoque cette histoire dans la *Correspondance littéraire* (juin

1. M. Souriau, *op. cit.,* p. 29-30.

1771), en affirmant que c'est du roman et que « ces sortes de mensonges sont d'autant plus sûrs de leurs succès qu'il est impossible de rien éclaircir ou de rien constater à Paris. Tout est vrai ici pendant vingt-quatre heures ; les choses les plus hasardées, les plus fausses même, se débitent avec une assurance et une chaleur qui ne souffrent pas le doute le plus léger ; le lendemain elles sont oubliées avec la même facilité qui leur a donné vogue la veille »[1]. La rumeur est bientôt démentie et en novembre 1771, Grimm cite des réfutations, écrites par une « main auguste ». Par la même occasion, il analyse le mécanisme de la naissance des légendes : « Il résulte de ces observations qu'il y a par-ci par-là des aventuriers et des aventurières dans le monde, qui, ayant éprouvé des coups du sort d'un grand éclat ou des revers singuliers, se dépaysent et s'expatrient, et mènent, dans des lieux éloignés de leur premier théâtre, une vie retirée et cachée. Les soins qu'ils prennent de se dérober à la connaissance du public ne peuvent manquer d'exciter sa curiosité ; l'imagination s'en mêle, le merveilleux s'établit ; on forge des contes superbes, que le héros ou l'héroïne ne trouve pas à propos de détruire ; et les voilà métamorphosés en princes, sans avoir ni les avantages, ni les importunités du rang souverain. »[2] L'histoire s'avère néanmoins vivace. Le 1er février 1778, le *Journal encyclopédique* l'évoque de nouveau en se référant à un récit du voyage en Amérique et le 15 mai l'éditeur publie un article parvenu de Pétersbourg qui traite cette histoire de « roman entièrement faux », « matière à un drame dans le goût actuel ». Le correspondant russe précise que l'enfant, Pierre II, est bel et bien né, qu'Alexis effectivement maltraitait sa femme, mais ne la battait pas, qu'elle est bien morte, qu'on n'a pas enterré une bûche à sa place et qu'il ne faut pas « laisser

1. *CL,* t. 9, p. 329.
2. *CL,* p. 395.

courir une princesse de ce sang en Angleterre comme une aventurière»[1].

Dans un fragment du *Voyage à l'île de France,* publié par Maurice Souriau, Bernardin de Saint-Pierre se souvient de la Russie et promet de raconter comment il y cherchait «à fonder une république sur le bord du lac d'Aral»[2]. Dans sa lettre à l'impératrice, il revient à ses anciennes idées, mais il serait déplacé de louer Catherine II pour la liberté qu'elle a donnée à une partie du peuple et de l'encourager à poursuivre ses bienfaits, car en automne 1773, explose la révolte des paysans, dirigée par Emelian Pougatchev, et Catherine II est alors très éloignée des idées libérales.

Est-ce que l'impératrice a lu le livre? A la Bibliothèque nationale de Saint-Pétersbourg (anciennement publique) se trouvent deux exemplaires[3]. Le premier, sans gravures, imprimé à Neuchâtel en 1773, appartenait au favori de Catherine II, Alexandre Lanskoï. Le deuxième, envoyé par Bernardin de Saint-Pierre, orné de gravures, est relié en maroquin rouge avec une tranche d'or et porte les armes de Catherine II[4]. Dans cet exemplaire, seulement une partie des pages est coupée; il y a deux signets dans le premier volume. On ne peut point prétendre qu'ils aient été mis par la tsarine; néanmoins, les fragments qu'ils signalent, ont rapport à deux sujets évoqués dans la lettre: la renommée et la liberté. Le premier signet en papier est à la page 98 (lettre V): «Il est étrange que nous ne connaissons pas encore notre maison. Cependant nous brûlons tous en Europe de remplir l'Univers de notre renommée. Théologiens, guerriers, gens de lettres,

1. A Saint-Pétersbourg, le 12 avril 1778, *Journal encyclopédique,* 1778, 15 mai, vol. IV, p. 136-139.
2. M. Souriau, *op. cit.,* p. 28.
3. Conservés auparavant à la bibliothèque étrangère impériale de l'Ermitage.
4. *Voyage à l'Isle de France, à l'isle de Bourbon, au cap de Bonne-espérance avec des observations nouvelles sur la nature et sur les hommes par un officier du roi,* t. 1-2, à Amsterdam et se trouve à Paris chez Merlin, libraire, rue de la Harpe, à Saint Joseph, 1773.

artistes, monarques mettent là leur suprême félicité». Le deuxième signet en ruban est à la page 204 (fin de la lettre XII) : «Je suis fâché que des Philosophes qui combattent les abus avec tant de courage, n'aient guère parlé de l'esclavage des Noirs que pour en plaisanter. [...] Y a-t-il donc plus de mal à tuer tout d'un coup des gens qui n'ont pas nos opinions qu'à faire le tourment d'une nation à qui nous devons nos délices. [...] Femmes sensibles, vous pleurez aux Tragédies et ce qui sert à vos plaisirs est mouillé des pleurs et teint du sang des hommes !»

Catherine II, «bombardée de livres», n'a pas répondu à Bernardin de Saint-Pierre. Même si l'impératrice se souvenait du jeune officier, sa réputation de rêveur séduisant ne pouvait guère contribuer à ce que son nouvel ouvrage fût pris au sérieux. Malgré tout, treize ans plus tard, l'écrivain essaye encore une fois de présenter ses œuvres à l'impératrice, tente de les faire connaître en Russie. Après la publication des *Études de la nature*, dont la première édition lui a apporté dans l'année plus de dix mille francs de bénéfice, Bernardin peut payer ses dettes et en 1786, il reprend sa correspondance avec Louis Duval et le prince Dolgorouki. Le 7 janvier 1786, il s'adresse à l'orfèvre, demande des nouvelles du diplomate, des généraux de Bosquet et de Villebois, promet de rembourser sa dette et d'envoyer son livre : «J'aurais pris aussi la liberté d'en envoyer un à Sa Majesté votre Impératrice ; mais j'aurais craint que cette marque de mon souvenir ne lui fût pas agréable ; car lui ayant fait parvenir en 1773 un exemplaire de mon *Voyage à l'Ile-de-France* par la voie de M. Necker alors banquier, elle ne me fit pas l'honneur de me répondre, ce qui me fit de la peine. »[1]

Toutefois, dans sa lettre du 3 mars 1786, Bernardin a dû demander au prince Dolgorouki de le protéger auprès du trône russe, car dans sa réponse du 4 avril, l'ambassadeur refuse de lui servir d'intermédiaire. «L'Impératrice

1. C.-A. Sainte-Beuve, *op. cit.,* p. 436.

n'aime pas qu'on lui adresse des ouvrages. Il nous est même défendu de lui en envoyer. C'est apparemment la raison pourquoi elle ne vous a pas répondu : je ne connais qu'une personne à Paris chargé de lui envoyer ce qu'il jugera en valoir la peine ; si vous pouvez faire connaissance de cette personne peut-être réussissiez-vous ; que cela reste cependant entre nous ; je vous prie de ne pas me nommer, je ne veux pas être compromis. Ce serait de conséquence pour moi, qui n'agis que pour votre intérêt et dans la confiance que j'ai de votre façon de penser. C'est Mr Grimm. Ce nom vous sera bien connu.

Votre *Voyage à l'Ile-de-France* m'a procuré trop de plaisir, pour la manière dont il est écrit que je ne puis que désirer avec empressement l'ouvrage que vous m'annoncez. »[1]

Il semble que le prince Dolgorouki n'exagérait rien en souhaitant atténuer le refus. Ainsi, quand en 1776, le prince Ivan Bariatinski, ministre russe à Paris, expédie plusieurs livres offerts par des auteurs français à la cour de Russie, Catherine II lui transmet par l'intermédiaire du vice-chancelier Ivan Osterman l'ordre d'adresser dorénavant les auteurs à Sergueï Domachnev, directeur de l'Académie des Sciences, chargé d'apprécier le mérite de leurs productions et de se prononcer sur leur intérêt pour le monarque[2]. Jan Potocki qui soumet en automne 1796 ses écrits à Catherine II n'intervient pas directement mais par l'intermédiaire de Valérien et de Platon Zoubov ; le comte Andreï Razoumovski, ministre à Vienne, qui se charge de l'envoi n'omet pas de vérifier auprès du favori s'il avait donné son accord[3].

Mais Bernardin visiblement ne veut pas s'adresser à Grimm, ennemi de son maître littéraire J.-J. Rousseau. Il paie ses créanciers et ne manque pas de faire parvenir en Russie une douzaine d'exemplaires de son livre. « Je pro-

1. Le Havre, Mss, d. 165, fol. 58.
2. Comte I. Osterman au prince I. Bariatinski, Saint-Pétersbourg, 9 (20) août 1776 – AVPRI, F. 93, op. 6, n° 316, fol. 3 r°-v°.
3. A. Razoumovski à P. Zoubov, Vienne, 12 (23) octobre 1796 – AVPRI, F. 14, op. 1, n° 1938, fol. 1 r°.

fiterai cependant de la facilité que vous m'offrez d'en prendre dix ou douze exemplaires en déduction. J'espère par là de la faire connaître en Russie où, excepté le prince Dolgorouki à qui j'en ai envoyé trois exemplaires, je ne crois pas que personne en ait connaissance. Ainsi je vous envoie deux exemplaires pour vous et pour Mme votre épouse [...] et dix autres dont vous déferez aisément à 10 livres pièce qui est leur valeur à Paris», écrit-il à L. Duval le 10 juin 1786. Une semaine plus tôt, il lui a fait expédier les livres par le navire *La Dame-Sophie*[1].

Malgré sa déception, l'écrivain n'oublie pas la Russie et ses projets utopiques. M. Souriau résume un récit inachevé où un Indien (c'est l'auteur qui lui sert de modèle) vient en Russie, où il devient favori de Catherine II, lie amitié avec la princesse Dolgoroukaïa, le maréchal Münnich et le général Villebois. Ensuite le héros s'installe à Paris, commence à écrire et aidé par son ami maçon part en Amazonie. Dans les papiers de Bernardin conservés à la bibliothèque municipale du Havre figurent aussi un fragment d'un roman, dont la scène se passe dans les mers polaires, et une ébauche, l'*Histoire du jeune prince d'Olgorouky*. Plus tard, dans sa lettre à la baronne Julie de Krüdener du 29 avril 1790, Bernardin de Saint-Pierre exposera le plan d'un roman dans le genre de *Paul et Virginie*, consacré au général Münnich, grand-père de la baronne où il développe à nouveau les thèmes de l'inconstance de la Fortune russe, du contraste de la civilisation et du climat rude, car le favori omnipotent, tout comme Menchikov, a été exilé au fin fond de la Sibérie[2].

---

1. C.-A. Sainte-Beuve, *op. cit.,* p. 438 ; M. Souriau, *op. cit.,* p. 33.
2. « Il y a là bien des contrastes entre les grandeurs de la fortune et la solitude d'un exilé dépouillé de tout, qui avait vu tout l'empire russe à ses pieds, et l'empire ottoman sur le point d'être renversé par ses victoires, entre les terribles hivers de la Sibérie et le doux climat qu'habite son aimable petite-fille » – F. Ley, *Bernardin de Saint-Pierre, Mme de Staël, Chateaubriand, Benjamin Constant et Mme de Krüdener (d'après des documents inédits),* Montaigne, 1967, p. 63.

Le projet d'un État utopique apparaît peu après la Révolution dans le roman inachevé *L'Amazonie,* où Bernardin voulait aussi inclure l'*Histoire de la régente Anne* (vers 1800-1805) et l'*Histoire d'un indien*[1]. Les personnages et les événements relèvent de trois couches temporelles : le voyage de Bernardin en Hollande en 1760 avant le voyage en Russie, le projet de la colonisation de l'Amérique (1778) et les événements récents. Un vieillard, héros du roman, se sauve du Paris révolutionnaire, abandonnant sa femme et ses enfants pour se rendre à Amsterdam. Il fuit l'arrestation, la famine et la terreur, quitte la ville où l'on propose très sérieusement de guillotiner les vieillards pour ne pas avoir à les nourrir. A bord de l'*Europe,* commandée par le capitaine Duval (voilà un nom connu), il rencontre toutes les nations et tous les métiers qui partent sur cette nouvelle arche pour conquérir l'Amérique. Le navire fait naufrage dans les bouches de l'Amazonie, les indigènes sauvent les passagers qui se retrouvent dans un État créé par des immigrés. La République des amis, perdue dans le labyrinthe de forêts, dénombre cent vingt mille habitants. La terre fertile donne deux récoltes par an, les animaux sont domestiqués, les baleines transportent docilement les hommes, les poissons volants distribuent le courrier (chez Casanova, c'étaient les chevaux volants qui se chargeaient de la tâche). Au centre de cet État heureux est érigée une pyramide qui sépare douze tribus, ses quatre portes sont strictement gardées. A l'intérieur, il y a une salle d'audience, une salle de tribunal, le code, des archives et une bibliothèque où le héros découvre immédiatement les ouvrages de Bernardin de Saint-Pierre.

En 1803, l'écrivain tente une nouvelle fois de jouer la carte russe. En vue de publier une édition de luxe de *Paul et Virginie,* il envoie des prospectus du livre et des lettres

---

1. J.-H. Bernardin de Saint-Pierre, *L'Arcadie; L'Amazonie,* éd. R. Trousson, Paris, Genève, Slatkine, 1980 (réimpr. de l'éd. 1833).

de souscription (même s'il affirme le contraire dans la préface). Il s'adresse entre autres à l'impératrice Marie Fiodorovna, veuve de Paul Ier, à son fils, l'empereur Alexandre Ier, et à Elisabeth Alekseevna, l'impératrice régnante. Il évoque à nouveau son service en Russie, mais sa réputation a changé : « Je quittai les armes pour les lettres. » Écrivain célèbre – il prétend que sa pastorale a déjà obtenu le suffrage de l'impératrice-mère –, accablé par la vieillesse et la pauvreté, il recueille avec ses livres l'argent pour subvenir aux besoins de ses enfants : « Le bon accueil que j'avais reçu en Russie m'a fait songé plus d'une fois à y chercher un dernier asile dans ma vieillesse. »[1] Bien que ces lettres restent sans réponse, elles produisent leur effet. Toute la famille impériale figure dans la liste des souscripteurs de l'édition de 1806. Chacun a payé quatre exemplaires numérotés. Si l'on adjoint à ces douze volumes trois autres, achetés par Jacques Duval, deux, par le riche mécénat Nikolaï Demidov et sa femme, née baronne Stroganova, et encore deux acquis par Julie de Krüdener, qui habitait à Riga, on peut dire que la Russie a versé presque le tiers de la somme nécessaire pour l'impression du roman. Les quarante-sept autres souscripteurs, dont le prince Joseph Bonaparte, n'ont acquis qu'un exemplaire chacun.

Quelques mois après la mort de Bernardin de Saint-Pierre, en mai 1814, quand l'empereur russe est entré à Paris en tête de ses troupes, la veuve de l'écrivain offre encore un exemplaire de *Paul et Virginie* à Alexandre Ier et lui écrit une lettre, en demandant de l'aide. Grâce à l'in-

---

1. Bernardin de Saint-Pierre à Marie Fiodorovna, Paris, 24 vendémiaire, an 12 – Publiée en français et en russe : В. Дабижа, Бернарден де Сен-Пьер и его письмо к императрице Марии Федоровне от 17 октября 1803 [V. Dabija, Bernardin de Saint-Pierre et sa lettre à l'impératrice Marie Fedorovna du 17 octobre 1803], *RS*, 1892, n° 8, p. 297-306. Bernardin fait parvenir en Russie ces lettres et les prospectus de l'ouvrage par l'intermédiaire de l'abbé Charles-Dominique Nicolle, pédagogue à Pétersbourg – Le Havre, Mss, d 121, fol. 23 r°.

tervention de l'ancien précepteur impérial, Frédéric César de La Harpe, qui vient de se voir décerner l'ordre de Saint-André et le grade de général-lieutenant russe, la veuve reçoit du tsar dix mille francs. Cette année-là, le nombre de Français demandant d'entrer au service russe et rédigeant des ouvrages rendant gloire à l'empereur fut si élevé qu'il fallut créer une commission spéciale, présidée par La Harpe, en vue d'étudier les requêtes[1].

Navigation politique. Le baron de Bilistein

Catherine II déteste le monopole du commerce et refuse d'engager l'État dans les entreprises marchandes. Elle préfère conquérir de nouvelles terres par la force des armes. Elle inscrit sa décision sur un *Mémoire sur le sujet d'un commerce, à établir de la Russie, aux Indes Orientales, et à la Chine* qu'on lui avait soumis par l'intermédiaire du comte Panine : « C'est aux Marchands à trafiquer où bon leur semble, pour moi je ne fournirai ni hommes ni navires ni argent et je renonce à perpétuité à toutes terres et possessions aux Indes Orientales et en Amérique. »[2] L'impératrice se méfie des faiseurs de projet et les tourne en dérision. Témoin le comte Sigismond von Redern (1715-1789) qui, mécontent de Frédéric II, arrive en Russie en 1769, au début de la guerre contre la Turquie, avec un projet de conquête de Crimée et de prise de Constantinople. Ce partisan du système coloniale qui pendant des années avait essayé d'établir en Allemagne une Compagnie des Indes, propose de créer en Russie une énorme compagnie commerciale, possédant une flotte et une armée, hors de la juridiction et

1. AVPRI, VKD, F. III – 11 (1814), n° 31.
2. *Письма и записки императрицы Екатерины II к графу Н. И. Панину [Lettres et billets de l'impératrice Catherine II au comte N. I. Panine]*, Moscou, 1863, p. 140-141.

l'administration russes, ayant droit de découvrir et de conquérir de nouvelles terres, de faire la guerre et de signer des accords, tenant le monopole du commerce extérieur et des privilèges exclusifs[1]. Selon l'avis de Catherine II, cette Compagnie serait une sorte d'État en État, et l'Empire russe « d'après le projet d'Octroi paraît être son frère cadet». Ensuite, le comte von Redern suggère de reformer l'Académie qui, estime-t-il, lui, devrait gouverner l'empire de Russie. L'impératrice prononce le verdict: Redern est un personnage très instruit qui étale « des projets sans fin les uns plus impraticables que les autres», « des pièces si marquées au coin de la plus absurde des folies» et qui ne prétend « pas moins que de faire régir les États par des métaphysiciens et des mathématiciens »[2]. Dans sa comédie *La fête de Madame Boudeuse* (1772) Catherine II présente un négociant banqueroute Nekopeïkov (Sans-le-sous) qui propose d'établir une compagnie de commerce extérieure où toutes les dépenses seront à l'État qui fournira des navires, tandis que les bénéfices reviendront aux directeurs. Il semble que l'impératrice parodie des projets du comte von Redern, sans oublier les affaires d'une compagnie de commerce en Méditerranée dont elle était devenue actionnaire en 1763.

Si la France recourt dans sa politique extérieure à une colonisation pacifique et élargit l'aire de ses intérêts commerciaux, la Russie commence par la guerre pour en venir à l'aménagement des territoires. Il va sans dire que souvent la politique et le commerce poursuivent un même but. La guerre de 1769-1774 entre la Russie et la Turquie,

---

1. *Octroi ou lettres patentes accordées par S. M. l'Impératrice de toutes les Russies, Catherine Seconde à M. le comte de Redern pour l'établissement de la compagnie du grand commerce maritime dans les différentes parties de la Russie et pour poursuite des grandes vues de découvertes de Pierre le Grand de glorieuse mémoire, Saint-Pétersbourg*, septembre 1769 – *SRIO*, t. 10, 1872, p. 358-360.
2. *SRIO*, t. 10, p. 386-387.

qualifiée de commerciale[1] par les diplomates français, vise la liberté du commerce russe sur la mer Noire. Les multiples projets du baron de Bilistein nous donnent justement le moyen d'étudier l'évolution de la conjoncture politique en Europe.

Le baron Charles-Léopold Andreu de Bilistein, né en Lorraine en 1724, est un « honnête aventurier » à la façon de Carlo Goldoni. Il éblouit tous et ne trompe personne, il cherche la fortune et le pouvoir et ne se préoccupe que du bien public. Et pourtant il reste dilettante dans tous les domaines malgré ses vastes connaissances. Sa famille, originaire de Delft (Hollande), s'établit à Nancy au XVIe siècle où elle est anoblie[2]. Pendant dix ans, Charles-Léopold habite à Nancy, il séjourne aussi en Westphalie. Au début de la guerre de Sept ans, entre 1757 et 1759, il conçoit et rédige plusieurs mémoires, dont une partie est perdue, l'autre conservée aux archives russes, la troisième publiée. Quelques ouvrages aboutis paraissent vers la fin de la guerre à Amsterdam : *Essai sur les duchés de Lorraine et de Bar* (1762), *Essai sur la ville de Nancy, capitale du duché de Lorraine* (1762), *Institutions militaires pour la France, ou le Vegèce français* (1762), *Fragments militaires pour servir de suite au Vegèce français* (1763), *Essai de navigation lorraine* (1764).

Giacomo Casanova ne mentionne pas le baron dans l'*Histoire de ma vie*. Mais il raconte dans les *Dialogues avec le prince* que M. de Bilenfeld (le Vénitien confond son nom) « lorrain, homme d'esprit, très versé dans les mathématiques, et grand architecte hydraulique » quitte son pays natal, ne pouvant pas se résoudre à devenir un sujet français. Il cherche à offrir ses services à un roi homme d'esprit qui pourrait profiter de ses connais-

---

1. A. Sorel, *La question d'Orient au XVIIIe siècle : les origines de la triple alliance,* Paris, E. Plon, 1878.
2. A. Pelletier, *Nobiliaire ou Armorial général de la Lorraine et du Barrois en forme de dictionnaire,* Nancy, Thomas, 1758, p. 60. Je remercie M. René Haly qui m'a procuré plusieurs informations sur Bilistein en Lorraine.

sances[1] ou à une république. Son système économique est prêt, il ne reste qu'à l'appliquer.

En 1758, Bilistein fait un voyage à Nancy. Au cours de l'hiver 1758-1759, il séjourne au pays de Juliers (Rhénanie-Westphalie). Ensuite il part en Hollande, où il fait connaissance avec Casanova. Le Vénitien y séjourne entre octobre 1759 et février 1760, ainsi que d'autres aventuriers qui arrivent à cette époque dans ce centre financier, typographique et maçonnique de l'Europe : Saint-Germain, Bernardin de Saint-Pierre, le comte André Tott, Zoltikof Altenklingen. Bilistein propose alors aux États généraux une opération sur la Meuse, refusée sous prétexte que le roi de Prusse s'y serait opposé. Le baron prépare la publication de ses livres chez les éditeurs d'Amsterdam, H. Constapel et E. van Harrevelt.

Avec la parution de ses ouvrages sur la Lorraine, ses difficultés augmentent. La censure française suspend la diffusion des livres. Bilistein part à la cour pour chercher la protection et, le 25 septembre 1763, il écrit de Versailles une lettre à Malesherbes, premier président de la Cour des aides. Il suggère des corrections et des passages à supprimer, tout en espérant qu'on ne le soupçonne pas d'irréligion[2]. Pour donner plus de poids à sa requête, le baron évoque le vif intérêt que le roi Stanislas Leszczynski porte à son établissement en Lorraine. Néanmoins, le duc de Lorraine, ancien roi de Pologne, avait entrepris plusieurs travaux pour l'embellissement de la province et n'accepte pas les plans du baron. Bilistein, déçu par sa patrie, part en Allemagne.

En décembre 1763, Frédéric II accepte sa proposition de joindre la Meuse au Rhin et le Lorrain présente plusieurs mémoires sur la construction de canaux et de nouvelles villes, sur le développement général des États du

---

1. G. Casanova, Dialogues avec le prince, *HMV*, t. 1, p. 1256.
2. J.-A. Schmit, Andreu de Bilistein et la censure française, *Journal de la société d'Archéologie lorraine*, 1874 (23e année), p. 41-44.

nord-ouest de l'Allemagne, qu'il avait conçus quatre ans auparavant: *Essai de la jonction de la Meuse au Rhin et du Rhin à l'Embs à faire dans les Duchés de Clèves et de Gueldre* (avril 1759, retouché en décembre 1763), *Essai sur les Duchés de Clèves et de Gueldre, Principauté de Meurs, comtés de la Marck, D'Oost-Frise Tecklenbourg, Lingen &* (avril 1759, retouché en décembre 1763), *Gross Fredericks Kanal. Exécution pratique* (décembre 1763)[1].

Bilistein analyse les ressources et le progrès des petits États. Selon lui, « tous les États comme les hommes se ressemblent, à quelques différences près, que l'étude et l'usage apprennent »[2]. Les principes qu'il a formulés pour la Lorraine seront applicables partout. Pareil à d'autres aventuriers de la République des Lettres, Bilistein démontre qu'un homme de jugement et de sentiment vaut mieux qu'un professionnel: « Un moine a inventé la poudre à canon. Un soldat l'art de l'imprimerie. »[3]

Bilistein évoque deux moyens de transformer le monde: l'engagement personnel et la navigation politique. La prospérité générale commence par la perfection des hommes. A l'instar de Montesquieu, Bilistein propose la même voie que Bernardin de Saint-Pierre: attirer les gens par les richesses et les honneurs. Pour que l'individu consacre toutes ses facultés à la société, il doit jouir de la liberté qui est la base de toutes les réformes et d'une paix générale.

Pour affirmer la prospérité, le développement du transport, du commerce et de l'économie, Bilistein voudrait appliquer à tout le continent le modèle de la Hollande, pays de ses ancêtres. L'union économique, éventuellement politique et militaire, doit être fondée sur un système de canaux qui joindront les fleuves principaux de

---

1. AVPRI, VKD, op. 2/6, n° 55634.
2. *Essai sur les Duchés de Clèves et de Gueldre* – AVPRI, VKD, op. 2/6, n° 55634, fol. 41 r°.
3. *Institutions militaires pour la France, ou le Vegèce français,* par Mr Andreu de Bilistein, Amsterdam, E. Van Harrevelt, 1762, p. IV.

France, d'Allemagne et d'Autriche, établiront une communication entre la Méditerranée, l'océan Atlantique et la mer Noire. Ces canaux consolideront les pays, soutiendront l'industrie, favoriseront le commerce à l'intérieur de l'Europe, ainsi qu'avec l'Afrique et le Levant. Ils serviront à transporter rapidement des troupes, feront bâtir de nouvelles villes.

Dans ses projets, Bilistein fournit une description complète du pays, que ce soit les duchés de Lorraine et de Bar ou ceux de Clèves et de Gueldre. Il évalue la situation géographique, l'état physique, moral et politique, les finances et l'armée, le développement des manufactures et de l'agriculture, la consommation des articles de luxe. Il détaille le commerce et les exportations, les richesses réelles d'un pays et les signes pour les reconnaître ; il calcule la croissance potentielle. Bilistein fonde son système sur un des principes chers aux physiocrates, selon lequel le libre-échange devient moteur d'une croissance économique et assure la richesse du pays. En France on met en place un réseau routier, environ six mille lieux de voies nouvelles. On perfectionne la cartographie, on établit une communication régulière entre les villes en diligence. La vitesse des voitures publiques est multipliée par deux ou trois. On développe la navigation interne, on dresse plusieurs canaux[1]. Si l'on compare le réseau fluvial d'aujourd'hui avec les propositions de Bilistein, on s'aperçoit que la majeure partie de ses projets a été réalisée au XIXᵉ siècle, sauf que les canaux n'ont pas été toujours construits aux endroits qu'il avait proposés.

Bilistein séjourne dans le duché de Clèves et en juin 1764, il rappelle à Frédéric II qu'il lui avait expédié ses projets durant l'hiver. En juillet 1764, après avoir

---

1. G. Arbellot, La grande mutation des routes de France au milieu du XVIIIᵉ siècle, *Annales ESC,* 1973, n° 3, p. 765-791 ; B. Lepetit, *Chemins de terre & voies d'eau. Réseaux de transports et organisation de l'espace en France 1740-1840,* éd. de l'EHESS, 1984.

assisté à une reconnaissance du terrain, effectuée par les conseillers députés sur ses indications, il refait son plan et l'adresse au roi. Le baron demande qu'on l'engage au service de Prusse et qu'on lui confie la construction du Grossen-Friederich-Kanal qui devrait lier la Meuse au Rhin. La seconde branche serait la jonction du Rhin à Embs par la Lippe, de l'Embs au Weser, et successivement du Weser à l'Elbe et à l'Oder qui unirait les États allemands. L'économiste lorrain propose de construire les villes Grossen-Friederich-Stadt et Grossen-Friederich-Bourg ; il évalue le coût des travaux à deux cent mille florins, le bénéfice annuel à cent mille florins.

A Berlin, Bilistein rencontre pour la seconde fois Casanova qui y séjourne de juillet à septembre 1764 et brigue une place à la cour du roi. Il racontera plus tard au Vénitien qu'il avait proposé au roi de Prusse une opération sur la Meuse qui devait faire un effet totalement contraire à celui reçu par les États généraux. Après six mois de réflexion, le roi de Prusse, allait le refuser pour ne pas se brouiller avec la Hollande (*HMV*, t. 1, p. 1256). Le Lorrain doit chercher un autre pays pour ses projets mirobolants.

A ce moment, Frédéric Melchior Grimm dans sa *Correspondance littéraire* prédit le sort de Bilistein. Le 15 avril 1764, dans son compte rendu ironique de l'*Essai de la navigation lorraine*, il écrit que l'auteur proposant un « furieux remuement de terre », « devait s'associer aux travaux de Pierre le Grand ; joindre, par le milieu de l'empire de Russie, la mer Noire à la Baltique, et par là regagner l'hôpital de Paris »[1]. Pour la première fois, on le proclame fou.

A Berlin, Bilistein fait connaissance avec l'ambassadeur russe, le prince Vladimir Dolgorouki, ami de Bernardin, et avec le chancelier russe, le comte Mikhaïl Vorontsov, qui rentre en Russie après son exil honorifique, un voyage

---

1. *CL,* t. 5, p. 490.

de deux ans en Europe. Le baron lui fait part de ses projets, lui offre des livres et des manuscrits, en espérant qu'ils parviendront jusqu'à l'impératrice, surtout ses *Voyages politiques et militaires* et la *Reconnaissance intérieure d'un pays* qui, à son avis, pourraient être appliqués à la Russie (les traces de ces textes sont perdues). Tenant lieu de lettres de recommandation, les ouvrages produisent une excellente impression : ils justifient sa réputation d'expert international et rendent solides ses spéculations. Le 7 janvier 1765, Bilistein envoie à Pétersbourg un mémoire et une lettre à Catherine II, en proposant ses services : « L'étude que j'ai faite de la Navigation politique & des Canaux me donnerait peut-être aussi quelque facilité pour la direction & entreprise de jonction de Mers ou de fleuves comme le vaste Empire de Russie en est si susceptible. »[1]

Trop impatient pour attendre la réponse, le baron décide de prendre la route de Pétersbourg, au risque de tout gâcher. La fortune lui sourit : sur la recommandation du chancelier, l'impératrice daigne ordonner de le prendre à son service et de lui faire payer les frais de voyage. A Pétersbourg, l'impératrice reçoit bien le baron et lui permet de présenter ses conditions. Le 17 (28) mai 1765, Bilistein demande le titre de conseiller de commerce avec le rang de colonel, des appointements de deux mille roubles, la prise en charge des missions, des moyens pour son établissement et, en cas de décès, une pension annuelle de mille roubles pour sa femme, Anne Huggins, et pour ses futurs enfants. Catherine II marque sa résolution par la formule : « approuvé et le contrat est à faire d'après ceci »[2]. Le 19 (30) août 1765, le journal *Sanktpeterbourgskie vedomosti* (n° 65) publie cette information officielle : « Il y a quelque temps, Sa Majesté Impériale a daigné nommer

---

1. AVPRI, VKD, op. 2/6, n° 55634, fol. 49-56 et AVPRI, F. 14, op. 14 B, n° 121, fol. 1.
2. AVPRI, F. 14, op. 14 B, n° 121, fol. 6 r°.

M. le baron de Bilistein, qui est arrivé ici, le conseiller au Collège de commerce avec des appointements de deux mille roubles par an, pour ses excellentes connaissances dans les différents domaines. »

Bilistein travaille ferme, fait un voyage d'inspection, rédige un compte rendu en novembre 1765. Dans ses lettres à Casanova, qui avait quitté Pétersbourg pour Varsovie, le baron raconte qu'il est écrasé de divers travaux et que sa femme attend un enfant. Il parle de leurs connaissances russes[1]. En rentrant en Russie, le comte Vorontsov est obligé de prendre sa retraite. Le comte Nikita Panine, précepteur du grand-duc Paul, hérite ses fonctions de chef de la diplomatie russe. Bilistein, qui cherche de nouveaux protecteurs, s'adresse à lui et à son frère, général Piotr Panine. Il collabore avec les comtes Zakhar et Ivan Tchernychev qui dirigent le collège militaire et le collège de l'amirauté. Les Panine et les Tchernychev forment un parti centré autour du grand-duc Paul et opposé aux frères Orlov, favoris de Catherine II. Bilistein est invité aux dîners du grand-duc. Il fait connaissance avec un ami d'enfance de Paul, prince Alexandre Kourakine, petit-neveu des Panine, qui part en Europe pour suivre des études. Le baron fréquente le colonel d'artillerie Piotr Melissino et son frère Ivan Melissino, procureur du Synode, le grand veneur Semion Narychkine. Il est en bonne relation avec les ambassadeurs polonais et espagnol, avec Johann Albrecht Euler, secrétaire perpétuel de l'Académie des sciences de Pétersbourg.

Tous les amis russes de Bilistein appartiennent à la franc-maçonnerie. Piotr Melissino, polyglotte, bon vivant, excellent chimiste et mécanicien, militaire brillant, est le chef de l'ordre qui se développe en Russie. Il crée la loge Silence et érige son propre système, en empruntant, peut-être, quelques idées au baron de Tschoudy. Ce rite

1. A. Stroev, H. Watzlawick, Casanova et Bilistein, *L'Intermédiaire des casanovistes,* année XIII, 1996, p. 33-46.

mystique, proche des rose-croix, comprend quatre hauts grades : la *Voûte Obscure,* le *Maître et Chevalier Écossais,* le *Philosophe,* le *Clerc du Temple.* Le dernier grade mène aux vraies sources de la grâce, à la connaissance de Dieu et de la nature par l'alchimie, la cabale, la théurgie, l'astrologie et la magie divine[1]. Casanova et Cagliostro se lient d'amitié avec Melissino lors de leurs séjours en Russie ; le chevalier de Corbéron, secrétaire de l'ambassade de France à Pétersbourg, et Charles Masson, officier français au service de Russie, parlent de cette loge dans leurs mémoires[2]. Il est probable que Bilistein était aussi un franc-maçon, mais il n'y en a aucune preuve.

Après les premiers succès vient le temps des désillusions. Bilistein ne trouve pas d'application à ses projets de navigation politique. Il adresse un mémoire à l'impératrice où il explique que le Collège de commerce traite des affaires particulières au lieu de se pencher sur l'intérêt général et la politique du commerce. «Le temps se passe néanmoins, les meilleures années s'écoulent avec l'âge, les forces comme la capacité s'éteignent, et l'on devient vieux insensiblement sans avoir rien fait.» Le baron prie Catherine II de le nommer membre de la Commission du commerce supervisant le commerce interne et externe, ainsi que les finances et les revenus de l'État[3]. La requête reste sans suite.

Mécontent de sa situation en Russie, Bilistein cherche la protection du roi de Pologne Stanislas-Auguste. En hiver 1765 et au printemps 1766, il lui fait parvenir tous ses livres et quelques mémoires manuscrits par l'intermédiaire de Giacomo Casanova, avec lequel il a rénové sa connaissance à Pétersbourg. Mais le Vénitien qui sollicite

1. R. Le Forestier, *La franc-maçonnerie templière et occultiste aux XVIIIᵉ et XIXᵉ siècles,* Table d'Émeraude, 1987, t. 1, p. 155-156.
2. *Un diplomate français à la cour de Catherine II. 1775-1780. Journal intime du chevalier de Corbéron,* Plon, 1901, 2 t. ; Ch.-F.-Ph. Masson, *op. cit.,* t. 3, p. 426.
3. AVPRI, F. 14, op. 14 B, n° 121, fol. 4 r°, 5 v°.

la place de lecteur du roi échoue en Pologne. Il sort vainqueur de son duel avec Branicky, mais il ne peut mettre fin aux rumeurs diffamatoires qui se répandent à la cour. Les bruits analogues parcourent Saint-Pétersbourg, et Bilistein défend en vain la réputation de son ami. Stanislas-Auguste ordonne au Vénitien de quitter le pays et en guise de cadeau d'adieu paye ses dettes. Dorénavant sa recommandation ne peut que nuire.

Lassé d'attendre, l'économiste lorrain change de domaine. Protégé par Ivan Betskoï, directeur de la Chancellerie impériale des bâtiments publics, il rédige un plan général de l'agrandissement et embellissement de Pétersbourg. En décembre 1766 et en janvier 1767, juste au moment de l'arrivée en Russie du sculpteur Étienne Falconet, Bilistein rédige une série de mémoires où il propose sa version du monument de Pierre le Grand et choisit son emplacement, ainsi que celui de la statue de Catherine II[1]. Rappelons que, peu de temps après le couronnement de Catherine II, le 23 août 1762, Ivan Betskoï offre au Sénat un programme visant la création de plusieurs monuments, y compris une statue équestre de la tsarine. En 1763, l'Académie examine cette idée, Mikhaïl Lomonossov et Iakov Stählin présentent leurs projets. L'année suivante, Ivan Betskoï envoie au Sénat sa version du monument à Pierre I[er2]. En 1765, il invite en Russie Falconet par le biais de Diderot et du prince Dmitri Golitsyn et, en automne 1766, l'artiste part pour Saint-Pétersbourg pour créer son « chevalier d'airain ». A ce moment Bilistein, poussé par Ivan Betskoï qui veut diriger la création du monument, se met à l'œuvre.

---

1. RGADA, F. 5, op. 1, n° 143, fol. 181 r° - 203 v°, publ. *SRIO*, t. 17, 1876, p. 331-361 ; AVPRI, F. 14, op. 14 B, n° 121, fol. 7 r° - 13 v° (inédits). Les historiens russes d'art, D. Arkine, Z. Zaretskaïa et A. Kaganovitch, auteurs des ouvrages sur Falconet et son œuvre, sous-estiment les projets de Bilistein, ne consultant que des sources imprimées.
2. *SRIO*, t. 17, p. 361-366.

Le Lorrain veut que la position du monument incarne l'œuvre de l'empereur. Inconsciemment, il rime l'activité de Pierre le Grand avec ses propres projets de navigation politique. Bilistein passe en revue toutes les places de Saint-Pétersbourg, analyse leur éventuel aménagement et conclut : la meilleure est celle entre l'Amirauté et le Sénat. Là, où sera installé le «cavalier d'airain». Cependant, Bilistein propose de mettre la statue équestre sur une sorte de podium au-dessus de la Néva. Bilistein détermine avec beaucoup de précision la position du monument et décrit minutieusement ce qu'aurait pu voir la statue, en regardant de son œil droit l'Amirauté et le vaste pays, à qui l'empereur avait ouvert «toutes les sciences politiques et militaires, les arts libéraux et mécaniques, les manufactures, le commerce, la jonction des mers et des fleuves et la navigation sur toutes les mers du monde». De l'œil gauche, la statue regarderait la citadelle et les douze collèges, portant en même temps ses regards sur la Finlande, la Carélie, l'Ingrie et autres provinces conquises. L'espace prend une valeur symbolique : à droite se trouvent la Russie et le passé, à gauche, l'Europe et l'avenir. Par sa description poétique, Bilistein anime la statue et lui accorde le don divin de voir le monde d'en haut ; tous les passants, tout le pays devraient saluer la figure immense[1].

L'imagination du Lorrain n'a pas de frein. Il passe en revue toutes les places susceptibles de recevoir la statue de l'impératrice. Il propose, entre autres, de former à Gostinny dvor une place du marché «en forme d'étoile à huit points» et d'y ériger une colonne catherinienne[2] : au XIXe siècle on placera sa statue près de cet endroit. Enfin, Bilistein convainc tout le monde que la meilleure place est celle du Sénat et refait radicalement son projet. Il voudrait élever le monument de la souveraine sur la place du

1. *Ibid.,* p. 341-343.
2. *Ibid.,* p. 359.

Sénat, destinée à Pierre le Grand, et installer la statue de l'empereur de l'autre côté de la Néva[1].

Comme d'habitude, Bilistein rate de peu son objectif. En janvier 1767, quand le baron expédie ses mémoires à l'impératrice, Betskoï propose à Falconet de faire un monument à Catherine II. Le statuaire accepte de travailler gratuitement. En 1768, il fait un modèle, mais il le détruit, agacé par les remarques ironiques de Betskoï et comprenant que l'impératrice elle-même n'en veut pas[2]. Le 5 mai 1768, Betskoï fait savoir au Sénat la décision définitive de la souveraine : mettre le monument de Pierre Ier sur la place du Sénat. Néanmoins, dix ans plus tard, en 1777, d'Alembert écrira à Catherine II que ses sujets avaient désigné Falconet pour lui élever un monument immortel auprès de Pierre le Grand[3].

Betskoï, dans ses projets, présente une image assez détaillée de la statue. Il met Pierre Ier sur un cheval, lui donne un habit grec et un bâton de maréchal. Ne supportant pas des ordres camouflés en suggestions et ne pouvant se moquer du directeur de la Chancellerie des bâtiments publics, Étienne Falconet se venge, en ridiculisant Bilistein, ce bouc émissaire de choix. Le 15 avril 1769, il répond au projet, reçu deux ans auparavant, et envoie sa réplique à l'impératrice. L'ironie de Falconet fait bouger la statue : on la voit tourner en rond, tâchant de regarder en avant et derrière lui, à droite et à gauche. L'artiste prévient son compatriote : « Mais si vous vous érigez en *donneur d'idées en titre d'office*, vous le ferez rire. »[4] Comme dans le poème d'Alexandre Pouchkine, le « cavalier d'airain » animé persécute le pauvre fou. L'impératrice approuve Falco-

1. Bilistein à Catherine II, Saint-Pétersbourg, 24 janvier 1767 – AVPRI, F. 14, op. 14 B, n° 121, fol. 7 r°.
2. *SRIO,* t. 17, p. XVIII-XX.
3. Paris, 30 novembre 1777 – *SRIO,* t. 13, p. 281.
4. Projet d'une statue équestre, *Œuvres d'Étienne Falconet statuaire,* Lausanne, Société typographique, 1781, t. 1, p. 55-64.

net: « L'œil droit et l'œil gauche de Pierre le Grand m'ont bien fait rire, cela passe la bêtise. »[1]

Les malheurs de Bilistein continuent, il perd sa femme, reste seul avec deux petits enfants, Paul et Catherine. Quand, en 1767, l'impératrice rédige son fameux *Nakaz*, en projetant un nouveau code de lois, le baron prépare en vain quelques essais pour se rendre utile. La guerre contre la Turquie commence (1769-1774) et Bilistein saisit l'occasion d'échapper à son sort, en se souvenant de son rang de colonel. A la fin de 1769, il présente au général Piotr Panine un plan de ses nouvelles activités et demande la permission d'aller aux armées. Probablement à la même époque, il rédige un mémoire qu'il mentionnera plus tard, où il démontre que la politique intérieure russe doit accorder plus d'attention aux provinces méridionales, les plus importantes pour l'Empire, afin d'être de concert et d'appuyer la politique extérieure qui doit également embrasser les parties méridionales de l'Europe[2].

L'impératrice le laisse partir. Grâce au comte Nikita Panine, le baron est muté au Collège des affaires étrangères et il rejoint la deuxième armée russe, commandée par le général Piotr Panine pour « tenir une certaine correspondance » ainsi que les « affaires en langues étrangères »[3]. Il est possible que Nikita Panine compte sur une source supplémentaire d'information, tandis que Piotr Panine voit en Bilistein un chroniqueur de ses victoires futures[4]. En avril 1770, le baron arrive à Kharkov, au quartier général de Piotr Panine, presque en même temps que le prince Alexandre Kourakine, et dès ce moment le Collège lui expédie ses gages à l'armée. A l'automne 1770, Bilistein participe au siège et à la prise de Bender. Après la démission du général Panine, Bilistein visite les places

1. Catherine II à Falconet, 15 mai 1769 – *SRIO,* t. 17, p. 71.
2. RGB, F. 222 (Panine), cart. XVI, n° 14, note O.
3. AVPRI, VKD, op. 2/6, n° 4856, fol. 2-6.
4. P. I. Panine à N. I. Panine, Kharkov, 29 mars (9 avril) 1770 – *RA,* 1888, n° 3, p. 322.

de la mer Noire et de la Bessarabie, puis il se rend à l'armée du comte Piotr Roumiantsev. Entre décembre 1770 et mars 1771, à Jassy il rédige le mémoire *Est-il dans l'intérêt de l'Empire de Russie de conserver les provinces de Moldavie et de Valachie à titre de propriété, ou à titre de protection*[1] *?*

Précisons la situation politique. En janvier 1769, Catherine II lance un appel à tous les peuples chrétiens pour qu'ils se libèrent de la domination turque et se battent pour l'indépendance ; elle leur promet de protéger les droits qu'ils vont conquérir. A l'automne et à l'hiver 1769, l'armée russe occupe la Moldavie et la Valachie, les habitants prêtent serment à la Russie. En octobre, l'impératrice s'intitule ironiquement dans une lettre «nouvelle princesse moldave»[2]. En novembre et décembre 1769, le clergé et les boyards de ces provinces adressent plusieurs mémoires à Catherine II, en exprimant leur joie d'être délivrés de la domination ottomane et leur espoir en le soutien et l'aide de la Russie ; ils envoient des délégations à Pétersbourg. En mars 1770, Catherine II s'engage devant les délégations moldaves et valaques à protéger les chrétiens des deux provinces. Sur la minute de son texte, on lit : «nos fidèles sujets» ; dans la langue diplomatique, la protection signifie attacher les terres à l'empire[3]. Depuis 1769, dans les milieux diplomatiques européens circulent des rumeurs sur l'éventuelle indépendance de la Moldavie et de la Valachie[4]. Le comte Rochford, ministre anglais, écrit à lord Cathcart, ambassadeur à Pétersbourg, que le projet russe d'ériger la Tartarie (de Crimée), la Moldavie et la Valachie en États indépendants

---

1. RGB, F. 222 (Panine), cart. XVI, n° 14.
2. Catherine II à A. I. Bibikov, 14 (25) octobre 1769 (en russe) – *SRIO,* 1872, t. 10, p. 389.
3. Е. И. Дружинина, *Кючук-Кайнарджийский мир 1774 года (его подготовка и заключение)* [E. I. Droujinina, *La paix de Koutchouk-Kaïnardji de 1774, sa préparation et conclusion*], Moscou, Académie des sciences, 1955, p. 122-123.
4. С. М. Соловьев, *История России* [S. M. Soloviev, *L'histoire de Russie*], livre 14, t. 28, Moscou, Mysl, 1994, p. 333, 339-340.

qui défendraient la Russie contre la Turquie, ainsi que d'établir un grand-duché de Finlande qui servirait de barrière contre la Suède, contredit le principe de modération, qu'on suppose être celui de la cour de Russie[1]. Le comte Nikita Panine parle à l'ambassadeur de Prusse d'un projet d'union entre la Russie, l'Autriche et la Prusse, dirigée contre la Turquie, ainsi que d'un partage éventuel de la Pologne. Il suggère la formation d'une république sur les débris de l'Empire ottoman, avec Constantinople pour capitale[2].

En 1770, la Russie remporte des victoires fracassantes sur la Turquie sur terre et sur mer. Alekseï Orlov à la tête de la flotte russe réalise le projet de son frère Grigori : il soulève les Grecs contre les musulmans, brûle l'escadre turque à Tchesmé et tente de se rendre à Constantinople par la mer. Dans ses lettres à Catherine II, Voltaire rend hommage aux victoires russes et propose de transporter la capitale du Nord en Orient, de Pétersbourg à Constantinople. La Russie s'érige en héritière de la Grèce antique. La guerre ressemble de plus en plus à une nouvelle croisade. Pétersbourg s'intéresse aux plans de paix en Europe conçus par Sully et l'abbé de Saint-Pierre, car leurs projets prévoyaient des unions contre les Turcs.

La situation politique est alors propice à l'apparition de faux princes. Le 6 (17) mai 1770, Catherine II écrit à Alekseï Orlov qu'en ce moment plusieurs Grecs, Serbes et autres aventuriers orthodoxes s'adressent à tout le monde avec des projets, des plans et des pourparlers[3]. En août 1770, un certain Félix Antoine Castriotto, « descendant des souverains d'Albanie », demande à Catherine II de le faire couronner. En suivant les maximes de l'impératrice, il lui servira d'instrument pour faire goûter aux

1. Le comte Rochford à lord Cathcart, Whithall, 30 juin 1769 – *SRIO,* 1873, t. 12, p. 460-461.
2. S. M. Soloviev, *op. cit.,* p. 374.
3. *SRIO,* 1867, t. 1, p. 16 (Catherine II parle de Stepan Maly).

Albanais le bonheur dont jouit l'Empire russe. La tendre vénération dont ses compatriotes honorent la mémoire de Scanderberg excitera tout leur courage au nom de Castriotto, un rejeton de leurs souverains légitimes. « Si la Providence veut que sous la Protection de S. M. I. je rentre dans les droits de mes ancêtres, j'engage ma parole et mon honneur d'être un vassal fidèle de la Couronne de Russie. » Enfin, ce « prince », né au Portugal et installé en Hollande, promet de trouver le moyen de prouver la légitimité de ses prétentions et se plaint que le prince Dmitri Golitsyn, l'ambassadeur russe, a laissé ses lettres sans réponse[1].

Entre 1767 et 1773, en Monténégro, Stepan Maly se sert du nom de Pierre III pour unir le peuple et lutter contre les Turcs. Proclamé roi, il gouverne en vrai souverain et en réformateur. Il trace les frontières du pays, établit un code de lois, organise une armée régulière, sépare l'Église de l'État, crée des écoles. En 1768, Catherine II, troublée par le fantôme de son époux, revenu de l'autre monde, ordonne d'arrêter Stepan et de lui fermer les frontières russes. L'année suivante, le prince Iouri Dolgorouki entreprend une expédition militaire en Monténégro, dévoile et arrête l'imposteur pour le relâcher ensuite. Comme Stepan épaule la politique russe dans la région, Dolgorouki lui offre un uniforme russe et le laisse en tête des Monténégrins. En 1770, Stepan Maly perd la vue par suite d'une blessure, trois ans plus tard un tueur à gages, payé par les Turcs, l'assassine[2].

L'Autriche et la Prusse, embarrassées par les succès de la Russie, ne souhaitent pas la soutenir; la France qui avait monopolisé le commerce avec Constantinople

1. Félix Antoine Castriotto à Catherine II, Leyde, 9 août 1770 – AVPRI, F. 14, op. 1, n° 1139, fol. 1-2.
2. S. M. Soloviev, *op. cit.,* p. 295-302; А. П. Бажова, *Русско-югославянские отношения во второй половине XVIII века* [A. P. Bajova, *Relations entre la Russie et les Slaves du Sud dans la seconde moitié du XVIIIe siècle*], Moscou, Naouka, 1982, p. 90-100.

défend la cause de la Turquie. En septembre 1770, après la rencontre de Joseph II avec Frédéric II, l'Autriche et la Prusse offrent à la Russie leur médiation pour conclure la paix avec la Porte. La Russie la rejette, mais accepte des « bons offices », car une mauvaise récolte et la peste obligent à songer à des pourparlers. Le conseil impérial précise les buts de la guerre et les propositions de paix, qui prévoient entre autres la liberté du commerce sur la mer Noire, l'indépendance de la Crimée, de la Moldavie et de la Valachie. En septembre 1770 et en mars 1771, le Conseil approuve ce « plan de réconciliation », fortement appuyé par Catherine II.

Bilistein rédige son mémoire quand la Russie est au sommet du succès. Selon lui, il n'est pas question de rendre les provinces conquises à la Turquie, comme la Russie l'a fait après les deux guerres précédentes. Elle serait capable de gagner seule la guerre de religion et d'écraser la Porte, mais cela ruinerait l'équilibre européen. Toutes les puissances préfèrent garder l'Empire ottoman en dehors de tout système politique, plutôt que de le partager. Le maintien de la Moldavie et de la Valachie sous la domination russe exigera des dépenses considérables ; ces provinces éloignées affaibliront l'Empire russe et deviendront une pomme de discorde, prétexte de nouvelles guerres. Il serait préférable de fonder un État orthodoxe « qui lui devra son existence, qui sera son alliée naturelle et perpétuelle, par Politique et par Religion, fera à l'Empire une Barrière comme insurmontable contre la Puissance Ottomane, et aussi contre la Puissance Autrichienne, si celle-ci avait jamais des vues contre la Russie ».

Cet État serait un établissement digne d'une branche cadette de la maison impériale de Russie, qui n'existe pas. Pour ne pas le céder à un prince étranger, il faut « ériger les deux Provinces de Moldavie et de Valachie en un seul Corps de République souveraine, libre et indépendante, avec un seul nom, une seule Capitale et un seul Tribunal Souverain ».

Cette république déploiera toutes ses forces pour conserver son existence. Une fois reconnue par les puissances de l'Europe, elle entrera dans le système général d'équilibre. Ainsi la Russie pourrait atteindre le grand objectif de sa politique : éloigner à jamais la puissance ottomane de toute contestation avec elle et de toute influence en Europe. Les frontières de la Russie, de la mer Baltique à la mer Noire seraient protégées par de petits États, faibles et dépendants d'elle : la Suède ou la Finlande, la Courlande, la Pologne et une république danubienne, ce qui rappelle infailliblement le système politique, créé par l'U.R.S.S. après la Seconde Guerre mondiale.

Au début du siècle, Janos Mihaly Klement (1669-1720), aventurier et agent diplomatique hongrois, utilise des arguments analogues dans le même but. Dans sa *Déduction des Droits de la principauté de Transsylvanie*, publiée en français en 1712, il soutient les intérêts du prince Rakoczi, pendant les négociations de paix à Utrecht (1712). Klement prône l'indépendance de la Transylvanie, tombée sous la domination turque, en faisant appel aux besoins politiques d'aujourd'hui, plutôt qu'aux raisons historiques. Un État-tampon pourrait garantir la paix dans cette partie de l'Europe, en séparant les puissances dont la rivalité assure la balance politique. Hélas, les spéculations de cet Hongrois produisent le même effet que celles de notre Lorrain. Sa fin n'est guère meilleure : en 1714, Klement passe au service des Habsbourg, puis devient un agent double des cours de Vienne et de Berlin. Il s'engouffre dans l'engrenage des trahisons et des complots, accuse le prince Eugène de Savoie d'avoir voulu assassiner le roi de Prusse. Dénoncé, il est arrêté et exécuté à Berlin[1].

Avec une grande perspicacité, Bilistein se méfie de la médiation de pays tiers. La paix, conclue de cette façon, ne serait pas à l'avantage de la Russie dont les victoires

1. B. Köpezci, *Restitutio Transilvanie 1712. Une tentative pour rétablir la principauté de Transylvanie,* Budapest, 1993.

transformeront les médiateurs en rivaux. La Russie, imitant la Rome antique, doit proposer la paix directement à la Porte qui, selon le baron, « aime à en traiter dans les camps, les armes à la main, en face, pour ainsi dire, des deux armées ». C'est exactement de cette manière que le maréchal Piotr Roumiantsev conclut la paix en 1774, après l'échec de plusieurs pourparlers.

Selon Bilistein, la Russie doit abandonner le rêve de la souveraineté générale, car le système de la monarchie universelle a sombré il y a longtemps. Néanmoins, à l'issue de la guerre la Russie serait la puissance dominante de l'Europe, l'arbitre des souverains et la médiatrice des nations.

Au moment de sa rédaction, le projet de Bilistein radicalise les idées politiques chères au comte Nikita Panine, mais ne les contredit pas. Les dépêches du comte von Solms, ambassadeur prussien à Pétersbourg, qui communique à Frédéric II les résultats de ses entretiens avec le chef de la diplomatie russe, le confirment. Le 8 (19) juin 1770, le comte von Solms relate que « l'Impératrice n'est nullement intentionnée de faire de la Moldavie et de la Valachie des provinces russiennes », qu'elle a « l'intention d'en faire une espèce de puissance intermédiaire »[1]. Le 18 (29) mars 1771, il fait savoir que la Russie voudrait transformer ces provinces en « une barrière considérable » entre ces États et ceux de l'Autriche et de la Turquie, « dont on reculerait les bornes jusqu'au-delà du Danube » et que, selon le comte Panine, l'impératrice pensait enlever ces provinces à la Porte « pour les faire gouverner par leurs propres despotes, où si l'on aimait mieux de les faire ériger en petites républiques »[2].

Ces idées attirent la noblesse des principautés danubiennes. En juillet et août 1772, au cours du Congrès de Focsani, Mihaï Cantacuzène, homme politique et histo-

1. *SRIO,* 1883, t. 37, p. 302.
2. *Ibid.,* t. 37, p. 418, 419-420.

rien, rédige au nom de quelques nobles valaques plusieurs mémoires succincts. Il s'adresse au délégué prussien et demande au comte Grigori Orlov la protection et le soutien de la Russie. Dans un mémoire adressé le 24 juillet (4 août) 1772 au délégué d'Autriche, Cantacuzène suggère l'unification politique de la Moldavie et de la Valachie[1]. L'historiographie roumaine considère cette date comme la première expression nationale de cette idée qui ne se réalisera que dans la seconde moitié du XIXe siècle. L'ouvrage de Bilistein, plus radical et plus fondé, anticipe d'un an la proposition de Cantacuzène. Il semble que notre Lorrain, connaissant les plans et les espérances de la noblesse des deux provinces, contribue lui-même au développement de leurs projets.

Comme le dit Bilistein à la fin de son ouvrage, « les mémoires politiques sont rares aujourd'hui et inutiles ; ils viennent trop tôt ou trop tard ». Le baron tarde à présenter le sien et la situation politique change. En été 1771, l'Autriche signe un traité avec la Turquie et s'oppose aux plans de Pétersbourg. La Prusse, l'alliée de la Russie, insiste sur le partage de la Pologne. Les deux pays font comprendre à la diplomatie russe que la Turquie fait partie du système européen et que son anéantissement détruira l'équilibre général. A l'automne 1771, les diplomates brandissent la menace d'une guerre générale en Europe[2].

Montesquieu avait prédit cette situation dans ses *Considérations sur les causes de la grandeur des Romains* (1734) : « L'Empire des Turcs est à présent à peu près dans le même degré de faiblesse où était autrefois celui des Grecs, mais il subsistera longtemps, car si quelque Prince que ce fût mettait cet empire en péril en poursuivant ses

1. V. Georgescu, *Mémoires et projets de réformes dans les principautés roumaines, 1769-1830 : répertoire et textes inédits,* Bucarest, 1970, p. 5-6, 37-38.
2. Frédéric II au comte de Solms, Potsdam, 10 septembre 1771 – *SRIO,* t. 37, p. 498-499.

conquêtes, les trois Puissances commerçantes de l'Europe connaissent trop leurs affaires pour ne pas prendre la défense sur le champ. »[1]

De son côté, le comte Nikita Panine essaie de conclure un accord contre la Turquie afin de partager ses terres. Depuis avril 1771, il tente de séduire l'Autriche, en lui proposant la Moldavie et la Valachie[2]. L'impératrice Marie-Thérèse refuse, en déclarant que ce sont des « pays malsains, dévastés, ouverts aux Turcs, Tartares, Russes, sans aucune place ; enfin pays où il faudrait employer bien des millions et du monde pour s'y maintenir. Notre monarchie peut se passer d'un arrangement de cette espèce, qui tournerait à sa ruine complète »[3]. Néanmoins, la diplomatie autrichienne reviendra sur cette décision et discutera jusqu'en février 1772 la proposition russe de lui rétrocéder les deux provinces[4]. Dans les pourparlers secrets entre la Russie, l'Autriche et la Prusse, il sera aussi question de donner la Moldavie et la Valachie à la Pologne pour la dédommager du partage de ses terres, selon le plan proposé en avril-mai 1771 par Frédéric II.

Deux parties luttent à Saint-Pétersbourg, celles de la guerre et de la paix. Catherine II et les frères Orlov veulent poursuivre la guerre jusqu'à la prise de Constantinople et garantir la possession des territoires conquis ; des rumeurs courent que Grigori Orlov désire le trône de la Moldavie. Le comte Panine et son entourage préfèrent

1. Montesquieu, *Considérations sur les causes de la grandeur des Romains et de leur décadence,* éd. J. Charvet, Slatkine reprint, 1971, p. 278.
2. Voir les rapports de l'ambassadeur autrichien à Pétersbourg, le comte Lobkowitz du 12 avril 1771 et du 24 juillet 1771 – *Maria Theresia und Joseph II, ihre Correspondenz,* éd. A. Ritter von Arneth, Vienne, C. Gerold's Sohn, 1867, t. VIII, p. 310, 319 ; A. Sorel, *op. cit.,* p. 169, 181.
3. Marie-Thérèse à van Swieten – *Maria Theresia und Joseph II,* t. VIII, p. 596 (note 453).
4. Le prince Kaunitz écrit le 14 février 1772 : « Je finis, en peu de mots, par dire qu'il nous faut toute la Moldavie et la Valachie » – A. Sorel, *op. cit.,* p. 222.

céder les terres pour assurer la paix. En octobre 1771, Panine propose au Conseil impérial de renoncer à l'indépendance de la Moldavie et de la Valachie. Un mois plus tard, Catherine II adhère à son point de vue. Le 5 décembre 1771, lors de la séance du Conseil, cette résolution dévient définitive[1].

Pendant ce temps, le « colonel » Bilistein, comme il s'intitule, épouse la princesse Irina Rosetti, âgée de quinze ou seize ans. Son ancêtre Antonie était le prince régnant de Moldavie. Dès 1769, les Rosetti participent aux pourparlers avec la Russie. Entre mai 1770 et octobre 1771, Manoil Geani Rosetti, qui tient le nom Rosetti de sa mère, devient prince régnant de la Valachie. Le baron arrive à Pétersbourg avec sa femme et, en février 1772, il présente son projet à l'impératrice, précisant que le maréchal Piotr Roumiantsev a lu et approuvé son ouvrage[2]. En récompense de ses travaux de huit ans, le baron demande le titre de conseiller d'État effectif et la place de grand chancelier de Moldavie : « J'ose dire que les vœux du Divan et de la noblesse me désignent à cette place depuis longtemps ; & mon mariage avec une Demoiselle d'une des premières maisons de cette province m'en rend susceptible ; il dépend uniquement des grâces de V. M. I. »

Le Lorrain déplore les malheurs de la carrière à laquelle il s'est livré : « Tandis que l'homme de guerre publie les actions & en jouit, l'homme politique est obligé de taire les travaux. Le système ou le travail qui le comblerait de gloire et d'honneur, est souvent celui qui exige plus de silence, tandis que l'auteur doit gémir dans l'obscurité et dans tous les désagréments qui les accompagnent [...]. Les hommes qui embrassent ce genre d'étude sont rares dans

---

1. *Архив Государственного Совета [Archives du Conseil d'État],* t. 1, Saint-Pétersbourg, 1869, p. 116, 126.
2. Bilistein à Catherine II, 9 (20) février 1772 – AVPRI, F. 14, op. 14 B, n° 121, fol. 15-16 r°.

tout le pays. Ce serait un devoir bien politique de leur accorder la considération et l'appui ; ils les payent assez cher ; & ce n'est que par cette science que les Empires & les États se conduisent, prospèrent et se perpétuent. »

Malheureusement, Bilistein ne se rend pas compte qu'il jouit d'une tout autre renommée à Pétersbourg. Le 5 (16) janvier 1772, Hermann La Fermière, bibliothécaire du grand-duc Paul, écrit au comte Alexandre Vorontsov : « Les projets sont comme tous ceux qu'il forme, des plus vastes et des plus magnifiques. Enfin c'est un homme à mettre aux petites maisons, et son séjour à l'armée et surtout à celle de Mr le comte Roumenzow a achevé à le rendre complètement fol. Il nous a donné une scène des plus divertissantes le lendemain de son arrivée à un souper chez Mr Oubril[1], où on s'est impitoyablement moqué de lui toute une soirée, sans qu'il s'en soit aperçu. »[2]

Après la conclusion de la paix de Koutchouk-Kaïnarji en 1774, la Russie laisse la Moldavie et la Valachie sous la domination turque, en se réservant la prérogative de protéger les droits religieux des habitants selon la promesse impériale.

Le pauvre Bilistein est tiraillé entre les enfants qu'il a eus de son premier mariage, laissés à Pétersbourg, et sa nouvelle famille moldave. Sa femme refuse de vivre dans la capitale, le baron doit l'accompagner dans sa patrie. Deux ans plus tard, il l'évoque dans sa lettre au comte Nikita Panine : « Ma femme qui a un petit enfant est enceinte, <elle> est tellement attachée à ses terres, à ses possessions, à ses gens, qu'elle reste invariable dans sa résolution de demeurer dans sa patrie [...] Ses qualités me la rendent respectable ; comment la quitter ! La religion, l'honneur ne me le permettent pas. J'ai à Pétersbourg deux enfants que j'aime le plus tendrement. Comment me

---

1. Iakov Oubril (ou Oubri), secrétaire aux Affaires étrangères où il travaille sous la direction du comte Nikita Panine.
2. *A V,* t. 7, Moscou, 1875, p. 657-658.

séparer d'eux! Ma situation est des plus compliquées, je ne peux la peindre, je la sens.»[1]

Le baron demande sa mutation. En décembre 1772, il reçoit la permission de partir en Valachie à l'armée du maréchal Piotr Roumiantsev et recommence à «tenir une certaine correspondance». Les parents moldaves, visiblement déçus par leur gendre, ne sont pas pressés de rendre à Irina Rosetti sa part de l'héritage, gérée par sa sœur aînée. En arrivant de Pétersbourg, Bilistein porte plainte, mais le divan refuse de prononcer le verdict. Pendant trois ans, de décembre 1772 à décembre 1775, le baron vit en Moldavie sur les gages que lui fait envoyer régulièrement le secrétaire et l'homme de confiance du comte Panine, l'écrivain Denis Fonvizine. Deux filles naissent, Bilistein fait venir en Moldavie ses enfants du premier lit. En 1774, la famille achète de nouvelles terres.

Jean-Louis Carra, futur révolutionnaire et girondin, montre dans son *Histoire de la Moldavie et de la Valachie avec une dissertation sur l'état actuel de ces deux provinces* (1777) comment les juges moldaves ruinent les Français établis dans le pays, comment le prince régnant, selon son humeur, prononce et change la sentence. Après avoir quitté la France en 1772 après des démêlés avec la police, brouillé avec ses collègues de la République des Lettres, Carra traverse la Grèce, la Turquie et l'Ukraine. En 1775, il arrive à Pétersbourg où on lui propose la place de gouverneur chez le prince Grégoire Gika. Carra passe une année à Jassy, en s'occupant du fils de l'hospodar et en tenant sa correspondance française. Mais, s'apercevant qu'il a gâché sa carrière, il quitte le pays, accusant les Moldaves de tous les pêchés mortels.

Au printemps 1776, Bilistein tente sa dernière chance et arrive à Paris. L'ambassadeur russe à Paris, le prince Ivan Bariatinski, écrit dans sa relation que le baron a quitté la

---

1. Bilistein à N. Panine, Jassy, 1ᵉʳ décembre 1774 – AVPRI, VKD, op. 2/6, nᵒ 4856, fol. 43-44.

Moldavie, mécontent de l'hospodar, brouillé avec sa femme, malheureux dans la spéculation. Le 9 mars 1776 à Versailles, Bilistein présente au comte de Vergennes, ministre des Affaires étrangères, un *Mémoire sur l'accroissement que la France peut procurer à son commerce en étendant celui qu'elle fait aux Échelles du Levant aux provinces de Moldavie et de Valachie directement*[1].

Dans le mémoire précédent il avait démontré que la Russie n'avait aucun intérêt de se ruiner pour garder ces provinces pauvres. Or maintenant le baron vante leurs richesses. Il décrit ces territoires comme le pays de Cocagne, le paradis perdu. Les terres abondent en blé, en vins et en bois, dans les montagnes il y a des mines d'or, d'argent, de cuivre et de tout ce que l'on veut. Le baron possède une petite carte de Valachie où tous les gisements sont marqués. En se référant à l'autorité du prince Dimitri Cantemir, auteur de *La description de la Moldavie*, le baron constate que les habitants paresseux ne connaissent ni commerce ni industrie, que les boyards, effrayés par les Turcs, n'exploitent pas les mines.

Après le projet manqué de développement politique de la Moldavie et de la Valachie, Bilistein tente de mettre en pratique son rêve par des moyens économiques. Au lieu d'établir une république libre et souveraine, Bilistein propose de coloniser les provinces pour assurer la croissance économique. Tout en restant sous la domination de la Porte, les principautés devraient être étroitement liées à la France. Introduisant le commerce et les manufactures, Bilistein veut changer le pays et les gens qui deviendraient actifs, travailleurs, entreprenants. Ce miracle serait dû à la *Compagnie de la mer Noire* qui aurait le monopole sur toutes les mines et les marchandises, sur les manufactures éventuelles. Le baron insiste : « Le Roi doit procurer à la même Compagnie un privilège exclusif de 40 ans pour l'exploitation de ces mines.

1. AVPRI, F. 93, op. 6, n° 312, fol. 108-112.

On sait qu'elles sont très riches ; c'est un nouveau Pérou pour la Compagnie qui les ouvrirait ; nous allons en chercher dans les Indes, et nous négligeons celles qui sont presque sous nos yeux.»

Bilistein reprend les idées formulées il y a vingt ans à propos de la Lorraine dont il louait les richesses, en parlant des mines d'or et d'argent. Son plan rappelle l'activité d'Édouard dans l'*Icosaméron* de Giacomo Casanova (1788) qui civilise les Mégamicres en les subjuguant et prend le pouvoir dans le monde souterrain. Le chef éventuel de la Compagnie de la mer Noire sera un homme riche et puissant qui prendra en main l'économie du pays et le commerce entre l'Orient et l'Occident.

Dans ses projets économiques Casanova propose de coloniser des provinces dépeuplées d'un pays par ses propres ressources sans inviter les étrangers. La politique démographique doit créer un nouveau type d'État qui aura ses lois particulières, presque utopiques. Dans le mémoire *Sur la colonisation de la Sierra Morena* (1768), rédigé à Madrid, il renvoie à un plan analogue sur les populations d'Astrakhan et de Saratov, qu'il avait soumis à la Russie, et prétend qu'au bout de trois ans une «prospérité inimaginable» avait démontré l'exactitude de ses jugements (*HMV*, t. 2, p. 1183-1186).

Le langage, dont se sert Casanova en développant les idées des physiocrates, garde les traces de ses passions alchimiques. Comme le pays désert ne sert à rien au monarque, il est plus important de le peupler que de le conquérir. L'agriculture est une divinité qui fait des miracles ; la terre cultivée attire les hommes et produit de merveilleuses populations qui semblent tomber du ciel. Il faut encourager et stimuler l'industrie, et en même temps interdire «l'installation de tout être dont les vices peuvent provoquer oisiveté, l'amour de luxe, la débauche, les maladies, le libertinage ; il faut aussi, autant que possible, empêcher que personne ne se hausse au-dessus des autres, afin de maintenir très solidement l'égalité entre tous». Les habitants sont obligés de travailler, Casanova proposant de réprimander l'oisiveté et d'interdire la mendicité. Les gens peuvent jouir des plaisirs, approuvés par le législateur. Quand le développement de l'industrie aura créé une nouvelle population, heureuse et prospère, on pourra introduire parmi les colons certains besoins intellectuels, afin de multiplier les types d'occupations, car seuls les hommes occupés sont heureux. Casanova proscrit le célibat et propose les moyens de favoriser la repopulation par des mariages fréquents – malheureusement, la religion interdit de penser à la polygamie[1]. Le Vénitien promet que, grâce à ce sage établissement, l'Espagne sera repeuplée et prospère, le commerce développé, les arts et les sciences en pleine floraison. Casanova législateur interdit l'entrée dans son État aux aventuriers, à ceux qui lui ressemblent; ce souverain prône l'égalité et le bonheur des esclaves. Mais, quand la Révolution française réalisera certaines idées utopiques, il s'y opposera farouchement.

Revenons à notre cher baron. Le comte de Vergennes, qui a reçu le mémoire de Bilistein, est un spécialiste des problèmes d'Orient: entre 1755 et 1768, il est ambassadeur à Constantinople, en 1767 il envoie à Versailles au comte de Choiseul un mémoire sur le commerce de la mer Noire entre la Russie et la France[2]. Le plan de Bilistein, qui prévoit l'union économique avec des principautés danubiennes, a plusieurs défauts. La Compagnie de la mer Noire pouvait faire concurrence aux maisons de commerce, établies à Constantinople, tandis que la France fait tout pour les protéger, au point que pendant la guerre elle est prête à envoyer sa flotte dans la région. En outre, une forte présence française

1. Dans l'*Icosaméron*, Casanova met en pratique ses principes démographiques et les humains envahissent rapidement le monde souterrain.
2. Constantinople, 29 janvier 1767 – AAE, MD, Russie, t. 7, fol. 197-200 (copie).

aux Balkans peut provoquer une riposte russe ou turque. Versailles refuse le projet.

Pour rétablir ses relations avec les autorités russes, Bilistein s'adresse à l'ambassadeur, le prince Ivan Bariatinski, et lui demande un passeport pour rentrer en Russie. Comme il n'a pas reçu de réponse à sa démission, il se considère toujours comme un fonctionnaire russe. L'ambassadeur emprunte son mémoire, le fait copier en secret et envoie une copie à Saint-Pétersbourg au vice-chancelier, le comte Ivan Osterman[1].

Il ne reste plus à Bilistein qu'à revenir à Pétersbourg où son projet n'est point apprécié, car il trahit les intérêts de la Russie. En juin 1776, le Lorrain s'adresse pour la dernière fois au comte Nikita Panine : il n'a plus d'argent ni pour vivre, ni pour partir, il a mis en gage le peu d'effets qui lui restaient. Seul responsable de ses malheurs, il ne demande à Panine que de lui procurer un congé selon la forme d'usage, afin qu'on ne puisse lui reprocher d'avoir été chassé du service[2]. En juillet, Bilistein reçoit sa démission et le passeport pour partir en Lorraine avec ses enfants aînés[3], ainsi que le reste de ses appointements, 559 roubles. Pourtant son nom ne figure point sur les listes de ceux qui quittent la Russie en 1776 et en 1777, publiées dans *Sanktpeterbourgskie vedomosti*. Le baron choisit probablement encore une fois la route de la Moldavie. L'année suivante, en 1777, il assiste au partage des biens entre sa femme Irina et sa sœur aînée Maria. Le 24 septembre 1777, après de longs et pénibles débats, Irina gagne le procès : on reconnaît une partie de ses prétentions financières, ainsi que le droit de racheter le tiers d'une grande propriété familiale de Bohotin. Curieusement, quelques jours plus tard, le 30 septembre Irina conclut la paix avec sa sœur, en renonçant à tous ses

1. AVPRI, F. 93, op. 6, n° 312, fol. 65-68.
2. AVPRI, VKD, op. 2/6, n° 4856, fol. 50.
3. AVPRI, VKD, op. 2/6, n° 4856, fol. 56.

droits. A partir de cette date, elle signe les documents avec son nom de jeune fille[1] ; on ne mentionne plus le baron dans les accords ou les papiers de la famille Rosetti. Toutes ses traces disparaissent.

Justin Lamoureux, auteur de l'article sur Bilistein dans le dictionnaire biographique, prétend que sa femme, « après avoir tenté vainement de le faire changer de religion, le fit périr victime de son attachement à sa croyance »[2]. Cela paraît absurde : tous les deux sont chrétiens, sauf que les Rosetti sont orthodoxes, tandis que Bilistein, catholique ou protestant. Bilistein a pu se faire tuer pour des questions d'argent ou peut-être parce que c'était le moyen le plus efficace pour divorcer. En effet, il était très difficile de casser un mariage religieux ayant deux enfants. Si l'on accepte l'idée du meurtre, on comprend pourquoi Irina signe la paix avec sa sœur. Bilistein aurait péri entre le 24 et le 30 septembre 1777. Quelques années plus tard, Irina Rosetti se remarie, met au monde un garçon.

Après la disparition de Bilistein, ses plans commencent à se réaliser. Ses ouvrages attirent l'intérêt de Louis XVI et lui suggèrent l'aménagement de Nancy, ordonné en 1778. Après la naissance du grand-duc Constantin en 1779 et l'apparition de la branche cadette de la maison impériale, Catherine II revient à ses anciens plans. Elle propose à l'Autriche l'union afin de vaincre la Turquie et de mettre son petit-fils sur le trône de Constantinople. Le « projet grec », élaboré par A. Bezborodko et communiqué à Joseph II le 10 (21) septembre 1782, prévoit la création d'un État indépendant entre les trois Empires : russe, autrichien et turc. Cet État formé, sous le nom de Dacie,

---

1. R. Rosetti, Cronica Bohotinului, Extrait des *Analele Academiei Române,* Seria II, t. XXVIII, Memoriile sectiunii istorice, 1905, p. 30. Je remercie Ileana Mihaila de m'avoir fourni des informations précieuses sur le séjour de Bilistein en Moldavie.
2. Michaud, *Biographie universelle ancienne et moderne,* Paris, A. Thoisnier Desplaces, 1843, t. 4, p. 323.

des provinces de Moldavie, Valachie et Bessarabie, devrait rester sous l'autorité d'un souverain héréditaire de religion grecque[1]. L'impératrice le destine probablement à son favori, le prince Grigori Potemkine.

Ce n'était, évidemment, ni le premier, ni le dernier des projets de partage de la Turquie. Trandafir Djuvara, historien roumain, en dénombre une centaine, en commençant par les croisades et le plan de Ramon Lulle[2]. Avant de publier son *Essai particulier de politique dans lequel on propose un partage de la Turquie européenne* (1777), Jean-Louis Carra présente un mémoire à ce sujet au ministère des Affaires étrangères en proposant ses services[3]. Comme ils sont probablement refusés, il affirme dans la préface du livre : « Philosophe cosmopolite, je ne suis attaché à aucun souverain, à aucune nation, de préférence ou d'obligation. Rien, par conséquent, n'a pu me gêner dans mes combinaisons politiques. »[4] Selon Carra, pour civiliser les principautés et les rendre heureuses, il faut les faire passer sous la domination d'un autre souverain, l'Autriche (ou la Prusse, ajoute-t-il dans la version imprimée). Ainsi « cet infortuné et beau pays » (p. 4) pourrait devenir une source importante et stable de toutes sortes de revenus, sans pour autant porter préjudice au commerce de la France en Orient. Mécontent que la France n'ait rien reçu à l'issue du partage de la Pologne, Carra propose dans son *Essai particulier* de profiter de la faiblesse turque et de faire un nouveau partage. La Russie ne recevra que la Crimée, en cédant ses terres en Pologne et la Courlande. C'est un empire plus étendu que fort qui, au lieu de songer à aug-

---

1. *Joseph II und Katarine von Russland, ihr Briefwechsel,* éd. A. Ritter von Arneth, Vienne, W. Braumüller, 1889, p. 153.
2. T.-G. Djuvara, *Cent projets de partage de la Turquie,* F. Alcan, 1914.
3. *Dissertation géographique, historique et politique sur la Moldavie et la Valachie* – AAE, Mémoires et documents, Turquie, t. 13, fol. 69-78.
4. *Essai particulier de politique dans lequel on propose un partage de la Turquie européenne,* par Monsieur C***, A Constantinople, 1777, p. IV. Toutes les citations renvoient à cette édition.

menter ses terres, devrait peupler et policer le pays. Carra évoque l'insuccès des colonies d'Astrakhan et promet de donner bientôt au public leur histoire et celle de Pougatchev, « ces deux histoires doivent faire époque dans notre siècle ». L'Autriche recevra la Valachie, la Bulgarie, la Serbie, la Bosnie et la Slovénie ; la Prusse possédera la Moldavie, la Courlande et le Danzig et deviendra une forte puissance maritime, ayant des ports sur la mer Baltique et sur la mer Noire. La France prendra les îles de l'archipel grec, la Morée, la Chypre, la Candie (p. 28-31). On ne peut céder le reste de la Turquie, c'est-à-dire Constantinople, Albanie, Macédoine et Grèce, à un prince qui serait trop fort et qui dominerait l'Europe, changerait la balance des forces ; ces terres doivent passer à un pays faible, la république de Venise, puissance de quatrième ordre.

Carra a beau démontrer qu'il connaît presque toutes les nations et les pays dont il parle grâce aux voyages, séjours et par l'expérience (p. 33). Les raisons qui ont fait échouer son plan, ainsi que son ressentiment transpirent dans le livre : « Mais j'aperçois quelques Ministres de la Cour de Versailles qui font des réflexions sur un pareil projet et qui s'imaginent y voir la destruction totale de leur commerce du Levant » (p. 35-36). Et il reprend : « Que je hais des Ministres ou les particuliers qui au lieu de calculer par l'intérêt général ne calculent que par leur propre intérêt ou par un pur esprit de vengeance ! Que je méprise ceux qui par ignorance ou par opiniâtreté négligent les circonstances favorables à leur patrie et à l'humanité » (p. 53).

La seconde guerre entre la Russie et la Turquie fait naître de nouveaux plans de partage de l'Empire ottoman. Le prince Potemkine rêve toujours des principautés danubiennes. Au début de la guerre Alexandre Bezborodko rédige un mémoire, précisant qu'après la victoire il ne faut pas céder ces terres à la Pologne, car l'accord avec l'Autriche prévoit l'établissement d'un État indépendant, sous un prince de la religion dominante qui réunira la

Moldavie, la Valachie et la Bessarabie. Potemkine note : cela ressemble à un château en Espagne[1]. Meilleure épitaphe pour Bilistein.

Espace utopique. Prince oriental

Les aventuriers et les imposteurs parcourent les capitales, les cours ou les villes thermales où ils approchent plus facilement les souverains et les seigneurs, obtiennent des audiences ou des rencontres au jardin. Les souverains, les princes et les favoris qui incarnent la réussite fascinent l'aventurier. Il voudrait les voir en tenue d'apparat, mais ils ne sont accessibles qu'en costume « de ville ». Le monarque est plus disponible en voyage, surtout s'il part incognito. La route, patrie des aventuriers romanesques ou réels, crée une atmosphère intime, libre et artistique. Cette magie les séduit tous. Le comte Louis Philippe de Ségur et le prince Charles Joseph de Ligne racontent avec enthousiasme leurs voyages avec Catherine II à travers la Russie, ils en parlent dans leurs lettres et mémoires, dans leurs poèmes et journaux badins. L'impératrice transforme ses déplacements en créations collectives. Ainsi, en 1767, pendant la navigation sur la Volga, elle traduit avec sa cour le *Bélisaire* de Marmontel, en se réservant le chapitre qui traite des obligations du souverain et de ses sujets. Les lumières suivent la tsarine : là où Catherine II met le pied, des villes apparaissent, des jardins fleurissent, le peuple jubile. Les fameux « villages de Potemkine » s'inscrivent bien dans cette atmosphère de conte de fées, de spectacle ; tous les mémorialistes s'accordent à évoquer *Les Mille et une nuits*. Le comte de Ségur dit que « les villes, les villages, les maisons de campagne et quelquefois de rustiques cabanes, étaient tellement ornés et déguisés par des arcs de triomphe, par des guirlandes de fleurs, par d'élégantes décorations d'architecture,

1. *RA,* 1883, livre 3, p. 184-186.

que leur aspect complétait l'illusion au point de les transformer à nos yeux en cités superbes, en palais soudainement construits, en jardins magnifiquement créés »[1]. L'espace se métamorphose : selon les plans du prince Potemkine et de Catherine II, la Crimée conquise doit devenir un État idéal, la Nouvelle Russie ; la capitale du Midi, Ekaterinoslav, serait un nouveau Pétersbourg, sa cathédrale dépasserait la basilique de Saint-Pierre à Rome. L'impératrice donne des terres en Crimée aux nobles étrangers, tel le prince de Ligne ou le prince aventurier Charles Henri de Nassau-Siegen (1745-1805 ou 1808). Ce cerveau brûlé, chevalier errant des Lumières, part à quinze ans à la guerre, à vingt ans participe à l'expédition de Bougainville (1766-1769), tente vainement de prendre d'assaut Gibraltar, arrive en Russie en 1786. Il se lie d'amitié avec Potemkine qui lui offre des terres sur les rives du Dniepr et au bord de la mer Noire, une petite île déserte. Nouveau Robinson, le prince rêve à une colonie exemplaire, avec des troupeaux, des vignes, un haras, une poissonnerie, une saline et une brasserie ; les soldats pourraient cultiver les champs, etc. Petit-fils naturel, rejeton d'une noble famille, le prince de Nassau-Siegen cherche son royaume. Après le tour du monde, Charles Henri raconte dans les salons parisiens que la reine de Tahiti lui a offert sa main et qu'il va fonder une monarchie au sud de l'Afrique.

Au XVIIIᵉ siècle, le centre politique de la Russie se déplace avec l'impératrice. En France, la cour et la capitale sont séparées. En été, quelques petites villes thermales font office de capitales européennes, de centres culturels. Ce sont des espaces de transition, comme la route ou une petite maison dans le faubourg, qui dictent la ligne de conduite. Les habitués de Spa viennent chaque saison pour ne pas manquer le rendez-vous, plutôt que pour prendre les eaux. « Spa était le café de l'Europe. On

---

1. L. Ph. de Ségur, *Souvenirs et anecdotes sur le règne de Louis XVI*, Paris, Fayard, 1909, p. 169.

s'y rendait en foule de tous les pays sous le prétexte d'y retrouver la santé, mais dans le but réel d'y chercher plaisir. On y jouissait d'une liberté plus étendue que dans aucune contrée du monde», écrit le comte Louis Philippe de Ségur[1]. Dans cette sorte de salon, les philosophes et les monarques se parlent librement, le titre de patient rend les gens égaux. En été 1781, viennent à Spa le comte Falkenstein (l'empereur Joseph II), le comte d'Œls (le prince Henri de Prusse), Marie Christine de Lorraine (l'archiduchesse d'Autriche), la princesse Frédérique d'Orange-Nassau, le prince von Salm-Salm, le duc d'Arenberg, le prince Charles Joseph de Ligne, le baron Karl Sigismund von Seckendorff, la comtesse D. Saltykova, le comte et la comtesse Bruce, trois comtes Roumiantsev, Grimm et l'abbé Raynal qui, proscrit par le Parlement de Paris, jouit de sa gloire de martyr. Velbruck, le prince-évêque de Liège, vient à Spa avec sa cour et des ambassadeurs[2].

Le hasard peut créer un espace de réussite, les aventuriers le sentent immédiatement et y courent à toutes jambes. Quand Alekseï Orlov arrive en Italie avec la flotte russe, les chevaliers de fortune se précipitent de lui rendre visite. En 1770 à Livourne, Casanova rencontre Giuseppe Dall'Oglio, ancien violoncelliste à la cour russe, ministre de Pologne à Venise. Orlov accueille le musicien diplomate, en faisant attendre Casanova qui cherche en vain une place dans la flotte russe, annonçant que sans lui les Russes ne pourraient franchir les Dardanelles – il est bon prophète après coup. Par contre, comme nous l'avons vu, le favori de Catherine II reçoit bien les amis et les rivaux de Casanova, Ange et Sarah Goudar.

Au début des années 1770, apparaît en Europe la fausse princesse Tarakanova ou Elisabeth Vladimirskaïa. Elle se fait passer pour la fille de l'impératrice Elisabeth Petrovna.

1. L. Ph. Ségur, *Souvenirs,* p. 61.
2. G. de Froidcourt, *L'abbé Raynal au pays de Liège (1781),* Liège, Imprimerie nationale des invalides, 1946, p. 28-29.

Pour faire valoir ses droits, l' « aventurière », comme la qualifie Catherine II, présente un faux testament de sa prétendue mère. Ce document, dont on ne connaît pas l'auteur, peut être considéré comme un programme du développement de la Russie. Il envisage la nomination d'un conseil d'État et d'un conseil des nobles, une politique de la paix, le contrôle systématique des fonctionnaires, l'inspection des provinces éloignées, la surveillance de la collecte des impôts, la fondation d'écoles militaires et d'écoles pour le peuple, la protection du commerce et de l'agriculture dans les contrées asiatiques. La princesse Vladimirskaïa prétend à une moitié de l'Empire russe et propose à Catherine II le partage suivant : elle prend le sud-est, l'impératrice garde le nord-ouest du pays.

En 1775, la princesse a vingt-cinq ans. Elle est de taille moyenne, mince, les cheveux noirs, les yeux bruns et légèrement louches, le nez aquilin. Elle ressemble à une Italienne, elle ignore le russe, mais parle le français, l'allemand et l'anglais et prétend savoir l'arabe et le turc. Elle donne une version romanesque de sa vie : elle ne connaît pas ses parents, à neuf ans on la fait venir d'Allemagne en Russie, puis en Perse ; elle erre en Orient avec sa gouvernante. Un certain prince Hali la protège à Ispahan ; ensuite, il la conduit à Londres et lui offre une fortune immense. Elle passe deux ans en Angleterre, ensuite elle séjourne à Paris, le prince de Limbourg la demande en mariage. Elle rédige un plan sur le commerce russe avec la Perse, veut aller à Constantinople pour aider à conclure la paix entre la Russie et la Turquie, le prince polonais Radziwill l'accompagne en Italie[1].

1. Relation du feld-maréchal, le prince Alexandre Golitsyn, à Catherine II, 31 mai 1775 (l'interrogatoire de la fausse princesse) – *SRIO*, t. 1, 1867, p. 171-182. Tarakanova modifie plusieurs fois l'histoire de sa vie. Inutile d'énumérer toutes les légendes qui ont fourni matière à plusieurs romans, drames et tableaux. Les papiers de Tarakanova et les documents judiciaires sont conservés à RGADA, F. 6, op. 1, nᵒ 531, 532 et 533, F. 149, op. 1, nᵒ 80.

La princesse inquiète Catherine II, surtout quand elle commence à chercher un appui en Russie et se proclame la sœur du faux Pierre III, Pougatchev, dont la révolte secoue la Russie. En 1775 à Livourne, Alekseï Orlov trompe la jeune femme : en lui offrant sa main et le trône russe, il organise, avec l'aide d'un aventurier napolitain Joseph de Ribas, son arrestation et son enlèvement. Déportée en Russie, elle meurt cette même année à Pétersbourg dans la forteresse Saints-Pierre-et-Paul. Néanmoins, Alekseï Orlov perd la faveur impériale pour avoir accompli son rôle avec trop de zèle : après leur faux mariage, célébré par un complice déguisé en prêtre, la princesse est tombée enceinte. Le comte reçoit une riche récompense pour sa mission et doit quitter la cour.

Dans le *Fragment d'un nouveau chapitre du « Diable boiteux »*, Stepan Zannovitch écrit, en donnant des leçons aux princes héréditaires : « Si par exemple le philosophe qui connaît si bien les ressources que l'intérêt et le vice emploient pour faire réussir l'imposture et pour séduire l'honnêteté confiante n'avait pas cessé d'en avoir le tableau devant les yeux, se fût-il jeté dans les bras de la princesse Waladimirna ? Eût-il été ébloui par ses charmes, par ses prétentions et les trésors imaginaires qui devaient les appuyer ? La fille prétendue de l'impératrice Elisabeth, échappée, disait-elle, du sérail d'Ispahan où elle avait été nourrie et élevée, n'aurait été pour lui qu'une intrigante avec laquelle il était même dangereux de s'amuser. »[1]

Ce prétendu prince d'Albanie, de la fin des années 1770 jusqu'à sa mort en 1786, cherche fortune en plusieurs pays, multipliant noms et légendes. Jean-Baptiste du Val de Grâce, baron de Cloots, futur révolutionnaire Anacharsis Cloots, en donne une version concentrée dans ses *Vœux d'un gallophile* (1786). Ils font connaissance dans une librairie à Amsterdam, quelques semaines avant l'arrestation et le suicide de Zannovitch. Dans cette espèce de

1. *Œuvres choisies du prince Castriotto d'Albanie,* 1782, p. 8.

roman épistolaire, composé de documents authentiques, supplément aux *Liaisons dangereuses*, Cloots présente ce « capitaine général et patriarche des Monténégrins » comme un « grand homme », un « dieu incarné »[1] : « Vous êtes un autre homme que le reste des mortels ; il me faudrait une autre langue que celle des hommes pour chanter vos louanges » (p. 172). Il est ébloui, il parle de leur union sainte, platonique et indissoluble (p. 173). Le prince d'Albanie étale sa richesse et sa générosité, ses connaissances littéraires et chimiques qui auraient aidé à faire des miracles à Monténégro et subjuguer le peuple. A l'âge de quinze ans il vainc les troupes vénitiennes[2], puis il combat celles du maréchal Roumiantsev. Dans les lettres suivantes et leurs notes, Cloots dresse le portrait d'un « caméléon », d'un malfaiteur sacrilège, prêt à jouer le « rôle d'un Mandrin ou d'un Cartouche » (p. 199), d'un « aventurier incroyablement adroit » (p. 222, note) qui surpasse de loin Cagliostro et qui « regrettait beaucoup de n'avoir pas été chargé de la négociation du fameux collier [...] Cagliostro et les La Motte sont des imbéciles » (p. 229). Roland Mortier souligne que, dans les deux cas, Cloots révèle un être supérieur qui piétine les lois humaines et divines[3]. Comme dans sa correspondance avec la chevalière d'Éon, Cloots prend la légende au sérieux et l'exagère d'une manière grotesque. Selon notre classification, il est un adepte à la recherche de son idole.

Entre 1775 et 1777, Stepan Zannovitch intrigue en Pologne. Il offre ses services, son épée et surtout sa plume aux Confédérés de Bar, pour renverser le roi qu'il

---

1. J.-B. Cloots, *Vœux d'un gallophile*. Nouv. éd. refondue suivie de Mélanges ; et d'Anecdotes sur Stiépan-Annibla, soi-disant Prince d'Albanie, ou Supplément au livre des *Liaisons dangereuses* ; et d'un Drame sur la mort de Voltaire, Amsterdam, 1786, p. 186. Toutes les citations renvoient à cette édition.
2. Le stratagème employé correspond à celui de Scanderberg, décrit par Zannovitch dans *Le grand Castriotto d'Albanie* (1772).
3. R. Mortier, *Anacharsis Cloots ou l'Utopie foudroyée*, Stock, 1995, p. 82-91.

dénonce comme le signe et la cause de la décadence de la Pologne. Il se lie d'amitié avec le comte Michal Oginski, correspond avec le prince Radziwill et le comte Wielhorski. Il écrit à Stanislas-Auguste, en déclarant qu'il est le seul capable de rallier autour du trône, moyennant finances, les chefs des Confédérés. Jean Fabre estime qu'il rêve lui-même du trône polonais[1]. Zannovitch décrit la situation européenne où «chaque État penche vers la chute» et le triste avenir de la Pologne dans *Horoscope politique de la Pologne, de la Prusse, de l'Angleterre, etc.* (1779). En Pologne, l'aventurier mentionne constamment la protection de Frédéric-Guillaume, de Catherine II et de Gustave de Suède, la civilité du grand seigneur des Turcs. Il donne libre cours à sa fantaisie et, peut-être, croit-il à ses propres récits. Au lieu d'aller à Constantinople, il publie, en imitant Montesquieu, *La poésie et la philosophie d'un turc* (Amsterdam, 1779). Il veut venir en Russie et en 1775 en demande vainement la permission à Catherine II. Plus tard, il racontera qu'il avait visité Pétersbourg en automne 1777. Cloots donne de cette légende une version fantasque: «Son audace le conduit à Pétersbourg, quoique sa tête y fût mis à prix. Il touchait presque aux portes de la ville, quand il fut reconnu. Sans être décontenancé et sans en prévenir la suite, il part pédestrement, n'ayant par hasard qu'un ducat dans sa poche et il arrive de son pied léger à Strasbourg où le banquier Franke lui compta quarante mille ducats.»[2] En 1779 et en 1783, il met sur la page de titre de ses livres, Saint-Pétersbourg et l'Académie impériale des sciences[3] – mystification presque

---

1. J. Fabre, *Stanislas-Auguste Poniatowski et l'Europe des Lumières: étude de cosmopolitisme,* Université de Strasbourg, 1952, p. 289.
2. *Vœux d'un gallophile,* p. 183. Strasbourg rime avec Pétersbourg.
3. *Lettere eroiche a Federico-Guiglielmo, principe ereditario della Prussia,* San Petersburgio, 1779; *Stiepan-Annibale d'Albanie à Frédéric-Guillaume de Prusse. Épître pathétique, philosophique, historique etc. ou l'Alcoran des princes destinés au trône,* Saint-Pétersbourg, Imprimerie de l'Académie impériale, 1783.

réussie car certains attribuent l'*Alcoran* à Catherine II. Dans le supplément de la *Gazette de Cologne* (LXXXVIII, 4 novembre 1785) il insère une annonce : « On vient de traduire en *Allemand* la nouvelle production fameuse, écrite en *Français* par *Stiepan Annibale,* Prince vieux Berger d'*Albanie &c.,* & qui a pour titre : *Histoire des Révolutions, de la Politique, du Commerce & de la Guerre dans l'Empire de* Russie, *depuis* Pierre I *jusqu'à* Catherine II [...] imprimé à Leipsic aux dépens des libraires associés 1785, avec une carte géographique.» Il écrit à son correspondant imaginaire, négociant américain Thomas Britmann (Ratisbonne, ce 3 août 1785) : « Pour le mois d'8bre je partirai pour la Cour de S. M. I. de toutes les Russies ; après avoir parlé au Comte de Romanzow, son ministre plénipotentiaire à Francfort-sur-le Meine, par où je parte assurément le 8 de ce mois [...] si vous venez en Europe [...] je viendrai exprès de Pétersbourg pour vous voir, et vous embrasser où vous serez, ou si je suis dans Albanie à la tête de l'Armée contre les Turcs je vous inviterai à venir me voir.» Il demande à ce fantôme de lui expédier les lettres à Ratisbonne, Diète de l'Empire : « Je suis si connu aujourd'hui en Europe, que tout me parviendra de votre part en toute sûreté.»[1] Dans ses papiers, sont conservées deux lettres de femmes, adressées « A Son Altesse le Prince Stiepan-Annibal d'Albanie etc. à l'hôtel du comte Romanzow Francfort-sur-le Mein ».

Stepan Zannovitch correspond en effet avec le prince héréditaire de Prusse, Frédéric-Guillaume. Il lui envoie des épîtres[2], fait son portrait[3], dédie des odes, des élégies et des traités, y compris sur l'éducation d'un futur monarque (*L'Éducation,* 1773 ; *Alcoran des princes destinés au trône,* 1783). Il prêche une vertu ennuyeuse en treize

---

1. Archives d'État, Amsterdam, F. 5061, n° 641 d. Stiepan Annibale.
2. *Lettere eroiche a Federico-Guiglielmo,* San Petersburgio, 1779.
3. *Portrait caractéristique de Frédéric-Guillaume Prince royal de Prusse le Bien Aimé, Adressé aux magnats confédérés de Pologne et de Lithuanie, tiré de la XVI éd. de l'Horoscope politique,* Londres, 1782.

règles, mais ne suit pas ses propres conseils. Il veut jouer le rôle de mentor, d'ami intime du prince royal. Comme Frédéric-Guillaume a divorcé en 1769 d'avec sa première épouse, la princesse Élisabeth-Christine Ulrique de Brunswick, Zannovitch joue la carte de la misogynie, suivant les coutumes de la cour de Prusse et ses goûts personnels. Il démontre que l'influence féminine est nuisible, il écrit dans l'*Alcoran*, en entrant en polémique indirecte avec Voltaire : « Fuis ces femmes vaines et artificieuses, qui dévorées de l'ambition de commander, ressemblent à ce monstrueux cheval de Troye. »[1] Zannovitch inclut dans *La poésie et la philosophie d'un turc* une réponse du prince héréditaire de Prusse, datée du 19 septembre 1776, où ce dernier aurait pris la défense du beau sexe : un prince faible qui se laisse gouverner par les femmes serait responsable de ses malheurs, tandis qu'un prince ferme qui remplit au mieux les devoirs de l'État peut aimer les femmes[2].

N'exagérons pas les relations de Zannovitch avec les grands. Quand en mai 1785 le prince d'Albanie envoie du marasquin et de la thériaque à un vrai prince, on n'accepte pas son cadeau : personne ne veut le traiter d'égal à égal.

Tel un imposteur russe, le Dalmate Zannovitch exploite la légende d'autrui ; tel un aventurier occidental, il lui donne une forme écrite. Après la mort de Stepan Maly, il s'approprie les exploits du Monténégrin dans un livre où il met son propre portrait : un capitaine qui combat les Turcs[3]. Finalement, Stepan Zannovitch parvient à

---

1. *Stiepan-Annibale d'Albanie à Frédéric-Guillaume de Prusse*, p. 51.
2. *La poésie et la philosophie d'un turc [...] augmenté [...] d'une épître du prince de Prusse au prince Castriotto d'Albanie sur le danger d'aimer les femmes*, Amsterdam, 1779, p. 194-196. Cette lettre aurait pu être rédigée par Zannovitch lui-même.
3. *Stiepan-Mali, c'est-à-dire Etienne-Petit ou Stefano-Piccolo le pseudo Pierre III, empereur de Russie qui parut dans le Grand-Duché de Montenegro, situé entre la Mer Egée, l'Albanie Turque & le Golfe Adriatique, en 1767, 1768 & 1769*. Cinquième édition, A Mangalor forteresse du Nabah Hyder-Haly, sur les Côtes du Malabar, 1784.

s'imposer comme un homme puissant. En 1784, pendant le conflit militaire entre la Hollande et l'Autriche, il pratique le chantage politique, demande des sommes considérables pour recruter les troupes du Monténégro ou pour les empêcher de servir le parti opposé. Après la conclusion de la paix en novembre 1785, il réclame un million aux Pays-Bas en remboursement de ses frais. Pour son malheur, une ancienne fraude financière, commise autrefois par son frère aîné Premislas avec son aide, oppose la Hollande à Venise et faillit provoquer la guerre entre les deux républiques. Stepan est démasqué et arrêté à Amsterdam. Il prévoit son sort : le 14 avril 1786 il fait imprimer un mémoire justificatif, adressé aux états généraux où il dit : « La chambre (la même où est resté pour dettes Théodore, Roi de Corse) de mon arrêt sera peut-être mon tombeau. »[1] Le 26 mai 1786, Stepan se suicide en prison. Frédéric-Guillaume sera couronné la même année.

Jusqu'à ses derniers jours, le faux prince séduit les hommes et les femmes, en faisant miroiter ses futurs succès en Pologne, en Prusse ou en Albanie. Avec une armée forte de quatre-vingt-dix mille Albanais et de quarante-cinq mille Monténégrins, « stylée dans les manœuvres de Potsdam », il attaquerait les Ottomans, raconte-t-il au baron Cloots. Un certain baron von Horben lui promet (Ratisbonne, 22 mai 1785) : « Demain matin à 7 heures j'aurais l'honneur de voir votre Altesse et de me rendre avec toutes mes richesses à Abach ; prêt pour aller en Turquie pour combattre nos ennemis ou pour aller en Pologne aider à donner la Couronne à Oginsqui qui vous en aurait une obligation éternelle, quoi que la meilleure affaire serait toujours si le Roi de Prusse voudrait bien faire le plaisir à son neveu de prendre congé de ce monde. »[2]

---

1. *Mémoire à LL. HH. PP. Les Seigneurs États Généraux de Pays-bas-uni, par Stiepan Annibale prince d'Albanie,* 1786, p. 3.
2. Archives d'État, Amsterdam, F. 5061, n° 641 d. Stiepan Annibale.

Une version surprenante de la légende du prince d'Albanie est proposée dans la *Lettre écrite de Aix-les-Bains, en Savoie, le 20 août 1788, à M. de Beaumarchais, par M. Cagliostro* (1788). L'auteur anonyme lie ensemble les vies de plusieurs aventuriers et la politique russe dans les Balkans. Le pseudo- Cagliostro démontre qu'il est un escroc aussi adroit que Beaumarchais : « Nous fûmes deux ombres que la nature et le génie du feu ont doué des mêmes qualités physiques et morales [...] et qui [...] étaient destinés [...] à atteindre le même but en parcourant des routes diverses. »[1] Il raconte : « Stefano Piccolo Monténégro, plus connu sous le nom de Prince d'Albanie, et mort dernièrement dans les prisons d'Amsterdam, désirait opérer en Albanie une révolution pareille à celle d'Amérique. Il avait tous les talents nécessaires pour de semblables entreprises : brave, endurci à la fatigue, sobre, populaire ; méditatif, lorsqu'il formait un projet ; chaud lorsqu'il s'agissait de l'exécuter, il fit sentir à ses compatriotes, dont la plus grande partie descend de ces fameux Macédoniens et de ces indomptables Épirotes, qui furent les instruments de la gloire d'Alexandre ; il leur fit, dis-je, connaître l'état d'avilissement dans lequel était tombée une nation jadis célèbre : douze mille hommes sont de son parti, et lui jurent la fidélité.

« Stefano se transporta alors incognito en Russie pour solliciter des secours en munitions et en argent ; mais il eut le malheur de tomber malade à Varsovie, et de recevoir des lettres fâcheuses de son pays, qui le rappelaient sur-le-champ. Je fus mandé pour le visiter, et en peu de temps le médecin et le malade devinrent amis. Il me confia son secret, et me chargea de ses affaires pour Saint-Pétersbourg, avec autant plus de confiance, qu'étant autorisé à me nommer Capitaine au service d'Espagne, j'aurais pu avoir, en ma qualité de militaire, plus d'accès à la Cour de Russie. Je m'acquittai de ma commission, et j'obtins des ordres

---

1. Cit. d'après J.-J. Tatin-Gourier, *op. cit.,* p. 19.

précis pour M. le Comte Orl... qui était alors avec ses vaisseaux dans l'archipel où j'allais le rejoindre. Ma correspondance avec Stefano était suivie, et M. le Comte Orl... me donna des lettres pour le Marquis Mar..., ministre de Russie à Venise[1], pour avoir de l'argent et pour acheter dans l'Arsenal de cette République, quelques canons et des armes. Chargé de cette négociation, j'approvisionnais les Albanais, comme vous approvisionnez les Américains ; mais j'ai mis tant de lenteur dans mes envois que la paix entre la Russie et la Porte se fit dans le moment où je me trouvais entre les mains un million de Ducats vénitiens, dont je rendis un fort mauvais compte à Stefano, et dont je n'en rendis aucun au Cabinet de Saint-Pétersbourg, la mort de m. le Comte Orl... ayant tout assoupi. »[2]

Précisons encore une fois que Zannovitch séjourne en Pologne après la guerre russo-turque, entre 1775 et 1777, tandis que Cagliostro y arrive en 1779, après son voyage en Russie. Il semble qu'ils ne se rencontrent point, même si Edouard van Biema prétend que « Stiepan a été en relation avec son confrère, l'imposteur Cagliostro auquel il adressa un mémoire contre le procureur général accusateur qui parut à Paris en 1786 »[3]. Le prince Grigori Orlov meurt en 1783, le comte Alekseï Orlov vit jusqu'en 1807.

Revenons au parallèle entre les affaires slaves et américaines. Entre autres noms, Zannovitch utilise celui de Pater d'Amérique et affirme qu'il avait refusé d'être couronné par le congrès. Dans sa *Lettre politique et législatrice de Warta. En réponse à la dernière lettre que le congrès de l'Amérique lui a adressée*[4], il explique que les modèles du

---

1. Le marquis Pano (ou Lambro) Maruzzi (1720-1790), chargé d'affaires de Russie à Venise (1768-1783) ; il avait financé la flotte d'Alekseï Orlov.
2. J.-J. Tatin-Gourier, *op. cit.,* p. 110-111.
3. E. van Biema, Un aventurier au XVIIIe siècle d'après les documents inédits des archives d'Amsterdam, *La Nouvelle Revue,* 1898, t. 114, p. 518.
4. *Œuvres choisies du prince Castriotto d'Albanie,* p. 22-37.

gouvernement existant sont mauvais et qu'il est difficile d'appliquer les idées qui viennent de la *République* de Platon et de l'*Utopie* de Thomas Morus : « Ce sont là de beaux et de magnifiques systèmes pour la théorie, mais qui ne sauraient être mis en exécution » (p. 24). En développant le sujet de la fable *Les grenouilles qui demandent un roi*, Zannovitch propose aux Américains de couronner une idole en bois, en la comblant d'honneurs et en établissant une étiquette stricte. En sa « qualité du Législateur du Nouveau monde », l'auteur se moque du roi de Pologne, anéanti par le *liberum veto*. Comme d'habitude, l'aventurier rêve d'une statue, que ce soit une idole en bois, Commandeur ou Cavalier d'airain. L'auteur de la *Lettre* évoque aussi ce mythe, en décrivant la rencontre de Cagliostro avec un rival, guérisseur cosmopolite : « Enfin, parlant tout à fait italien, et d'un ton de voix grave et moqueur, tel celui de Don Juan dans le *Festin de pierre*, j'invitai le Cosmopolite et son épouse à souper dans mon appartement » (p. 108).

Une femme de lettres et aventurière, Giustiniana Wynne, comtesse de Rosenberg (1737-1791), maîtresse de Casanova, compare dans la préface du roman *Les Morlaques* (1788) les Slaves aux peuples nouvellement découverts : c'est un monde inconnu qui attend ses explorateurs. Une histoire d'amour, où la jalousie tue, aide l'auteur à décrire les mœurs et les coutumes des peuples balkaniques. Par le biais de son ami, sénateur et collectionneur vénitien Angelo Querini, et par l'intermédiaire de Grimm, Wynne obtient l'autorisation de dédier son œuvre à Catherine II (l'exemplaire se trouve à Pétersbourg, la Bibliothèque nationale)[1]. Au XIXᵉ siècle, on considère ce livre comme une source ethnographique

---

1. G. Wynne à Grimm, Venise, 10 février 1788 – SPII (Pétersbourg), F. 203, op. 1, n° 203, fol. 2 ; *Bulletin de bibliophile,* 1858, sept., p. 1226-1228.

intéressante et Prosper Mérimée l'utilise en rédigeant la *Guzla*[1].

L'escroquerie imaginaire de Cagliostro, racontée dans la *Lettre*, paraît vraisemblable. En 1775, pendant l'enlèvement de la princesse Tarakanova, le marquis Georges de Cavalcabo, ministre de Russie auprès du Grand-Maître de Malte, fait un emprunt au Vénitien Joseph de Montemurli pour le ravitaillement de la flotte russe. En avril 1780, Montemurli s'adresse au prince Bariatinski, ambassadeur russe à Paris, et demande le remboursement des dettes et intérêts[2]. Alexandre Bezborodko et Frédéric Grimm, responsables des paiements effectués en France, traitent son affaire. En 1781 et 1782, dans ses lettres à l'impératrice, Grimm présente Montemurli comme un faiseur de projets et un voyageur charmant, presque un aventurier : « Il m'assure qu'il a été sur le point de fonder une colonie en Russie sur les bords de la Mer Noire, mais les Arabes du mont Atlas l'en ont détourné » ; « Montemurli [...] est allé de Tunis à Constantinople d'où il se propose de se rendre à Astrakan. On dit que le dit Seigneur a des grandes connaissances en fait de commerce et qu'il a toujours eu beaucoup de goût pour la Russie, où même il a voulu s'établir autrefois »[3]. Catherine II suppose une fraude, mais finit par le faire payer.

Comme Stepan Zannovitch, l'Ukrainien Ivan Trevoguine (1761-1790) réunit dans son comportement les traits d'un aventurier européen et d'un imposteur russe. Il ne rivalise pas avec des souverains, il lance un défi au Créateur : il imagine son royaume, invente des langues, histoire et géographie, établit des lois et des institutions. Il fait ses études à Kharkov, mais quitte sa ville natale, accusé d'un vol. Il travaille à Saint-Pétersbourg à l'impri-

---

1. B. Brunelli, *Une amie de Casanova,* Paris, 1928 ; Y. M. Yovanovitch, *La « Guzla » de Prosper Mérimée,* Paris, 1911, p. 44-56.
2. RGADA, F. 11, op. 1, n° 1020, fol. 59-61.
3. *SRIO,* t. 44, p. 171, 247.

merie de l'Académie des sciences ; en 1782, il lance une revue, *Les Nouvelles de Parnasse (Парнасские новости)*, se ruine et prend la fuite, en se sauvant des créanciers. Il devient matelot, traverse la Hollande, souffrant de la famine et de la misère, et en 1783 arrive à Paris[1]. Trevoguine demande de l'aide à l'ambassadeur Ivan Bariatinski, en présentant les faits d'une manière plus avantageuse. Il devient ami d'un secrétaire de l'ambassade, le collectionneur Piotr Doubrovski, rédige un mémoire sur les curiosités parisiennes. Pour se donner de l'importance, il mystifie ses connaissances françaises et se donne pour Nar Tolonda, prince de Golconde et petit-fils du Grand Mogol. Les dettes et le vol de l'argenterie dans la pension où il habite le conduisent à la Bastille où il décide de sauvegarder coûte que coûte sa légende pour ne pas paraître un banal malfaiteur. Malgré cela, une simple vérification le dévoile : le chirurgien de la prison, Lecoq, examine Trevoguine et découvre qu'il n'est pas circoncis. Au cours des interrogatoires, entre les 5 et 27 mai 1783, Trevoguine compose sa biographie romanesque en mélangeant les *topoï* des contes orientaux et les épisodes de sa propre vie, pleine d'aventures. Andreï Toporkov signale plusieurs parallèles entre le texte de Trevoguine et le roman de Fiodor Emine, *Une fortune inconstante*[2]. Le début de son histoire concentre les clichés : mort du père, invasion de l'ennemi, trahison, perte du trône, esclavage, fuite, pérégrinations, séjour au pays des Noirs, motifs

1. Depuis 1958, plusieurs chercheurs (A. Startsev, L. V. Svetlov, M. D. Kourmatcheva, A. L. Toporkov et E. E. Dmitrieva) ont décrit son histoire. L'affaire judiciaire de Trevoguine se trouve à RGADA, F. 7, op. 2, n° 2631 ; plusieurs documents sont conservés à AVPRI, F. 93, op. 6, n° 400 et à l'Arsenal, Mss F. 12453, 12480, 12481.
2. E. E. Дмитриева, А. Л. Топорков, Авантюрная автобиография И. И. Тревогина, *Памятники культуры. Новые открытия. 1990* [E. E. Dmitrieva, A. L. Toporkov, Autobiographie aventureuse d'Ivan Trevoguine, *Les monuments de la culture : nouvelles découvertes. 1990*], Moscou, 1996, p. 49-75.

connus d'après la littérature alchimique, des récits de Cagliostro, de Tarakanova, etc. Plus tard, reconduit à Pétersbourg, dans la citadelle Saints-Pierre-et-Paul, il sera obligé de rédiger une version véritable de sa vie, car on ne badine pas avec des imposteurs. Son *Histoire d'Ivan Trevoga* peut être considérée comme un des premiers romans autobiographiques russes. Trevoguine tente de se libérer de sa légende, de la transformer en œuvre de fiction : *Un prince oriental infortuné ou La vie de Holsav, fils du roi de Golconde*, mais il n'en écrit que trois pages. Comme la plupart des aventuriers, il a plus d'idées que de patience.

Trevoguine élabore deux projets essentiels : fonder un nouveau royaume sur l'île de Bornéo et un Empire des sciences ayant pour capitale Kharkov, en Ukraine[1]. Le premier plan où Trevoguine s'intitule le roi Ivan a bien alarmé l'ambassade et le gouvernement russes qui craignaient l'apparition d'un nouveau Pougatchev. M. Kourmatcheva a raison d'insister sur les convergences entre les idées du jeune Ukrainien et les utopies populaires, incarnées dans les manifestes de Pougatchev[2], d'autant plus qu'ils utilisent le même genre : le souverain s'adresse à son peuple et lui promet une vie meilleure.

Le second projet développe l'idée d'un État utopique des savants, d'une communauté fraternelle, devenue populaire parmi les adeptes des sciences ésotériques. D'après Trevoguine, cet Empire des sciences (ou Ophir[3]) sera une institution hiérarchique, sorte d'oligarchie démocratique. Les rois de chaque branche sont élus, les affaires se règlent par les

---

1. Ce projet est publié dans М. Д. Курмачева, *Крепостная интеллигенция России (вторая половина XVIII – начало XIX века)* [M. D. Kourmatcheva, *Les paysans intellectuels russes : seconde moitié du XVIII - début du XIXe siècle*], Moscou, Naouka, 1983, p. 322-340.
2. M. D. Kourmatcheva, *op. cit.,* p. 221-235.
3. Ophir est la patrie de Hiram, bâtisseur du Temple de Salomon ; pays utopique dans les textes maçonniques ; cf. le roman utopique du prince Mikhaïl Chtcherbatov, *Le voyage en Ophir*.

décisions du conseil général. L'Empire, constitué d'une élite savante et d'un personnel nombreux, est destiné à développer et à diriger sciences et langues, arts et métiers. Il doit favoriser les découvertes et les recherches, mais aussi exercer son contrôle, surveiller l'édition, la nomination et l'attestation des scientifiques et des professeurs. Il doit étendre ses activités dans le monde entier, en Europe, en Asie, en Afrique, en Amérique, tout en restant sous la protection et sous les ordres de l'impératrice Catherine II. Comme d'habitude, l'utopie russe prend la forme d'une institution bureaucratique et autoritaire.

Trevoguine n'est pas un ange: il vole et il dupe. Néanmoins, un talent littéraire certain le distingue des escrocs. Le monde imaginaire devient réel sous sa plume. Embastillé, le prince Nar Tolonda envoie une lettre au prince Bariatinski, où il ordonne à son domestique inexistant de fournir à l'ambassadeur un coffre plein d'or, de diamants, de sabres incrustés, de riches habits. Une écriture orientale anime les objets: la lettre est écrite en golcondais et en français. Elle ne vise probablement qu'un but: faire preuve de l'existence du golcondais. Trevoguine utilise d'autres langues, dont il invente l'alphabet: l'avasse et le copte. Les fantaisies linguistiques aident le jeune Ukrainien à donner forme à ses idées philosophiques. Plusieurs univers se côtoient dans ses œuvres. Le monde réel et le monde littéraire sont atroces, car on se voit obligé à quitter sa patrie, à chercher les malheurs à l'étranger, tandis que le monde utopique offre l'honneur, l'estime et le pouvoir, que ce soit le royaume de Bornéo ou l'Empire des sciences dans sa ville natale de Kharkov.

D'ailleurs, Trevoguine n'est pas le premier aventurier à inventer une langue. En 1703, un Gascon qui se fait appeler Georges Psalmanaazaar (1679-1763), originaire de l'île de Formose (aujourd'hui Tai-wan), tente de faire fortune en Grande-Bretagne et adopte la religion anglicane. Baptisé, le faux sauvage publie à Londres la *Description historique et géographique de Formose* (1704), qui comprend un mémoire sur la langue formosane qui rappelle singulièrement l'hébreu. A force de jouer son rôle, Psalmanaazaar se transforme complètement en Oriental et se croit expert en Extrême-Orient, même si l'on ne le prend pas trop au sérieux. Il vit en ascète, mange cru en public, prend de l'opium et gagne son pain, en travaillant pour les libraires[1].

La fin du rêveur Trevoguine est bien triste : après la détention dans les prisons de Paris et de Pétersbourg, après deux ans en maison de réclusion, il est envoyé comme soldat en Sibérie en 1785 où il meurt à l'âge de vingt-neuf ans.

Faire fortune en Russie. Casanova

Qu'est-ce qui oblige un aventurier à aller en Russie ? Dans la mythologie du XVIIIe siècle, c'est un pays pauvre et barbare que dirigent des seigneurs et des souverains riches et éclairés. On peut donc y faire fortune rapidement. Catherine II, suivant les principes économiques des physiocrates, considère l'agriculture comme la source essentielle de la richesse. Elle écrit dans le *Nakaz* que « non seulement la Russie n'est pas assez peuplée, mais elle possède encore des pays très vastes qui ne sont ni habités ni cultivés »[2]. En 1762 et 1763, l'impératrice publie plusieurs décrets, visant à attirer les étrangers et en fait recruter plusieurs milliers[3]. Parmi d'autres agents, Fran-

1. Ch. Bastide, Un aventurier français en Angleterre au XVIIIe siècle, *Revue des sciences politiques,* 1930, LIII, p. 450-462.
2. *Instruction de S. M. I. Catherine II. pour la commission chargée de dresser le projet d'un nouveau code de lois,* Saint-Pétersbourg, Imprimerie de l'Académie des sciences, 1769, p. 75.
3. Г. Писаревский , *Из истории иностранной колонизации в России в XVIII веке, Записки Московского археологического института* [G. Pissarevski, *Recherches sur l'histoire de la colonisation étrangère en Russie au XVIIIe siècle, Mémoires de l'institut archéologique de Moscou*], t. 5, Moscou, 1909 ; P. d'Estrée, Une colonie franco-russe au XVIIIe siècle, *Revue des revues,* 1896, n° 19, 1er oct. (IIe série), p. 1-16.

çois-Pierre Pictet, grâce à son poste à la chancellerie de la tutelle des colons étrangers, mène les embauches à Hambourg et en France et coordonne les activités de plusieurs recruteurs. Catherine II était fière de ses colonies. Elle écrit à Voltaire le 14 (25) juillet 1769 : « Sachez [...] que ma belle Colonie de Saratov monte à vingt sept mille âmes [...], que chaque Canton a des Églises de son rite ; qu'on y cultive les champs en paix, et qu'ils ne payeront aucune charge de trente ans. »[1] Néanmoins, d'après Martin Brie, consul français à Moscou, il n'en reste que quatre à cinq mille colons vers 1777. Les autres ont péri de faim et de maladies, ont été assassinés par Pougatchev ou sont devenus esclaves des Tatares[2].

Les étrangers installés en Russie se partagent entre eux certaines professions. Les Allemands sont surtout paysans et artisans, savants et diplomates, hommes d'État. Les Italiens sont chanteurs et musiciens, les Français artistes, sculpteurs et comédiens, propriétaires de librairies et de boutiques de mode, ils sont engagés comme cuisiniers ou coiffeurs. A la fin du siècle, surtout après la Révolution, plusieurs militaires français entrent au service russe. Bien que quelques solliciteurs soient refusés et, parmi eux, Napoléon Bonaparte, les étrangers apportent en Russie leurs talents stratégiques et administratifs. Le prince de Ligne et Roger Damas, donnent des preuves de vaillance durant la deuxième guerre contre la Turquie. Le prince Nassau-Siegen qui se distingue lors de la prise d'Otchakov est promu d'abord contre-amiral, ensuite amiral. Le duc de Richelieu et l'aventurier qu'on connaît déjà, Joseph de Ribas, marié en Russie à Anastassia Sokolova, fille naturelle de Ivan Betskoï, sont les

---

1. Best. D 15775.
2. *État de la colonie française à Moscou et dans ses environs avec une notice sur son commerce dans cette partie de l'Empire de Russie, par le Sr Martin Brie, consul à Moscou, au commencement de 1777* – Archives nationales (Paris), Affaires étrangères, B/1/480, fol. 213-224.

fondateurs et les premiers gouverneurs de la ville d'Odessa[1].

Le pays attire les philosophes. Ils y trouvent un champ immense pour la mise en pratique de leurs doctrines et projets. La polémique entre Voltaire et Rousseau, suivie du changement de représentations géopolitiques au XVIIIe siècle, fait naître deux attitudes envers la Russie, deux méthodes de traiter ses problèmes, qu'on pourrait appeler occidentale et slavophile avant la lettre. Selon le premier point de vue, la Russie est située au nord de l'Europe. «C'est du Nord qu'aujourd'hui nous vient la lumière», écrit le patriarche de Ferney dans son *Épître à Catherine II* (1771). C'est un pays de sauvages ou de barbares aguerris, endurants, frugaux, doués pour l'imitation et débrouillards. Les Russes ne sont qu'au début de leur parcours historique qui les mènera au sommet de la civilisation, à savoir vers la culture parisienne, même si Voltaire la tourne en dérision. Grâce à Pierre le Grand et à son héritière spirituelle Catherine II, la Russie s'est déjà engagée dans la voie de l'européanisation, il faut seulement trouver un certain nombre de précepteurs étrangers capables d'instruire ces enfants adultes[2]. C'est pourquoi en Russie, surtout dans la deuxième moitié du siècle, les problèmes pédagogiques font l'objet de discussions et que les bases d'un système d'éducation sont jetées. Par contre, Jean-Jacques Rousseau dans son *Contrat social* conteste l'utilité des réformes de Pierre Ier. Chaque pays a sa spécificité : pour devenir une grande puissance, la Russie ne doit pas imiter les Européens, mais plutôt chercher son

1. Voir К Миллер, *Французская эмиграция и Россия в царствование Екатерины II* [K. Miller, *L'émigration française et la Russie sous le règne de Catherine II*], Paris, 1933.
2. La comparaison des Russes avec les sauvages ou les enfants est l'un des motifs permanents de journaux de voyage et de mémoires écrits par des étrangers. Voir A. Stroev, Mythes politiques français et russes au XVIIIe siècle, *La lettre et le politique,* H. Champion, 1996, p. 119-128.

chemin afin de pouvoir un jour dominer l'Europe. Il montre en exemple un pays relativement petit dans ses *Considérations sur le gouvernement de Pologne* (1772). En Russie, la princesse Ekaterina Dachkova partage son point de vue.

A la différence du Nord, l'Orient est considéré par les Français des Lumières comme une civilisation ancienne, peu propice aux changements et qui peut se permettre une dissemblance avec l'Occident. Plus la Russie avance à l'Est, sur le plan militaire et politique, plus son rôle frontalier devient évident. Rousseau reste sur des positions antirusses alors que Voltaire soutient les opérations de l'armée russe en Pologne et encourage la politique orientale de Catherine II. Les encyclopédistes ne sont pas unanimes. D'Alembert refuse la proposition de devenir précepteur de Paul Petrovitch envoyée par Catherine II par plusieurs canaux peu après son intronisation. Diderot, au début proche de la position de Voltaire, découvre après son séjour en Russie l'impossibilité d'importer en Russie la civilisation européenne, impropre au climat russe, naturel et politique.

Toutefois les philosophes français rêvent de bâtir une société fondée sur les lois de la raison. Ils comptent sur le soutien de l'impératrice qui dans son *Nakaz* s'est montrée l'adepte fidèle de Montesquieu. Elle dénigre Strube de Piermont, en traçant des notes en marge de son exemplaire des *Lettres russiennes* (1760), où ce savant allemand au service de Russie conteste Montesquieu en affirmant que la Russie n'est pas un pays despotique et que le servage est propice aux paysans. On sait que les espoirs des encyclopédistes resteront vains, car Catherine II préfère s'entourer d'esprits pratiques et laisser les utopistes couvrir d'éloges son règne en Europe. Recommandé par Diderot, en 1767 Mercier de la Rivière se rend en Russie pour lui donner des lois. Alors qu'il est encore sur la route de Pétersbourg, il prévient l'impératrice de ne rien entreprendre sans ses conseils et que tout d'abord il sied

302

d'éliminer l'esclavage, cause première de tous les malheurs. Catherine II attend un conseiller qui puisse apporter une touche finale à son *Nakaz*, tandis que cet administrateur et économiste physiocrate, ci-devant gouverneur de la Martinique, vient pour diriger le pays. Comme il prend du retard et offense la tsarine par son attitude de mentor, il se verra obligé de repartir bredouille. Catherine II le ridiculise dans la comédie *L'antichambre d'un seigneur* (1772) et écrit plus tard à Voltaire : « Mr de la Rivière [...] qui il y a six ans nous supposait marcher à quatre pattes [...] très poliment s'était donné la peine de venir de la Martinique pour nous dresser sur nos pieds de derrière... »[1] Elle raconte au comte de Ségur que le philosophe s'est mis dans la tête qu'on l'avait appelé pour gouverner et sortir la Russie de la nuit de la barbarie. Durant l'hiver 1773-1774, Catherine II converse quotidiennement avec Diderot, mais elle refuse tout net d'appliquer ses projets : « J'aurais tout renversé pour y substituer ses impraticables théories. » Vous ne travaillez que sur le papier qui souffre tout, lui a-t-elle dit, tandis que moi, pauvre impératrice, je travaille sur la peau humaine, qui est bien autrement irritable et chatouilleuse[2].

Les philosophes qui se rendent en Russie avec l'intention d'éclairer et de policer le pays attirent des moqueries et des attaques. L'abbé Fréron tourne en ridicule Diderot, parti à Pétersbourg, et publie un portrait satirique des « missionnaires de la philosophie » qui clament que « la nation française est dégradée, qu'elle a subi le joug du despotisme, que la liberté, les sciences, la prospérité se sont réfugiées dans le Nord » ; ces « apôtres » se rendent chez les princes dont les pensions les rendent idolâtres[3].

1. 2 (13) novembre 1774 – Best. D 19188.
2. L. Ph. de Ségur, *Mémoires, souvenirs et anecdotes,* éd. F. Barrière, Paris, Firmin Didot, 1859, t. 1, p. 444-445.
3. *Année littéraire,* 1774, t. 7, lettre 5, p. 115-122.

Deux voies royales, deux modes de comportement s'offrent à celui qui veut faire carrière en Russie : approcher l'impératrice, prendre le risque d'une ascension éclair ou accomplir un service patient. Autrement dit, essayer le rôle de favori ou de philosophe, d'homme d'action ou de conseiller. On a déjà eu l'occasion de parler des difficultés de la première voie, pourtant si séduisante au siècle des impératrices. Elles seules peuvent faire d'un simple paysan un comte, comme Elisabeth Petrovna qui anoblit Alekseï Razoumovski, son favori et mari secret[1]. Catherine II pense aussi à se marier avec Grigori Orlov, père de son fils Alekseï Bobrinski. Alekseï Bestoujev prépare un décret, mais Nikita Panine la fait revenir sur sa décision. On a des raisons de supposer qu'en 1774 l'impératrice se marie en secret avec Grigori Potemkine. En 1764, elle mène son ancien amant, Poniatowski, sur le trône polonais ; néanmoins, les espoirs de Stanislas-Auguste de l'épouser pour réunir deux pays s'effondrent : la Pologne sera annexée autrement.

Elisabeth Petrovna et Catherine II ont recours aux étrangers pour se faire introniser, non pour gouverner. Le médecin Lestocq et l'ambassadeur français, le marquis de La Chétardie, favoris d'Elisabeth, ont joué un rôle actif dans le coup d'État de 1741. Catherine II fait plutôt appel aux Italiens qu'aux Français et pour des affaires moins importantes. Le mode de vie fait de tout étranger en quelque sorte un aventurier : reçu partout, il est mobile, prêt à accepter toutes les propositions – bref, c'est un médiateur idéal qui recueille et diffuse l'information, personne extrêmement utile pour un complot. Les occasions de réussir ne manquent pas, le XVIIIᵉ siècle russe est riche en conjurations et révoltes. La forte personnalité de Catherine Alekseevna, future Catherine II, laissait deviner son obsession du pouvoir. En 1759, peu avant le décès

---

1. Les métamorphoses pareilles ne se produisent à l'époque que dans les pastorales et les contes de fées.

d'Elisabeth Petrovna, le chevalier d'Éon écrit que la vie molle et voluptueuse de l'impératrice est à l'opposé de l'activité et de la fermeté, nécessaire pour gouverner la nation russe. Selon lui, le grand-duc Pierre Fiodorovitch (futur Pierre III) «a une figure ignoble et en tout point désagréable», un «esprit gauche et très borné, ce qui en est la suite ordinaire de l'entêtement, de l'opiniâtreté et l'emportement quand on lui résiste. Il a une démangeaison continuelle de parler sans savoir ce qu'il dit. Ses conversations favorites et journalières roulent sur le militaire». Cet admirateur de Frédéric II est affligé d'un «grain de folie». D'Éon estime que si l'impératrice vit assez pour élever le fils, le jeune Paul, les dispositions testamentaires ne seront pas en faveur du père. Hélas, trente ans plus tard, on parlera de Paul Petrovitch dans les mêmes termes. En revanche, le chevalier d'Éon devient élogieux dès qu'il s'agit des talents et des grâces de Catherine Alekseevna, qui a cultivé son esprit «par la lecture qui fait son amusement ordinaire» et qui parle plusieurs langues. Néanmoins, «ces qualités estimables se trouvent peut-être un peu ternies par quelques affectations romanesques, que le discernement dans ses lectures aurait pu lui faire éviter». Le diplomate prédit: «Je lui crois du courage; et je la jugerai femme assez nerveuse pour se laisser à une entreprise hardie sans se laisser intimider par les suites de l'événement.» Mais la grande-duchesse qui, d'après d'Éon, sent l'importance de «se captiver la bienveillance et l'affectation» de la nation russe et qui a une envie un peu trop marquée d'avoir quelque part au gouvernement a fait naître des soupçons à l'impératrice[1].

Le bijoutier Bernardi, installé à Saint-Pétersbourg depuis 1749, est arrêté en 1759 avec le chancelier A. Bestoujev, I. Elaguine, V. Adadourov et exilé à Kazan, où il

1. D'Éon de Beaumont, *Mémoire sur la Russie en 1759* – AAE, MD, Russie, vol. 5, fol. 89-155.

décède peu après[1]. Poniatowski reçoit en même temps l'ordre de quitter la Russie. Catherine II raconte dans ses mémoires : « Bernardi était un marchand bijoutier italien, qui ne manquait pas d'esprit et auquel son métier donnait entrée dans toutes les maisons. [...] Comme il allait et venait continuellement partout, on le chargeait aussi quelquefois de commissions les uns pour les autres : un mot de billet, envoyé par Bernardi, parvenait plus vite et plus sûrement que par les domestiques. Or Bernardi arrêté intriguait toute la ville, parce qu'il avait les commissions de tout le monde, et les miennes comme celles des autres. »[2] Catherine Alekseevna certes n'entre pas dans les détails de sa participation au complot, mais elle a eu tellement peur, qu'elle a brûlé ses livres et ses papiers et a fait tout pour établir un commerce secret avec le détenu. Casanova indique que le fils de Bernardi, après l'ascension au trône de Catherine II, a su obtenir une pension et seul son mariage avec une comédienne l'a empêché de faire carrière à la cour.

En 1764, en Allemagne, en route pour la Russie, le Vénitien rencontre le musicien Dall'Oglio et entend les récits sur Odart qui l'a devancé de peu. Casanova affirme que l'impératrice récompense généreusement les Italiens qui ont préparé le complot de l'été 1762, mais les oblige à partir ensuite. Giuseppe Dall'Oglio (mort entre 1791 et 1796), violoncelliste de la chapelle impériale à Pétersbourg, et son frère Domenico Dall'Oglio, compositeur (1700-1764) séjournent presque trente ans en Russie, de 1735 à 1764. Catherine II mentionne dans ses mémoires un des frères, qui faisait parvenir en secret ses lettres à sa mère, la princesse d'Anhalt-Zerbst, éloignée de

---

1. Casanova suggère qu'il a été « empoisonné à cause des soupçons dont il ne m'appartient pas de narrer l'histoire » – G. Casanova, *Histoire de ma vie,* t. 3, p. 388.
2. *Сочинения императрицы Екатерины II [Œuvres de l'impératrice Catherine II],* t. 12, vol. 1, Saint-Pétersbourg, Académie des sciences, 1907, p. 406.

la cour russe[1]. Il n'y a aucune information sur la participation de Dall'Oglio au complot.

Le Piémontais Giovanni Michele Odart (ou Odar) (vers 1719 - vers 1773) arrive en Russie à la fin du règne de l'impératrice Elisabeth. Le chancelier, le comte Mikhaïl Vorontsov, le nomme au collège du commerce avec le titre de conseiller aulique. En 1761, Odart présente deux mémoires. Le premier porte sur le commerce de la Russie dans son ensemble. L'auteur propose l'historique de la question, fait éloge des richesses naturelles du pays, décrit l'état de l'agriculture et des manufactures de tout ce qui pourrait faire l'objet d'une exportation et donne des recommandations générales, en suivant des préceptes des mercantilistes : développer la concurrence, éviter des intermédiaires, renoncer à l'importation des articles de luxe. Le second mémoire concerne les règles de la saisie des effets en cas de faillite[2]. Odart quitte le collège du commerce faute de connaître le russe, et la princesse E. Dachkova, nièce et pupille du comte M. Vorontsov, le recommande comme secrétaire à l'impératrice Catherine. Le courrier n'étant pas abondant, depuis mai 1762 le Piémontais administre un des domaines impériaux. D'après les témoignages de diplomates étrangers, notamment du comte Mercy d'Argenteau, ministre autrichien, et de Laurent Bérenger, chargé d'affaires français, Odart a joué le rôle de « secrétaire » du complot qui en juin 1762 amène au trône Catherine II ; « il a été un des principaux arcs-boutants de la conjuration et s'est conduit avec beaucoup d'intelligence »[3]. Juste avant le coup d'État, il demande à l'ambassadeur français, le baron de Breteuil, soixante

1. *Œuvres de l'impératrice Catherine II,* t. 12, p. 258.
2. *Mémoire sur le commerce de Russie,* à M. le procureur général le 26 juin 1761 ; *Sentiment du conseiller de la cour Odar sur le Règlement qu'on prétend établir, relativement à la saisie (en cas de faillite) des effets envoyés en commission pour l'étranger,* le 3 décembre 1761.
3. Bérenger au comte de Choiseul, Saint-Pétersbourg, 13 juillet 1762 – *SRIO,* t. 140, 1912, p. 2.

mille roubles pour le complot, mais celui-ci hésite et manque une belle occasion de renforcer l'influence française en Russie. Qui plus est, il n'attache pas d'importance aux paroles du Piémontais et quitte la Russie la veille des événements. C'est au marchand anglais Felten qu'Odart emprunte l'argent nécessaire, cent mille roubles[1]. Après la « révolution », il reçoit le poste de bibliothécaire au cabinet de l'impératrice. Il est au faîte de sa carrière, les diplomates cherchent ses grâces, le comte Vorontsov le félicite parce qu'il n'oublie pas ses anciens bienfaiteurs. Et pourtant Odart perd sa chance, en jouant double jeu et en quittant Pétersbourg fort mal à propos. L'homme d'action emprunte un masque de philosophe, dans sa version d'homme aisé. Le 13 juillet 1763, Bérenger recommande Odart au comte de Choiseul : « Il n'est point riche et réfléchissant sur le comble de la faveur sur les revers de la fortune et sur les vicissitudes des choses humaines, il me disait avant-hier qu'il n'aspirait qu'à se ménager une retraite en plaçant sur une banque de Venise ou de Gênes de quoi le faire subsister agréablement en philosophe. »[2] La rhétorique sert à présenter la trahison comme la conduite d'un vrai sage.

Le Piémontais part en Italie pour chercher sa famille, avec mille roubles pour frais de voyage sans avoir touché sa récompense. En août 1762, en passant par Varsovie, il apporte à Poniatowski la lettre de Catherine II qui interdit à son ancien amant de rentrer en Russie. Le 2 septembre, Odart est à Vienne d'où il écrit à d'Alembert pour lui transmettre l'invitation impériale de devenir précepteur du grand-duc[3]. Sur le chemin de retour, il séjourne quatre mois à Vienne, et sa femme, prétextant sa faible santé, va s'y installer au lieu d'accompagner son

1. В. А. Бильбасов, *История Екатерины II* [V. A. Bilbassov, *Histoire de Catherine II*], Saint-Pétersbourg, 1890, t. 2, p. 8.
2. *SRIO*, t. 140, p. 12.
3. Une autre invitation était envoyée par l'intermédiaire de Pictet le Géant (Saint-Pétersbourg, 4/15 août 1762).

époux en Russie[1]. Là-bas, en octobre et en novembre, Odart mène des pourparlers en vue d'acheter la collection d'estampes du comte Canal, amateur distingué qui possède une bibliothèque choisie. Il envoie à Nikita Panine une copie de sa lettre à d'Alembert et celle du philosophe qui refuse de venir en Russie. En janvier 1763, le Piémontais part enfin pour la Russie en apportant un plan pour l'éducation du duc de Savoie, expédier à la cour de Vienne pour servir à celle de l'archiduc Joseph et dont il a dérobé une copie en deux nuits. Il convainc le comte Panine, que le projet est solide et très sensé, qu'il « ne sent point la singularité, l'envie de s'écarter de la route ordinaire, quoique la plus sûre, et j'ose dire, l'esprit de système et de bizarrerie qu'on voit dans celui de Rousseau »[2]. C'est surtout le ton qui retient l'attention : Odart parle d'*Émile* qui vient de paraître comme d'une œuvre connue de tout le monde, y compris de Panine, précepteur du grand-duc Paul. Mais la correspondance d'Odart avec le comte Panine et la princesse Dachkova, ainsi que les dépêches de diplomates étrangers montrent que son crédit baisse. Les réflexions d'Odart sur des malheurs éventuels lui en attirent inévitablement. Il écrit à la princesse Dachkova (Vienne, 15/26 octobre 1762) que grâce à sa lettre il a mieux perçu les vrais sentiments de la cour de Russie à son égard et ajoute : « Laissez-moi achever ma carrière telle qu'elle m'a été marquée dans le ciel. Quel que soit mon sort, je le brave. »[3] En août 1762, il a été reçu à Varsovie, d'après ses dires, comme « une espèce de petit ministre », tandis qu'en janvier 1763, il ne parvient ni à s'acquitter de la commission de Dachkova, ni à rencontrer Stanislas-Auguste Poniatowski et le comte von Bruhl.

---

1. D'après sa correspondance, Odart reste très peu de temps en Italie, ce qui paraît louche.
2. Odart à N. I. Panine, Vienne, 30 décembre 1762 (10 janvier 1763) – AVPRI, F. 14, op. n° 838, fol. 12 r°-v°.
3. AVPRI, F. 14, op. n° 838, fol. 6 v°.

En février 1763, Odart rentre en Russie. Par les décrets du 8 décembre 1763 et du 31 mars 1764, il est nommé membre d'une commission destinée à analyser l'état du commerce de Russie et des projets le concernant. Il présente ses conclusions sur le projet de commerce avec l'Angleterre. L'impératrice lui accorde vingt ou trente mille roubles et une maison spacieuse à Pétersbourg, nouvellement arrangée et meublée, qu'il loue au ménage Dachkov[1]. Mais il considère qu'il n'est pas suffisamment récompensé et propose ses services d'agent secret à l'ambassadeur de France, puis à ceux de Saxe et d'Autriche. Mécontent de sa situation et de la perte de son influence, il intrigue, dénonce peut-être le complot de Khitrovo (1763)[2], puis ses anciens protecteurs. Il lâche le comte N. Panine pour ses ennemis, frères Orlov. Dans ses mémoires Dachkova décrit Odart comme un «homme instruit, fin, rusé et vif, d'une santé faible et ayant déjà passé l'âge de la jeunesse»[3]. Le baron de Breteuil note qu'il a rendu d'importants services à Catherine II, mais qu'il n'est qu'un avide et hardi coquin. Le 26 juin 1764, Odart quitte Saint-Pétersbourg en obtenant un congé d'une année. Avant son départ, cet homme avide rend des visites aux diplomates étrangers, piqué de n'avoir pas reçu de gratifications pour son zèle. Il confie à Bérenger, que «l'impératrice était entourée de traîtres, que sa conduite était folle et qu'elle courait à sa perte, que le voyage qu'elle allait entreprendre n'était qu'un caprice qui pouvait lui coûter cher»[4]. D'après l'ambassadeur de Saxe, Odart maudit la princesse Dachkova et le comte Panine et

---

1. E. Dachkova, *Mon histoire, A V,* t. 21, 1881, p. 112.
2. «C'est lui qui a découvert la dernière conspiration à Moscou» – Bérenger au duc de Praslin, Saint-Pétersbourg, 22 août 1763 – *SRIO,* t. 140, p. 220.
3. E. Dachkova, *Mon histoire,* p. 51.
4. Bérenger au duc de Praslin, Saint-Pétersbourg, 24 juin 1764 – *SRIO,* t. 140, p. 682. Il semble qu'Odart prédit le coup d'État de Mirovitch.

méprise la nation russe[1]. Il se rend à Dresde et ensuite à Paris où il demande une récompense. A cette époque, le duc de Praslin étudie les propositions d'ambassadeurs de dépenser quelques centaines de milliers de livres pour détrôner Catherine II qui poursuit sa politique antifrançaise, mais il refuse d'utiliser et de récompenser Odart. En 1764, Odart s'installe en Sardaigne, achète le comté de Saint-Agne, où il meurt foudroyé. Comme il se doit, sa veuve présente à Catherine II une requête lui demandant de l'aider et d'engager son fils[2].

Si l'aventurier a le choix d'être au service ou aux petits soins, selon la formule de Tchatski, personnage de la comédie *Le malheur d'avoir trop d'esprit*, il peut aussi être tenté de devenir quelqu'un grâce à une conjuration. D'autant plus qu'il peut compter sur la diplomatie française qui ne rêve que d'amener au trône son protégé ou de contribuer à l'instauration d'une république afin d'affaiblir le pays. Certes, un complot en faveur de Paul Petrovitch ou d'Ivan Antonovitch paraît plus réaliste. Toute l'ambiguïté du comportement d'Odart s'explique probablement par ces hésitations. Qu'est-ce qui serait plus profitable pour lui : trahir les conspirateurs ou l'impératrice ? La tentative tragique de Vassili Mirovitch de libérer Ivan Antonovitch de la forteresse pour l'introniser a lieu pendant l'été 1764, juste après le départ d'Odart et avant l'arrivée de Casanova. Le Vénitien cache à peine ses regrets d'avoir raté l'opportunité d'être ainsi propulsé au sommet. Mais n'oublions que Mirovitch fréquente Panine et Dachkova, qu'il habite chez Lomonossov ; il est possible que ceux qui accusent l'impératrice d'avoir provoqué ce complot n'aient pas tout à fait tort. Après la mort de l'héritier légitime du trône russe, assassiné par ses officiers, Catherine II ne peut que redouter des imposteurs.

1. V. A. Bilbassov, *Histoire de Catherine II,* t. 2, p. 635.
2. AVPRI, F. 14, op. 1, n° 1720.

Elle voit d'un mauvais œil ceux qui viennent en Russie de leur propre gré. En analysant son échec, Casanova donne une recette de la réussite : il faut se faire inviter par des diplomates – ou encore se procurer la recommandation du correspondant de Catherine II, Frédéric Melchior Grimm. L'ambassadeur de France lui-même, le comte de Ségur, a recours à sa protection. Dès qu'on passe par le réseau officiel, on peut compter sur une bonne place et des gages convenables, sur le remboursement de frais de voyage, même si l'on s'acquitte mal de ses responsabilités, comme l'amie de Casanova, la comédienne Julie de Valville.

Dans l'*Histoire de ma vie*, Casanova s'attribue la paternité de cette recette, dans *Confutazione della Storia del Governo Veneto* (1769) il l'assigne au banquier Demetrio Papanelopulo et dans les *Dialogues avec le prince* à Bilistein. Dans ses mémoires, il ne mentionne pas le Lorrain – même s'il n'a pas pu l'oublier, car il gardait ses lettres –, mais procède à la « dissolution » du personnage dans le texte. Casanova redistribue à d'autres personnages ses traits et ses qualités. Valville obtient un engagement officiel et des indemnités de déplacement. La femme du danseur Campioni est Anglaise comme celle de Bilistein. Un noble russe, dévalisé par les joueurs à Riga, hérite son poste au collège du commerce. Giacomo et son valet Albert (Lambert) sont pourvus de compétences en mathématiques et en construction de canaux ; Casanova devient lui-même l'architecte hydraulique le temps de sa rencontre avec Frédéric II. Il fait l'inspection des mines de Courlande avec Albert, ensemble ils font un projet de construire des canaux et des écluses pour dessécher des vallées et exploiter des gisements.

On sait que Casanova est très exact dans les détails parfois même superflus, alors que la narration logique et fluide est trompeuse : le Vénitien cherche à adoucir les angles afin de faciliter la lecture. Pour comprendre la stratégie de sa conduite en Russie et les causes de son échec, on doit d'abord déterminer l'objectif de Casanova narrateur. Le mémorialiste ne ment pas, il suggère une lecture particulière par des procédés romanesques bien élaborés et bien dissimulés. Il faut alors analyser le dit et le non-dit et ce qui est décrit par ouï-dire.

Le récit du voyage en Russie qui dure presque un an (automne 1764 - automne 1765) est organisé comme une unité narrative à structure circulaire où les événements riment entre eux. Une technique de prédiction organise des faits en une suite logique. Quatre thèmes dominent : pouvoir et théâtre, amour et argent. Évidemment, ces thèmes s'entremêlent, l'histoire de cette défaite est racontée sur des registres différents.

Casanova fête à Pétersbourg son quarantième anniversaire. Il est à mi-chemin de son existence. C'est son avant-dernière chance de réussir à la cour du monarque éclairé, à la lisière du monde civilisé. Ici commence le chemin du retour, le déclin.

Le fameux séducteur échoue dans le pays où les femmes gouvernent. Casanova souligne que les femmes en Russie dirigent l'État, l'Église et l'Académie : « Ce qu'il y a encore à désirer en Russie est de voir quelque femme célèbre commander des armées » (*HMV*, t. 3, p. 394). Du reste, pendant le coup d'État qui a renversé Pierre III, Catherine II et la princesse Dachkova avaient revêtu des uniformes militaires et animé les troupes. Pendant une grande revue d'infanterie d'été 1765, décrite par Casanova, l'impératrice portait un habit masculin. Catherine II sait combiner deux méthodes pour gouverner : pouvoir et amour, despotisme et séduction. Comme beaucoup d'autres voyageurs et auteurs de l'époque, Casanova insiste sur le caractère autoritaire et militaire de l'État russe, dont les ressorts sont la peur et le bâton : « Les Tzars de Russie se sont toujours servis, et se servent encore, du langage du despotisme en tout » (*HMV*, t. 3, p. 410). Mais il montre aussi l'impératrice donnant ses belles mains à baiser aux sentinelles et s'attachant ainsi le corps de garde, embrassant sur la bouche les nobles demoiselles qui l'approchent pour lui baiser la main.

Casanova a su plaire à Frédéric II, car il a fait semblant d'être soumis et ébahi, s'adaptant à la volonté du monarque; en d'autres termes, il a adopté une conduite féminine. Avec la tsarine le Vénitien n'a aucune chance. D'abord son âge: Catherine II préfère les hommes de vingt-cinq à trente ans et remercie des quadragénaires. Frédéric II qui se comporte en roi-soldat et en philosophe reçoit dans le jardin Sans-Souci tous ceux qui le souhaitent; il ne veut pas de recommandations, car il s'y connaît en matière. Casanova se lance probablement dans une discussion savante sur le calendrier avec l'impératrice, en se souvenant que ce thème a permis à Quint Icilius (Karl Gotlieb Guichard) de gagner la confiance de Frédéric II, de devenir son conseiller et ami. Peut-être veut-il plus encore réitérer ses exploits, parisien et berlinois, et convaincre la souveraine d'autoriser une loterie. Mais la rencontre avec Catherine II au jardin d'Été a un autre sens et un autre résultat que celle du Sans-Souci. C'est le refus d'une présentation officielle à la cour. Le Vénitien qui est arrivé en Russie sous le nom du comte Casanova de Farussi, en ajoutant le titre au nom de jeune fille de sa mère, ne peut demander une audience. Il aurait pu être présenté soit par l'ambassadeur (mais il n'y a pas de ministre de Venise à Pétersbourg à cette époque), soit par le chef de la diplomatie russe. Nikita Panine apprend l'arrivée de Casanova sur le coup, car par hasard, l'ambassadeur britannique George Macartney a le même jour traversé la frontière et Panine en reçoit le rapport de la chancellerie de Riga. Panine, faisant connaissance avec le Vénitien, lui propose de faire une promenade dans le jardin et promet d'attirer sur lui l'attention de l'impératrice. Le ministre russe calcule que si l'affaire se fait, il pourra penser à une introduction officielle. Casanova se retrouve ainsi dans la situation de jeunes dames qui affluent vers les jardins de Versailles et de Fontainebleau pour se faire remarquer par Louis XV, situation qu'il décrit à maintes reprises dans ses mémoires.

Mais Casanova n'est plus ce qu'il était. Il prend les femmes plutôt pour le plaisir de dominer, que par amour. L'histoire de Charpillon n'est plus une bataille amoureuse, mais un combat d'orgueil, une lutte pour le pouvoir où l'homme perd, comme dans *Les liaisons dangereuses*. A quarante ans il devient sage, ainsi qu'il le prétend : il achète et revend les femmes. En Russie, ce n'est plus le cœur qui parle c'est la bourse. Il achète une paysanne qui tombe amoureuse de lui et la cède au vieux et riche architecte Rinaldi. Les billets doux qu'il échange avec Julie de Valville ressemblent à un contrat : «Je voudrais, Madame, nouer une intrigue avec vous. Vous m'avez inspiré des désirs qui m'incommodent et auxquels je vous défie à faire raison. Je vous demande à souper, désirant de savoir d'avance combien il me coûtera» (*HMV*, t. 3, p. 433). Ce sont des magistrats avares, personnages comiques du second plan, qui dans les romans annoncent leur amour de la sorte. Le Vénitien paye la comédienne en l'aidant à bien rédiger une requête pour pouvoir partir avant terme et obtenir ses gages. Malgré qu'il soit pauvre, Casanova se fait passer pour riche ; il jette l'argent par la fenêtre pour avoir du crédit, comme dans l'épisode avec la femme de chambre de Mme de Kaiserling à Mittau. Mais après être entré en Russie avec une somme modeste, il part les poches vides. En se moquant du marchand vénitien Maruzzi, son rival à la cour russe, le mémorialiste évoque ses propres problèmes : «Tout riche qu'il était, il n'avait pas le courage de dépenser et en Russie l'avarice est un péché auquel les femmes ne pardonnent pas» (*HMV*, t. 3, p. 422). Les abbés Jacques Jubé et Jean Chappe d'Auteroche, qui avaient visité la Russie avant Casanova, parlent des mœurs faciles des femmes russes. Eux aussi décrivent les bains publics, où les hommes et les femmes se baignent ensemble, les présentant comme des lieux de débauche et de torture : les gens s'y flagellent avec des

315

balais, supportent une chaleur effrayante, puis sortent nus dans le froid. Bref, un véritable enfer ; Jacques Jubé parle même de Jugement dernier. Par contre, le Vénitien s'étonne que dans les bains personne ne regarde ni lui, ni la jeune Zaïre – on est désormais bien loin de la scène d'amour à quatre qui s'était déroulée dans les bains de Berne en 1760. A Moscou, Casanova trouve les femmes plus jolies qu'à Pétersbourg, parce qu'elles ont « l'accès très doux et très facile ». Mais qu'est-ce qu'il obtient ? – « pour obtenir d'elles la faveur d'un baiser sur les lèvres, il suffit de faire semblant de vouloir leur baiser la main » (*HMV*, t. 3, p. 413). Et c'est tout. Sa liste des bonnes fortunes russes est courte : deux parisiennes qui débutent sur la scène russe sans trop de succès et une paysanne esclave ; une comédienne italienne ratée, une Française dédaignée parce qu'elle allait chercher son argent dans la bourse des amis, hélas, comme il arrivait à Casanova lui-même. Et le comble : un jeune officier russe, Piotr Lounine, séduit le Vénitien.

En Russie il faut battre les hommes et les femmes pour se faire aimer d'eux. Le bâton, dit Casanova, y opère des miracles, telle une baguette magique. Mais le Vénitien ne parvient à dominer ni son valet, ni sa paysanne. Au contraire, ce sont eux qui le battent et le blessent, qui l'effraient. Alors, comment pourrait-il s'imposer aux yeux de l'impératrice qui, dit Casanova dans la *Confutazione*, « n'a d'autre passion que celle de dominer et de conserver son pouvoir » (*HMV*, t. 3, p. 376, note).

L'argent devient pour Casanova l'or potable, une panacée sans laquelle il n'agit plus. Casanova vient en Russie recommandé auprès d'un banquier et non auprès de l'impératrice. Frédéric II lui a assuré que cela valait mieux et Casanova met un an pour comprendre que le roi de Prusse s'est moqué de lui. Pour augmenter sa pension annuelle, versée par Bragadin, il tente de gagner de l'argent par le jeu, par l'alchimie et par ses projets. Aux cartes, il rencontre la forte concurrence des grecs professionnels et comme pour aggraver ses affaires, les Russes ne payent pas les dettes de jeu. Le Vénitien ne parvient pas non plus à créer une loterie. Il ne mentionne pas ses expériences dans l'«art royal», mais nous connaissons la recette de la fabrication de l'or que Giacomo a fourni au prince de Courlande. Manifestement Casanova n'arrive pas à ses fins. Le rôle de conseiller n'est pas plus fructueux : les propositions de la réforme du calendrier soumises à Grigori Orlov, un projet de plantation des mûriers et de la fabrication de la soie, ne sont pas acceptées.

Dans l'*Histoire de ma vie* Casanova présente son échec comme la conséquence d'une règle générale : un étranger, un homme libre ne peut réussir en Russie. C'est pour cette raison que dans le texte de l'*Histoire*, Casanova dissout le personnage de Bilistein : il ne faut pas que son succès en 1765 contredise sa théorie, humilie le mémorialiste. Son but est de plaire à Catherine II, de devenir son favori ou secrétaire. Dans ce sens, Casanova fait connaissance avec ses favoris, frères Orlov, et avec les trois secrétaires du cabinet : Ivan Elaguine, Adam Olsoufiev et Grigori Teplov. De mauvais présages précèdent l'entrée de Casanova en Russie : l'impératrice renvoie les étrangers qui l'ont fait accéder au trône. Les aventuriers de toute trempe, le baron de Saint-Héleine, Darragon et Campioni, quittent l'Empire pour tenter leur chance en Pologne où Poniatowski vient d'être couronné. Le mémorialiste fait rimer son destin avec les événements historiques : de même que le jour de son arrivée à Paris, il prétend être arrêté parmi d'autres suspects après l'attentat de Damiens, de même il déclare avoir vu Catherine II à Riga le jour de l'assassinat d'Ivan Antonovitch. A Pétersbourg, Casanova fréquente l'opposition aristocratique : les comtes Panine et Tchernychev, la princesse Dachkova en disgrâce.

Ne pouvant ni entrer au service ni séduire, Casanova cache les ressorts qu'il actionne pour réussir. Bien qu'il ne mentionne pas ses relations maçonniques, il rencontre tous les francs-maçons russes les plus importants. Il est fort probable que le Vénitien soit venu en Russie avec des lettres de recommandation du violoniste Dall'Oglio, de sa femme et de la danseuse Santina Zanuzzi, mais aussi avec celles du maréchal George Keith, dont le frère, James Keith avait dans les années trente dirigé la maçonnerie russe.

A Berlin, juste avant son voyage chez la Sémiramis du Nord, Casanova lit des utopies et des traités alchimiques et mystiques qu'il utilisera plus tard dans l'*Icosaméron*. La Russie pour lui est un monde à l'envers, où le temps et la chronologie sont décalés, où l'on sème les blés en automne et pas au printemps comme en Italie, où l'on gouverne le feu, en construisant des excellentes poêles, et pas l'eau, où l'on attend toujours le mauvais temps. Réapparaît ici le thème du monde inconnu qui attend son conquérant et son réformateur... En vain.

Le texte se cache et se métamorphose à l'image de son narrateur. Les mémoires transforment le séjour en Russie en une mascarade infinie, un spectacle continu. Des musiciens italiens introduisent Casanova dans des milieux aristocratiques russes, des comédiennes françaises partagent son lit. Comme autrefois, le monde des coulisses abrite le Vénitien. Dall'Oglio montre la voie et envoie Casanova à sa place ; à la fin Baldassare Galuppi qui dirigera le corps musical de la chapelle impériale prend la relève, il est la dernière personne que Casanova voit en Russie. Dans les *Mémoires* et dans le *Duel* Casanova raconte cette rencontre incroyable dans une auberge perdue de Livonie ; les rapports de la chancellerie de Riga confirment son récit. Un bal masqué en Courlande, un autre à Pétersbourg – Casanova arrive en hiver, en pleine période du carnaval populaire, temps des travestissements et des divinations. Toute la Russie porte alors un masque, depuis l'impératrice jusqu'aux statues du jardin d'Été : « Une statue qui pleurait offrait au lecteur le nom de Démocrite, une autre qui riait c'était Héraclite, un vieillard avec une longue barbe se nommait Sapho, et une vieille femme avec une gorge délabrée était Avicenna» (*HMV*, t. 3, p. 423). La fête de la bénédiction des eaux et du baptême des enfants dans la rivière glacée est décrite comme un sacrifice barbare[1]. Les palais de Pétersbourg ressemblent aux ruines artificielles, en vogue à l'époque. Casanova évoque un superbe carrousel, reporté à l'année suivante, pendant lequel la noblesse russe devait se déguiser en chevaliers de l'ancien temps. Dans ce pays théâtral, Giacomo ne trouve pas sa place, parce qu'il utilise le nom de sa mère comédienne. Selon les lettres de Bilistein, des bruits désavantageux sur le changement de nom se répandent en Russie après le départ du Vénitien.

Casanova échoue dans sa tentative de réformer le calendrier russe, mais il réussit à refaire la chronologie de sa propre narration. Le développement des thèmes principaux suit une composition en boucle : une rencontre avec l'impératrice ouvre le récit ; une autre le termine. La première est imaginée, la dernière est réécrite. Les personnages se succèdent : Zaïre remplace Langlade et Albert, Valville remplace Zaïre et part avec le narrateur. En vérité, ces événements ne sont pas liés : Albert quitte la Russie peu après son arrivée, Valville franchit la frontière russe six mois après Casanova.

Les voyageurs du XVIIIᵉ siècle présentent souvent des peuples barbares, et en particulier les Russes, comme des nomades qui transportent avec eux leurs demeures – Francesco Locatelli le prétend dans ses *Lettres moscovites* (1736). Mais c'est Casanova qui vit en nomade en Russie : dans sa dormeuse il voyage, mange, dort, fait l'amour, observe la revue militaire, reçoit des visites. Cette voiture ne lui sert qu'en Russie, où il a peur de quitter sa maison ambulante et de rester dans le royaume des femmes. Devenue inutile, il la vendra en Pologne.

---

1. Épisode emprunté aux *Anecdotes russes* de Christian Friedrich Schwan (1764).

Il y a deux stratégies possibles pour faire carrière en Russie, pour atteindre à l'une des deux positions convoitées, celle de favori et celle de conseiller : entrer au service de la Russie ou rester indépendant, s'y installer ou faire un bref séjour. Chaque voie a ses avantages et ses inconvénients. En entrant au service, on peut s'égarer en route, se perdre dans la foule des autres prétendants. En choisissant l'image du riche voyageur, philosophe et maître à penser, on ne risque pas de passer inaperçu, mais on court le danger d'être considéré comme un charlatan. L'important, pour réussir, est de ne pas confondre les rôles de conseiller et d'homme d'action ; c'est cette confusion qui, entre autres, empêche Odart, Bernardin de Saint-Pierre, Casanova ou Pictet d'aboutir.

On peut choisir entre la carrière militaire et civile. Pour devenir favori, être officier – comme presque tous les favoris de Catherine II – facilite les choses. De ce point de vue, Bernardin de Saint-Pierre choisit la bonne voie, mais elle n'est ouverte qu'aux nobles et les chances sont toujours incertaines. Si la guerre ouvre beaucoup de possibilités pour un vaillant capitaine (Zoritch, le prince Nassau-Siegen), en temps de paix l'ascension devient lente et laborieuse, à moins de servir dans la garde impériale et tenter sa chance à la cour. Situation d'ailleurs identique dans toute l'Europe : Casanova met l'uniforme militaire en Italie, mais sans aucun succès. Au reste, l'aventurier est un homme hardi, qui pense avant tout à sa propre vie. Un maître d'escrime peut toujours espérer trouver une bonne place en Russie, bénéficier de la protection des princes et même des grands-ducs, surtout de Pierre Fiodorovitch, futur empereur Pierre III, grand fanatique de l'armée. A la fin du règne d'Elisabeth Petrovna, l'un des amis de Casanova, le Napolitain Dragon (ou Darragon), qui se fait appeler marquis d'Aragon, réussit une belle carrière grâce au soutien du grand-duc. Il devient major dans le régiment des gardes d'Holstein sous le commandement du grand-duc Pierre et après avoir obtenu la permission de tenir une banque de pharaon à la cour, il gagne en trois ou quatre ans cent mille roubles. En 1764, il prend le chemin de la Pologne où les jeux de hasard sont autorisés et tombe sur des grecs plus forts que lui, qui lui gagnent tout son argent. En 1766, Casanova le rencontre à Spa, où il se bat en duel avec un Français. Là, Darragon épouse une Anglaise fortunée et âgée. Haut de six pieds, il n'a ni esprit, ni manières et ses jambes sont couvertes de plaies vénériennes, remarque Casanova. L'emploi de maître d'armes, comme de tout autre professeur, a un grand défaut : le personnage est toujours considéré comme un serviteur et non comme un égal. Ce problème de statut n'est pas moindre pour qui choisit la carrière intellectuelle, sans toutefois renoncer aux fourberies. Les aventuriers touchent aux mêmes professions, en s'élevant dans l'échelle sociale : acteur, *outchitel*, journaliste, bibliothécaire, secrétaire, pédagogue, historien.

Ils commencent leur ascension du plus bas, car les chevaliers de fortune viennent en Russie poussés par le besoin. Fougeret de Monbron et le baron de Tschoudy ont fait de la prison pour leurs écrits et cherchent refuge dans le monde entier. Timoléon Alphonse Gallien de Salmorenc (vers 1740 - après 1785), ancien copiste de Voltaire, puis secrétaire du résident français à Genève Pierre Michel Hennin, est embastillé pour dettes. François Pierre Pictet a fait trente mille livres de dettes dans sa Genève natale. Bernardin de Saint-Pierre débarque en Russie sans argent et sans recommandations. Tschoudy se voit obligé de porter des noms de plume, celui du chevalier de Lussy et du comte de Putlange. D'autres s'anoblissent en ajoutant à leur nom des titres de comtes, comme Casanova, Cagliostro et Zannovitch, ou de chevalier, comme Bernardin de Saint-Pierre.

Tschoudy débute en Russie en 1753 dans la troupe française de la cour de l'impératrice Elisabeth Petrovna. La profession d'acteur, d'homme sans visage qui change tous les jours de masques et de destins, peut être symboliquement interprétée comme une naissance illégitime, qui laisse une tache sur la biographie. Ce métier convient mieux aux femmes qui trouvent vite un riche protecteur. Mais il faut être une vraie professionnelle : une fille de joie, comme la Parisienne Julie de Valville ou la Vénitienne Vicenza Roccolini, est vouée à l'échec. Pictet qui était à bonne école chez Voltaire s'arrange mieux que les autres : il monte des spectacles français à la cour de Russie, devient un maître de menus plaisirs.

Autre profession méprisable : celle d'*outchitel*, de professeur de français. Elle est ordinairement exercée par des gens qui ne savent rien de la grammaire mais qui comprennent vite que parler leur langue maternelle rapporte mieux qu'exercer le métier de boulanger, cordonnier ou agriculteur. Cette figure devient emblématique dans la mythologie culturelle russe des XVIIIe et XIXe siècles. Salmorenc ne trouve rien de mieux à ses débuts et, en 1774-1777, il est gouverneur dans plusieurs maisons aristocratiques de Moscou et Pétersbourg. Il est vrai que la famille bien choisie peut assurer un tremplin pour la carrière : Pictet enseigne le français chez Grigori Orlov, Jean-Louis Carra entre chez le gospodar dans les mêmes conditions.

Le poste de bibliothécaire de l'impératrice arrange la situation de l'aventurier. C'est le cas de Giovanni Michele Odart ou de Pictet, plus tard de Jean Dominique Joseph d'Augard. Hermann La Fermière (1737-1796), bibliothécaire de Paul Petrovitch, écrit des fables didactiques, dédiés au grand-duc. Dans son *Ode à l'occasion du mariage de S. A. I. Monseigneur le Grand Duc* (1773) il loue l'ancêtre du jeune marié, Pierre Ier, qui observe avec surprise et satisfaction les victoires russes, l'« incroyable entreprise /[...] d'aller jusqu'aux Dardanelles /Terrasser l'orgueil Ottoman »[1]. Dans *Les adieux de Mentor à Télémaque*

---

1. H. de La Fermière, *Fables et contes, dédiés à S. A. I. Mgr le grand duc de toutes les Russies,* Paris, Lacombe, 1775, p. 215.

La Fermière donne au futur empereur des préceptes assez banals : « sachez vous faire aimer », étudiez l'homme avant tout, apprenez à vous connaître. Néanmoins, La Fermière connaissant bien Paul Petrovitch, lui recommande de brider son humeur prompte et instable qui

> « Lors même qu'il s'agit du plus grand intérêt,
> Enfouit les talents, rabaisse le courage,
> Rend un Prince inégal, faible, ombrageux, sauvage,
> Et fait perdre un État pour sauver un hochet »[1].

Ainsi, le poète prédit le destin de l'empereur et le sien.

Quelques années plus tard, La Fermière accompagne les comtes du Nord dans leur voyage en Europe. A Venise, il rencontre Angelo Querini qui propose à l'impératrice une collection de manuscrits grecs[2]. La Fermière bénéficie de la bienveillance de la grande-duchesse Marie Fiodorovna, qui lui vaut les persécutions de Paul Petrovitch. Il est alors amené à abandonner son poste et à recourir à la protection du comte A. R. Vorontsov.

La place de secrétaire qu'obtient Tschoudy, agréé par le comte Ivan Chouvalov, favori d'Elisabeth Petrovna, est aussi importante. Tschoudy devient alors un personnage : tous les solliciteurs doivent passer par lui pour parvenir au maître. Les relations maçonniques contribuent beaucoup à sa carrière. Habituellement, les aventuriers ont recours aux mêmes familles, proches de la maçonnerie : Vorontsov, Panine, Narychkine, Melissino, Tchernychev, Zinoviev, Belosselski-Belozerski, Stroganov, Dolgorouki, Elaguine, Kourakine, etc.

L'étape suivante consiste à devenir journaliste, auteur et rédacteur d'une revue littéraire publiée en français.

---

1. *Ibid.,* p. 221.
2. La Fermière à S. R. Vorontsov, Venise, 16 janvier 1782 – *A V,* t. 29, 1883, p. 221.

Tschoudy édite *Le caméléon littéraire* (1755)[1], Salmorenc, *Le Mercure de Russie* (1786). Pour des raisons financières et parfois politiques (Tschoudy, par exemple, mêlé aux intrigues de la cour, publie un portrait satirique du comte Razoumovski, rival de Chouvalov), ces revues ne durent qu'une année.

La publication d'une revue met en valeur les talents littéraires d'un aventurier. Tschoudy y présente ses œuvres philosophiques, historiques et polémiques[2]. En outre, il publie son *Philosophe au Parnasse, lettres du chevalier de L. dédiées au comte Chévaloff* (1754), traduit l'éloge de Pierre Ier écrit par Mikhaïl Lomonossov, qui n'apprécie guère son travail[3]. Salmorenc rédige et publie une histoire littéraire de Russie, en se limitant à l'œuvre de Feofan Prokopovitch, ainsi que des articles critiques et des poèmes. Il polémique avec les mémoires du baron Tott. Homme de lettres expérimenté, auteur du *Bréviaire des politiques* (1769) et du poème didactique *Le spectacle de la Nature*, (1770), il publie en Russie son *Abrégé de rhétorique* (1785).

Celui qui cherche la faveur des seigneurs, rend hommage à la culture du pays. Le chevalier d'Éon qui arrive en Russie en mission diplomatique observe la même stratégie à ses débuts. Les étrangers rédigeant l'histoire de Russie suivent le même parcours, comme Gabriel Sénac de Meilhan. En 1790, il propose ses services en tant qu'historien, mais apparemment, l'impératrice avait invité l'auteur *Des principes et des causes de la révolution* (1790) avec l'intention de lui confier des pourparlers secrets avec les princes. Comme Sénac prend du retard, la situation poli-

---

1 М. Н. Попова, Теодор Генрих Чуди и основанный им в 1755 г. журнал « Le Caméléon littéraire », *Изв. АН СССР, отд. гуманитарных наук* [M. N. Popova, Théodore Henri de Tschoudy et sa revue « Le Caméléon littéraire », fondée en 1755, *Nouvelles de l'Académie des sciences de l'URSS, section des sciences humaines*], 1929, n° 1, p. 17-47.
2. Son essai sur l'alchimie, comme il se doit, sert à démasquer des imposteurs.
3. *Panégyrique de Pierre le Grand, par M. Lomonosow, traduit sur l'original russe par M. le Baron de T.,* Pétersbourg, 1755.

tique change et le projet ne lui ai jamais révélé, d'autant plus que ses convictions politiques ne correspondent pas aux vues de l'impératrice[1]. Catherine II est déçue d'autant plus, qu'elle connaît à fond l'antiquité russe, tandis que Sénac, ignorant le russe, aspire au poste d'historiographe de la cour, peut-être le plus convoité par des savants étrangers, surtout au plus fort de la Révolution. Le Français veut pallier la méconnaissance des sources par un style raffiné et des parallèles savants, écrire l'histoire de Russie sur le modèle de celle de Rome. Mais même l'éloge de l'impératrice (*Lettre à Mme de****, 1792) ne pourra le sauver. En 1791, avant de partir en Allemagne, il demande le poste de l'ambassadeur russe à Constantinople ou une place dans l'administration ou bien le titre d'intendant de bibliothèque impériale. Catherine II l'achève par son ironie impitoyable : « Permettez-moi de vous répéter que l'égalité établie chez vous est incompatible avec un titre quelconque [...] Le seul titre qui paraîtrait convenir au travail pour lequel que vous vous êtes proposé, Monsieur, serait celui de conseiller historiographe peut-être, mais permettez-moi de vous dire qu'il serait bon de voir quelle tournure prendrait votre travail. »[2]

Une partie importante du *Caméléon littéraire* et du *Mercure de Russie* est consacrée à la pédagogie. Tschoudy occupe le poste de secrétaire de l'Université de Moscou, et, au retour de France, il devient le fondateur et le premier directeur *(Hofmeister)* du Corps des pages (1759-1760). Dans son *Mémoire,* il formule les nouveaux principes pédagogiques : relations amicales entre précepteurs et élèves, abolition des châtiments, égalité des élèves. Entre 1781 et 1783, Salmorenc est le directeur du collège

1. Н. Голицин, Писатель Сенак де Мейан и Екатерина II (1791 г.), *Литературное наследство* [N. Golitsyn, L'écrivain Senac de Meilhan et Catherine II (1791), *Héritage littéraire*], t. 33-34, Moscou, 1939, p. 49-72.
2. Catherine II à Sénac de Meilhan, août 1791 – *SRIO,* t. 42, 1885, p. 196-197.

(gymnase) des jeunes gentilshommes de Chklov, organisé par le général Zoritch, puis il accepte le poste de professeur d'histoire et de rhétorique au Noble Corps impérial des cadets. Son *Mercure de Russie* est publié par l'Imprimerie du Corps.

La place de précepteur est proposée aux savants et aux écrivains. Ainsi, Gilbert Romme se charge de l'éducation de Pavel Stroganov. A Paris, le futur révolutionnaire était très proche du comte Ivan Golovkine qui élevait ses enfants selon le système de Rousseau. Diderot écrit pour la Russie un plan de l'Université, ainsi que des propositions pour l'exercice au Corps des cadets. Le médecin de ce Corps, Nicolas Gabriel Clerc (1726-1798), une connaissance de Diderot, essaye de lancer à Pétersbourg en 1770 la revue scientifique *La boisson de la Terre* (un numéro paru). Sa carrière est bien édifiante. La première fois qu'il vient en Russie en 1759, il est médecin du comte Kirill Razoumovski, hetman des cosaques. Il vit six ans en Ukraine et accompagne ensuite le comte dans son voyage en Europe. Lors de son deuxième séjour, de 1769 à 1775, il est médecin du grand-duc Paul, professeur au Corps des cadets, et il publie les *Réflections philosophiques sur l'éducation* (1772). La coïncidence des dates avec la guerre contre la Turquie n'est pas due au hasard : Clerc espionne sur la demande de l'ambassadeur Durant de Dristoff, cherche des cartes militaires, des renseignements sur le budget et les finances qui permettraient d'évaluer la capacité de la Russie à continuer la guerre. Ces documents, ainsi que la carte de la mer Noire, copiée par Vivant Denon, à cette époque agent secret en Russie, ont été rapportés à Paris par Diderot[1]. De retour en France, Clerc trouve une place au ministère militaire, il est anobli en 1778 et devient

---

1. « M. Diderot s'est chargé de remettre à M. de Noailles un paquet qui contient plusieurs états relatifs au commerce de la Russie et une carte de la mer Noire d'autant plus intéressante que [...] l'on y a désigné [...] les forteresses à créer à l'embouchure du Don, ignorées ou mal rendues sur les cartes gravées. Je dois à M. Denon, dont le

Leclerc. Il doit sa notoriété à l'*Histoire de la Russie ancienne et moderne* (1783-1794) où il montre les conséquences désastreuses du despotisme et du servage, ce qui ne manque pas de provoquer le mécontentement de Catherine II et les critiques virulentes des historiens russes.

Il faut l'avouer, en fin de compte, la carrière intellectuelle donne des résultats médiocres. En 1760, Tschoudy revient en France pour devenir l'un des maîtres de la franc-maçonnerie. Après 1786, les traces de Salmorenc se perdent. En 1765, Pictet est pris en flagrant délit dans une affaire de contrebande[1]. Il perd pour toujours son crédit à la cour. L'impératrice lui a confié une mission beaucoup plus importante que le recrutement de colons : dans sa correspondance avec le patriarche de Ferney, Pictet fait allusion à l'image que Catherine II voudrait donner à l'opinion européenne. Les diplomates étrangers soulignent : « Dominé par la passion de célébrité, Elle regarde en quelque sorte la nation française comme l'arbitre de sa réputation, et celle dont le jugement peut fixer celui de toutes les autres sur son règne. »[2] Comme Voltaire et les encyclopédistes dirigent l'opinion public en France, l'intermédiaire doit jouir d'une réputation sans tache. Celui qui contribue à façonner l'image de l'impératrice ne peut être escroc. Disgracié, Pictet s'installe dans une colonie à Kazan. Il envoie un mémoire sur l'amélioration du trafic

---

talent et l'activité se portent sur tous les objets qui peuvent le rendre utile, la copie de cette carte qui a été faite nouvellement par ordre du gouvernement et qui nous a été livrée par les officiers employés à sonder toute cette mer.» Durand de Distroff au ministre, [Saint-Pétersbourg], 4 mars 1774 – Diderot, *Œuvres complètes,* Club français du Livre, t. 10, p. 1142.

1. Son assossié, Le Roy, fait venir des marchandises en Russie, les présentant comme des effets des colons, libres de taxe. Les négociants Desmarest et Le Maignen, beau-frère de Pictet, sont mêlés dans cette affaire – RGADA, F. 10, op. 3, n° 580 ; G. Pissarevski, *op. cit.,* p. 112 et s.
2. Bérenger au duc de Praslin, Saint-Pétersbourg, 9 avril 1765 – *SRIO,* t. 140, p. 481.

fluvial de la Volga, ensuite un autre sur le tabac, adresse des sollicitations aux comtes Vorontsov, Zavadovski, Orlov, mais en vain. Il quitte la Russie en août 1776 pour aller en France. Recommandé par le chevalier de Corbéron et protégé par le comte de Vergennes, Pictet reçoit le poste du premier commis au bureau des vivres (1780). Il rédige des observations sur la Russie, utilisées, semble-t-il, par l'abbé Raynal dans l'*Histoire des deux Indes*. Depuis 1786, le Genevois s'établit à Londres où il cherche à s'imposer en homme de lettres, philosophe et économiste. Il expédie en permanence au président du collège du commerce de Russie, le comte Alexandre Vorontsov, des mémoires sur les finances britanniques, sur la politique européenne et le développement du commerce russe (1786-1788). En 1793, il publie à Londres une brochure contre-révolutionnaire[1] et en envoie une version complète à Vorontsov. Il se vante d'avoir combattu « les principes de la nouvelle philosophie » et continue de solliciter une place en Russie, car selon lui, c'est le seul endroit où on peut être en sécurité pendant la Révolution. En 1793 et en 1794, il séjourne à Berne d'où il fournit des renseignements secrets aux Britanniques[2].

Quant à l'autre route, celle du noble voyageur, philosophe et conseiller, elle peut finir rapidement dans un précipice. C'est Cagliostro, sans doute, qui réussit en 1779 la version la plus brillante du « voyage philosophique ». Il se présente comme un sage, appelé à guérir les maux des gens et du pays, et à initier les Russes aux mystères des rose-croix. Il se vante de posséder la pierre philosophale, organise en Courlande des séances de spiritisme où les jeunes filles en transe répondent à des questions sur le passé et l'avenir. A Pétersbourg, il effectue des cures

---

1. *Lettre à un seigneur étranger sur la position actuelle de la France relativement aux autres Etats de l'Europe,* Londres, Hookam et Carpenter, 1793.
2. *A V,* t. 29, Moscou, 1883, p. 13-174 ; J.-D. Candaux, *Histoire de la famille Pictet,* Genève, 1974, t. 1.

miraculeuses un peu louches, comme la résurrection d'un enfant mort (on disait qu'il a simplement échangé l'enfant). Il reste peu de renseignements fiables sur son séjour en Russie, les légendes prévalent. Il y a un siècle, Evgueni Karnovitch, en a démenti quelques-unes[1]. Le journal *Sanktpeterbourgskie vedomosti* n'a jamais imprimé de note du ministre d'Espagne, qui aurait déclaré que le comte Fenix, alias Cagliostro, n'avait jamais été colonel au service de l'Espagne. Cagliostro n'a pas été expulsé de Russie; comme c'est l'usage, l'annonce de son départ est publiée trois fois: « M. le comte Cagliostros, colonel espagnol, demeure dans la maison du général-lieutenant Miller, quai du palais. »[2] Ainsi, on a une preuve qu'à Pétersbourg il se faisait passer pour un militaire espagnol.

La fin d'un autre mystique, le comte polonais Tadeusz Grabianko (mort en 1807), est bien triste. En 1778, à Berlin, il subit l'influence de dom Pernety, bibliothécaire de Frédéric II, alchimiste et mystique. Installé ensuite à Avignon, il crée en 1787 la loge mystique Peuple de Dieu ou Nouvel Israël. Il se proclame prophète; ses adeptes doivent le vénérer comme souverain. Grabianko veut fonder un nouveau royaume de Jérusalem et son obsession transforme une quête spirituelle en utopie politique. Il annonce qu'il montera sur le trône polonais et que l'Empire russe va s'écrouler. Il écrasera l'Empire ottoman, il conquerra l'Asie et une partie de l'Afrique. Jérusalem sera la capitale de son État et que tous les souverains viendront lui demander des conseils comme chez un nouveau Salomon. Aussi bien que Cagliostro, le Grand Copte, Grabianko prétend au titre du chef de la chrétienté d'Orient. Sans discuter la faisabilité de ses projets, faisons remarquer que Bonaparte pendant sa campagne en Égypte s'intéressait de près à Jérusalem. Pendant la Révolution, Grabianko

---

1. E. P. Karnovitch, *op. cit.,* p. 132-133.
2. *Sanktpeterbourgskie vedomosti,* n° 79-81, 1ᵉʳ (12) octobre - 8 (19) octobre 1779.

tente de devenir populaire à Avignon, en distribuant de l'argent aux pauvres et aux victimes d'une inondation ; il appelle à rétablir l'ancienne autonomie de la province. En 1798, il fait bâtir un temple, y établit un ordre hiérarchique très strict et introduit son calendrier. Sa loge compte des Français, des Italiens, des Suédois, des Allemands, et des Russes, parmi lesquels le capitaine Sergueï Plechtcheev, ami du prince Alexandre Kourakine et du grand-duc Paul Petrovitch. Endetté, Grabianko passe en Pologne où il bénéficie de la protection du comte Stanislas Potocki ; en 1805, il arrive à Pétersbourg. Là-bas il est reçu par la veuve de Plechtcheev, Natalia Fiodorovna. Il fréquente des francs-maçons notoires, les martinistes Alexandre Labzine et Rodion Kochelev, le fondateur de la loge russe Nouvel Israël Piotr Ozerov-Deriabine, etc. Grabianko guérit les malades, présage la naissance d'Antéchrist et la fin du monde en 1835. En 1807, il est arrêté et inculpé d'espionnage. Il meurt bientôt, peut-être après avoir avalé du poison, dans la forteresse[1].

La Russie, pays de riches gisements, attire ceux qui veulent fabriquer de l'or : directeurs de mines, alchimistes ou escrocs. L'examen des mines de Courlande, effectué par Casanova juste avant son arrivée en Russie, prend ici une valeur symbolique, comme la descente dans le monde souterrain à la recherche de l'or. Le chevalier Douglas dissimule l'objectif diplomatique de sa première visite en Russie en 1755 en se faisant passer pour un minéralogiste.

Le faux-monnayeur apparaît comme un faux alchimiste, imposteur, faux concurrent du roi. La fabrication de l'or est désignée comme « science royale » et le droit de battre la monnaie n'appartient qu'au monarque. Les héros du *Compère Mathieu* de l'abbé Du Laurens (1777), philosophes, francs-maçons et joueurs malheureux, pratiquent en Russie ce « métier honorable dont les souverains s'arrogent le privilège ». Ils sont exilés en Sibérie, d'où ils s'éva-

1. *RV,* 1860, t. 28, p. 579-603 ; *RA,* 1890, n° 1, p. 66-68.

dent. Parmi les vrais faux-monnayeurs, il y a des Français comme Champagnolot : pour l'arrêter, les autorités russes élaborent tout une opération secrète —, il y a aussi des Russes. Mais ceux qui nous intéresseront ici, forment un cas intermédiaire : les frères Premislav et Hannibal Zannovitch qui se sont installés à Chklov chez Zoritch. Une colonie d'aventuriers s'y crée d'elle-même, comme une cour du souverain, et non comme une république rêvée par Bernardin de Saint-Pierre. A un moment donné, les chevaliers de fortune, qui gagnent aux cartes de fortes sommes à son hôte, décident d'importer des assignats. Apparemment, ils achètent le matériel nécessaire en Hollande. Les Juifs de Chklov reconnaissent immédiatement les faux billets et en préviennent le prince Potemkine qui saisit l'occasion pour humilier l'ancien favori de l'impératrice. En 1783, les Zannovitch sont incarcérés pour cinq ans à la forteresse de Neuschlot, sur la frontière suédoise. Salmorenc mêlé à l'affaire est libéré et récompensé de cinq cents roubles pour la dénonciation des Zannovitch ; la réputation de Zoritch est irrémédiablement compromise. En 1788, au moment où la peine des Zannovitch touche à sa fin, la Russie entre en guerre contre la Suède. Premislav Zannovitch, connaissant bien l'art des fortifications, organise la défense de la forteresse contre les troupes suédoises et conserve à la Russie ce point stratégique important. Le plan détaillé de la défense, le journal de bord du siège et le rapport du commandant signalant l'aide apportée par les détenus Zannovitch sont conservés dans leur dossier d'instruction. Après cet exploit, les frères sont libérés et partent en plein hiver pour Arkhangelsk attendre le premier bateau[1].

En guise de conclusion, analysons les deux autres variantes de conduite : vivre en Russie au service d'un État étranger ou vivre en Europe, mais au service de la Russie. Il s'agit bien évidemment des métiers de diplo-

1. RGADA, F. 7, op. 2, n° 2636.

mate (ministre plénipotentiaire, secrétaire de l'ambassade, consul) ou d'agent secret.

Pour briguer la place de favori, la qualité de diplomate, particulièrement français, de représentant d'un pays célèbre dans l'art de la galanterie, semble une position de départ idéale. Au XVIIIe siècle, les relations politiques entre la Russie et la France sont animées par une sorte d'amour-haine. D'une part, il y a une rivalité constante (sauf pendant la guerre de Sept ans, quand les deux pays sont des alliés, mais là encore l'armée russe finit par se retourner contre ses anciens alliés, sur l'ordre de Pierre III). D'autre part, la France veut entretenir des relations personnelles au plus haut niveau. Dans sa jeunesse, Elisabeth Petrovna est considérée comme la future fiancée de Louis XV et celui-ci pense qu'elle garde de bons sentiments pour lui ; une fois les relations diplomatiques rétablies, ils entretiennent une correspondance secrète jusqu'à la mort de l'impératrice. Le gouvernement français choisit pour la mission en Russie des hommes d'une belle stature et séduisants.

Le diplomate ne dépend de personne dans le pays ; il est admis à la cour à titre officiel et doit la suivre où qu'elle se déplace. Il peut mener avec l'impératrice des conversations en privé et même partager sa voiture. Mais pour l'homme public, la réussite peut être aussi dangereuse que l'échec. En 1744, le marquis de La Chétardie, ministre de France et favori d'Elisabeth Petrovna, commet des indiscrétions dans ses dépêches, interceptées et déchiffrées par les services russes : on le fait quitter la Russie. Quelques années plus tard, les relations diplomatiques seront complètement interrompues. Ce n'est qu'en 1756 que les chevaliers Douglas et d'Éon, envoyés en mission secrète en Russie, corrigent les erreurs des diplomates en titre. Les traités entre la France, l'Autriche et la Russie sont alors signés. Une fois le grand renversement des alliances politiques accompli, la guerre de Sept ans commence. Le chevalier d'Éon arrive en Russie au moment où Tschoudy est parti pour la France. Les aventuriers tout en entretenant des rapports de rivalité se relayent : Fougeret de Monbron, Tschoudy, d'Éon, Odart, Bernardin de Saint-Pierre, Pictet, Casanova, Bilistein, Carra, Salmorenc, de Ribas, Zannovitch, etc.

La carrière russe du chevalier d'Éon est l'un des rares exemples de la transformation réussie d'un agent secret en diplomate à part entière. Dans ses lettres et dépêches, il raconte par le menu son apprentissage dans ce domaine. Le jeune d'Éon choisit un mode de comportement, une stratégie de la connaissance du pays, typique pour les étrangers en Russie. Le 7 août 1756, il écrit à Jean-Pierre Tercier, au Secret du Roi, qu'il veut apprendre le russe et rédiger à ses heures perdues un aperçu de l'histoire de Russie, de ses mœurs et lois, faire état de la sagesse de son gouvernement, de la floraison des arts et sciences, de la beauté de Pétersbourg et de ses palais, pour faire plaisir à l'impératrice et à ses ministres en publiant l'essai dans la revue de son ami l'abbé Fréron[1]. Mais six mois plus tard, après la signature du traité entre les deux pays, la situation change, la louange n'a plus cours. Le 1er (12) janvier 1757, d'Éon écrit de Pétersbourg à Tercier qu'il préfère devenir politique et homme d'État :

« Il est glorieux pour moi d'être citoyen et de chercher à me rendre utile à ma patrie. C'est dans cette vue que j'ai cru devoir reformer le plan d'étude que je m'étais d'abord proposé en arrivant ici, parce que je ne connaissais pas encore le pays où j'habite. Il est si différent des autres que les sept sages de Grèce pourraient y passer pour les sots. Quand j'ai quitté Paris, je n'étais qu'un homme de lettres, aujourd'hui je commence à devenir un peu politique, et je suis heureux de commencer mon apprentissage par un pays qui peut servir d'école à bien d'autres, suivant les sentiments de tous les ministres étrangers qui y ont résidé.

« Je commence donc par faire mes efforts pour apprendre la

1. AAE, CP, Russie, Suppl., vol. 8, fol. 322-325.

langue du pays. Au lieu de m'instruire parfaitement de l'histoire de cet empire, j'étudie les mœurs et le génie des grands et du peuple, la politique de la cour et des ministres, les ressorts qu'ils peuvent faire jouer. Je tâche de découvrir adroitement les intérêts et les cabales de divers partis qui se sont formés et qui se décideront suivant les événements et les révolutions qui peuvent arriver ici. Au lieu de suivre exactement le progrès que les arts et les sciences ont pu avoir dans cette partie du Nord, je tâche de bien connaître le commerce de ce Pays, ses manufactures, ses mines en tout genre, ses finances, ses ressources dans un cas d'un pressant besoin, ses forces de Terre, ses provinces qui fournissent les soldats les plus estimés, ses forces navales, ses ports, etc. [...] Au lieu de m'amuser à des études qui ne peuvent que me satisfaire et éclairer le public, sur une partie de l'histoire, qu'il ne connaît guère, je ne m'occuperais uniquement que de celles qui peuvent être utiles au service, et me rendre nécessaire dans la carrière où je suis entré et dans laquelle je me plais infiniment. Au lieu d'avoir une vaine gloire d'embellir un journal étranger de quelques découvertes, je les renfermerai toutes dans mon portefeuille et au lieu de les faire imprimer, je ne leur ferais voir le grand jour qu'à Versailles, lorsque j'aurai le bonheur d'être auprès de vous. »[1]

Le chevalier d'Éon réalisera les deux programmes. Il présentera à Versailles quelques mémoires sur la Russie, sur son commerce, sur les caractères des aristocrates et la lutte de divers partis politiques, sur les mœurs et coutumes russes. Plus tard, sa carrière à Londres tournera court, et le littéraire prendra le dessus sur le politique.

En Russie, d'Éon est bien vu à la cour. Selon ses dires, en 1758, le cardinal de Bernis, ministre des Affaires étrangères, lui conseille d'accepter la proposition de passer au service de la Russie, mais d'Éon refuse. Par ailleurs, il est enclin à surestimer ses mérites et ses conquêtes. Catherine II écrit à Grimm le 13 avril 1778 : «Jamais l'impératrice Elisabeth n'eut de lectrice, et M. ou Mad. d'Éon ne lui fut pas plus connu qu'à moi qui l'ai vu comme une

1. AAE, CP, Russie, vol. 52, fol. 5-8.

espèce de galopin attaché au marquis de l'Hospital et au baron de Breteuil. »[1]

Le comte de Ségur, dernier ministre de l'Ancien Régime à la cour russe, mène son jeu avec une grande finesse, cultivant avec Catherine II une tendre amitié, dans l'esprit des romans de mademoiselle de Scudéry. Il parle de son amour pour l'impératrice dans ses lettres à Frédéric Melchior Grimm, sachant bien que ses déclarations seront rapportées à l'auguste destinataire. Il est sûr qu'il en sera de même avec ses descriptions du voyage à travers la Russie dans l'escorte de l'impératrice qu'il envoie à sa femme. En envoyant son courrier à Paris, on peut être persuadé d'être entendu à Pétersbourg. Ayant une plume facile, Ségur crée, avec le prince de Ligne, pour Catherine II l'atmosphère d'un salon littéraire. Il donne à l'impératrice des leçons de versification, écrit des poèmes et des comédies qu'on joue au théâtre de l'Ermitage. En prenant soin d'entretenir les relations platoniques, il réussit l'impossible : cumuler les situations de favori et de conseiller. Il contribue au rapprochement de la France avec la Russie, et en 1787 prépare un traité de commerce entre les deux pays.

1. *SRIO,* t. 23, p. 86.

Le temps de l'aventurier

Les grands aventuriers de la République des Lettres disparaissent avec l'Ancien Régime. La Révolution marque la fin de l'époque. Les faiseurs de projets de la génération de Casanova et de Bernardin de Saint-Pierre rejettent la Révolution, condamnent la dictature sanglante du peuple. L'utopie réalisée rend inutiles tous ceux qui ont proposé des voies parallèles, en cul-de-sac. Tous ceux qui comme Grimm croyaient au progrès de la civilisation, à l'avènement de l'empire de la raison, ont vu la chute de l'ancien système des valeurs. Paris, comme autrefois Rome, a succombé devant les barbares, la France est redevenue l'ancienne Gaule. Celui qui escaladait méthodiquement l'échelle sociale et celui qui l'y grimpait quatre à quatre se sont retrouvés en bas, lorsque l'ancienne hiérarchie s'est écroulée. La vie passée, les efforts et les mérites n'ont plus aucune valeur. La société où tous, dans une certaine mesure, deviennent arrivistes, gouvernée par le plus grand des aventuriers, Napoléon, n'a plus besoin du chevalier de fortune. Les aristocrates forcés à émigrer, à partir en Angleterre, en Allemagne et plus loin, en Russie, se sont retrouvés dans la situation d'aventuriers : sans argent, sans toit, sans patrie, sans profession. Les vrais marquis ont supplanté les faux. A la fin du siècle, la Russie est toujours perçue comme l'antipode de la France, mais dorénavant le Nord est présenté comme une nouvelle Italie, terre d'asile pour les arts et les sciences qui fuient les Barbares.

Pourtant cela ne signifie pas que les aventuriers ont complètement disparu. La Révolution est venue à bout de l'ancienne élite intellectuelle qui avait passé alliance avec le pouvoir, mais elle a aussi libéré la place pour une autre. Ceux qui ne sont pas nés en 1725 mais un quart de siècle plus tard, qui ont eu le temps d'essayer le métier d'espion, d'homme de lettres, de physicien et de pédagogue, de séjourner en prison, de voyager, ont affronté la Révolution dans la force de l'âge et sont devenus ses meneurs : Marat, Brissot, Carra. La République des Lettres est devenue République.

Le XIXe siècle élabore les nouvelles voies bourgeoises de la réussite et trouve de nouveaux moyens de les transgresser. La culture demande l'antithèse plus encore qu'au siècle des Lumières : dans le comportement, la façon de s'habiller et de créer, dans le choix d'idéaux : révolte romantique, dandysme, socialisme utopique, satanisme des poètes maudits. Ni les escrocs, ni les criminels, ni les visionnaires ne font défaut, au contraire ils sont parmi les personnages littéraires favoris. Mais les aventuriers des Lumières qui réunissaient toute la diversité de ces facettes ont disparu.

Index

Table

Imprimé en France
Imprimerie des Presses Universitaires de France
73, avenue Ronsard, 41100 Vendôme
Novembre 1997 — N° 44 519

ÉCRITURE

* Titre reparu ou à paraître dans la collection « Quadrige ».

* Titre reparu ou à paraître dans la collection « Quadrige ».

* Titre reparu ou à paraître dans la collection « Quadrige ».